Deutsch in Europa

IDS | LEIBNIZ-INSTITUT FÜR
DEUTSCHE SPRACHE

Jahrbuch 2020

Redaktion
Melanie Kraus

Deutsch in Europa

—
Sprachpolitisch – grammatisch – methodisch

Herausgegeben von
Henning Lobin, Andreas Witt und Angelika Wöllstein

DE GRUYTER

ISBN 978-3-11-073519-2
e-ISBN (PDF) 978-3-11-073151-4
e-ISBN (EPUB) 978-3-11-073154-5
ISSN 0537-7900

Library of Congress Control Number: 2020952269

Bibliografische Information der Deutschen Nationalbibliothek
Die Deutsche Nationalbibliothek verzeichnet diese Publikation in der Deutschen Nationalbibliografie; detaillierte bibliografische Daten sind im Internet über http://dnb.dnb.de abrufbar.

© 2021 Walter de Gruyter GmbH, Berlin/Boston
Satz: Joachim Hohwieler, Sandra V. Steinert-Ramirez
Druck und Bindung: CPI books GmbH, Leck

www.degruyter.com

Vorwort

Die 56. Jahrestagung vom 10. bis zum 12. März 2020 schien eigentlich eine normale Jahrestagung zu werden. Und „normal" heißt für das Leibniz-Institut für Deutsche Sprache (IDS): ein wissenschaftlich interessantes und zugleich aktuelles Thema, zu dem ausgewiesene Expertinnen und Experten vortragen, das Wiedersehen mit den vielen Freunden und Kolleginnen aus dem In- und Ausland, wichtige Gremiensitzungen im Umfeld der Tagung und nicht zuletzt schöne gemeinsame Abende im Gebäude des IDS und beim traditionellen Empfang der Stadt Mannheim.

In den Tagen vor der Tagung braute sich jedoch das Unwetter der Corona-Pandemie auch in Deutschland zusammen, das bis heute unseren Blick auf die Gegenwart verdunkelt. Gerade die Kolleginnen und Kollegen aus Italien und Frankreich und ohnehin die aus Übersee durften schon nicht mehr aus- oder einreisen und konnten an der Tagung nicht teilnehmen. Andere, oftmals ältere Kolleginnen und Kollegen wollten das Risiko einer Großveranstaltung nicht mehr eingehen. Wieder andere kamen – und mussten sich, in die Heimat zurückgekehrt, für zwei Wochen in Quarantäne begeben. Der Begrüßungsabend musste wegen der sonst ja so schönen persönlichen Nähe aller Gäste ausfallen. Noch während der Tagung wurde von der deutschen Bundeskanzlerin das nahezu vollständige Herunterfahren des öffentlichen Lebens für die kommenden Tage angekündigt und gingen die Absagen weiterer Veranstaltungen im Frühjahr bereits in größerer Zahl ein.

Und doch fand die Tagung statt – als letzte für Monate im Rosengarten, für alle Teilnehmenden wohl als letzte dieser Größe seither überhaupt. Bei allen Schwierigkeiten, die sich kurz vor der Tagung abzuzeichnen begannen, freue ich mich auch jetzt noch umso mehr darüber, dass zumindest Teile der internationalen Sprachgermanistik im März 2020 noch einmal zusammenkommen konnten, bevor wir uns alle in die Virtualität des digitalen Raums zurückgezogen haben.

Das Programm der Tagung hat das Thema „Deutsch in Europa" in vielfältiger Weise zur Diskussion gestellt, wobei ganz bewusst so unterschiedliche Perspektiven wie die der Sprachpolitik, der vergleichenden Grammatik und der multilingualen Methodik eingenommen wurden. Auf der Methodenmesse konnte ein Überblick über Systeme zur vergleichenden Untersuchung von Sprachen gewonnen werden, und auf einem eigenen Stand wurde erstmals die Konzeption des im Aufbau begriffenen „Forums Deutsche Sprache" ausführlicher vorgestellt – auch dieses ist ein Projekt der deutschen Sprache in Europa. Trotz eingeschränkter Teilnehmerzahl konnte die Sitzung des Internationalen Wissenschaftlichen Rats des IDS abgehalten und die Mitglieder des seit 2019 bestehenden Internationalen Promovierendennetzwerks begrüßt werden. Einen Höhepunkt fand die Tagung in der erstmaligen Ernennung von vier IDS-Forschungsfellows, in der Verleihung des Peter-Roschy-Preises an Dr. Swantje Westpfahl und Vanessa Gonzáles Ribao sowie in der Vergabe des Preises des IDS-Direktors für das Lebenswerk in der internationalen germanistischen Linguistik an Professor Martin Durrell aus Manchester.

Trotz aller Einschränkungen durch die einsetzenden Hygienevorschriften werden wir alle diese 56. Jahrestagung wohl als letzte „davor" in Erinnerung behalten, als letzte vor der großen Pandemie, vielleicht als die letzte aus einer Zeit, in der Einschränkungen des vertrauensvoll nahen Austauschs zwischen Menschen nicht als denkbar erschienen. Die 57. Jahrestagung wird 2021 als eine Online-Tagung abgehalten werden, und so bleibt die Hoffnung, dass möglichst alle, die sich mit dem IDS verbunden fühlen, im Jahr 2022 zu der 58. Jahrestagung wieder im direkten persönlichen Kontakt in Mannheim zusammenfinden können.

Henning Lobin
Leibniz-Institut für Deutsche Sprache
Wissenschaftlicher Direktor

Inhalt

Henning Lobin/Andreas Witt/Angelika Wöllstein (unter Mitarbeit von Harald Lüngen)
Deutsch in Europa – sprachpolitisch, grammatisch, methodisch —— XI

Sprach(en)politik in Europa

Johannes Ebert
Per Anhalter durch die Deutsch-Galaxis: Zur Situation der deutschen Sprache in Europa —— 3

Vít Dovalil
Deutsch als Sprachmanagement-Objekt in Europa: Akteure, Interessen und Hindernisse —— 17

Rahel Beyer/Albrecht Plewnia
Über Grenzen. Deutschsprachige Minderheiten in Europa —— 35

Marina Foschi Albert
Deutsch als Fremdsprache in Europa: das „Ökosystem" Germanistik und seine Nachhaltigkeit —— 55

Erwerb, Konvergenzen, Divergenzen und Wandel des Deutschen im Europäischen Kontext

Natalia Gagarina/Sophia Czapka/Nathalie Topaj/Manfred Krifka
Erwerbsprofile des Deutschen im mehrsprachigen Kontext —— 75

Nanna Fuhrhop
Vergleichende Graphematik —— 93

Lutz Gunkel/Jutta M. Hartmann
Präpositionalobjektsätze im europäischen Vergleich —— 111

Thomas Stolz/Nataliya Levkovych
Über die Diffusion von /y/ in Europa und wie viel Verantwortung das Deutsche dafür trägt —— 135

Peter Auer
Gibt es einen deutschen Neo-Standard und – wenn ja – wie verhält er sich zu den Entwicklungen der Standards anderer europäischer Sprachen? —— 159

Methoden – Sprachressourcen und Infrastrukturen

Erhard Hinrichs
Multilinguale Sprachressourcen für die linguistische Forschung —— 189

Beata Trawiński/Marc Kupietz
Von monolingualen Korpora über Parallel- und Vergleichskorpora zum Europäischen Referenzkorpus EuReCo —— 209

Anke Lüdeling/Hagen Hirschmann/Anna Shadrova/Shujun Wan
Tiefe Analyse von Lernerkorpora —— 235

Methodenmesse

Nils Diewald/Franck Bodmer/Peter Harders/Elena Irimia/Marc Kupietz/Eliza Margaretha/Helge Stallkamp
KorAP und EuReCo – Recherchieren in mehrsprachigen vergleichbaren Korpora —— 287

Stefan Falke/Saskia Ripp/Roman Schneider/Ulrich Hermann Waßner
Das Informationssystem *grammis* als Ressource für die internationale Germanistik —— 295

Beata Trawiński/Susan Schlotthauer/Piotr Bański
CoMParS: Eine Sammlung von multilingualen Parallelsequenzen des Deutschen und anderer europäischer Sprachen —— 301

Tomáš Káňa
InterCorp: viele Sprachen – ein Korpus
Ein multilinguales Parallelkorpus (nicht nur) europäischer Sprachen —— 311

Andreas Nolda/Adrien Barbaresi/Alexander Geyken

Das ZDL-Regionalkorpus: Ein Korpus für die lexikografische Beschreibung der diatopischen Variation im Standarddeutschen —— 317

Erhard Hinrichs/Patricia Fischer/Yana Strakatova

Rover und TüNDRA: Such- und Visualisierungsplattformen für Wortnetze und Baumbanken —— 323

Antonina Werthmann/Andreas Witt/Jutta Bopp

Verbundprojekt CLARIAH-DE – Eine nachhaltige Forschungsinfrastruktur für die Geistes-, Kultur- und Sozialwissenschaften —— 329

Henning Lobin/Andreas Witt/Angelika Wöllstein
(unter Mitarbeit von Harald Lüngen)

Deutsch in Europa – sprachpolitisch, grammatisch, methodisch

Dieser Band thematisiert das Deutsche in Europa aus drei Perspektiven: sprachpolitisch, grammatisch und methodisch. Die deutsche Sprache hat sich innerhalb Europas als Teil einer europäischen Sprachengemeinschaft entwickelt. Heute besteht ein ständiger Austausch zwischen diesen Sprachen; die politischen Rahmenbedingungen in der Europäischen Union und darüber hinaus werfen konkrete sprach- und bildungspolitische Fragen auf. Große Bedeutung besitzen Themen wie der Umgang mit Sprachenvielfalt, der Mehrsprachigkeit in Deutschland und Europa oder der Erwerb des Deutschen vor dem Hintergrund unterschiedlicher Voraussetzungen der Lernenden. Von besonderem wissenschaftlichen Interesse ist die Frage, wie sich Sprachen zueinander unter diesen Bedingungen beeinflussen und in welcher Weise sie sich langfristig verändern.

Im Kontext einer solchen Sichtweise des Deutschen in Europa sind Ansätze zu einer sogenannten Eurolinguistik oder zum Konzept eines europäischen Sprachbundes entstanden. Welche Rolle spielt die deutsche Sprache in derartigen Modellen, welche Konvergenzen und Divergenzen sind im Vergleich zu anderen Sprachen Europas festzustellen und wie wirkt sich dies auf die Deutung der Dynamik des Wandels aus? Derartige Fragen berühren unmittelbar auch die Dimension der methodischen Zugänge und der in der Forschung verwendeten Sprachressourcen. Darüber hinaus ist das Thema für Lehre und Forschung in der internationalen germanistischen Linguistik von großem Interesse, insbesondere in Hinsicht auf sprachvergleichende oder -kontrastierende linguistische Untersuchungen und den Nutzen, den man aus diesen für die Sprachvermittlung ziehen kann.

1 Sprach(en)politik in Europa

Im ersten Teil des Jahrbuchs geht es um Sprach- und Sprachenpolitik in Europa, ein Thema, das mehrere Betrachtungsperspektiven besitzt: Ist das Deutsche inzwischen eine „normale" Sprache im Konzert der Sprachen Europas und wird es aus kulturellen, wirtschaftlichen und touristischen Gründen erlernt? Oder bringt die Tatsache, dass der deutschsprachige Raum mit seinen etwa 100 Millionen muttersprachlichen Sprecherinnen und Sprechern den größten europäischen Sprachraum bildet, eine vielleicht ungewollte Dominanz mit sich? Wie wirkt sich dies auf die Sprachpolitik der Europäischen Union aus?

Einen Einstieg in die Diskussion dieser Fragen bietet **Johannes Ebert**, Generalsekretär des Goethe-Instituts, mit seinem Beitrag „Per Anhalter durch die Deutsch-Galaxis: Zur Situation der deutschen Sprache in Europa". Das Deutsche befindet sich zwar aufgrund der Dominanz des Englischen und auch diverser Nationalisierungsbestrebungen in Europa unter erheblichem Druck, kann aber einen wachsenden Erfolg als zweite Fremdsprache nach dem Englischen verzeichnen. Auch der individuelle wirtschaftliche Nutzen des Erlernens der deutschen Sprache ist in letzter Zeit weiter in den Vordergrund getreten. Wie unterschiedlich sich jedoch die Situation darstellt, wenn man einzelne Länder genauer betrachtet, zeigt Ebert anhand von Polen, Frankreich und Russland. Das Goethe-Institut stellt sich auf die jeweiligen Umstände ein und unternimmt auch auf direktem Wege in den europäischen Institutionen den Versuch, die deutsche Sprache als Arbeitssprache durch ganz praktische Maßnahmen zu stärken.

Die Mechanismen, durch die Sprachenpolitik in einem Land Wirkung hervorruft, beleuchtet **Vít Dovalil** aus Prag. Er wendet die sogenannte Sprachmanagementtheorie an, um das Handeln verschiedener Akteure mit ihren divergierenden Interessen zu erfassen. Die Frage, die sich für Dovalil in seiner Untersuchung daraus ableitet, ist die nach dem Einfluss dieser Akteure im soziokulturellen Kontext des Deutschen in Europa. Er beantwortet sie mit Blick auf die Situation in Tschechien einerseits durch die Sprachenpolitik im schulischen Bereich und durch Beispiele grenzübergreifender Kooperationen zwischen Kommunen andererseits.

Rahel Beyer und **Albrecht Plewnia** vom IDS in Mannheim betrachten die besondere Situation der Mehrsprachigkeit und des Sprachkontakts in Grenzräumen. Sie erörtern die Spezifika der Grenzräume des deutschen Sprachraums zu Dänemark, Belgien, Italien und Frankreich und vertiefen ihre Darstellung exemplarisch anhand der laienlinguistischen Bewertung der Mehrsprachigkeit in Ost-Lothringen. Sie führen dazu Daten der Zuordnung des lothringischen Dialekts als einer germanophonen Varietät auf, die in Interviews mit Sprecherinnen und Sprechern erhoben wurden. Die interessante Erkenntnis dabei liegt darin, dass eine solche Varietät als völlig losgelöst vom Deutschen angesehen werden kann, wenn das Hochdeutsche nicht als Dachsprache auf die sprachliche Situation in einer Region einwirkt.

Welchen Status hat das Deutsche als Studienfach in Europa? Mit dieser Frage befasst sich **Marina Foschi Albert** in ihrem Beitrag. Sie entfaltet Schritt für Schritt die Motivation, aufgrund derer Studierende in das „Ökosystem der Germanistik" eintreten. Sie lenkt dabei den Blick auf die Internationalität der deutschen Sprache und die internationale Germanistik, die sich zu einer „EU-Germanistik" entwickelt hat und sich dabei das germanistische Teilgebiet Deutsch als Fremdsprache von vornherein in diesem europäischen Kontext entfalten kann. Die Autorin schließt den Bogen der vier Beiträge zum sprachenpolitischen Status der deutschen Sprache mit ihrer Frage nach der Nachhaltigkeit der internationalen Germanistik, die die Basis für den Status des Deutschen in Europa bildet.

2 Erwerb, Konvergenzen, Divergenzen und Wandel des Deutschen im Europäischen Kontext

Im zweiten Teil des Jahrbuchs geht es um grammatische, sprachsystematische Fragestellungen zum Deutschen und anderer europäischer Sprachen. Den Schwerpunkt bilden Themen wie Spracherwerb, Konvergenzen, Divergenzen und Wandel des Deutschen im Europäischen Kontext: Im Einzelnen werden folgende Fragen diskutiert: Wie gestaltet sich der Erwerb des Deutschen vor dem Hintergrund verschiedener Lerner-Profile? Mit welchen theoretischen Konzepten und Modellen lassen sich Konvergenzen und Divergenzen in Sprachen und Schriftsystemen erarbeiten? Welche methodischen Zugänge können als Desiderate für die kontrastive Forschung gelten? Welche Fortschritte sind zu verzeichnen? Zeigen Sprachen Europas systematische und vergleichbare Dynamiken des Wandels und erfasst der Wandel die Standardsprache?

Den Einstieg in das grammatische, sprachsystematische Thema legen **Natalia Gagarina**, **Sophia Czapka**, **Nathalie Topaj** und **Manfred Krifka** vom Leibniz-Zentrum Allgemeine Sprachwissenschaft zu „Erwerbsprofilen des Deutschen im mehrsprachigen Kontext" vor. Jenseits des Standardszenarios eines muttersprachlichen Erwerbs in einem deutschsprachigen Land werden verschiedene Typen des Erwerbs des Deutschen als zweite Sprache festgestellt, die das Ergebnis von Langzeitstudien sind. Für Kinder mit russischer und türkischer Familiensprache, die das Deutsche als Zweitsprache erwerben, zeigen sich Abweichungen in den monolingualen Erwerbsverläufen. Im Kontext des mehrsprachigen Erwerbs zeigt sich, dass, für einen früheren L2-Erwerbsbeginn, ein reicher und nachhaltiger Input, wie durch explizite Sprachfördermaßnahmen, den Erwerb des Deutschen fördern und diese drei Punkte – früher Einstieg, reicher und nachhaltiger Input – Prädiktoren der früheren Literalität bilden.

Nanna Fuhrhop von der Universität Oldenburg skizziert ein theoretisches Konzept für die Begründung einer „Vergleichenden Graphematik" in Alphabet basierten Schriftsystemen. Konvergenzen und Divergenzen bei der Untersuchung von vier Schriftsystemen (Deutsch, Englisch, Niederländisch und Französisch) und sechs graphematischen Phänomene, unter ihnen Doppelkonsonanten- und Apostrophschreibung, werden bezüglich ihrer Kontextbedingungen quantitativexplorativ erhoben und qualitativ ausgewertet. Auf dieser Grundlage werden Parameter zur Beschreibung der Phänomene entwickelt, wobei jedes spezifische Schriftsystem zur Aufdeckung übergeordneter Prinzipien einer allgemeinen Graphematik beitragen kann.

Um Konvergenzen und Divergenzen im Sprachsystem geht es im Beitrag von **Lutz Gunkel** und **Jutta M. Hartmann** vom IDS Mannheim und der Universität Bielefeld. Im Beitrag „Präpositionalobjektsätze im europäischen Vergleich" (PO) werden drei ausgewählte germanische Sprachen (Schwedisch, Niederländisch sowie Deutsch) und zwei romanische Sprachen (Französisch und Italienisch) sprachvergleichend untersucht. Es werden zwei Strategien der Anbindung von Präpositionalobjektsätzen (PO) an den Trägersatz beobachtet: eine direkte (für Schwedisch als nordgermanische Sprache und die untersuchten romanischen Sprachen) und eine indirekte (Deutsch und Niederländisch) über die Anbindung mit einer komplexen Proform, die beim Deutschen gleichzeitig eine komplexe Konstituente mit dem PO-Objekt bilden kann. Des Weiteren weisen verschiedene Tests darauf hin, dass in allen untersuchten Sprachen immer ein formales „Präpositionselement" syntaktisch präsent sein muss – lexikalisch realisiert oder unrealisiert.

Ob Sprachen Europas systematische und vergleichbare Dynamiken des Wandels zeigen und wie der Wandel zu identifizieren ist, zeigen **Thomas Stolz** und **Nataliya Levkovych** von der Universität Bremen in ihrem Beitrag „Über die Diffusion von /y/ in Europa und wie viel Verantwortung das Deutsche dafür trägt". Den Untersuchungsrahmen bildet das Projekt *Phonologischer Atlas Europas* (Phon@Europe). Anhand der geografischen Distribution des hohen vorderen gerundeten Vokalphonems /y/ in Europa wird u. a. diskutiert, welche Rolle der Sprachkontakt – insbesondere mit dem Deutschen – bei der Verbreitung von /y/ gespielt haben könnte oder ob und wo von einer kontaktunabhängigen Entstehung von /y/ ausgegangen werden kann. Die Befunde werden kontakt- und areallinguistisch ausgewertet und das Deutsche in der phonologischen Landschaft Europas situiert.

Im Beitrag von **Peter Auer** von der Universität Freiburg „Gibt es einen deutschen Neo-Standard und – wenn ja – wie verhält er sich zu den Entwicklungen der Standards anderer europäischer Sprachen?" wird untersucht, ob Wandel auch die Standardsprache erfasst. Es wird die Hypothese eines neuen Standards (Neo-Standard) als ‚beste Sprache' vertreten und diese Auffassung hinsichtlich zweier Gegenargumente verteidigt, a) dass es sich um de-standardisierte Sprechweisen handelt und b) dass es sich bei Neo-Standard um einfachen Sprachwandel innerhalb des weiter existierenden einzigen Standards handelt, der von manchen Sprecherinnen und Sprechern mehr realisiert wird als von anderen. Die Untersuchung nimmt eine soziolinguistische, vergleichende Perspektive ein, die auch die Entwicklung des Standards in anderen europäischen Ländern berücksichtigt, zu deren Neo-Standards bereits umfangreich geforscht worden ist.

3 Methoden – Sprachressourcen und Infrastrukturen

Der dritte Teil des Jahrbuchs behandelt methodische Fragen, wobei hier Methoden der Digitalen Sprachwissenschaft, insbesondere beim Umgang mit digitalen Sprachdaten, betrachtet werden. Zudem werden Aspekte von Forschungsinfrastrukturen besprochen. Im Zentrum stehen Sprachressourcen für das Deutsche, die für sprachvergleichende Untersuchungen genutzt werden können. Dieser Teil umfasst drei Beiträge, die komplementär wichtige Aspekte dieser digitalen Methoden ausleuchten.

Erhard Hinrichs' (IDS/Tübingen) Beitrag „Multilinguale Sprachressourcen für die linguistische Forschung" beschreibt wichtige Sprachressourcen für das Deutsche. Einen Typ dieser Sprachdatensammlungen bilden Textkorpora. Dargestellt werden ihre Nutzungsmöglichkeiten für sprachvergleichende Analysen, wobei eine wichtige Vergleichssprache in diesem Beitrag das Englische ist. Die Wahl des Englischen liegt u. a. darin begründet, dass der Sprachvergleich die Verfügbarkeit von digitalen Sprachressourcen in der Vergleichssprache voraussetzt. Die anglistische Linguistik hat durch ihre frühe Nutzung von Sprachkorpora in diesem Gebiet eine besondere Bedeutung. Hierdurch – und durch den sehr großen Sprachraum des Englischen – sind heute englischsprachige Ressourcen in großem Umfang verfügbar, die als Vergleichskorpora genutzt werden können. Nach der Beschreibung der Textkorpora stellt der Artikel das Konzept der Baumbanken vor, worunter die syntaktisch annotierten Textkorpora verstanden werden. Die damit einhergehende größere Komplexität von Korpora wird durch die Darstellung von verschiedenen, syntaktischen Ansätzen – insbesondere von dependenzgrammatischen und konstituentenbasierten Formaten – veranschaulicht. Der Sprachvergleich wird anschließend durch die Vorstellung mehrsprachiger Baumbanken, bei denen kompatible Annotationsformate gewählt werden, nochmals hervorgehoben. Der Beitrag schließt mit einer Beschreibung der Forschungsdateninfrastruktur CLARIN, die ein europäisches Dach in Form einer Organisationsstruktur, dem CLARIN ERIC, besitzt. Unter diesem Dach wurden in den vergangenen Jahren viele nationale Forschungsinfrastrukturen gegründet. Ein besonderer Schwerpunkt in der Darstellung bildet die deutsche Forschungsinfrastruktur CLARIN-D.

Der Beitrag „Von monolingualen Korpora über Parallel- und Vergleichskorpora zum Europäischen Referenzkorpus EuReCo" von **Beata Trawiński** und **Marc Kupietz** (beide IDS) zeigt einen Weg, der von nationalen, einzelsprachlichen Korpora zu einem großen, multilingualen Korpus-Netzwerk, das in den kommenden Jahren kontinuierlich weiter ausgebaut werden soll, führt. Orientiert an der

Namensgebung des Deutschen Referenzkorpus DEREKO wurde die beschriebene Initiative zum Aufbau eines europäischen Referenzkorpus EuReCo getauft. Der Beitrag beschreibt die Nutzungsmöglichkeit mehrsprachiger Korpora sowie ihre methodischen Ausdifferenzierungen in einerseits parallelen und andererseits vergleichbaren Korpora. Im Verlauf des Beitrages werden die Korpora DruKoLA, eine deutsch-rumänische Korpussammlung, und DeutUng, eine deutsch-ungarische Korpusinitiative, beschrieben. Da für einen korpusbasierten Sprachvergleich, genau wie für die Nutzung einsprachiger Korpora, digitale Analysesysteme genutzt werden müssen, wird im abschließenden Teil die Anpassung der am IDS entwickelten Korpusanalyse-Plattform KorAP für die Nutzung vergleichbarer Korpora beschrieben, durch die die Verwendung der deutsch-rumänischen bzw. der deutsch-ungarischen Korpusressourcen mit einem vereinheitlichten Zugang ermöglicht wird.

Der Beitrag „Tiefe Analyse von Lernerkorpora" von **Anke Lüdeling**, **Hagen Hirschmann**, **Anna Shadrova** und **Shujun Wan** (alle Humboldt-Universität Berlin) behandelt den Korpustyp Lernerkorpora und ihre Nutzungsmöglichkeiten. Diese Textsammlungen haben in der jüngeren Vergangenheit eine immer größere Bedeutung erhalten. Gerade für das Tagungsthema – Deutsch in Europa – ist die Beschreibung von Lernerkorpora hochrelevant, da das Deutsche – wie oben erwähnt – nach wie vor eine bedeutende Fremdsprache in vielen europäischen Ländern bildet. Lernerkorpora stellen ganz neue Herausforderungen an die Aufbereitung und Analyse von Korpusressourcen, da Lernerinnen und Lerner nicht fehlerfrei schreiben. Die Analyse der Fehler von Lernenden des Deutschen hilft insbesondere auch der Forschung im Bereich „Deutsch als Fremdsprache", bietet aber darüber hinaus auch einen Einblick in die allgemeinen Aspekte der menschlichen Sprachverarbeitung, da Fehler häufig von der Erstsprache beeinflusst werden. Die in dem Beitrag dargestellten Methoden gehen über die klassische Analyse von Lernerkorpora weit hinaus, da sie eine Tiefenanalyse vorschlagen und beschreiben.

4 Methodenmesse

Die traditionelle Methodenmesse der IDS-Jahrestagung mit Posterbeiträgen und Systemdemonstrationen wurde in diesem Jahr von Harald Lüngen organisiert. Auf ihr wurden gemäß dem Tagungsmotto aktuelle Korpora, Ressourcen und Methoden für die kontrastive Forschung über das Deutsche im Vergleich mit anderen europäischen Sprachen vorgestellt. Der vorliegende Band enthält sieben Kurzbeiträge zu diesen Präsentationen.

Nils Diewald, Franck Bodmer, Peter Harders, Elena Irimia, Marc Kupietz, Eliza Margaretha und **Helge Stallkamp** berichten darüber, wie in der EuReCo-Initiative mittels KorAP, der Korpusrechercheplattform des IDS, anhand harmonisierter Metadaten europäischer Referenzkorpora virtuelle vergleichbare Teilkorpora definiert und kontrastiv analysiert werden. Aus der Abteilung Grammatik des IDS gibt es je einen Beitrag über neue Entwicklungen des bewährten Grammatikinformationssystems *grammis* (**Stefan Falke, Saskia Ripp, Roman Schneider, Ulrich Hermann Waßner**) sowie zu der neuen Ressource CoMParS mit annotierten multilingualen Parallelsequenzen des Deutschen und anderer europäischer Sprachen (**Beata Trawiński, Susan Schlotthauer, Piotr Bański**). Tomáš Káňa (Brno) beschreibt Inhalte und Einsatz des klassischen vergleichbaren Korpus InterCorp mit Textdaten aus vierzig vorwiegend europäischen Sprachen. **Andreas Nolda, Adrien Barbaresi** und **Alexander Geyken** (Berlin) berichten über das neue, sehr große ZDL-Regionalkorpus für areale Untersuchungen des Deutschen und **Erhard Hinrichs, Patricia Fischer, Yana Strakatova** über Rover und TüNDRA, die Tübinger Visualisierungsplattformen für Wortnetze und Baumbanken. Schließlich stellen **Antonina Werthmann, Andreas Witt** und **Jutta Bopp** (IDS) CLARIAH-DE vor, das Verbundprojekt zur Weiterentwicklung der nationalen Forschungsinfrastrukturen für die Geisteswissenschaften und verwandter Disziplinen und Teil des oben genannten Netzwerks CLARIN ERIC, zu dem mehr als zwanzig europäische Forschungsinfrastrukturkonsortien gehören.

Sprach(en)politik in Europa

Johannes Ebert (München)
Per Anhalter durch die Deutsch-Galaxis: Zur Situation der deutschen Sprache in Europa

Abstract: Die heutige Stellung des Deutschen in Europa beruht auf vielfältigen Faktoren: Historische Entwicklungen, politische Rahmenbedingungen oder unterschiedliche Traditionen in den Bildungssystemen der Mitgliedsländer der Europäischen Union kommen dabei ebenso zum Tragen wie das hochaktuelle Thema der Fachkräftezuwanderung. Diese Bestandsaufnahme betrachtet die Hintergründe der Entwicklung der Stellung der deutschen Sprache und zeigt dabei auch Trends und Perspektiven für die Zukunft auf. An diesen setzt das Goethe-Institut als Sprach- und Kulturinstitut der Bundesrepublik Deutschland gemeinsam mit seinen Partnern an, um die Kenntnis und die Stellung der deutschen Sprache in Europa im Rahmen einer gelebten Mehrsprachigkeit gezielt zu fördern.

‚Der Babelfisch', ließ der Reiseführer Per Anhalter durch die Galaxis mit ruhiger Stimme vernehmen, ‚ist klein, gelb und blutegelartig und wahrscheinlich das Eigentümlichste, was es im ganzen Universum gibt. Er lebt von Gehirnströmen, die er nicht seinem jeweiligen Wirt, sondern seiner Umgebung entzieht [...] Der praktische Nutzeffekt der Sache ist, dass man mit einem Babelfisch im Ohr augenblicklich alles versteht, was einem in irgendeiner Sprache gesagt wird. (Adams 2017, S. 71–72)

Herr Spahn sagt: ‚Ich komme nach Serbien und hole Eure Krankenschwestern ab.' Ich habe ihm ins Gesicht gesagt, ich möchte nicht, dass du nach Serbien kommst und meine Schwestern abholst. Ich schätze dich sehr, du bist ein toller Minister. Du hast das beste Gesundheitswesen der Welt. Aber komm nicht nach Serbien. (Der serbische Ministerpräsident Alexander Vučić, zitiert nach Britta Beeger und Andreas Mihm, Frankfurter Allgemeine Zeitung (FAZ), 19.2.2020)

Türkisch ist für mich die Sprache der Liebe und Melancholie. Arabisch eine mystische, spirituelle Melodie. Deutsch die Sprache des Intellekts und der Sehnsucht. Englisch die Sprache der Freiheit. (Gümüşay 2020, S. 30)

Alexander Gaulands Sprache ist auch hier wahrhaftig nicht die Sprache Goethes und Fontanes. Sie ist bloß der schlecht verkleidete Jargon von Gangstern. (Detering 2019, S. 49)[1]

---

[1] Detering bezieht sich hierbei auf die Aussage Alexander Gaulands, die Abgeordnete Aydan Özoğuz „in Anatolien entsorgen (zu) können" (www.tagesspiegel.de/politik/afd-spitzenkandidat-gauland-will-integrationsbeauftragte-oezoguz-in-anatolien-entsorgen/20244934.html, Stand: 15.10.2020).

https://doi.org/10.1515/9783110731514-002

Diese vier Zitate zeigen nur im Ansatz die Themenfülle, der wir begegnen, wenn wir uns heute mit der Stellung der deutschen Sprache in Europa auseinandersetzen: Kübra Gümüşay verdeutlicht den Reichtum von Mehrsprachigkeit für jeden einzelnen Europäer, Heinrich Detering stellt am Beispiel des Deutschen eine drohende Verrohung von Sprache in Europa durch populistische Bewegungen und Parteien in den Mittelpunkt, die auch das Deutsche betrifft. Die notwendige Einwanderung von Fachkräften aus Europa gerade im Bereich der Pflegeberufe, deren Herausforderungen der serbische Ministerpräsident Vučić für viele Entsendeländer benennt, wird dem Sprachenlernen eine neue Bedeutung verleihen. Und Douglas Adams' Babelfisch steht als Metapher für die massive Veränderung des Sprachenlernen und -lehrens aufgrund neuer digitaler Möglichkeiten.

Die Beschäftigung mit der Stellung und Entwicklung der deutschen Sprache in Europa ist also von höchster Aktualität. Und auch wenn man das Thema historisch betrachtet, bietet es reiche Ansatzpunkte: Man könnte beispielsweise beginnen bei Goethes europäischen Vernetzungen, die Stellung von Deutsch als europäische Wissenschaftssprache im 19. und zu Beginn des 20. Jahrhunderts untersuchen bis hin zur Perversion der deutschen Sprache zur *Lingua tertii imperii* unter den Nationalsozialisten mit einer daraus folgenden entsprechenden Zurückhaltung gegenüber unserer Sprache in Europa.

Oder man könnte die Frage beleuchten, wie im Laufe der Zeit deutsche Begrifflichkeiten in andere europäische Sprachen Eingang gefunden haben, oder umgekehrt, wie andere europäische Sprachen das Deutsche befruchten – d. h. das hochaktuelle Thema Migration und ihren progressiven Beitrag – am Beispiel von „Sprachwanderungen" beleuchten.

Sicherlich wird dieser Beitrag einige dieser Themen streifen, doch im Mittelpunkt stehen Trends, Themen und Erkenntnisse, die derzeit für das Goethe-Institut in der täglichen Arbeit im Mittelpunkt stehen. Und die für uns als Goethe-Institut im europäischen Netzwerk – EU- und Nicht-EU-Länder – inhaltlich und sprachenpolitisch bedeutsam sind. Diese sind vielfältig, so vielfältig – und das ist der zweite Bezug zu Douglas Adams' Werk – wie der Sprung von einem Planeten zum anderen per Anhalter durch die Galaxis.

Erste Erkenntnis: Noch hat die deutsche Sprache eine starke Stellung in den europäischen Ländern. Deutsch ist mit weit über 100 Millionen Sprecherinnen und Sprechern die größte Muttersprache in der europäischen Union und offizielle Amtssprache in sieben Ländern. Nach der jüngsten Untersuchung von 2015 lernen 6,5 Millionen Menschen in den Ländern der Europäischen Union Deutsch. Wenn wir noch die europäischen Nachbarländer insbesondere im Osten der EU und auch Russland und die Türkei dazu nehmen, sind es rund 11,5 Millionen Lernerinnen und Lerner der deutschen Sprache in Europa. Weltweit lernen etwa

15,4 Millionen Menschen Deutsch.[2] Betrachtet man diese Zahlen der Erhebungen von 2015 und nimmt einige aktuelle Analysen aus den Goethe-Instituten vor Ort hinzu, ergeben sich folgende große Trends:

1. Englisch ist – das kann nicht überraschen – die absolute Nummer 1 unter den Fremdsprachen in Europa. Darauf folgen – je nach Land in unterschiedlicher Reihenfolge – Deutsch, Französisch und Spanisch. Auch das Lernen von Chinesisch und anderer Sprachen weiter entfernter Kulturen nimmt zu, bleibt aber auf einem sehr niedrigen Niveau.

2. Deutsch hat in Europa in einigen Ländern als erste Fremdsprache, vor allem aber – und diese Tendenz nimmt stark zu – im Bereich der zweiten Fremdsprache eine große Bedeutung und hat dann eine große Chance, wenn die Länder Mehrsprachigkeitskonzepte fördern und Mehrsprachigkeit zum Bildungsziel erklären. Gerade hier gibt es auf bildungspolitischer und praktischer Ebene wichtige Ansätze, um das Lernen von Fremdsprachen zu fördern, wie es das Goethe-Institut und auch die anderen Mittlerorganisationen im Rahmen der deutschen auswärtigen Kultur- und Bildungspolitik tun – aber auch ähnliche Partnerinstitutionen anderer Länder. Praktisch heißt das: Erst einmal mit den europäischen Kolleginnen und Kollegen auf bildungspolitischem Wege dazu beitragen, dass eine zweite Fremdsprache Teil des Bildungskanons eines Landes wird, also an den nationalen Schulen verpflichtend unterrichtet wird. Wenn das erreicht ist, für die eigene Sprache entsprechend zu werben. Dieses Vorgehen kann dann dazu beitragen, dass die EU ihr ehrgeiziges Ziel erreicht, dass alle EU-Bürgerinnen und Bürger neben ihrer Muttersprache in zwei Fremdsprachen kommunizieren können.[3]

3. Die zunehmende Nationalisierung in einzelnen Ländern innerhalb und außerhalb der EU kann sich bei Bildungsreformen negativ auf das Fremdsprachenlernen auswirken. Zum einen geraten an den Schulen die zweiten oder dritten Fremdsprachen, die oft Wahlfächer sind, in direkte Konkurrenz zu anderen attraktiven Fächern auch aus dem naturwissenschaftlich-mathematischen Bereich. Denn je nationaler eine Regierung denkt, desto überflüssiger erscheint ihr – so der Eindruck – die Auseinandersetzung mit fremden Sprachen und Kulturkonzepten. Zum anderen werden von national orientierten Regierungen in der Regel die eigenen Regional- oder Nationalsprachen im Lehrplan bevorzugt: Russisch – um nur ein Beispiel zu nennen – wird aus politischen Gründen in der Ukraine eben immer

---

[2] Alle Zahlen aus: Auswärtiges Amt (Hg.) (2015). Der Artikel entstand im März 2020. Wenige Monate nach diesem Erstellungsdatum soll eine neue Erhebung für 2020 vorgestellt werden. Die Ergebnisse liegen allerdings noch nicht vor.
[3] Siehe https://europa.eu/european-union/about-eu/eu-languages_de (Stand 20.7.2020).

weniger als Muttersprache unterrichtet, sondern als erste Fremdsprache. Wenn dann Englisch erst die zweite Fremdsprache ist, wird es auf den hinteren Rängen immer enger ...

4. Noch stärker als früher tritt beim Deutschlernen der direkte persönliche wirtschaftliche Nutzen in den Vordergrund. Die Menschen, die Deutsch lernen, weil sie Goethe, Nietzsche oder Husserl im Original lesen wollen, oder aus einem ganz allgemeinen Interesse an der Kultur und Sprache unseres Landes, gibt es noch, aber sie werden immer weniger. Was zählt, sind handfeste persönliche Zukunftsüberlegungen: Beispielsweise ein Studium an einer renommierten deutschen Universität. Die deutschen Hochschulen stehen zwar in den internationalen Rankings nicht ganz oben, aber es ist bekannt, dass man hier auf einer breiten Basis eine qualitativ hochstehende akademische Ausbildung zu geringen Kosten bekommen kann. In Deutschland studieren aktuell rund 350.000 ausländische Studentinnen und Studenten,[4] eine beachtliche Zahl.

Auch der deutsche Arbeitsmarkt mit zahlreichen freien Stellen sowohl im akademischen und technischen Bereich als auch im Pflege- und Dienstleistungsgewerbe lockt und motiviert, Deutsch zu lernen. Denn auch wenn es inzwischen zahlreiche englischsprachige Studiengänge und kosmopolitisch geprägte englische Sprachinseln in deutschen Metropolen gibt, ist die deutsche Sprache weiterhin sehr wichtig, um am gesellschaftlichen Leben teilhaben zu können. Für Deutschland sind Menschen, die hierzulande arbeiten wollen, überlebenswichtig, wenn man das aktuelle Wohlstands- und Sozialniveau erhalten will: Laut einer aktuellen Studie der Bertelsmann-Stiftung braucht Deutschland bis 2060 – und das sind noch 40 Jahre! – jährlich etwa 260.000 zusätzliche Arbeitskräfte aus dem Ausland,[5] davon die Hälfte aus den Ländern der EU, die andere Hälfte aus Nicht-EU-Ländern.

Auf die Programme der Deutschförderung insbesondere in den europäischen Ländern hat diese Entwicklung wichtige Auswirkungen: Wer die deutsche Sprache lernt, kombiniert das jetzt mit etwas „Nützlichem": Deutsch wird immer öfter zusammen mit naturwissenschaftlichen Fächern gewählt. Auch werden Angebote immer beliebter, die das Lernen einer Fremdsprache mit konkreten fachlichen Inhalten verschmelzen. Das sieht man etwa an den 2.000 Partnerschulen der Bundesrepublik Deutschland weltweit, an denen Deutsch einen besonders hohen Stellenwert hat. Gerade in den vom Goethe-Institut betreuten PASCH-Schulen

---

4 Siehe www.internationale-studierende.de/fragen_zur_vorbereitung/studieren_in_deutschland/ (Stand 20.7.2020).
5 Vgl. www.sueddeutsche.de/wirtschaft/arbeitsmarkt-zuwanderung-bertelsmann-studie-1.4326451 (Stand 20.7.2020).

macht diese Verschränkung von MINT (Mathematik, Informatik, Naturwissenschaften und Technik) und Deutsch die besondere Exzellenz aus. Auch an berufsbildenden Schulen nimmt die Bedeutung von Deutsch zu.

5. Trotz dieser ganz handfesten Gründe, die dafür sprechen, Deutsch zu lernen, gibt es doch einige Dinge, warum gerade junge Europäerinnen und Europäer zurückhaltend gegenüber unserer Sprache sind: So hält sich das hartnäckige Gerücht bei vielen Schülerinnen und Schülern, dass Deutsch schwer zu erlernen sei. Manche finden unsere Sprache auch „uncool". Und wenn Rechtsradikale auf die Straße gehen, um gegen Ausländer zu demonstrieren oder Abgeordnete im Deutschen Bundestag von „Kopftuchmädchen, alimentierten Messermännern und sonstigen Taugenichtsen sprechen" (die AfD-Abgeordnete Alice Weidel nach Detering 2019, S. 11), so spricht sich das in Europa schnell herum. Welcher Bulgare, welche Bulgarin hat Lust, Deutsch zu lernen, wenn beispielsweise die Zeitung „24 Tschassa", Tageszeitung und Boulevardmagazin mit der zweitgrößten Auflage in Bulgarien, anlässlich der rechtsextremen Demonstrationen in Chemnitz im August 2018 titelt: „Warum jagt man die Ausländer in Ostdeutschland?"

Diese aufgezeigten Trends möchte ich an einigen ausgewählten europäischen Ländern illustrieren. Ich möchte die Situation in Polen, Frankreich und Russland erläutern und dann auf ein Sonderthema eingehen, das uns im Moment sehr beschäftigt und auch einen Bezug zu Europa hat: die Fachkräfteeinwanderung nach Deutschland. Schließlich werde ich auf ein Programm eingehen, das die Stellung der deutschen Sprache in den EU-Institutionen thematisiert.

Bis zur letzten Bildungsreform vor zwei Jahren befand sich die deutsche Sprache in Polen in stetigem Aufschwung, eine zweite Fremdsprache war Pflicht, wovon gerade die deutsche Sprache profitiert hat. Etwa 40 Prozent der Schülerinnen und Schüler haben Deutsch gelernt, und auch die Tatsache, dass die Bevölkerungszahlen in Polen allgemein zurückgingen, wirkte sich nur gering auf das Deutschlernen aus. In keinem anderen Land der Welt lernen 2020 mehr Menschen Deutsch als in Polen (Auswärtiges Amt (Hg.) 2020, S. 16). Insgesamt sind es 1,95 Millionen. Polen und Deutschland sind wirtschaftlich, zivilgesellschaftlich und kulturell eng miteinander vernetzt. Es gibt sehr viele Austauschprogramme, Stipendien, Studienmöglichkeiten und erweiterte Berufschancen in deutschen Firmen in Polen oder in Deutschland. Auch das fördert maßgeblich die Motivation, dort Deutsch zu lernen (Auswärtiges Amt (Hg.) 2015, S. 21).

Leider verändert sich diese Situation derzeit. Das geht zurück auf eine Schulreform, die vor zwei Jahren in Kraft getreten ist. Sie führt dazu, dass im Unterricht an polnischen Schulen insgesamt weniger Zeit für Fremdsprachen bleibt. Die Ausrichtung auf das Nationale beeinflusst den Schulunterricht zunehmend. Das

Gedenken nationaler Feiertage ist Pflicht, die historische Lesart im Geschichtsunterricht ist vorgegeben. Mehrsprachigkeit ist – anders als früher – kein Bildungsziel, die Ausarbeitung der Curricula der zweiten Fremdsprachen verläuft nach der Bildungsreform schleppend, es ist sogar geplant, die Fremdsprachenausbildung ganz auszusetzen. Die reguläre Stundenzahl von Deutsch als zweiter Fremdsprache hat sich seit der Reform drastisch verringert, so dass kaum mehr das Sprachniveau B1 erreicht werden kann. Eine Ausnahme bilden nur noch die besonderen Netzwerke wie die bereits erwähnten Schulen der Partnerschul-Initiative. Die Konsequenzen zeigen sich jetzt bereits: beispielsweise an den gesunkenen Sprachkenntnissen der Studierenden der Germanistik.

Dies ist umso bedauerlicher angesichts der Tatsache, dass Polen und Deutsche mit polnischem Migrationshintergrund nach den türkischen Mitbürgerinnen und Mitbürgern die größte Gruppe an Zuwanderern in Deutschland sind. Polen ist für Deutschland ein wichtiges Nachbarland und umgekehrt. Und genau hier setzen neue Programme an, um für das Lernen des Deutschen in Polen zu werben: „Lern die Sprache Deines Nachbarn" ist der Arbeitstitel einer neuen Initiative, bei der die deutsche Botschaft, die Goethe-Institute, der DAAD und die deutschen Auslandsschulen ab Herbst mit einer landesweiten Kampagne das Image der deutschen Sprache in Polen fördern wollen. Sie richtet sich direkt an die 12- bis 15-jährigen Schülerinnen und Schüler, die zunehmend autonom und altersbedingt unabhängig von möglichen beruflichen Überlegungen entscheiden. Bei „Lern die Sprache Deines Nachbarn" geht es darum, neben den wirtschaftlichen Vorteilen auch darzustellen, dass Deutsch witzig, unterhaltsam und sympathisch sein kann und auch leicht zu erlernen ist. In bestehende und neue Schulnetzwerke soll noch stärker investiert werden. Außerdem soll noch deutlicher werden, welche beruflichen Chancen die deutsche Sprache für junge Polinnen und Polen weiterhin bietet. Wir tun also einiges, um auf die sich verschlechternden Rahmenbedingungen für eine zweite Fremdsprache in Polen zu reagieren. Ob das ausreicht, wird man sehen, wenn neue Zahlen aus Polen vorliegen, da wir die Zahlen der weltweiten Deutschlerner wie erwähnt nur alle fünf Jahre erfassen können.

Frankreich, das zweite Land, das ich hier betrachten will, ist traditionell das erste Land, auf das man schaut, wenn man sich über den Stand der deutschen Sprache in Europa informiert. Dies wurzelt in der engen deutsch-französischen Freundschaft nach dem Zweiten Weltkrieg und hat damit historische und politische Gründe: Ob die Zahl der Lernerinnen und Lerner des Französischen in Deutschland und des Deutschen in Frankreich gewachsen oder zurückgegangen ist, wird – ob das berechtigt ist oder nicht – immer auch als Indikator für den allgemeinen Stand der bilateralen Beziehungen gewertet. Auch der Vertrag von Aachen, der im letzten Jahr von Staatspräsident Emmanuel Macron und Bundeskanzlerin Angela Merkel unterzeichnet wurde, gibt dem gegenseitigen Sprachenlernen eine besondere Bedeutung. Darin heißt es:

> Beide Staaten führen ihre Bildungssysteme durch die Förderung des Erwerbs der Partnersprache, durch die Entwicklung von mit ihrer verfassungsmäßigen Ordnung in Einklang stehenden Strategien zur Erhöhung der Zahl der Schülerinnen, Schüler und Studierenden, die die Partnersprache erlernen [...] enger zusammen.[6]

Heute wird Deutsch in Frankreich von gut 3 Prozent der Schülerinnen und Schüler ab der sechsten Klasse als erste Fremdsprache und von gut 16 Prozent als zweite Fremdsprache ab der siebten Klasse gelernt. Seit etwa drei Jahren verstärkt sich die Tendenz, Deutsch auch an französischen Grundschulen und Berufsschulen anzubieten. Deutsch hat in Frankreich nach wie vor den Ruf einer schwer zu erlernenden und elitären Sprache. Vor allem aufgrund der engen wirtschaftlichen Verflechtungen zwischen Deutschland und Frankreich sehen es viele Eltern jedoch als großes Plus für den Lebenslauf ihrer Kinder, wenn diese über Deutschkenntnisse verfügen. Allerdings liegt Deutsch nach Englisch, das bereits ab der Grundschule von fast allen Kindern gelernt wird, im Fremdsprachenranking erst an dritter Stelle hinter Spanisch, das in den vergangenen Jahren enorm an Bedeutung gewonnen hat.

Ein wichtiger Schritt, um das Deutschlernen in Frankreich zu stabilisieren, waren die mit der Bildungsreform 2002 eingeführten *classes bilangues*, in denen die Schüler ab der Eingangsklasse der Sekundarstufe Englisch und Deutsch gleichzeitig lernen. Im Jahr 2015 waren fast 90 Prozent der deutschlernenden Schülerinnen und Schüler in Frankreich in diesen *classes bilangues* (Auswärtiges Amt (Hg.) 2015, S. 21). Deshalb war der Protest groß, als eine erneute Bildungsreform ab Herbst 2016 umgesetzt wurde, die eine erhebliche Reduktion der *classes bilangues* zur Folge hatte. Diese *Réforme du Collège* sah vor, dass es im Ermessen der einzelnen *Académies* (Schulbehörden) liegen sollte, ob im Sekundarbereich weiterhin *classes bilangues* angeboten würden. Davon abgesehen, gab es nur noch dort eine Bestandsgarantie, wo Deutsch bereits in der Grundschule unterrichtet wurde. Im Primarbereich steht das Deutsche allerdings gegenüber dem Englischen noch auf verlorenem Posten. Das Thema *classes bilangues* wurde dann von Emmanuel Macron im Wahlkampf aufgenommen: Er versprach, nach einem Wahlsieg die auf vielen Seiten als überaus negativ wahrgenommenen Veränderungen bei den *classes bilangues* zurückzunehmen. Unmittelbar nach seinem

---

6 www.bundesregierung.de/resource/blob/997532/1570126/fe6f6dd0ab3f06740e9c693849b72077/2019-01-19-vertrag-von-aachen-data.pdf?download=1 (Stand 20.7.2020).

Wahlsieg im Mai 2017 wurden die *classes bilangues* tatsächlich durch einen Erlass des neuen Bildungsministers Jean-Michel Blanquer in ihrer ursprünglichen Form wiederhergestellt.

Trotz der großen Willensbekundungen, Deutsch im Schulsystem zu stärken, wie sie der Aachener Vertrag darstellt, gibt es in der konkreten Sprachpolitik, die im zentralistisch organisierten Frankreich vom Bildungsministerium in Paris festgelegt wird, durchaus Tendenzen, dem Erlernen von Fremdsprachen und damit auch der deutschen Sprache im staatlichen Schulsystem weniger Bedeutung beizumessen. Beispielsweise durch die Reduktion von Unterrichtszeiten im Zuge der jüngsten *réforme du lycée*. Auf die erwähnte Tendenz zu mehr Deutschangeboten im Primar- und Berufsschulbereich reagieren die Goethe-Institute in Frankreich, indem sie etwa mehr Fortbildungsangebote für Grundschullehrkräfte anbieten, neue und attraktive Online-Materialien erstellen oder „Schnupperkurse" für Berufsschulleiter bzw. Lehrkräfte anbieten, die einen Austausch mit deutschen Berufsschulen durchführen.

In Russland lag die Zahl der Deutschlernerinnen und Deutschlerner bei der Untersuchung von 2015 bei gut 1,5 Millionen. Besonders auffällig war hier, dass die Zahl der Lernerinnen und Lerner an Schulen zwischen 2010 und 2015 von 1,6 auf 1,1 Millionen zurückgegangen ist, die Zahl der Schulen mit Deutsch als Fremdsprache sank von knapp 23.000 auf knapp 17.000 (vgl. Auswärtiges Amt (Hg.) 2015, S. 23). Das hat zum einen mit der demographischen Entwicklung zu tun. Ein zentraler Grund für diese Entwicklung war jedoch, dass in Russland wie in vielen Schulen der GUS, Deutsch als erste Fremdsprache gelernt wurde – 2015 waren das in Russland noch 87 Prozent aller Deutschlernenden. Doch auch in Russland setzten die Schulen seit den 1990er Jahren immer stärker auf Englisch als erste Fremdsprache, was zu dem beschriebenen Rückgang des Deutschen stark beigetragen hat.

Politik des Goethe-Instituts, der deutschen Botschaft, der anderen deutschen Mittlerorganisationen und europäischen Partner war es deshalb, verstärkt dafür zu werben, dass im Schulsystem der Russischen Föderation eine zweite Fremdsprache obligatorisch gemacht wurde. Informationsinitiativen und Kampagnen wie „Utschi njemezki – lern Deutsch!" (Untertitel: Wie Deutsch Dich reich, berühmt und schön macht) oder das Jahr der deutschen Sprache in Russland 2014/ 2015 haben auch dazu beigetragen, dass dann 2015 die zweite Fremdsprache obligatorisch an allgemeinbildenden Schulen in Russland eingeführt wurde. Das Goethe-Institut hat daraufhin die Kampagne „Deutsch, die erste Zweite" aufgelegt. Die Zahl der Schulen, die Deutsch als Pflichtfach anbieten, ist um mehr als 20 Prozent gestiegen und betrifft aktuell ca. 40 Prozent aller Schulen. Seitdem steigen die Deutschlernerzahlen an Schulen bei der zweiten Fremdsprache wieder. Für 2020 vermelden die Kolleginnen und Kollegen aus Russland deshalb eine

Steigerung der Deutschlernerzahlen innerhalb von vier Jahren von gut 250.000 auf fast 1,8 Millionen. Leider brauen sich hier Wolken am Horizont zusammen: Die Bildungsstandards befinden sich seit 2019 in der Revision. Ob eine Fremdsprache Pflichtfach bleibt oder ob die Entscheidung künftig bei den lokalen Bildungsbehörden liegt, bleibt abzuwarten. Noch ist nichts entschieden.

Ich möchte Russland auch erwähnen, weil hier einige Projekte gestartet wurden, die für mich im Rahmen der Deutschförderung Vorbildcharakter haben und inzwischen auf zahlreiche Länder ausgeweitet wurden, weil sie die Deutschlernerinnen und Deutschlerner an vielen Punkten ihrer Bildungsbiografie mit altersspezifischen Angeboten begleiten. Einige Programme sollen etwa verdeutlichen, wie sich die deutsche Sprache mit dem persönlichen Nutzen und den persönlichen Interessen der Lernenden direkt verbinden lässt: Bei der „Digitalen Kinderuni", einem Deutschlernerportal für Acht- bis Zwölfjährige, das vom Moderator der „Sendung mit der Maus" Christoph Biemann mitentwickelt wurde, vermittelt ein „Professor Einstein" einfache naturwissenschaftliche Inhalte und nebenher die deutsche Sprache. Inzwischen tut er das in 15 Ländern und in mittlerweile acht Sprachfassungen. Ich hatte die große Ehre, die Kinderuni für die USA im Herbst letzten Jahres anlässlich des Deutschlandjahres „Wunderbar together" im zentralen Konferenzgebäude des *Massachusetts Institute of Technology* in Boston zu eröffnen – vor 400 Acht- bis Zwölfjährigen.

Die Studienbrücke – ein gemeinsames Projekt von Goethe-Institut, Universitätsallianz Ruhr und dem DAAD – reagiert auf die restriktiven deutschen Hochschulzugangsbedingungen für viele Nicht-EU-Länder, indem sie bereits in den letzten Schulklassen Schülerinnen und Schüler, die sich für ein Studium in Deutschland interessieren, mit zusätzlichen Deutschkursen, interkulturellen Maßnahmen und Zugangsprüfungen an die Hand nimmt. Sie wird inzwischen neben Russland auch in 20 weiteren Ländern wie der Ukraine, Belarus und Georgien, aber auch zum Beispiel Indonesien und Kolumbien angeboten. Die Idee der Studienbrücke wird jetzt konsequent ins Digitale übertragen: Für Studieninteressierte weltweit schaffen wir mit dem neuen Projekt „Digital Campus" einen umfassenden Weg zur digitalen Studienvorbereitung mit einer personalisierten Bedarfsanalyse und entsprechenden Lernangeboten. Das Projekt, das in einem Konsortium von DAAD, Goethe-Institut und weiteren Partnern vorangetrieben wird, wird vom Bundesministerium für Bildung und Forschung (BMBF) gefördert.

Der Wettbewerb Umwelt macht Schule, der vom Goethe-Institut Moskau entwickelt wurde, motiviert die jungen Teilnehmerinnen und Teilnehmer nicht nur dazu, auf Deutsch über ein zentrales Interessensgebiet – „Fridays for Future" lässt grüßen – nachzudenken und konkrete Projekte zu entwickeln. Er brachte in den vergangenen Jahren auch Schülerinnen und Schüler, Lehrerinnen und Lehrer aus Ländern wie Russland, der Ukraine, Georgien, Armenien und anderen

Ländern zu gemeinsamer Projektarbeit zusammen. In der europäischen östlichen Nachbarschaft der EU besitzt unsere Sprache so auch ein völkerverbindendes Element.

Ein weiteres wichtiges Thema ist die Frage nach der Bedeutung der deutschen Sprache im Kontext der europäischen Arbeitsmigration: In den Jahren 2012 und 2013 vermeldeten die deutschen Medien lange Warteschlangen vor den Goethe-Instituten in Barcelona und Madrid – die Wirtschaftskrise hatte Südeuropa voll getroffen. Viele machten sich auf den Weg, um in Deutschland zu arbeiten und bereiteten sich in Deutschkursen, die zum Teil mit staatlichen Programmen gefördert waren, auf ihre Arbeit in Deutschland vor. Die Kursteilnehmerzahlen an den spanischen Goethe-Instituten stiegen von 6.000 im Jahr 2009 auf über 10.000 im Jahr 2012. Inzwischen sind diese Zahlen wieder deutlich auf Vorkrisenniveau gefallen. Das stellt unsere Goethe-Institute vor größere Probleme, da zusätzlich aufgebaute Kapazitäten vor dem Hintergrund des spanischen Arbeitsrechts nicht so ganz einfach wieder zurückzubauen sind. Aber diese Entwicklung gibt natürlich auch Anlass zur Freude, ist sie doch ein Zeichen dafür, dass sich die Wirtschaft in Spanien und analog auch in anderen südeuropäischen Ländern positiv entwickelt.

Im Osten Europas bleibt das Fachkräftethema aber weiter virulent: Im Dezember 2018 habe ich das Goethe-Institut Skopje im Westbalkan besucht. Dort „brummen" die Sprachkurse. Aus einer Mitarbeiterversammlung am Goethe-Institut in Skopje bleibt mir aber auch die Frage einer Lehrerin im Gedächtnis: „Wie geht das Goethe-Institut damit um, dass es dazu beiträgt, dass viele wichtige ‚Kader' unser Land verlassen?". Eine berechtigte Anmerkung.

Die Vorbereitung von Fachkräften, hier konkret insbesondere Pflegekräften, ist seit einigen Jahren ein sehr wichtiges Thema auch auf dem Westbalkan. Das Goethe-Institut qualifiziert diese Gruppe sprachlich und interkulturell; dies geschieht dort vor allem in Bosnien und Serbien. Weltweit wurden 3000 Qualifizierungen im so genannten *Triple Win*-Programm durchgeführt, die große Mehrheit davon durch das Goethe-Institut. Hier geht es um Sprachkurse, denn gerade bei Pflegekräften ist es wichtig, dass diese gut Deutsch sprechen, aber auch um interkulturelle Sensibilisierungen. Wie es jetzt in Serbien weitergeht, ist unklar. „Man wisse aber, dass ein Wechsel von Pflegekräften nach Deutschland in Serbien ‚inzwischen kritischer betrachtet wird als zuvor'", wird die Bundesanstalt für Arbeit von Zeit Online zitiert.[7]

---

7 www.zeit.de/wirtschaft/2020-02/migration-serbien-pflegekraefte-deutschland-fachkraefte-kooperation (Stand: 15.5.2020).

Doch neben Pflegekräften sind auch andere Berufsgruppen im Blickfeld: zum Beispiel Lokführer. So übernimmt das Goethe-Institut Belgrad die sprachliche Qualifizierung von Fachpersonal für das Eisenbahnwesen in Serbien und Deutschland. Die Zusammenarbeit ist zwischen der Länderbahn GmbH im deutschen Vogtland und der Technischen Eisenbahnschule Belgrad im Februar 2019 entstanden. Sie birgt einen Gewinn für beide Länder: Die Ausbildung für Triebfahrzeugführerinnen und -führer wird durch eine parallele deutsche Sprachausbildung ausgewählter Studentinnen und Studenten ergänzt. Zudem lernen die Teilnehmer bereits in Serbien einen Teil der für Deutschland notwendigen Qualifikationen. Nach erfolgreichem Abschluss der Ausbildung bietet die Länderbahn einer bestimmten Anzahl von Absolventen die weitere Ausbildung in der unternehmenseigenen Eisenbahnschule an. Anschließend vertiefen sie ihre praktischen Erfahrungen und arbeiten als Lokführer nach deutschen Lohn- und Sozialstandards in Deutschland. Schließlich kehren nach einigen Jahren gut ausgebildete und hoch qualifizierte Mitarbeiter nach Serbien zurück, bereichern die serbische Wirtschaft und können den personellen Grundstock für die eingeleitete Modernisierung der Serbischen Eisenbahn bilden. Dieses Modell ist aus unserer Perspektive beispielhaft für eine europäische Fachkräftekooperation: Sie beginnt bereits in der Berufsschule im Land, vermittelt Deutsch und interkulturelle Kenntnisse, enthält inhaltliche und technische Elemente, von denen beide Seiten profitieren, und setzt von Anfang an auf zirkuläre Migration, bei der neue Kompetenzen nach einer gewissen Zeit in die Heimatländer „zurückwandern". Überhaupt muss Fachkräftezuwanderung, ob innerhalb oder außerhalb Europas, immer im Geiste der internationalen Kooperation stattfinden, bei der sich alle Seiten an einen Tisch setzen und gemeinsame Lösungen erarbeiten.

An diesem Beispiel wird deutlich, dass die Goethe-Institute keine „Anwerbeaktion" durchführen, sondern – und dies schon seit vielen Jahren – Instrumente bereitstellen, mit denen wir jeden, der eine persönliche Entscheidung für Deutschland getroffen hat, angemessen auf unser Land vorbereiten: Seit jeher begleiten wir Migrantinnen und Migranten im Rahmen von Mobilitäts- und Migrationsprojekten während des gesamten Prozesses der Zu- und Einwanderung. Dabei berät und informiert das Goethe-Institut in konkreten Fragen zur Migration und beginnt damit bereits in den Herkunftsländern. Die Bedeutung dieser vorintegrativen Maßnahmen mit Sprachkursen und interkulturellen Angeboten wird in Zukunft wachsen. Dies ist auch Thema einer neuen Studie des Goethe-Instituts, die u. a. auf Umfragen in Albanien, Bosnien und Herzegowina, Serbien und dem Kosovo basiert. Sie wurde im Rahmen des Fachkräftegipfels am 2. März 2020 Bundeskanzlerin Angela Merkel übergeben (Goethe-Institut (Hg.) 2020).

Beim Thema Fachkräfte stehen wir weltweit vor großen Herausforderungen. Politisch gesehen weist auch der Entschließungsantrag des deutschen Bundestages vom Januar dieses Jahres auf die Bedeutung des Themas hin. Er fordert, dass

> dem mit dem Fachkräfteeinwanderungsgesetz Ausdruck verliehenen Bedarf an qualifizierten Fachkräften – insbesondere im Hinblick auf die sprachliche, fachbezogene und interkulturelle Qualifizierung – auch in der Auswärtigen Kultur- und Bildungspolitik zu entsprechen. Dies muss sich im Arbeitsprogramm der Goethe-Institute widerspiegeln.[8]

Diese konkrete Aufforderung ist wichtig: Denn um zusätzliche Programme für deutsche Sprachangebote und andere vorintegrative Maßnahmen aufzulegen, mangelt es in vielen Ländern an Personal. Entsprechende Aus- und Fortbildungsprogramme für Lehrkräfte, neue Angebote, die beispielsweise Berufsschulen miteinbeziehen, Sprachkurse für angehende Fachkräfte – für all dies sind zusätzliche Ressourcen notwendig, die sicherlich zumindest zu einem Teil von der öffentlichen Hand bereitgestellt werden müssen, um dem eklatanten und bedrohlichen Fachkräftemangel in Deutschland entgegenzuwirken.

Abschließend möchte ich – dies nur kurz – die Stellung des Deutschen in den EU-Institutionen ansprechen. Deutsch ist in der EU eine von 24 Amtssprachen. Innerhalb der EU-Kommission und im Ausschuss der Ständigen Vertreter des Rats der Europäischen Union gilt ein Dreisprachenregime aus Englisch, Französisch und Deutsch. Arbeitsdokumente werden in diesen drei Sprachen vorgelegt. Wegen der Bedeutung des Deutschen in Europa hat sich die Bundesregierung zum Ziel gesetzt, keinesfalls eine Schwächung der deutschen Sprache im Sprachenregime der EU zuzulassen. Die Rolle von Deutsch als Arbeitssprache in allen Institutionen der EU soll daher gestärkt werden.[9]

Auf ein sehr erfolgreiches Programm, das das Goethe-Institut durchführt, um die deutsche Sprache als Arbeits- und Verfahrenssprache in den EU-Institutionen zu stärken, möchte ich in diesem Zusammenhang hinweisen, denn ich habe seine Erfolge schon an mehreren Stellen selbst erleben dürfen: Mit dem „Europanetzwerk Deutsch" finden seit 1994 intensive Sprachkurse in Deutschland für EU-Bedienstete und Ministerialbeamtinnen und -beamte statt, die sowohl aus den EU-Mitgliedsstaaten kommen als auch aus Beitrittskandidatenländern. Neben Deutschkenntnissen wird hier auch ein aktuelles Deutschlandbild vermittelt, außerdem können die Teilnehmer im Rahmen der Kurse auch Vertreterinnen und

---

[8] Deutscher Bundestag (2020, S. 6).
[9] www.bundesregierung.de/breg-de/service/sprachenregelung-in-eu-organen-616372 (Stand 20.7.2020).

Vertreter aus deutschen Ministerien und Institutionen kennenlernen. So fördert das Programm die Netzwerkbildung zwischen relevanten Akteuren aus Politik, Kultur, Wirtschaft und Gesellschaft in Europa. Das Netzwerk feierte im Oktober 2019 sein 25-jähriges Bestehen. Und es war beeindruckend zu sehen, über wie viele aktive Alumni es verfügt. Botschafter und EU-Kommissare wie der ehemalige lettische Kommissar Andris Piebalgs gehören ebenso dazu wie Jaroslav Pietras aus Polen, Generaldirektor im Ratssekretariat der Union, oder Iliana Ivanova aus Bulgarien, Mitglied des Europäischen Rechnungshofes, neben vielen anderen.

Ich hoffe auch, ich konnte vermitteln, dass wir nicht nur mit Sprachkursen und Lehrerfortbildung für die Förderung der deutschen Sprache in Europa stehen. Es geht auch darum, die eigenen Positionen in einen politischen Diskurs über die Bedeutung von Sprache in Europa einzubringen. Gegenüber der deutschen Politik sind unsere Erfahrungen natürlich auch mit konkreten politischen Empfehlungen verbunden, beispielsweise zusätzliche Ressourcen zur Verfügung zu stellen, um in Ländern Europas, wo sich ein Rückgang des Deutschen an Schulen und Universitäten abzeichnet, für unsere Sprache zu werben, oder im Bereich der Fachkräftewanderung die Lehrerausbildung zu stärken und neue Maßnahmen im Bereich der Berufsschulen finanziell zu unterfüttern. Auch müssen wir – und das hat nicht nur mit Europa zu tun – unsere Sprachangebote digital modernisieren.

Ich würde mich freuen, wenn Sie mich bei unseren Anliegen unterstützen würden. Denn ich glaube, wir alle sind von einem mehrsprachigen und vielfältigen Europa in jeder Hinsicht überzeugt, weil Europa seine Kraft gerade aus dieser Vielfalt bezieht. Und wir als Goethe-Institut sind – gemeinsam mit der internationalen germanistischen Linguistik und vielen anderen Partnern – in diesem großen Haus nun einmal für die deutsche Sprache verantwortlich.

Literatur

Adams, Douglas (2017): Per Anhalter durch die Galaxis. Der erste Band der fünfbändigen intergalaktischen Trilogie. 2. Aufl. Zürich/Berlin: Kein und Aber Pocket.
Auswärtiges Amt (Hg.) (2015): Deutsch als Fremdsprache weltweit. Datenerhebung 2015. Berlin: Auswärtiges Amt.
Auswärtiges Amt (Hg.) (2020): Deutsch als Fremdsprache weltweit. Datenerhebung 2020. Berlin: Auswärtiges Amt. Internet: www.auswaertiges-amt.de/blob/2344738/b2a4e47fdb9e8e-2739bab2565f8fe7c2/deutsch-als-fremdsprache-data.pdf (Stand: 12.8.2020).
Deutscher Bundestag (2020): Die Auswärtige Kultur- und Bildungspolitik im Wandel – Neue Bedingungen und Herausforderungen für zeitgemäßes Handeln. Antrag der Fraktionen der CDU/CSU und SPD. Drucksache 19/16834, 28.1.2020. Berlin: Deutscher Bundestag. Internet: https://dip21.bundestag.de/dip21/btd/19/168/1916834.pdf (Stand: 12.8.2020).

Detering, Heinrich (2019): Was heißt hier „wir"? Zur Rhetorik der parlamentarischen Rechten. Ditzingen: Reclam.
Goethe-Institut (Hg.) (2020): Annäherung, die im Heimatland beginnt. Vorintegrationsangebote für Erwerbsmigrant*innen. Analyse und Handlungsempfehlungen. München: Goethe-Institut. Internet: www.goethe.de/resources/files/pdf194/gi_bro_216x279_mwnd-screenes.pdf (Stand: 12.8.2020).
Gümüşay, Kübra (2020): Sprache und Sein. 5. Aufl. München/Berlin: Hanser.

Vít Dovalil (Prag)
Deutsch als Sprachmanagement-Objekt in Europa: Akteure, Interessen und Hindernisse

Abstract: Der Beitrag geht der Frage nach, welche Akteure die Stellung des Deutschen im heutigen Europa beeinflussen (können). Als Grundlage für die Untersuchung wird die Sprachmanagementtheorie gewählt, die sich mit *dem Verhalten verschiedener Akteure gegenüber der Sprache* beschäftigt. Diese metasprachlichen Aktivitäten definieren das Schlüsselkonzept *Sprachmanagement*. Auseinandergehende sprachenpolitische Interessen und Konflikte werden in Abhängigkeit von der Macht des jeweiligen Akteurs gelöst. Es werden konkrete Beispiele analysiert, die sich auf der EU-Ebene, der Ebene eines EU-Mitgliedsstaates wie auch in Regionen abspielen.

1 Skizze des theoretischen Rahmens und zentrale Forschungsfragen

Der vorliegende Beitrag setzt sich mit der allgemeinen Frage auseinander, von welchen Umständen – und wie genau – die Stellung des Deutschen in Europa abhängt. Dabei wird ein Versuch unternommen, solche Beispiele von sozialen Kontexten und Kommunikationsdomänen zu liefern, in denen diese Frage empirisch klar zu beantworten ist. Im Hintergrund dieser sprachsoziologischen Perspektive steht die Voraussetzung, dass der Status einer Sprache in einer (mehrsprachigen) Gemeinschaft als Prozess und Produkt der Diskurse aufgefasst werden kann, in die verschiedene Akteure mit spezifischen Interessen eingreifen.

Da sich die Akteure sprachlich – in kurzen Äußerungen wie auch mit umfangreichen Texten – auf Deutsch beziehen, entstehen metasprachliche Aktivitäten, die auf den Status, den Erwerb, das Prestige wie auch strukturelle (das Korpus) und andere Aspekte dieser Sprache abzielen.[1] Wir können konkrete Verhaltensweisen gegenüber der deutschen Sprache in verschiedenen Diskursen empirisch beobachten. Über die Stellung des Deutschen in Europa diskutieren nicht nur Linguisten, sondern auch Laien, politische Parteien oder Staatsorgane in Deutsch-

---

[1] Diese Differenzierung des Forschungsfeldes entspricht der Strukturierung der Sprachplanung. Vgl. Cooper (1989) oder Marten (2016, S. 24–29).

https://doi.org/10.1515/9783110731514-003

land und anderen EU-Mitgliedsstaaten. Die Summe solcher metasprachlichen Aktivitäten wird in der Soziolinguistik als Sprachmanagement definiert (Fairbrother/Nekvapil/Sloboda (Hg.) 2018, S. 16–18; Dovalil/Šichová 2017, S. 19). Der hervorgehobene metasprachliche Charakter des Verhaltens gegenüber der Sprache ergänzt die Auffassung von Sprache als Objekt. Eine der Grundideen der Sprachmanagementtheorie besteht darin, dass Sprachen nicht nur verwendet (Produktion und Rezeption) werden, sondern dass in Sprachen häufig eingegriffen wird (Sprachmanagement). Dem Management-Konzept ist keineswegs ein präskriptiver Charakter zu unterstellen. Obwohl sich mit diesem Konzept auch normative Eingriffe erfassen lassen, wird an dieser Stelle nur neutral konstatiert, dass es ebenso natürlich ist zu beobachten, wie die Sprachbenutzer den Sprachgebrauch kommentieren, kritisieren oder korrigieren. Hingegen wäre es präskriptiv zu fordern, auf diese alltäglichen Aktivitäten zu verzichten.

Jedes Verhalten ist als Prozess zu verstehen, an dem Akteure mit spezifischen Interessen teilnehmen.[2] Sie verfügen über gewisse Macht und gesellschaftlichen Einfluss (vgl. Dovalil i. Dr.). Diese komplizierte Frage geht mit der Zugehörigkeit der Akteure zur Mikro- und Makroebene einher. Interaktionen individueller Sprecher sind der Mikroebene zuzuordnen; gesellschaftliche Institutionen und Organisationen verschiedener Art vertreten die Makroebene.[3] Die Ebenen, auf denen sich die Sprachmanagementprozesse abspielen, tragen zur Klassifizierung zweier grundlegender Managementarten bei. Das einfache Management geschieht auf der Mikroebene der Interaktionen, während auf der Makroebene das organisierte Management stattfindet[4]. Die Theorie geht systematisch davon aus, dass beide Ebenen nicht voneinander zu trennen sind. So kann ein Sprachproblem auf der Mikroebene identifiziert werden, aber seine Lösung kann an Institutionen (= Makroebene) delegiert werden. Dementsprechend öffnet die Theorie den Raum für zahlreiche Konstellationen, in denen die Bewegungen zwischen den beiden Ebenen zu modellieren sind.

---

[2] Daraus folgt noch nicht, dass jedes Verhalten rational sein muss. Motivationen können außerordentlich komplex sein. Eine ausführliche Diskussion würde den Rahmen dieses Beitrags sprengen.
[3] Das Kontinuum zwischen diesen Extremen lässt sich mit Hilfe einer/einiger Mesoebene/n strukturieren, die deutlicher auf gewisse Übergangsstufen abzielen. Zu den neuesten Diskussionen siehe Kimura/Fairbrother (Hg.) (2020).
[4] Das organisierte Management ist transsituativ (transinteraktional) und spielt sich in Netzwerken unterschiedlichen Komplexitätsgrades ab, an denen Institutionen teilnehmen. Die Akteure kommunizieren über die Managementakte, wobei sie mit Theorien und/oder Ideologien argumentieren. Zum Objekt des Managements wird nicht nur die Sprache in Interaktionen, sondern auch im Sinne des Sprachsystems (vgl. Nekvapil 2016, S. 15).

Die Sprachmanagementprozesse zeichnen sich durch Dynamik aus, die für wissenschaftliche Analysen eine Herausforderung darstellt. Die Theorie strukturiert die Prozesse in insgesamt vier Phasen, die auf gegenseitigen Erwartungen der Akteure beruhen. Wenn sich die Erwartungen im Einklang befinden, werden keine Managementprozesse initiiert. Dieser Einklang bedeutet, dass es zu keinen Abweichungen von den Erwartungen kommt und dass es nichts zu managen gibt. Entscheidend für die Eröffnung des Sprachmanagements ist die Existenz einer solchen Abweichung von den Erwartungen.[5] Eine Abweichung mag von einem Akteur wahrgenommen werden, muss es aber nicht. Da eine nicht wahrgenommene Abweichung subjektiv nicht existiert, sind für das Anlaufen des Prozesses nur diejenigen Abweichungen relevant, die von dem jeweiligen Akteur bemerkt werden. Die bemerkte Abweichung mag darauffolgend bewertet werden, muss es aber nicht. Diese evaluative Phase realisiert sich auf einem Kontinuum zwischen *positiv* und *negativ*. Im Falle der negativen Bewertung liegen Sprachprobleme vor, im Falle der positiven Gratifikationen. Diese lassen sich als Ausdruck der Zufriedenheit interpretieren und tragen zur Stabilisierung der identifizierten Abweichung in sozialer Praxis bei. Das Management wird sinnvollerweise im Falle der negativen Bewertung fortgesetzt. Um die Unzufriedenheit zu beseitigen, die sich in der negativen Evaluation widerspiegelt, mögen die Akteure nach Strategien suchen, um das Sprachproblem zu lösen. Adäquate Lösungen können gefunden werden, müssen es aber nicht unter allen Umständen. Wenn eine Lösung entworfen ist, kann sie implementiert werden, wieder aber nicht zwingend.[6] Die erfolgreiche Implementierung schließt den ganzen Zyklus des Sprachmanagements ab. Gemessen an den Erwartungen, von denen ausgehend ein erster Zyklus gestartet wurde, kann eventuell ein neuer begonnen werden. Von analytischem Vorteil dieser Strukturierung ist es, dass darin alle Phasen zu suchen sind, in denen der Prozess scheitern kann. Ein anderer Vorteil der Theorie besteht darin, dass Sprachprobleme vorwegzunehmen sind: Ein Akteur kann sich im Voraus auf ein Problem vorzubereiten beginnen, noch bevor das Problem überhaupt entstanden ist. Dieses Phänomen wird als *pre-interaction management* bezeichnet (vgl. Nekvapil/Sherman 2009, S. 184 f.).

Die Abläufe des Sprachmanagements – und im Zusammenhang damit auch die Ursachen eines potenziellen Misserfolgs – können im letzten Teil der Theorie reflektiert werden, der insgesamt drei Dimensionen der Prozesse beleuchtet (vgl.

---

5 Das Konzept der Abweichung ist neutral als Ungleichheit zu deuten. In Anlehnung an die Wahrnehmung der Akteure sind Abweichungen subjektiv.
6 Eine schematische Darstellung der beschriebenen Phasen bieten Dovalil/Šichová (2017, S. 21). Sie verweisen auch auf die englische Originalterminologie: *deviations – noting – evaluation – adjustment design – implementation* (vgl. auch Fairbrother/Nekvapil/Sloboda (Hg.) 2018, S. 17).

Dovalil/Šichová 2017, S. 22 f.). Die erste Dimension – das soziokulturelle bzw. sozioökonomische Management – betrifft die sprachökologischen Umstände, unter denen Sprachen verwendet werden. Von Bedeutung sind nicht nur die grundlegenden sozioökonomischen Voraussetzungen des Sprachgebrauchs (Nachfrage und Angebot im traditionellen Sinne, Kosten-Nutzen-Analyse in Bezug auf den Spracherwerb, rechtliche Regelung, politische Rahmenbedingungen usw.), sondern auch kulturelle und sprachideologische Aspekte bzw. Vorurteile (Kommt man mit Englisch überall aus? Ist die Grammatik des Deutschen komplizierter als die des Englischen? Klingt Italienisch schöner als Französisch?). Die zweite Dimension bezieht sich auf das kommunikative Management, in dem z. B. die Sprecher-Hörer-Rollen, Rhetorik, Sprachwahlen und andere pragmatische Aspekte beeinflusst werden. Die Grundlage des kommunikativen Managements besteht in sozialen Netzwerken, die von den beteiligten Akteuren etabliert werden. Die dritte Dimension reflektiert die sprachlich-strukturellen Angelegenheiten und wird als sprachliches Management im engeren Sinne bezeichnet. Mit gewisser Vereinfachung lässt sie sich als Vervollkommnung eigener Sprachkenntnisse deuten (Management der Syntax, Morphologie, Rechtschreibung, Aussprache oder Management des Wortschatzes).

Die Sprachmanagementtheorie stellt diese drei Dimensionen nicht nur als solche fest, sondern sie setzt sie in Beziehung – mit Blick darauf, wie erfolgreich der Prozess ausfallen kann. Nach Maßgabe der Theorie sind zuerst die Gegebenheiten des soziokulturellen Managements zu beeinflussen, die die Voraussetzungen für das erfolgreiche kommunikative Management darstellen. Wenn die kommunikativen Aspekte den jeweiligen Interessen entsprechend gemanagt sind, ist es sinnvoll, sich mit dem sprachlichen Management i. e. S. zu befassen. So sind möglichst gute Deutschkenntnisse, auf die (nicht nur) die Didaktik abzielt, vom kommunikativen Management bedingt, d. h. von Netzwerken, in denen Deutsch möglichst natürlich verwendet wird. Und da sich der Gebrauch des Deutschen lohnen sollte – ökonomisch wie auch soziokulturell einschließlich des Prestiges –, hängt das kommunikative Management wiederum von dem sozioökonomischen ab, in dem die günstigen Voraussetzungen im Sinne der Nachfrage nach Deutschkenntnissen, des Abbaus der deutschfeindlichen Vorurteile oder weiterer ideologischer Aspekte zu schaffen sind (vgl. Dovalil 2018).[7]

Somit mündet die skizzierte theoretische Basis in die folgenden Forschungsfragen:

---

[7] Obwohl diese kurze Skizze der Einfachheit halber eher ökonomisch ausgerichtet ist, sollte dieser Blick nicht überbewertet werden. Man lernt Sprachen, auch wenn es sich nicht unmittelbar lohnt (vgl. Dovalil 2018, S. 283–285).

1. Welche Akteure vertreten welche Interessen, die Deutsch betreffen, und wie handeln sie?
2. Wie einflussreich sind sie im soziokulturellen Kontext des Deutschen in Europa und in Tschechien?

Wenn die oben zusammengefassten theoretischen Grundlagen in die Stellung des Deutschen projiziert werden, entsteht die folgende Perspektive, die zur besseren Orientierung beiträgt. Am Anfang ist es einzuräumen, dass die Stellung des Deutschen in Europa für viele eigentlich kein Problem darstellt. Mit dem Apparat der Sprachmanagementtheorie ausgedrückt bedeutet es, dass die Erwartungen vieler Sprecher und Institutionen diesbezüglich ziemlich niedrig sind und dass diese Akteure keine Abweichungen von ihren Erwartungen zu konstatieren haben. Dies erklärt, warum keine Managementprozesse initiiert werden. Ein anderer Teil der Akteure erwartet eine stärkere Position des Deutschen. Sie halten die aktuelle Stellung für schwach (= Abweichung von den Erwartungen) und bewerten die Situation negativ. Diese Unzufriedenheit ist der Ausgangspunkt für Aktivitäten, die in Formulierung adäquater Maßnahmen münden sollten, die es zu implementieren gelingt. Diese beiden letzten Phasen stellen die kompliziertesten Probleme dar: Zuerst müssten die Akteure überhaupt optimale Strategien zu entwerfen wissen, und darüber hinaus müssten sie mächtig genug sein, um die Lösungen in Praxis umzusetzen. Gute oder sich verbessernde Deutschkenntnisse als Ausdruck der implementierten Maßnahmen sind dabei relativ gut messbar (qualitativer Aspekt), ähnlich wie die Menge bzw. Länge des Gebrauchs des Deutschen in verschiedenen Kommunikationsdomänen (quantitativer Aspekt). Die Projektion der theoretischen Grundlagen kann mit Einbeziehung der drei Dimensionen in der Reihenfolge soziokulturelles → kommunikatives → sprachliches Management i. e. S. abgeschlossen werden (vgl. Dovalil 2019).

Der theoretische Rahmen wird im Folgenden auf drei Ebenen angewendet, auf denen sich die recht komplexe Frage nach der Stellung des Deutschen in Europa als relevant erweist. Als erste kommt die EU-Ebene, auf der sich im Mittelpunkt dieses Beitrags die Eingriffe des Europäischen Gerichtshofs (EuGH) in den Gebrauch des Deutschen befinden. Der Grund für diese Wahl besteht darin, dass die rechtskräftigen Urteile dieses Gerichtshofs (oder andere Arten seiner Entscheidungen) konkrete Lösungen individueller Sprachprobleme darstellen. Gleichzeitig ist der EuGH im System des EU-Rechts die mächtigste Instanz, deren Entscheidungen i. d. R. schnell implementierbar sind.[8] Im Anschluss an die EU-Ebene wird die Stellung des Deutschen in einem konkreten Mitgliedsstaat (Tschechien)

---

[8] Ausführlicher vgl. Dovalil (2015, S. 363–368).

analysiert. Im Vordergrund befinden sich die Aktivitäten des Schulministeriums und der Doppelstatus der Sprache (Deutsch als Fremdsprache neben Deutsch als Minderheitssprache). Als dritte relevante Ebene bietet sich ein Einblick in die Regionen.

Diese drei Ebenen beleuchten auch die Datenquellen, von denen im Weiteren ausgegangen wird. Für die EU-Ebene sind es das Amtsblatt der EU und die Urteile, die in der Datenbank EUR-Lex abzurufen sind. Die Ebene der Tschechischen Republik wird aufgrund der Statistiken des Schulministeriums und des Rahmenbildungsprogramms für Grundschulwesen (im Weiteren RBP) als Rückgrat der tschechischen Fremdsprachenpolitik analysiert. Die regionale Ebene, auf der Deutsch als Minderheitsprache am deutlichsten zum Vorschein kommt, stützt sich auf teilnehmende Beobachtungen der Interaktionen im Regierungsbeirat für nationale Minderheiten, auf Interviews mit Eltern, Schulleitern und Vertretern zweier Grenzstädte – Cheb (Eger) und Jablonec nad Nisou (Gablonz).

2 Deutsch im Fokus auseinandergehender Interessen auf der EU-Ebene

Die Forschungsliteratur, die sich der Stellung des Deutschen in der EU widmet, ist zu umfangreich, als dass an dieser Stelle ein Überblick auch nur in Umrissen skizziert werden könnte.[9] Aus diesem Grunde wird hier eine Einschränkung auf einen adäquaten Teilbereich unternommen, dessen Aussagekraft aber dennoch nicht unerheblich ist. Recht deutlich manifestieren sich Hindernisse und Interessenkonflikte, die Deutsch in der EU betreffen, in der EU-Rechtsprechung. Sie verkörpert einen gut abgrenzbaren Diskurs, der dem Aufbau der Sprachmanagementtheorie in mancher Hinsicht entgegenkommt. In den Texten der Urteile sind die Akteure und ihre Machtstellung leicht identifizierbar. Die Vorgeschichte des jeweiligen Streits ermöglicht es, die Phasen des Prozesses von den Abweichungen von den Erwartungen über die auseinandergehenden Evaluationen bis hin zu Lösungen zu rekonstruieren, die es zu implementieren gilt. Das EU-Recht steht über dem nationalen Recht.

Das Thema einer ersten Gruppe von Rechtssachen ist die Frage, inwieweit der Gebrauch des Deutschen, das in Italien (Südtirol) und Belgien (deutschspra-

---

9 Stellvertretend sei von neueren Publikationen mindestens auf Ammon (2015, S. 730–805) und Ammon/Schmidt (Hg.) (2019) einschließlich der darin benutzten Quellen verwiesen.

chige Gemeinschaft in Ostbelgien) den Status einer regionalen Amtssprache genießt, grundsätzlich von der Staatsangehörigkeit zu bedingen ist.

In der ältesten Rechtssache (C-137/84) aus den 1980er Jahren wollte ein luxemburgischer Staatsangehöriger mit Wohnsitz im belgischen St. Vith im Ausgangsverfahren vor einem Strafgericht in Belgien deutsch sprechen. Er stieß jedoch auf Einwände der Staatsanwaltschaft, dass nach der belgischen Gesetzgebung nur belgische Staatsangehörige von diesem Recht Gebrauch machen dürfen. Das belgische Gericht wandte sich mit einem Gesuch um Vorabentscheidung an den EuGH nach Luxemburg, um die Frage klären zu lassen, ob sich in diesem Punkt das belgische Sprachenrecht und das EU-Recht im Einklang befinden.[10]

Die zweite Rechtssache (C-274/96) aus den 1990er Jahren war strukturell identisch. Diesmal wollten ein Bundesbürger und ein österreichischer Staatsangehöriger vor einem Strafgericht in Bozen deutsch sprechen. Auch in diesem Fall berief sich der Richter zuerst auf die italienische Sprachenregelung, nach der das Recht, vor Gerichten der Provinz Bozen-Südtirol Deutsch zu benutzen, nur italienischen Staatsangehörigen vorbehalten sei. Auch in diesem Falle ist eine Vorabentscheidung vom EuGH getroffen worden.

Die neueste der drei Rechtssachen (C-322/13) vom März 2014 wurde ebenso in Bozen verhandelt. Dieses Sprachproblem ist jedoch um ein Element interessanter, denn in einem zivilrechtlichen Streit trat als Klägerin eine Bundesbürgerin und als Beklagte eine tschechische Staatsangehörige auf. Wenngleich die auf Deutsch eingereichte Klageschrift für die Tschechin ins Tschechische übersetzt wurde, beantwortete die Tschechin die Klage auf Deutsch. Das Gericht in Bozen stellte sich auch in diesem Falle die Frage, in welcher Sprache – Deutsch oder Italienisch – das Verfahren weiter zu führen wäre. Wie in den zwei vorhergehenden Fällen wurde die Vorabentscheidung vom EuGH gefällt.

Alle drei Rechtssachen sind gekennzeichnet von dem Problem der Diskriminierung aus Gründen der Staatsangehörigkeit, die als Bedingung für den Gebrauch des Deutschen gelten sollte. Der EuGH hat in allen drei Rechtssachen auf das Diskriminierungsverbot als eines der zentralen Prinzipien des EU-Rechts hingewiesen. Das EU-Recht (Diskriminierungsverbot) ist

---

[10] Dieses Rechtsinstitut bedeutet, dass das Ausgangsverfahren vor dem Gericht im Mitgliedsstaat unterbrochen wird, bis der EuGH über die Frage vorabentschieden hat. Die Antwort des EuGH auf die vom nationalen Gericht gestellten Fragen muss von diesem Gericht berücksichtigt werden. Dadurch wird der Einklang des EU-Rechts und der Rechtsordnungen der Mitgliedsstaaten garantiert.

dahin auszulegen, dass [es] einer nationalen Regelung [...] entgegensteht, die das Recht, [...] vor den Gerichten eines Mitgliedsstaats [...] eine andere Sprache als dessen Amtssprache zu gebrauchen, nur den in der betreffenden Gebietskörperschaft wohnhaften Bürgern dieses Staates einräumt.[11]

Man kann deshalb verallgemeinern, dass die Staatsangehörigkeit kein Hindernis für den Gebrauch einer Sprache darstellen darf, die auf dem Gebiet eines EU-Mitgliedsstaates den Status einer regionalen Amtssprache besitzt. Deutsch spielt eine wichtige Rolle als die Einzelsprache, an der dieser Typ des Rechtsstreits entschieden wurde.

In einer anderen Gruppe von Rechtssachen gerät Deutsch nicht so unmittelbar in den Vordergrund. Dennoch sind die Effekte der folgenden Entscheidungen des EuGH für Deutsch nicht weniger wichtig. Die Rechtssachen betreffen die Kommunikationsdomäne der Auswahlverfahren für EU-Institutionen, die vom Europäischen Amt für Personalauswahl organisiert werden (vgl. van der Jeught 2015, S. 144–148). Die Bekanntmachungen über ausgeschriebene Stellen werden im Amtsblatt der EU veröffentlicht. Nach dem Beamtenstatut (Art. 28, Abs. f) kann zum Beamten nur eine solche Person ernannt werden, die über gründliche Kenntnisse (Niveau C1 im Sinne des Gemeinsamen europäischen Referenzrahmens) einer Sprache der EU und über ausreichende Kenntnisse (Niveau B2) einer anderen Sprache der Union verfügt, die für die Ausübung des Amtes erforderlich sind. Konkrete Einzelsprachen sind im Beamtenstatut jedoch nicht festgelegt.

Seit der EU-Osterweiterung im Mai 2004 neigt das Amt dazu, die ursprünglich großzügige Mehrsprachigkeit der Auswahlverfahren auf drei Sprachen zu reduzieren – Englisch, Deutsch und Französisch. Es argumentiert mit dem Bedarf, die Kommunikation mit Bewerbern zu rationalisieren. So wurde 2007 eine Serie von Bekanntmachungen im Amtsblatt nur in diesen Sprachen veröffentlicht. Darüber hinaus wurde auch die Wahl der zweiten Sprache auf diese drei eingeschränkt. Für Italien stellte diese neue Praxis unakzeptable Abweichungen vom Prinzip der legitimen Erwartungen dar, und es reichte dagegen eine Klage ein.[12] Im Urteil vom November 2012 (Rs. C-566/10 P) hat der EuGH Italiens Einwände für rechtens erkannt, denen zufolge die Bekanntmachungen über ausgeschriebene

---

11 Dieses Zitat ist dem Urteil in Rs. C-322/13 entnommen, aber das Ergebnis – einschließlich der Betonung des Diskriminierungsverbots – entspricht dem Tenor der Argumentation in allen drei Rechtssachen.

12 Dass es ein EU-Mitgliedsstaat ist, der das Sprachproblem vor den EuGH bringt, und nicht eine natürliche Person, ist aus der soziolinguistischen Perspektive von Bedeutung. Dies zeigt einen der Fälle, in denen das organisierte Management von einem Akteur auf der Makroebene initiiert wird. Italien handelte übrigens nicht allein, es hatte in verschiedenen Rechtssachen dieser Art einige Streithelfer (z. B. Spanien, Litauen oder Griechenland).

Stellen in allen Amtssprachen der EU zu veröffentlichen sind. Auch die unbegründete Einschränkung der Wahl der zweiten Sprache wurde nicht toleriert. Das Amt und die Europäische Kommission mussten die Bevorzugung des Englischen, Deutschen und Französischen als zweite Sprache, die diskriminierende Effekte hervorrufen könnte, als legitime Maßnahme verteidigen, die den zu erreichenden Zielen verhältnismäßig ist. Das Amt wies auf sofortige Einsatzfähigkeit der neu eingestellten Mitarbeiter hin, die die faktische Gleichstellung von Bewerbern und Beamten herbeiführte. Außerdem beriefen sich das Amt und die Kommission auf die nummerische Stärke dieser Sprachen, die die drei meistverbreiteten Erst- und Fremdsprachen der EU wie auch die am häufigsten verwendeten Sprachen in den EU-Institutionen darstellten. Der EuGH hat sich jedoch mit der quantitativen Argumentation nicht abgefunden. Er lehnt die Einschränkung der Wahl der zweiten Sprache aber nicht pauschal ab.[13] Sie muss doch als legitim und verhältnismäßig begründet sein. Besonders für Deutsch bedeutet die Präferenz des Amtes eine interessante Konstellation der Gleichbehandlung mit Englisch und Französisch.

Unmittelbar in den Mittelpunkt eines Rechtsstreits ist Deutsch wiederum in der wichtigen Domäne der Medien geraten. In Rs. C-93/11 P klagte der Verein Deutsche Sprache den Rat der EU an, weil diese EU-Institution nicht gewährleistet habe, dass der Internetauftritt der jeweiligen Ratspräsidentschaft auch in Deutsch bereitgestellt wird. Mit Hinweis auf seine nummerische Stärke sollte Deutsch in den Kreis der ständigen Sprachen aufgenommen werden. Der Rat der EU wehrte sich, dass er nicht dazu befugt sei zu bestimmen, in welchen Sprachen die Mitgliedsstaaten, die den Vorsitz im Rat innehaben, die Internetseiten der Präsidentschaft präsentieren sollen. Dieses Sprachproblem wurde jedoch rechtspositivistisch auf eine formelle Substanz reduziert, wonach die Klage des VDS als undeutlich zurückgewiesen wurde. Ähnliches gilt auch für Klagen gegen die alleinige Beschriftung des Pressesaals im Sitz der Europäischen Kommission im Palais Berlaymont in Englisch und Französisch (Rs. T-468/16, Rs. C-440/18 P). Auch diese Klagen wurden Ende Januar 2019 als offensichtlich unbegründet zurückgewiesen.

3 Ebene eines Mitgliedsstaates: Deutsch in Tschechien

Obwohl in der bisherigen Geschichte der selbstständigen Tschechischen Republik fast keine Rechtssachen gelöst wurden, in denen es um Deutsch gegangen

---

13 Siehe z. B. die Urteile vom März 2019 in Rs. C-621/16 P oder Rs. C-377/16.

wäre, kommt es auch in diesem EU-Mitgliedsstaat zu interessanten Auseinandersetzungen mit Deutsch als Hauptthema.[14] Einerseits nimmt Deutsch seit Ende der 1990er Jahre die Position der zweiten Fremdsprache ein, andererseits genießt es den Status einer zu schützenden Minderheitensprache. Die deutsche Minderheit in Tschechien ist jedoch klein. Nach der bislang letzten Volkszählung im Jahr 2011 bekennen sich zu dieser Minderheit ungefähr 19.000 Staatsangehörige. Zum soziokulturellen Kontext gehört ebenfalls, dass diese Minderheit über keine Schulen mit Deutsch als Unterrichtssprache oder mindestens erster Fremdsprache verfügt, denn die Minderheit lebt nicht auf kompakten Gebieten.[15] Wichtig ist, dass Tschechien gleich an zwei ökonomisch starke deutschsprachige Länder grenzt – Deutschland und Österreich. Beide zählen zu den wichtigsten ausländischen Investoren, die auf dem tschechischen Arbeitsmarkt über 100.000 Stellen geschaffen haben (vgl. Šichová 2011). Trotz der starken wirtschaftlichen wie auch kulturellen Bindungen wurde den tschechischen Staatsangehörigen nach dem EU-Beitritt im Mai 2004 nicht erlaubt, von der Freizügigkeit auf dem Arbeitsmarkt der deutschsprachigen Nachbarn zu profitieren.[16] Direkt zugunsten des Deutschen engagieren sich in Tschechien unter anderen Institutionen das Goethe-Institut, die Botschaften beider deutschsprachiger Nachbarländer, der Germanistenverband der Tschechischen Republik oder die Deutsch-tschechische Industrie- und Handelskammer.[17] Die sozioökonomischen bzw. soziokulturellen Umstände werden außerdem von der Ideologie *English is enough* beeinflusst (vgl. Dovalil 2018, S. 288–293).

Das wichtigste Dokument, das die Fremdsprachenpolitik des Landes gestaltet, stellt das Rahmenbildungsprogramm für Grundschulwesen (RBP) dar. Dieses Programm berücksichtigt keine regionalen Besonderheiten. 2013 hat das RBP eine zweite Pflichtfremdsprache eingeführt.

Die folgenden Statistiken (Abb. 1 und 2) liefern einen allgemeinen quantitativen Überblick über die Fremdsprachensituation in den wichtigsten Segmenten des tschechischen Bildungssystems. Darin ist ein langjähriger Rückgang der Zahl von Deutschlernern seit Mitte der 1990er Jahre zu sehen. An den Grundschulen (Abb. 1) hat sich jedoch die Zahl der Deutschlerner gerade seit 2013 stabilisiert. Der vorherige Rückgang wandelte sich in einen leichten Zuwachs um.

---

14 Eine der wenigen Ausnahmen ist z. B. die Rs. C-233/08 vom Januar 2010.
15 Eine ausführliche Beschreibung der aktuellen Situation liefern Rojík (2019) und Kreisslová/Novotný (2015, 2018).
16 Dieses Hindernis, das die Nachfrage nach Deutsch in Tschechien bestimmt nicht stimulierte, wurde erst im Mai 2011 beseitigt, als die Übergangsfrist nicht mehr zu verlängern war.
17 Einen detaillierten Überblick über die vom Goethe-Institut gestartete Kampagne „Šprechtíme" liefert Filipová (2016); zur Rolle der anderen Akteure vgl. Dovalil (i. Dr.).

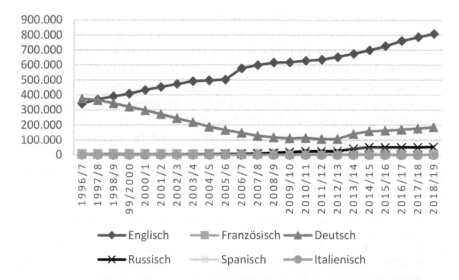

Abb. 1: Fremdsprachen an Grundschulen (Anzahl Schüler im jeweiligen Schuljahr), Quelle: Schulministerium der Tschechischen Republik (Februar 2020)[18]

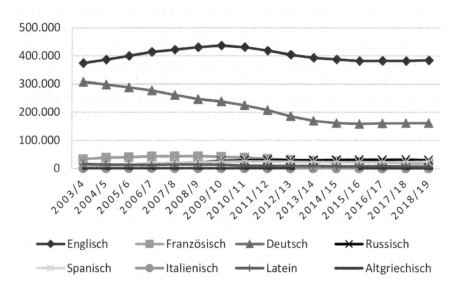

Abb. 2: Fremdsprachen an Mittelschulen (Anzahl Schüler im jeweiligen Schuljahr), Quelle: Schulministerium der Tschechischen Republik (Februar 2020)

---

18 Die Angaben des Schulministeriums hier und im Folgenden entstammen einer persönlichen Kommunikation mit der Statistik-Abteilung des Ministeriums.

Diese Trendwende ist für die Mittelschulen noch nicht zu verzeichnen. Der vorherige Rückgang wird jedoch nicht fortgesetzt. Obwohl sich der quantitative Abstand zwischen Englisch- und Deutschlernern an beiden Schultypen nicht mehr vergrößert, bleibt er deutlicher als die Distanz zwischen Deutsch und Russisch.

Wenn es um das eigentliche Interesse an Deutsch oder einer anderen Fremdsprache auf Seiten der Schülerinnen und Schüler gehen sollte, wären diese Daten nur mit Vorsicht zu verwenden. Die Entscheidungsprozesse, aus denen diese Ergebnisse hervorgehen, sind viel komplexer und mannigfaltiger (vgl. Dovalil 2018, S. 294–302).

Obwohl Englisch nicht als erste Pflichtfremdsprache festgelegt ist, ist die Wahl einer anderen Sprache als erste Fremdsprache ziemlich kompliziert. Das RBP für Grundschulwesen schreibt den folgenden Grundsatz vor:

> [...] vorzugsweise sollte den Schülern Englischunterricht angeboten werden; falls der Schüler (sein gesetzlicher Vertreter) eine andere Fremdsprache als Englisch wählt, muss die Schule den gesetzlichen Vertreter des Schülers nachweislich darauf hinweisen, dass beim Übertritt des Schülers auf eine andere Grund- oder Mittelschule im Schulsystem kein Anschluss im Unterricht dieser Fremdsprache garantiert werden muss. (Übersetzung V. D.; RBP 2013, S. 120, unverändert RBP 2016 und RBP Juni 2017, S. 142)

Diese Regelung trägt zum stufenweisen Abbau der Infrastruktur des Deutschunterrichts bei und wirkt sich auf dessen wünschenswerte Kontinuität besonders negativ aus. Weitere unmittelbare Effekte finden in Tabelle 1 ihren Niederschlag. Sie zeigt, dass es trotz der oben zitierten Benachteiligung immer noch solche Schüler gibt, die Deutsch als erste Fremdsprache wählen. Ihre Gesamtzahl bleibt allerdings sehr niedrig und nimmt auch weiter ab. Wie viele Schüler mit Deutsch als erster Fremdsprache sich zur deutschen Minderheit bekennen, kann nicht eruiert werden.[19]

Tab. 1: Erste Fremdsprache (Anzahl Schüler im jeweiligen Schuljahr), Quelle: Schulministerium der Tschechischen Republik (Februar 2020)

Sprache/Schuljahr	2013/14	2014/15	2015/16	2016/17	2017/18	2018/19
Englisch	670.265	694.008	722.429	757.491	783.130	805.649
Deutsch	**10.179**	**9.280**	**8.256**	**7.582**	**7.253**	**7.288**
Französisch	189	255	222	200	216	263
Russisch	306	270	385	169	108	58
Italienisch	0	0	18	43	69	92
Spanisch	32	27	14	0	6	0

---

19 Daraus folgt noch nicht, dass sich die Angehörigen der deutschen Minderheit unter allen Umständen exklusiv für Deutsch interessieren.

Eine andere Aussage über das eigentliche Interesse lässt sich noch einer Statistik (Tab. 2) entnehmen. Sie enthält Daten über die jeweilige Fremdsprache als Wahlfach. Ähnlich wie im vorhergehenden Fall handelt es sich auch diesmal um eine relativ freiwillige Entscheidung. Aber nicht einmal hier sind die potenziellen Angehörigen der deutschen Minderheit von der tschechischen Mehrheit zu trennen.

Tab. 2: Fremdsprachen als Wahlfach (Anzahl Schüler im jeweiligen Schuljahr), Quelle: Schulministerium der Tschechischen Republik (Februar 2020)

Sprache/Schuljahr	2013/14	2014/15	2015/16	2016/17	2017/18	2018/19
Englisch	8.831	9.752	10.089	10.238	10.809	9.676
Deutsch	1.161	1.100	1.197	1.191	1.074	1.097
Französisch	281	236	310	354	373	230
Russisch	177	262	191	181	172	114
Spanisch	479	466	525	487	540	621
Italienisch	0	0	0	0	0	0

Im Zusammenhang mit Deutsch als Minderheitensprache stellt sich heraus, dass die im RBP verfasste Fremdsprachenregelung einigen internationalen Verträgen widersprechen könnte, die den Schutz nationaler Minderheiten regeln. In erster Linie sei hier an die Europäische Charta der Regional- oder Minderheitensprachen (ECMRL) aufmerksam gemacht, die in Artikel 7, Absatz 2 festlegt:

> Die Vertragsparteien verpflichten sich, sofern dies noch nicht geschehen ist, jede ungerechtfertigte Unterscheidung, Ausschließung, Einschränkung oder Bevorzugung zu beseitigen, die den Gebrauch einer Regional- oder Minderheitensprache betrifft und darauf ausgerichtet ist, die Erhaltung oder Entwicklung einer Regional- oder Minderheitensprache zu beeinträchtigen oder zu gefährden.

Selbst im Regime des niedrigeren Standard des Schutzes des Deutschen als Minderheitensprache in Tschechien laut Teil 2 der Charta zeigt sich als problematisch, wenn die Schüler, die sich zu dieser Minderheit bekennen, dabei beeinträchtigt werden, Deutsch zumindest als erste Fremdsprache zu wählen.[20] Der Regierungsbeirat für nationale Minderheiten wurde auf dieses Problem seit 2015 mehrmals aufmerksam gemacht und begann sich damit zu beschäftigen. Eine der Minderheitenorganisationen (Landesversammlung der deutschen Vereine in der Tschechischen Republik) wandte sich im Sommer 2019 an den Europarat, damit

---

20 Zu ausführlicheren Argumenten vgl. Dovalil (2018, S. 291–293; 2019, S. 710–713 und i. Dr.).

er sich zu dieser Situation äußert. Der Europarat hat empfohlen, Deutsch aus dem niedrigeren Standard des Schutzes (Teil 2 der ECMRL) in den höheren zu verschieben (Teil 3, Art. 8–14 mit mindestens 35 konkreten Verpflichtungen).[21]

Auf der Sitzung des Regierungsbeirats im Oktober 2019 verpflichtete sich der Vertreter des Schulministeriums deklarativ dazu, in einer nächsten Revision des RBP auf die oben zitierte Bestimmung zu verzichten, die die Wahl von Deutsch mindestens als erster Fremdsprache der deutschen Minderheit kompliziert. Im Ausblick weiterer Maßnahmen zugunsten des Deutschen wird darüber diskutiert, ob ein Netzwerk von Grund- und Mittelschulen mit gewährleisteter Kontinuität des Deutschunterrichts etabliert werden könnte.

4 Regionale bzw. lokale Ebene: Zwei Städte im Grenzgebiet

Und gerade der letzte Aspekt bringt das Management des Deutschen in Tschechien zu Akteuren auf der regionalen Ebene. In den Grenzregionen erscheint der Interessenkonflikt zwischen lokalen Prioritäten und dem zentralistischen RBP auch bei einem Teil der tschechischsprachigen Mehrheit. Der Schwerpunkt beruht hier auf zwei Städten – im westböhmischen Eger und im nordböhmischen Gablonz.

Beide Kreisstädte waren bis 1945/1946 dominant deutschsprachig. In Eger leben aktuell 32.000, in Gablonz 45.000 Einwohner. Sozioökonomisch relevant sind im Zusammenhang mit Deutsch ungefähr 5 Prozent pendelnde Arbeitnehmer. Gruppen von Eltern, die an Deutschkenntnissen ihrer Kinder interessiert sind, organisieren auf eigene Kosten Hin- und Rückfahrt zu Kindergärten nach Deutschland. Man kann (teilweises) Verständnis für das soziokulturelle Management deutscher Vereine auf Seiten der Stadtverwaltungen beobachten, die ihre Bereitschaft erklären, z. B. Deutsch in Grundschulen zu fördern und eine Schule (oder zumindest Klassen) mit Deutsch als Unterrichtssprache mitzufinanzieren, zumal Lehrkräfte aus Deutschland kommen müssten.[22] Andererseits wurde über zweisprachige Ortstafeln in einigen kleineren Gemeinden der Region bislang ohne

---

21 Zu diesem Zweck wurde im Regierungsbeirat im Dezember 2019 eine Sondergruppe ernannt.
22 Einer der Vertreter der Stadt Eger reagierte in einer Debatte mit Vertretern des Regierungsbeirats im Herbst 2019, Prag möge bitte den Stadtrat nicht daran hindern, mindestens Schulklassen mit Deutsch als Unterrichtssprache – auch für tschechische Kinder (!) – einzurichten. Er argumentierte mit positiven Auswirkungen der Deutschkenntnisse auf niedrige regionale Arbeitslosigkeit.

Erfolg diskutiert.[23] Unabhängig davon konstatieren die Ortsansässigen, dass die günstigen sozioökonomischen Umstände der Grenzregionen zur leichten Etablierung der Netzwerke beitragen, in denen die Deutschkenntnisse relevant sind und nachgefragt werden. Das kommunikative Management wird jedoch von dem sozioökonomischen Management (RBP) teilweise blockiert.

5 Fazit

Der Beitrag zeigt, wie die Sprachmanagementtheorie Deutsch als Objekt sprachenpolitischer Interessen auf unterschiedlichen Ebenen erfasst. Auf der EU-Ebene gelingt es individuellen Bürgern in ungeplanten Koalitionen mit dem EuGH, die Bedingung der Staatsangehörigkeit zu durchbrechen, auf der die Mitgliedsstaaten beharren als Voraussetzung für den Gebrauch des Deutschen vor Gerichten in Gebieten mit dieser Sprache als regionaler Amtssprache. Nachvollziehbarerweise ist es im Interesse der Staaten, den Gebrauch eigener Amtssprachen – und die Minderheitensprachen für eigene Staatsangehörige – zu bevorzugen. Die EU-Rechtsprechung bricht mit Hinweis auf diskriminierende Effekte der Staatsangehörigkeit das nationale Recht, denn im Vordergrund der Interessen des EuGH liegt der Einklang des nationalen und des EU-Rechts. In der Justizdomäne stärkt es in der oben genannten Konstellation die Mehrsprachigkeit.

Diese Schlussfolgerung gilt nicht gleichermaßen für die Domäne der Auswahlverfahren für die EU-Institutionen, in der die Sprachprobleme innerhalb des EU-Rechts zu regeln sind. Der EuGH lässt die Möglichkeit offen, die Wahl der zweiten Sprache auf Englisch, Deutsch und Französisch zu beschränken. Diese Beschränkung der Mehrsprachigkeit aus Gründen rationaler Kommunikation mit Bewerbern entspricht dem Interesse des Europäischen Amts für Personalauswahl in Koalition mit der Europäischen Kommission. Diesmal sind es (einige wenige) Mitgliedsstaaten, die sich für mehrsprachigere Auswahlverfahren einsetzen. Speziell für Deutsch ist die Praxis des Amts allerdings von Vorteil, denn diese Sprache wird in dieser Kommunikationsdomäne mit Englisch und Französisch gleichbehandelt. Die Internetauftritte der EU-Ratspräsidentschaft bleiben als Sprachproblem ebenfalls im Rahmen des EU-Rechts. Wie bei den Auswahlverfahren hat der

---

23 Es gilt zu erwähnen, dass die deutsche Minderheit zurzeit keinen rechtlichen Anspruch auf zweisprachige Ortstafeln hat, weil die gesetzliche Bedingung des Anteils von mindestens 10 Prozent an der Gesamtbevölkerung in keiner Gemeinde erfüllt ist.

EuGH die Interessen an einer größeren Mehrsprachigkeit in dieser Domäne im Endeffekt nicht unterstützt.

An den mit Deutsch zusammenhängenden Konflikten und Sprachproblemen haben in Tschechien vor allem andere Akteure als Gerichte teilgenommen. Die problematische Situation projiziert sich im Doppelstatus des Deutschen (Fremd- und Minderheitssprache). Das Schulministerium erklärt im Allgemeinen sein Interesse an Mehrsprachigkeit, d. h. auch an Deutsch, aber im RBP wird die Wahl der ersten Fremdsprache eindeutig zugunsten des Englischen beeinflusst. Für die deutsche Minderheit ist das RBP eher zum Hindernis geworden. Um ihre Sprachinteressen besser zu schützen, beruft sich die deutsche Minderheit auf den Europarat als eine Art Koalitionspartner, dessen Aktivitäten im Regierungsbeirat für nationale Minderheiten reflektiert werden. Ein Rechtsstreit ließe sich nicht ausschließen, wenn die Vertreter der Minderheit auf den potenziellen Widerspruch zwischen dem untergesetzlichen RBP und dem Völkerrecht aufmerksam machen würden.

In den Regionen sind die Stadtverwaltungen an zufriedenen Schülern und Eltern interessiert wie auch an problemloser Nachbarschaft. Schulen empfinden auch dank des Deutschen eine Gelegenheit, ihr Prestige zu erhöhen. Den Interessen dieser Akteure entsprechen niedrige Arbeitslosigkeit und Absenz sozialer Probleme. Auch dazu tragen die Deutschkenntnisse bei.

Abweichungen von Erwartungen, die verschiedenartige Prozesse des organisierten Managements auslösen, definieren auseinandergehende Interessen in den untersuchten Konstellationen. Die Disharmonie vertieft sich in unterschiedlichen Evaluationen der bemerkten Phänomene. Auch wenn sich soziale Akteure in der Bewertung ungenügender Deutschkenntnisse einig wären, müssen sie sich nicht unbedingt auf angemessene Lösungsstrategien und deren Implementierung einigen. Beide letzten Phasen des organisierten Managements zugunsten des Deutschen können wegen mangelnder intellektueller wie auch finanzieller Ressourcen fehlschlagen.

6 Danksagung

Diese Arbeit wurde durch das Projekt der Europäischen Regionalen Entwicklung „Creativity and Adaptability as Condition of the Success of Europe in an Interrelated World" (No. CZ.02.1.01/0.0/0.0/16_019/0000734) gefördert.

Literatur

Ammon, Ulrich (2015): Die Stellung der deutschen Sprache in der Welt. Berlin/München/Boston.
Ammon, Ulrich/Schmidt, Gabriele (Hg.) (2019): Förderung der deutschen Sprache weltweit. Vorschläge, Ansätze und Konzepte. Berlin/Boston: De Gruyter.
Cooper, Robert L. (1989): Language planning and social change. Cambridge: Cambridge University Press.
Dovalil, Vít (2015): Language management theory as a basis for the dynamic concept of EU language law. In: Current Issues in Language Planning 16, 4, S. 360–377.
Dovalil, Vít (2018): Qual der Wahl, or spoiled for choice? English and German as the subject of decision-making processes in the Czech Republic. In: Sherman, Tamah/Nekvapil, Jiří (Hg.): English in business and commerce. Interactions and policies. English in Europe 5. (= Language and Social Life 14). Berlin/Boston: De Gruyter Mouton, S. 276–309.
Dovalil, Vít (2019): Förderung von Deutsch als Fremdsprache in Tschechien: Theoretische Voraussetzungen und praktische Konsequenzen. In: Ammon/Schmidt (Hg.), S. 701–718.
Dovalil, Vít (i. Dr.): German as a foreign and a minority language in the light of interests of social actors. The case of the Czech Republic. In: Nekula, Marek/Sherman, Tamah/Záwiszová, Helena (Hg.): Interests and power in language management. Berlin: Lang.
Dovalil, Vít/Šichová, Kateřina (2017): Sprach(en)politik, Sprachplanung und Sprachmanagement. (= Literaturhinweise zur Linguistik 6). Heidelberg: Winter.
Fairbrother, Lisa/Nekvapil, Jiří/Sloboda, Marián (Hg.) (2018): The language management approach. A focus on research methodology. Berlin/Bern/Wien: Lang.
Filipová, Markéta (2016): „Šprechtíme" – Eine Kampagne zur Förderung der deutschen Sprache und Kultur in der Tschechischen Republik. Unveröff. Ms. Jena: Friedrich-Schiller-Universität.
Kimura, Goro Christoph/Fairbrother, Lisa (Hg.) (2020): A language management approach to language problems. Integrating macro and micro dimensions. (= Studies in World Language Problems 7). Amsterdam/Philadelphia: Benjamins.
Kreisslová, Sandra/Novotný, Lukáš (2015): Kulturní život německé menšiny v České republice. [Kulturelles Leben der deutschen Minderheit in der Tschechischen Republik]. Prag: Karolinum.
Kreisslová, Sandra/Novotný, Lukáš (2018): Between language revitalization and assimilation: on the language situation of the German minority in the Czech Republic. In: Journal of Nationalism, Memory & Language Politics 12, 1, S. 121–139.
Marten, Heiko F. (2016): Sprach(en)politik. Eine Einführung. Tübingen: Narr.
Nekvapil, Jiří (2016): Language management theory as one approach in language policy and planning. In: Current Issues in Language Planning 17, 1, S. 11–22.
Nekvapil, Jiří/Sherman, Tamah (2009): Pre-interaction management in multinational companies in Central Europe. In: Current Issues in Language Planning 10, 2, S. 181–198.
RBP (2013) = Rahmenbildungsprogramm für Grundschulen (2013). [Rámcový vzdělávací program pro základní vzdělávání]. Prag: Ministerstvo školství, mládeže a tělovýchovy. Internet: www.msmt.cz/vzdelavani/zakladni-vzdelavani/upraveny-ramcovy-vzdelavaci-program-pro-zakladni-vzdelavani (Stand: 5.5.2020).
RBP (2016) = Rahmenbildungsprogramm für Grundschulen (2016). [Rámcový vzdělávací program pro základní vzdělávání]. Prag: Ministerstvo školství, mládeže a tělovýchovy. Internet: www.msmt.cz/ministerstvo/novinar/msmt-vydava-upraveny-rvp-zv (Stand: 5.5.2020).

RBP (2017) = Rahmenbildungsprogramm für Grundschulen (2017). [Rámcový vzdělávací program pro základní vzdělávání]. Prag: Národní ústav pro vzdělávání. Internet: www.nuv.cz/uploads/RVP_ZV_2017.pdf (Stand: 5.5.2020).

Rojík, Petr (2019): Kulturverband: Wir gratulieren zum 50. Geburtstag. Blick vom Innen auf die deutsche Minderheit in Tschechien. Prag: Kulturverband.

Šichová, Kateřina (2011): Die tschechische Wirtschaft braucht nicht nur Englisch – vom Ruf der deutsch-tschechischen Unternehmen nach Mehrsprachigkeit. In: Sorger, Brigitte/Janíková, Věra (Hg.): Mehrsprachigkeit in der Tschechischen Republik am Beispiel Deutsch nach Englisch. Brünn: Tribun, S. 48–57.

van der Jeught, Stefaan (2015): EU language law. Groningen/Amsterdam: Europa Law Publishing.

Rahel Beyer/Albrecht Plewnia (Mannheim)
Über Grenzen. Deutschsprachige Minderheiten in Europa

Abstract: „Deutsch in Europa" findet sich nicht nur in den mehrheitlich deutschsprachigen Ländern in der Mitte Europas, sondern auch in mehreren direkt an diese angrenzenden Gebieten der Nachbarstaaten. Die Situation des Deutschen ist in diesen Grenzräumen jeweils sehr unterschiedlich, etwa hinsichtlich der Kontaktsprachen, aber auch hinsichtlich der rechtlichen Rahmenbedingungen, der kollektiven und individuellen Mehrsprachigkeit sowie der Einstellungen der Sprecherinnen und Sprecher u.v.m.

Der Beitrag skizziert zunächst überblicksartig die aktuellen Situationen einiger deutscher Grenzminderheiten. Fokussiert wird sodann die Situation in Ost-Lothringen. Anhand von neu erhobenen Daten eines laufenden Projekts am IDS wird gezeigt, dass die Konstruktion der sprachlichen Identität in diesem spezifischen Kontext für die Sprecherinnen und Sprechern eine besondere Herausforderung darstellt.

1 Einleitung

Das Thema der IDS-Jahrestagung 2020 lautete „Deutsch in Europa". Im vorliegenden Beitrag soll es um die Situation deutschsprachiger Minderheiten in Europa im Allgemeinen und derjenigen in Frankreich im Speziellen gehen. Zuvor gilt es jedoch, grundsätzlich zu fragen, was gemeint ist, wenn von „Deutsch in Europa" die Rede ist. Der Blick auf die Sprachenwelt Europas ist traditionell nationalsprachlich geprägt. Viele kartografische Darstellungen der europäischen Sprachenlandschaft sind davon geprägt; ein typisches Beispiel dafür bietet die Karte in Abbildung 1.

Zumindest auf den ersten Blick lassen die Schattierungen die Formen der europäischen Länder erkennen, und umgekehrt finden wir in jedem Land einen dominant hervortretenden Sprachencode. Ausgehend von dieser engen Verknüpfung von „Sprache und Nation" fallen einem als primäre Verortungen des Deutschen in Europa zunächst die deutschsprachigen Ländern ein – d. h. Deutschland, Österreich und die Schweiz – als diejenigen Länder, in denen das Deutsche die

Erstsprache des bei weitem größten Teils der Bevölkerung darstellt.[1] Weder sind allerdings die deutschsprachigen Länder ausschließlich deutschsprachig, noch ist das Deutsche in Europa auf diese beschränkt. Einerseits ist es nach wie vor Erstsprache in den Sprachinseln in Mittel- und Osteuropa, von denen die meisten allerdings in den letzten Jahren und Jahrzehnten erheblich an Stabilität und Vitalität verloren haben. Andererseits gibt es an den Rändern des geschlossenen deutschen Sprachgebiets, wo Staatsgrenzen und (historische) Sprachgrenzen nicht identisch sind, Minderheiten mit Varietäten des Deutschen als Erstsprache – zumindest in älteren Generationen (zur Situation in Tschechien siehe Dovalil i. d. Bd.).

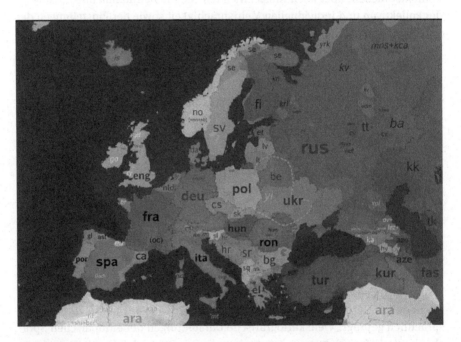

Abb. 1: Die Sprachenwelt Europas (aus: https://deacademic.com/dic.nsf/dewiki/415394, Stand: 15.5.2020)

Wenn man sich Karten zur Verbreitung des Deutschen in West- und Mitteleuropa – gerade auch solche mit Berücksichtigung der Minderheitensituationen – anschaut, so fallen zwei Punkte auf: Erstens sind sie eher uneinheitlich insbesondere

---

[1] Wobei in Bezug auf die Schweiz in geläufiger Verkürzung meist nur an die Deutschschweiz gedacht wird und an Liechtenstein überhaupt nicht.

in Bezug auf die Treue zum Nationalsprachenkonzept: Manchmal ist eine deutliche Orientierung an den Staatsgrenzen zu erkennen, manchmal geht der eingezeichnete Sprachraum des Deutschen bzw. seiner Dialekte auch über Staatsgrenzen hinaus.[2] Zweitens bleiben in beiden Fällen einige Aspekte offen, u. a. die Frage nach den tatsächlichen Sprecherzahlen, die kollektive Mehrsprachigkeit (d. h. die Frage, wie die Gemengelage der ko-existierenden Sprachen aussieht), die individuelle Mehrsprachigkeit (d. h. die Frage, wie es um die Frequenz des Sprachgebrauchs bestellt ist), die Bestimmung der verwendeten Varietäten des Deutschen (Dialekt und/oder Standard) und der genaue Status dieser deutschen Varietäten.

Der Blick auf die Mehrsprachigkeitskonstellationen unter Beteiligung des Deutschen im westlichen Mitteleuropa offenbart in dieser Hinsicht erhebliche Unterschiede.

Im Folgenden wollen wir zunächst einen kurzen Überblick über einige Grenzminderheiten geben (Abschn. 2). Dabei stützen wir uns vornehmlich auf den jüngst erschienenen Band unserer Handbuchserie zu Sprachminderheiten und Mehrsprachigkeitskonstellationen (Beyer/Plewnia (Hg.) 2019).[3] Anschließend beschäftigen wir uns ausführlicher mit der Situation in Ost-Lothringen und stellen dabei auch neu erhobene Daten vor (Abschn. 3).

2 Grenzräume

2.1 Dänemark

Die deutsche Minderheit in Nordschleswig, d. h. auf der dänischen Seite des deutsch-dänischen Grenzraums, ist das Ergebnis der geschichtlichen Entwicklung des Herzogtums Schleswig. Dabei handelt es sich seit jeher um ein mehrsprachiges Gebiet, bewohnt von Dänischsprechern bzw. Dänischgesinnten wie von Deutschsprechern bzw. Deutschgesinnten. Nach dem Ersten Weltkrieg wurde 1920 zur Bestimmung des Grenzverlaufs – wie im Versailler Vertrag verfügt – eine Volksabstimmung abgehalten. Der nördliche Teil entschied sich mit großer Mehrheit für einen Anschluss an Dänemark, so dass es zu der Grenzziehung kam, wie sie sich auch heute noch darstellt. Seitdem gibt es eine dänische Minderheit in Deutschland und eine deutsche Minderheit in Dänemark. Nordschleswig setzt

---

2 Das gilt übrigens nicht nur für populäre Darstellungen, sondern auch für fachintern entstandene Karten; ein Beispiel wäre die auf dem Einband von Elmentaler (2009) abgedruckte Karte.
3 Vgl. auch Fandrych/Hufeisen (2010) und Hogan-Brun (Hg.) (2000).

sich heute aus vier Kommunen zusammen; mit einer Zahl von ca. 15.000 Personen macht die deutsche Minderheit einen Anteil von ca. 6,5 Prozent der dortigen Bevölkerung aus. Die Gruppe bildet keine geografische Einheit, sondern lebt in mehreren konzentrierten Ansiedlungen verstreut unter der Mehrheitsbevölkerung. Rechtlich ist die deutsche Minderheit sehr gut abgesichert, v. a. durch die Kopenhagener Erklärung, die als quasi-völkerrechtliche Abmachung einzustufen ist.[4] In ihr wurde festgelegt, dass das „Bekenntnis zum deutschen Volkstum und zur deutschen Kultur [frei] [ist] und [...] von Amts wegen nicht bestritten oder nachgeprüft werden [darf]" (Deutscher Grenzverein 1985, S. 24). Die Regelung wurde durch das Rahmenübereinkommen zum Schutz nationaler Minderheiten aus dem Jahr 1997 bestätigt. In der dänischen Ratifizierungsurkunde der Europäischen Charta der Regional- oder Minderheitensprachen wurde Deutsch als Minderheitensprache aufgenommen.

Welche Sprachformen des Deutschen finden sich nun bei der Grenzminderheit? Das ist zum einen ein standardnahes Deutsch in einer Ausprägung, wie es auch im benachbarten norddeutschen Raum vorkommt. Es ist die offizielle Hochsprache – im mündlichen und vor allem im schriftlichen Bereich, Literalisierungs- und Schulsprache sowie die Sprache der Gottesdienste und kirchlichen Amtshandlungen. Dadurch, dass das Standarddeutsche als Dachsprache verfügbar ist, verhilft es dem Deutschen zu einer besonderen Vitalität als Minderheitensprache. Die im Alltag häufigste gesprochene deutsche Varietät der meisten Mitglieder der Minderheit ist Nordschleswigdeutsch. Dabei handelt es sich um eine regionale Kontaktvarietät, bei der sich v. a. im Bereich der Intonation dänischer Einfluss zeigt, aber auch auf der segmentalen phonetischen und der lexikalischen Ebene (Pedersen/Wung-Sung 2019, S. 29–30). Beide Varietäten werden als Realisierungsformen des Deutschen, der Sprache der deutschen Minderheit in Nordschleswig, angesehen. „Im schriftlichen Bereich ist aber Hochdeutsch die einzige Norm, und das geschriebene Deutsch der Schülerinnen und Schüler wird auf diese Norm hin korrigiert" (ebd., S. 37).

2.2 Belgien

„Die neun Gemeinden, die die heutige Deutschsprachige Gemeinschaft Belgiens bilden, liegen im Osten Belgiens und grenzen an die Niederlande, Deutschland und Luxemburg an" (Bouillon 2019, S. 48). Heute gibt es dort ca. 77.000 Bewoh-

---

[4] Zusammen mit dem Gegenstück der Bonner Erklärung für die dänische Minderheit in Deutschland.

ner. Dieses Gebiet – inklusive eines die Deutschsprachige Gemeinschaft (DG) in einen nördlichen und einen südlichen Teil trennenden schmalen Streifens der Französischen Gemeinschaft – hat eine bewegte Geschichte mit einigen Wechseln der politischen Zugehörigkeit hinter sich. Als wichtigste Daten sollen hier 1815, als das Territorium auf dem Wiener Kongress Preußen zugeschlagen wurde, 1919, als es durch den Versailler Vertrag zum belgischen Staat kam, und 1940, als Hitler die Annexion Eupen-Malmedys verkündigte, genannt werden. Nach Kriegsende kamen die Bezirke Eupen und Malmedy dann wieder zu Belgien zurück. Im Zuge der Neu-Organisation des belgischen Staates in Richtung eines Föderalstaates in den letzten Jahrzehnten wurde den insgesamt drei Sprachgemeinschaften – der Französischen, der Flämischen und eben der Deutschsprachigen – ein gewisses Maß an Autonomie gegeben, in der Hoffnung, auf diese Weise den Konflikt zwischen Flamen und Wallonen zu entschärfen. Entsprechend hat die Deutschsprachige Gemeinschaft ein eigenes Parlament, das Dekrete mit Gesetzeskraft verabschieden kann. Die Befugnisse liegen u. a. im Bereich der kulturellen Angelegenheiten, der personenbezogenen Angelegenheiten (u. a. Familie, Gesundheit, Behindertenfürsorge) und der Bildung. „Auch im Gerichtswesen gibt es eine gewisse Autonomie. [...] Die Gerichtssachen bis zur ersten Instanz werden also örtlich in deutscher Sprache verhandelt." (ebd., S. 54). Außerdem setzt ein Dekret vom 19. April 2004 Deutsch als Unterrichtssprache fest. Standarddeutsch wird in allen (regionalen) offiziellen Situationen und auf allen institutionellen Versammlungen gesprochen. In den Dörfern und im Privaten sind die niederfränkischen Dialekte um Eupen, die ripuarischen Dialekte in der Mitte um Bütgenbach und Moselfränkisch im Süden noch sehr lebendig, auch wenn sie zugunsten der Hochsprache zurückgehen (ebd., S. 62). Das Bekenntnis der Zugehörigkeit zum deutschen Sprachraum geht so weit, dass der belgische König Philippe 2014 dafür gesorgt hat, dass Belgien am regelmäßigen Treffen der Staatsoberhäupter der deutschsprachigen Länder teilnimmt und die Runde kurz darauf nach Belgien eingeladen hat. Nicht zuletzt ist die DG seit 2006 im Rat für deutsche Rechtschreibung vertreten.

2.3 Italien

Südtirol ist die nördlichste Provinz Italiens; sie grenzt im Norden an die österreichischen Bundesländer Tirol und Salzburg und im Westen an den Schweizer Kanton Graubünden. Bis zum Ende des Ersten Weltkriegs war es durchgehend ein Teil von Gesamttirol und ab 1806 ein Teil des Kaisertums Österreich bzw. der Österreich-Ungarischen Monarchie. Nach dem Ersten Weltkrieg ging das überwiegend deutschsprachige Südtirol ebenso wie das vornehmlich italienischsprachige Welschtirol (Trentino) zunächst durch Besetzung und danach aufgrund des Vertrags von Saint-Germain an den italienischen Staat über. Nach dem Zweiten Weltkrieg hofften viele Südtiroler auf eine Rückkehr zu Österreich. Der 1946 von den Südtirolern gestellte Antrag zur Selbstbestimmung wurde jedoch von den Alliierten abgelehnt; stattdessen wurde auf der Pariser Friedenskonferenz ein Schutz-Abkommen zwischen Italien und Österreich (das nach den beiden Außenministern benannte „Gruber-De Gasperi-Abkommen") geschlossen. Nach einigen teils gewaltsamen Auseinandersetzungen Ende der 1950er Jahre trat im Jahr 1972 das zweite Autonomiestatut in Kraft. Seitdem verfügt Südtirol über eine Reihe von Minderheitenrechten, darunter:

1. Die Proporzregelung, d. h. die Zuweisung von öffentlichen Geldern für Kultur und Soziales sowie die Vergabe der Stellen im öffentlichen Dienst gemäß der Relation der Sprachgruppen;
2. Zweisprachigkeit, d. h. Deutsch ist – zumindest regional – dem Italienischen als Amtssprache gleichgestellt, was die Gleichberechtigung beider Sprachen in der Verwaltung und vor Gericht miteinschließt.

Um die Proporzregelung anwenden zu können, wird regelmäßig die Sprachgruppenzugehörigkeit erhoben. Bei der letzten Volkszählung von 2011 gab die überwiegende Mehrheit (69,6 Prozent) der 445.647 Bürgerinnen und Bürger an, der deutschen Sprachgruppe anzugehören. Die Schulen mit deutscher und italienischer Unterrichtssprache sind monolingual ausgerichtet, und es gilt das Prinzip des Unterrichts in der Muttersprache. Die deutschen Dialekte in Südtirol werden zum Verband der (süd-)bairischen Dialekte gerechnet, sind somit Teil des diatopischen Kontinuums des Deutschen. Dialekt und Hochsprache zeigen im Sprachgebrauch im Wesentlichen eine diglossische Verteilung. Das Standarddeutsche, wiederum in seiner spezifischen regionalen Prägung, wird in formellen Sprechsituationen verwendet. Und auch Südtirol entsendet ein Mitglied in den Rat für deutsche Rechtschreibung. Somit liegt in Südtirol eine komplett ausgebaute Sprache mit Dialekten und überdachender Standardsprache vor, der von der deutschen Sprachgruppe eine durchweg positive Einstellung entgegengebracht wird und mithilfe derer eine Abgrenzung gegenüber der italienischen Nation vorgenommen wird (Glück/Leonardi/Riehl 2019, S. 268–270).

2.4 Frankreich

Während in den Abschnitten 2.1 bis 2.3 die drei rechtlich abgesicherten und auch im Sprachprofil recht eindeutigen Minderheiten vorgestellt wurden, soll in diesem Abschnitt Frankreich fokussiert werden, wo die Situation weitaus weniger gesichert und unklarer ist. Hier haben wir zum einen das Elsass, zum anderen Ost-Lothringen. Beide (inzwischen historische) Regionen teilen dieselbe politische Geschichte der letzten ca. 150 Jahre, in der es zu mehreren Wechseln in der staatlichen Zugehörigkeit kam. In diesem Zusammenhang ist an die Umbruchsjahre 1871, 1918, 1940 und 1945 zu erinnern. Andererseits gibt es jedoch auch einiges, das sie unterscheidet.

2.4.1 Elsass

Das Elsass mit seinen überwiegend alemannischen, im Norden auch rheinfränkischen Dialekten ist durch den Rhein vom übrigen alemannischen Dialektraum getrennt, besonders aber durch die Staatsgrenze zu Deutschland. Aktuell haben die beiden elsässischen Départements rund 1,9 Millionen Einwohner. In einer 2012 im Auftrag des *Office pour la Langue et la Culture d'Alsace* (OLCA – *Elsassisches Sprochàmt*) durchgeführten Umfrage gaben 43 Prozent der Befragten an, gut Elsässisch zu sprechen (OLCA/EDinstitut 2012).

Historisch gesehen handelt es sich um deutsches Sprachgebiet mit einer Diglossie-Konstellation mit Dialekten und deutscher Standardsprache, in der am Ende des 18. Jahrhunderts Deutsch oft oder meistens die Unterrichtssprache, die Sprache der Kirche und der Religion und die meistgelesene Schriftsprache war. Heute hingegen wird im gewöhnlichen gesellschaftlichen Sprachgebrauch unter dem Terminus „Deutsch" die bundesdeutsche Standardsprache, die Sprache des Nachbarn, verstanden. Die Existenz eines endogenen Deutsch wird überwiegend abgelehnt und die Mundarten bzw. Elsässisch als autonom betrachtet (Huck/Erhart 2019). Im Schulsystem wiederum wird Deutsch im Primarbereich zum Teil als Fremdsprache, zum Teil aber auch als Regionalsprache eingestuft – genau wie in bilingualen Zügen im Primar- und Sekundarbereich. Insgesamt sind Deutsch und Elsässisch rechtlich eher schwach abgesichert, wie im folgenden Abschnitt noch gezeigt wird. Statusmäßig aufgewertet wird das Elsässische aber zum einen durch die Arbeit des 1994 von den regionalen Gebietskörperschaften gegründeten OLCA, das zum Ziel hat, die regionale Identität des Elsass durch die Förderung seines Kulturerbes und der sprachlichen und kulturellen Besonderheiten lebendig zu halten.[5] Zum anderen ist dem Elsässischen ein Institut an der Universität Straßburg gewidmet, wo es seit langem gelehrt und erforscht wird.

---

5 Siehe https://olcalsace.org/de/aufgaben-und-zielsetzungen (Stand: 7.4.2020).

2.4.2 Ost-Lothringen

Lothringen ist – wie auch das benachbarte Elsass – seit 2016 ein Teil der Région Grand-Est; bis dahin war es eine eigenständige Region. Der deutschsprachige Teil liegt im Département Moselle, das direkt an Luxemburg und Deutschland (d. h. die Bundesländer Saarland und Rheinland-Pfalz) angrenzt. Die germanisch-romanische Sprachgrenze verläuft vom Nordwesten bis in den Südosten des Départements – wobei zu beachten ist, dass diese Grenzziehung auf den Wenker-Daten beruht und damit einen historischen Zustand abbildet. Und natürlich wird auch nördlich dieser Grenze Französisch gesprochen – es dürfte vermutlich sogar die Mehrheitssprache sein. Das Départment Moselle hat heute ungefähr eine Million Einwohner, etwa die Hälfte seiner Einwohner lebt im traditionell deutschsprachigen Gebiet. Zu den Sprecherzahlen gibt es keine belastbaren Daten, sondern nur Schätzungen. Diese liegen zwischen 100.000 und 500.000 Sprechern (Beyer/Fehlen 2019, S. 10). Das Gebiet im Nordwesten ist zwar schon urbaner – dort liegt die mit gut 41.000 Einwohnern größte Stadt Thionville/Diedenhofen –, insgesamt handelt es sich aber eher um eine ländlich geprägte Gegend. Dialektgeografisch lässt sich das germanophone Gebiet dem westmitteldeutschen Dialektkontinuum zuordnen. Folgt man der Einteilung des Rheinischen Fächers, gibt es einen moselfränkischen und einen rheinfränkischen Teil (unterteilt durch die *dat-das*-Linie). Lokal verbreitet ist außerdem die weitere Unterteilung des moselfränkischen Gebietes (anhand der *op-of*-Linie), und zwar in einen moselfränkischen Teil in der Mitte Ost-Lothringens und den sogenannten luxemburgischen (-fränkischen) Teil im südlich von Luxemburg gelegenen Dreiländereck.

Angesichts einerseits der in der Vergangenheit teils geradezu verbitterten Auseinandersetzungen zwischen Deutschland und Frankreich und andererseits des Leitgedankens der sprachlichen Einheit der Republik sind die germanophonen Varietäten in Ost-Lothringen (wie im vorherigen Abschnitt schon für das Elsass angedeutet) rechtlich nur sehr schwach abgesichert. Nach starken Ressentiments direkt nach dem Zweiten Weltkrieg erfährt das Deutsche in den letzten Jahrzehnten allmählich eine gewisse Anerkennung – allerdings in ambivalenten Regelungen und Verordnungen gerade in Bezug auf das Verhältnis zwischen lokalen Dialekten und dem Standarddeutschen. Die meisten Regelungen finden sich im Bereich des schulischen Unterrichts. Das Circulaire Savary von 1982, das sich erstmals auf alle Regionalsprachen Frankreichs bezieht, organisiert den fakultativen Unterricht in diesen Sprachen vom Kindergarten bis zur Universität. Diese Bestimmungen wurden in Lothringen jedoch erst mit einigen Jahren Verzögerung und unter dem Druck der Eltern und Lehrkräfte umgesetzt. Unter der Bezeichnung „Sonderweg des Départment Moselle" wurde 1991 die Möglichkeit geschaffen, vom Kindergarten bis zur vierten Klasse der Grundschule über die

Mundart eine Einführung in die deutsche Sprache zu erhalten. Hierbei gelten die Dialekte als „natürliches Sprungbrett" (Académie de Nancy-Metz 1990, S. 81) für das eigentlich zu erlernende Deutsche (vermutlich ist Standarddeutsch gemeint). Gleichzeitig, d. h. auch 1991, wurde ein Optionsfach „regionale Sprache und Kultur" am Lycée, inklusive der Möglichkeit einer freiwilligen Zusatzprüfung im Baccalauréat, eingeführt. Dieses Fach wurde für drei verschiedene Mundarten (Luxemburgisch-Fränkisch, Moselfränkisch und Rheinfränkisch) angeboten. Nicht zuletzt dadurch und durch die begleitenden Unterrichtsmaterialien haben sich diese Bezeichnungen und das generische „Fränkisch" zur Bezeichnung der Lothringer Dialekte eingebürgert. 1999 hat Frankreich die Europäische Charta der Regional- oder Minderheitensprachen unterzeichnet; alle Ratifizierungsversuche sind bis heute jedoch gescheitert. Immerhin wurde 2008 eine vorbereitende Verfassungsänderung bzw. -ergänzung vorgenommen, die einräumt, dass die Regionalsprachen Bestandteil des französischen Kulturerbes sind. Im Anhang zu einem Erlass zum Unterricht der Regionalsprachen in Grundschulen von 2007 wird für das Elsass und für das Département Moselle die Regionalsprache explizit charakterisiert. Demnach gibt es zwei Formen: einerseits die (deutschen) Dialekte und andererseits die deutsche Standardsprache.[6] In einer rezenten „Rahmenkonvention für eine gemeinsame strategische Vision für die Entwicklung von Bildungspolitiken zugunsten von Mehrsprachigkeit und grenzüberschreitender Bildung" für das Gebiet des früheren Lothringen figuriert das (nicht weiter differenzierte) Deutsche als Sprache des Nachbarn,[7] wird also exogenisiert. Seit der Territorialreform 2016 ist das (bis dahin nur) elsässische Amt für Sprache und Kultur offiziell auch für Lothringen zuständig, was auch in einer Namenserweiterung signalisiert wird. Im Akronym wird das wiederum kaum sichtbar; in der Praxis und z. B. in der Selbstpräsentation auf der Website des Amtes werden die Dialekte der Moselle vollständig ignoriert.

---

6 Siehe www.education.gouv.fr/bo/2008/3/MENE0773513A.htm (Stand: 7.4.2020).
7 Siehe http://euregio.lu/wp-content/uploads/2019/07/signature_convention_plurilinguisme_et_transfrontalier_juillet2019.pdf (Stand: 7.4.2020).

3 Zum Status der germanophonen Varietäten in Ost-Lothringen

Während über das Elsass, seine Sprache und seine Sprecher durchaus einiges bekannt ist,[8] liegt Ost-Lothringen eher unterhalb des Radars der Sprachwissenschaft. Es dominiert ein Narrativ, wonach es in Lothringen ohnehin keine Sprecher germanophoner Varietäten mehr gäbe, was eine Beforschung unnötig machte. Beim näheren Hinsehen erweist sich dies jedoch als voreilige Annahme: Am IDS werden in einem Teilprojekt des Projekts „Deutsch in der Welt" zur Dokumentation und Erforschung der Mehrsprachigkeit im germanophonen Teil Lothringens seit 2017 neue Datenerhebungen durchgeführt, die das Bild einer überraschend vitalen Sprachlandschaft zeichnen. Das Aufnahmedesign orientiert sich an aktuellen Vorgehensweisen der Neuen Dialektologie (vgl. Elmentaler et al. 2006). Die Daten umfassen also neben dialektalen Übersetzungstests (Wenkersätze) und standarddeutschen Vorlesetests (Äsop-Fabel „Nordwind und Sonne") auch freie Rede in sprachbiografischen, leitfadengestützten Interviews und in Tischgesprächen. Während die ersten drei Situationen primär die innersprachliche Variation des sprechsprachlichen Spektrums im Deutschen erfassen, gewähren die Tischgespräche Einblicke in das Nebeneinander von Lothringer Platt und Französisch. Von zentralem Interesse sind über die sprachlich-strukturellen Verhältnisse hinaus auch die subjektiven Perspektiven, Wissensstände und Erfahrungen der Informanten in den Interviews. Die Erhebungen im gesamten Gebiet Ost-Lothringens sowie von mehreren Generationen erlauben zudem Analysen der diatopischen und intergenerationellen Variation. Der derzeitige Datenumfang beläuft sich auf über 125 Stunden Audioaufnahmen von 79 Gewährspersonen, die aus dem gesamten Gebiet des germanophonen Lothringens stammen. Die älteste Gewährsperson ist eine Frau Jahrgang 1921, die jüngste ein Mann Jahrgang 1999.

Im Folgenden werden erste Ergebnisse dieser neuen Erhebungen vorgestellt; der Fokus liegt dabei auf der Frage, wie sich die Mehrsprachigkeitskonstellation in Ost-Lothringen in der Wahrnehmung der Gewährspersonen darstellt. Diese Mehrsprachigkeitskonstellation, wie wir sie bei den Sprecherinnen und Sprechern in Lothringen, die das Lothringer Platt beherrschen, antreffen, ist zumindest unübersichtlich. Einerseits ist die historische Zugehörigkeit der Lothringer Dialekte zu den in den Nachbarstaaten Deutschland und Luxemburg gesproche-

---

[8] Nicht zuletzt durch das DFG-ANR-Projekt der Universitäten Straßburg und Freiburg „Auswirkungen der Staatsgrenze auf die Sprachsituation im Oberrheingebiet (Frontière linguistique au Rhin Supérieur, FLARS)" (vgl. Erhart 2019).

nen Varietäten, das heißt die genetische Verwandtschaft, unbestreitbar. Andererseits stehen die (historisch gesehen) germanophonen Dialekte jetzt funktional unter dem Dach des Standardfranzösischen, gehören also nicht (mehr) dem Diasystem des Deutschen an. In dieser Hinsicht unterscheiden sie sich fundamental etwa von den historisch eng verwandten Dialekten im benachbarten Saarland. Das Beispiel Luxemburgs zeigt, dass es durchaus möglich ist, dass sich eine Varietät aus einem Dialektverband emanzipiert und erfolgreich den Weg zur Eigensprachlichkeit beschreitet.

Insofern drängt sich auch in Bezug auf das Lothringer Platt die Frage nach dem Status – Sprache versus Dialekt – geradezu auf. Aus sprachstruktureller Sicht spricht nicht viel für die Annahme einer Lothringer Eigensprachlichkeit. Aber die Frage, ab wann ein Dialekt zur Sprache wird, ist ja in erster Linie eine sprachsoziologische und erst in zweiter Linie eine sprachstrukturelle.[9]

Wie gehen nun unsere Lothringer Gewährspersonen mit diesem Problem um? Wie beschreiben sie den Status des Lothringer Platt, wie terminologisieren sie die beteiligten Varietäten, in welchem Verhältnis steht für sie ihr Platt zum Standarddeutschen? Man könnte erwarten, dass es über diese Fragen einen elaborierten Diskurs gibt mit sehr stabilen Meinungen, die leicht und zuverlässig abrufbar sind. Für einige unserer Gewährspersonen trifft das auch zu, die Mehrzahl aber äußert sich eher unscharf, unklar oder gar widersprüchlich; die meisten Äußerungen sind von einem erstaunlich geringen Grad an konzeptueller Schärfe geprägt. Wir präsentieren im Folgenden eine exemplarische Auswahl von Belegen aus unserem Korpus, die diesen Sachverhalt illustriert.

---

[9] Das zeigt etwa auch das Beispiel des Niederdeutschen, wo eine in gewisser Hinsicht komplementäre Situation vorliegt: Sprachstrukturell gesehen ist die Eigensprachlichkeit des Niederdeutschen einigermaßen unstrittig, funktional gesehen sind die niederdeutschen Dialekte aber Teil des Diasystems des Deutschen. Allerdings herrscht unter den Sprecherinnen und Sprechern in dieser Frage keineswegs Einigkeit. In einer im Jahr 2016 gemeinsam vom IDS und dem Institut für niederdeutsche Sprache in Bremen durchgeführten Repräsentativerhebung (der *Norddeutschland-Erhebung 2016*, vgl. Adler et al. 2016) wurden die Probanden gefragt, ob sie Plattdeutsch eher für eine Sprache oder eher für einen Dialekt hielten. 59 % der Befragten gaben an, für sie sei Plattdeutsch eher ein Dialekt, 39 Prozent hielten Plattdeutsch eher für eine Sprache (ebd., S. 28). Dabei zeigte sich ein Zusammenhang zwischen der Plattdeutsch-Kompetenz der Befragten und der Neigung, Plattdeutsch eher einen Sprachenstatus zuzuerkennen; wer gut Plattdeutsch kann, hält Plattdeutsch eher für eine Sprache. Aber es sind keine großen Mehrheiten. Offenbar gibt es hier einen Diskurs mit konkurrierenden Positionen, die Statusfrage ist – jedenfalls für die Sprecherinnen und Sprecher – nicht entschieden. (Für weitere Auswertungen zu dieser Frage vgl. ebd., S. 28–31 und Goltz/Kleene 2020, S. 188–190.)

Beginnen wir mit der relativ banal scheinenden Frage der Benennung. Einer unserer Probanden äußert Folgendes:[10]

(1)   Ich habe erst (.) Platt, eh/ Wir sagen normal nicht „Platt", wir sagen „Deutsch" bei uns da. [...] Wir wussten, was Platt/ (.) Platt-Sprechen ist (.), aber wir haben immer „Deutsch" gehabt, wir reden Deutsch, hein? [BL-m6]

Die Varietät, um die es uns geht (und für die sich zumindest unter den Lothringer Sprachaktivisten überwiegend der Terminus „Platt" durchgesetzt hat), heißt (oder hieß?) offenbar in der Eigenbenennung gar nicht „Platt", sondern „Deutsch". Das macht natürlich – ähnlich, wie es beim Niederdeutschen der Fall ist – eine mentale Konstruktion der eigenen Varietät als nichtdeutsche Sprache nicht leichter. Andererseits gibt es offenbar schon eine Vorstellung von zwei distinkten Varietäten, der Proband sagt sinngemäß: „Wir wussten, dass das, was wir ‚Deutsch' nennen, eigentlich Platt ist und dass ‚Deutsch' eigentlich etwas anderes ist." Damit ist natürlich noch nichts über das Verhältnis vom – üblicherweise Deutsch genannten – Platt zum „eigentlichen" Deutsch gesagt. Vermutlich ist dabei aber schon ein Konzept von Standardsprachlichkeit im Spiel. Sehr deutlich wird das in folgendem Beispiel:

(2a)   Sie können nicht unbedingt sehr gut Deutsch, aber sie können/ also Hochdeutsch, also Schriftsprache; aber Deutsch können wir. [BL-m2]

Hier wird der Terminus „Deutsch" zunächst verwendet in Bezug auf die Standardsprache, der Proband sagt erst „Deutsch" und präzisiert dann: „Hochdeutsch", „Schriftsprache", hält dann aber im nächsten Atemzug fest, „Deutsch" – also dann wohl jetzt „Deutsch" im Sinne von „Platt" – „Deutsch können wir". So richtig geklärt ist die Sache aber für ihn selber damit wohl auch nicht, denn zirka zwanzig Minuten später im Interview sagt er Folgendes:

(2b)   Wir reden Platt. Aber wir haben immer gesagt: „Wir reden Deutsch." Und ich finde das noch am besten. Das ist trotzdem der beste Begriff. Für mich. Wir reden Deutsch, oder wir reden Platt. Jo. Mit Platt, Platt kann ich mich anfreunden. Weil das heißt, es gibt die Hochsprache, Schriftsprache. Und es gibt diese verschiedenen Dialekte; wenn man das jetzt Platt nennt, warum nicht. [BL-m2]

---

10 Da es in diesem Zusammenhang nicht um phonetische Spezifika oder bestimmte Merkmale von Gesprochensprachlichkeit geht, präsentieren wir die Belege im Sinne einer leichteren Lesbarkeit in einer literarischen Transkription, die sich am deutschen Schriftstandard orientiert.

Das ist nicht ganz widerspruchsfrei. Man kann gut verfolgen, wie sich der Proband an der Fragestellung abarbeitet. Zuerst deklariert er „Deutsch" als den „besten Begriff", kommt aber nach einigem Räsonieren zum Terminus „Platt" („Mit Platt kann ich mich anfreunden.") Offenbar konzipiert er sein Platt als L-Varietät eines Diasystems, zu der komplementär als H-Varietät das Hochdeutsche, die „Schriftsprache", gehört. Damit wäre „Platt" doch Teil des Deutschen. Ungefähr zehn Minuten später sagt er aber über das Verhältnis von Platt und Deutsch:

(2c) Also, für mich sind's doch schon zwei Sprachen, die sich sehr ähneln, aber trotzdem, für mich im Gehirn funktionieren sie trotzdem parallel. [BL-m2]

Wobei „parallel" hier offenbar heißen soll „getrennt voneinander", „distinkt", eben als zwei verschiedene, unabhängige Sprachen. Man hat hier geradezu teil am allmählichen Verfertigen der Gedanken beim Reden. Ganz offenkundig ist dies nicht ein schon vielfach diskutiertes Thema, für das fertige Argumentationsschablonen bereitliegen, die reflexhaft abgerufen werden können. Die Reflexionen dieses Probanden münden, wiederum ein ganzes Stück später im Gespräch, dann plötzlich in das Bekenntnis:

(2d) Deutsch als Fremdsprache als Franzose. Trotzdem. [BL-m2]

Das nachgeschobene „trotzdem" relativiert die scheinbar klare Einordnung des Deutschen als Fremdsprache. Interessant ist hier die Begründung „als Franzose". Diese Argumentationsfigur, die an die etwas simplifizierende Gleichsetzung von Nationalsprache und Nationalstaat anschließt, ist durchaus typisch für laienlinguistische Diskurse über Sprache: Weil Lothringen ein Teil Frankreichs ist und weil man in Frankreich Französisch spricht, muss Deutsch eine Fremdsprache sein. In ähnlicher Form findet sich dieser Gedanke auch bei unserer nächsten Probandin:

(3) Meine Eltern haben Französisch und Plattdeutsch gesprochen. [...] Nee, Deutsch ist kein/ Plattdeutsch ist (.) eine Sprache des Landes, oder ich weiß nicht. Jeden/ jedes Land hat seine Sprache, ne? [NL-w1]

Platt(deutsch) muss etwas anderes sein als Deutsch, denn, so muss man den Gedanken wohl zu Ende führen, Deutsch gehört zu Deutschland, hier aber ist Frankreich, folglich muss es sich bei Platt um etwas anderes als Deutsch handeln. Aus dieser Argumentation ergibt sich natürlich ein logisches Problem in Bezug auf das Verhältnis von Platt und Französisch. Was dieser Ansatz dann für Platt und Französisch bedeutet, wird hier nicht weiter expliziert, und vermutlich ist es auch gar nicht bis zu Ende gedacht. Es gibt allerdings Gewährspersonen, die auch dazu etwas sagen können:

(4) Wir sind Lothringer, wir sprechen Platt. [...] Wir sind auch keine richtigen Franzosen, wir sind Lothringer. Und auch keine Deutschen. Wir sind Lothringer. [BL-m6]

Dieses Motiv kennen wir auch aus dem Elsass (vgl. Auer 2018); auch hier gibt es eine konzeptionelle Deckungsgleichheit von Sprache auf der einen und regionaler, vielleicht auch ethnischer oder wie auch immer verfasster, jedenfalls aber räumlich gebundener Zugehörigkeit auf der anderen Seite: Franzosen sprechen Französisch, Deutsche sprechen Deutsch, Lothringer sprechen – nicht Lothringisch, aber immerhin Platt.

Was dieses Platt nun aber genau sei und ob es nun zum Deutschen gehöre oder nicht, ist nicht so leicht zu ermitteln:

(5) Das ist ja, weil wir halt einen/ einen germanischen Dialekt haben, das ist ja was, was noch schwieriger war, um unseren Dialekt zu verteidigen. Da war ja immer das Missverständnis zwischen deutscher Sprache und Dialekt. Ich kämpfe heute immer noch dagegen, dass man das nicht alles in einen Sack tut. Das ist ja Unsinn, hat ja/ das bringt ja zu nichts. Im Gegenteil: Dialekt war ja immer für uns ein Vorteil, weil wir einfacher Deutsch lernten und keine Hemmungen hatten, Deutsch zu sprechen, wenn wir mit Deutschen zusammenkamen. [SL-w3]

Es gibt offenbar die Kategorien „Sprache" und „Dialekt". Dass Platt ein germanischer Dialekt ist, bedeutet vermutlich zugleich: kein deutscher. Worin aber genau das beklagte „Missverständnis zwischen deutscher Sprache und Dialekt" besteht, bleibt offen. Und andererseits ist dieser germanische Dialekt doch so hinreichend nah am Deutschen, dass man „keine Hemmungen hatte, Deutsch zu sprechen".

Manche Probanden konzipieren den Sprachenstatus auch skalar:

(6a) Der Platt vom Bitscherland, das ist doch mehr Deutsch. [DE-m2]

Wenn der rheinfränkische Dialekt im Bitscherland „mehr Deutsch" ist, darf man wohl interferieren: der moselfränkische Dialekt ist weniger Deutsch. Das expliziert der Proband wenig später wie folgt:

(6b) Platt und Luxemburger – das ist nicht dieselbe Sprache, hein? Fast dieselbe Sprache kann man auch sagen. [DE-m2]

„Nicht dieselbe", aber doch „fast dieselbe". Die Probanden vermeiden klare Festlegungen, korrigieren sich, verwenden Relativierungen. Es scheint durchaus ein verbreitetes, aber eher diffuses Sprachraumwissen zu geben, aber es gibt keine stabilen und ausgearbeiteten Konzepte. Offenbar ist diese Statusfrage einerseits ziemlich schwierig, andererseits für die alltägliche Lebenswelt doch nicht so relevant, dass man großen kognitiven Aufwand investieren würde, um sie einer Klärung zuzuführen.

Weitgehende Einigkeit besteht immerhin darin, dass Kompetenzen im Platt beim Erwerb der deutschen Standardsprache hilfreich sind. Das Motiv, dass die Platt-Kenntnisse das angrenzende Saarland und Rheinland-Pfalz als Wirtschaftsraum zugänglich machen, wird regelmäßig genannt, und man billigt dem Deutschen auch als Schulfremdsprache einen Sonderstatus zu, wobei typischerweise betont wird, das Deutsche sei „eigentlich keine so richtige Fremdsprache". Was es stattdessen ist, bleibt aber offen; ein Proband erklärt das Verhältnis von Platt und Hochdeutsch über eine Analogie zur französischen Schreibpraxis im Mittelalter:

(7) Das war ungefähr dasselbe Problem: Man sprach Französisch, aber man schrieb Latein. Und so – man spricht Platt, aber man schreibt Hochdeutsch. Das ist ja die Parole im Elsass an der Schule [...] Also, das ist ein klarer Unsinn, klarer Unsinn. Wenn man sagen würde, Französisch wird Lateinisch geschrieben. So ist das. Nicht ganz so, aber... [BL-m1]

Der Vergleich ist, wie auch die Selbstrelativierung am Schluss zeigt, nicht richtig durchdacht; in dieser Unschärfe ist der Beleg durchaus typisch für den Umgang mit der hier besprochenen Thematik.

Bisweilen wird die Ratlosigkeit auch explizit gemacht:

(8a) Platt und Hochdeutsch, das ist/ das harmoniert miteinander. [...] Wir reden ja Platt, ne? Wir reden nicht Hochdeutsch, jo. Was soll ich da sagen? [SB-m11]

Auch hier gibt es ein Konzept von Hochdeutsch und Platt als distinkte Kategorien; deren Verhältnis bleibt aber unklar. Auf die Frage, ob es sich bei Platt und Hochdeutsch um verschiedene Sprachen handele, sagt der Proband:

(8b) Nicht unbedingt. Sie hängen ein bissel zusammen, wenn/ wenn man langsam redet und/ und also ein bissel Achtung gibt, versteht der Andere uns, ne? Aber wenn wir unter uns so reden, fängt er nicht/ [SB-m11]

Interkomprehensibilität ist ein auch im Alltagsdiskurs gut verankertes Kriterium für die Abgrenzung von Sprachen. Aber auch diese Antwort vermeidet eine harte Festlegung. Auf der anderen Seite hat auch innerhalb eines Dialektverbands die gegenseitige Verständlichkeit ihre Grenzen; dass der eigene Dialekt bei normaler Sprechgeschwindigkeit für das Gegenüber unverständlich wird, ist ja ein geläufiger Topos in Alltagsgesprächen über Dialekte, ohne dass damit die Zugehörigkeit zum selben Dialektverband und zum selben Diasystem in Frage gestellt würde; so etwas finden wir auch hier:

(9) Hm, die deutsche Sprache (.) und dann nicht die/ die richtige deutsche Sprache, das Platt, hm. [...] Ich muss aufpassen, wenn ich mit euch rede; wenn ich Platt rede, verstehen Sie's nicht. Aber wir reden nur auf Platt. [SZ-w1]

Mit der „richtigen deutschen Sprache" ist zweifellos der schriftgebundene Standard gemeint; entsprechend muss es auch eine weniger richtige geben, nämlich das Platt, das aber offensichtlich irgendwie auch zur deutschen Sprache gehört. Hier wird Platt also als Teil des deutschen Diasystems konzipiert.

Dass nicht nur Platt, sondern auch Standarddeutsch zum Repertoire gehört, und zwar ausdrücklich als Sprechsprache und ausdrücklich nicht als L2, berichten auch mehrere Probanden:

(10a) Daheim ist Deutsch geschwätzt und Platt. [KG-w3]

Auch diese Gewährsfrau sagt uns an verschiedenen Stellen des Interviews verschiedene Dinge: auch sie bedient zwischendurch den Topos, dass Platt eine eigene Sprache sei; dann wiederum sagt sie, mit ihrem Enkel spreche sie Französisch oder Deutsch, und sonst Platt oder

(10b) [...] auch Hochdeutsch, gerade wie's mir rauskommt, aber viel Platt. [KG-w3]

Dabei deutet die Formel „gerade wie's mir rauskommt" ein Shifting auf der vertikalen Dialekt-Standard-Achse an, das ja nur dann funktioniert, wenn man sich tatsächlich innerhalb desselben Diasystems bewegt. Es gibt kommunikative Kontexte, in denen man sich näher am dialektalen Pol befindet, und solche, in denen man, auch gesprochensprachlich, eher standardnahe Formen wählt.

Wie unscharf hier im Ganzen die Kategorien sind, zeigt auch unser letztes Belegpaar:

(11a) Ich habe als Kind gleich drei Sprachen gehabt eigentlich, nicht zwei. [BL-w1]

Diese drei Sprachen sind Platt, außerdem Hochdeutsch und „Französisch in der Schule". Französisch ist unbestritten Alphabetisierungs- und Literarisierungssprache und wird damit zugleich bestimmten Domänen zugeordnet, während der Hochdeutsch-Erwerb, neben der eigentlichen Erstsprache Platt, offenbar auch ungesteuert verlief. Trotzdem konzipiert sie Hochdeutsch (Deutsch) etwas später ausdrücklich als Fremdsprache; allerdings wird dieses Konzept durch das zur Illustration gegebene Situationsbeispiel wieder konterkariert:

(11b) Aber Deutsch ist wie Englisch auch eine Fremdsprache. Das ist künstlich. Also ich würde jetzt mit meinen Kindern ganz spontan nicht Hochdeutsch sprechen. Nur wenn ich das dritte Mal rufe, zum Essen, würde ich dann vielleicht sagen, also so: „Bitte! Jetzt geht zu Tisch!" [BL-w1]

In der hier im Beleg beschriebenen Alltagssituation mag mit zunehmender Zahl der Wiederholungen der Aufforderung der Grad der Förmlichkeit zunehmen, so dass sich die Registerwahl in Richtung des Standardpols verschiebt. Dass man sich dabei aber einer Fremdsprache bedient, dürfte hingegen eher die Ausnahme sein. Was die Probandin hier also beschreibt, ist tatsächlich das Shifting innerhalb eines Systems und eben nicht der Wechsel in eine Fremdsprache.

4 Schluss

Die in Abschnitt 2 dieses Beitrags vorgestellten deutschsprachigen Minderheiten haben gemein, dass sie (als Ergebnis der Wechselfälle einer gemeinsamen mitteleuropäischen Geschichte) als Grenzminderheiten am Rande des geschlossenen deutschen Sprachgebiets existieren. Sie unterscheiden sich jedoch erkennbar hinsichtlich ihrer (sachlichen wie ideellen) Beziehungen zu den Staaten mit deutschsprachiger Mehrheitsbevölkerung, vor allem hinsichtlich ihres juristisch-politischen Status, folglich auch ihrer Vitalität – und sie unterscheiden sich nicht zuletzt hinsichtlich der Rolle, die ihre Sprache bei der Konzeption und Konstruktion ihrer regionalen Identität spielt.

Während die deutschsprachigen Minderheiten in Dänemark, Belgien und Italien ein hohes Maß an Absicherung genießen, ist die Situation in Frankreich etwas komplizierter. Das gilt insbesondere für den (wenig untersuchten) germanophonen Teil Ostlothringens, wo sich die historisch dem Deutschen zuzuordnenden Dialekte in einer eher unübersichtlichen Mehrsprachigkeitskonstellation befinden. In öffentlichen Sprachdebatten ist man hin und wieder mit der Behauptung konfrontiert, so etwas wie den linguistischen Laien gebe es gar nicht; im Gegenteil, die wahren Sprachexperten seien doch eigentlich die Sprecherinnen und Sprecher selbst. Das ist allerdings – zumindest für das hier besprochene Material – offenkundig nicht der Fall. Im Gegenteil: Die Zusammenschau der hier präsentierten Beispiele legt beredtes Zeugnis davon ab, wie wenig klar, wie wenig konturiert, wie wenig stringent die Gewährspersonen Auskunft geben können über die spezifische Mehrsprachigkeitskonstellation, in der sie sich bewegen. Die Aussagen der Probandinnen und Probanden sind überwiegend unklar, unscharf und nicht frei von inneren Widersprüchen, so dass es auch nicht ohne Weiteres gelingt, eine überschneidungsfreie Typologie der verschiedenen Positionen zu erstellen.

Wenn man versucht, herauszudestillieren, was das Verbindende an den Antworten unserer Gewährspersonen ist auf die Frage, was denn das Deutsche sei im germanophonen Teil Lothringens, dann bleiben letztlich zwei Punkte. Der erste ist: Sie wissen es nicht. Sie antworten zwar irgendwie, aber im Grunde wissen sie es nicht. Und der zweite Punkt ist: Es macht ihnen nichts aus. Ganz offenkundig ist die Frage, wie es um das Verhältnis der verschiedenen Varietäten in diesem Raum systematisch bestellt ist – das heißt, ob Lothringisch als eigene Sprache, als Teil des deutschen Diasystems, als „dachlose Außenmundart" (Kloss 1978) oder als etwas ganz anderes zu werten sei –, für die Sprecherinnen und Sprecher kein drängendes Problem. Und es ist auch keines, für das es einen etablierten, verfestigten Diskurs gäbe; anders sind die teils sehr mäandernden und widersprüchlichen Äußerungen nicht zu interpretieren. Diese analytische Herangehensweise, die Varietäten zuordnen möchte und die das Bewusstsein klarer Grenzen zwischen Sprache und Dialekt erwartet, passt offenbar nicht zur Sprachwirklichkeit der Gewährspersonen in diesem Raum, die dynamisch ist, die flexibel ist und die kognitive Dissonanzen ohne Weiteres auszuhalten imstande ist.

Literatur

Académie de Nancy-Metz (1990): Circulaire rectorale langue et culture regionales: voie specifique mosellane. Nancy: Académie de Nancy-Metz.
Adler, Astrid (2019): Sprachstatistik in Deutschland. In: Deutsche Sprache 47, S. 197–219.
Adler, Astrid/Ehlers, Christiane/Goltz, Reinhard/Kleene, Andrea/Plewnia, Albrecht (2016): Status und Gebrauch des Niederdeutschen 2016. Erste Ergebnisse einer repräsentativen Umfrage. Mannheim/Bremen: Institut für Deutsche Sprache/Institut für niederdeutsche Sprache.

Auer, Peter (2018): Das Beste zweier Welten: Das Bild elsässischer Dialektsprecher von den Deutschen, den Franzosen und sich selbst. In: Lenz, Alexandra N./Plewnia, Albrecht (Hg.): Variation – Normen – Identitäten. (= Germanistische Sprachwissenschaft um 2020 4). Berlin/Boston: De Gruyter, S. 5–40.

Beyer, Rahel/Fehlen, Fernand (2019): Der germanophone Teil Lothringens. In: Beyer/Plewnia (Hg.), S. 106–154.

Beyer, Rahel/Plewnia, Albrecht (Hg.) (2019): Handbuch des Deutschen in West- und Mitteleuropa. Sprachminderheiten und Mehrsprachigkeitskonstellationen. Tübingen: Narr Francke Attempto.

Bouillon, Heinz (2019): Deutsch in Ostbelgien. In: Beyer/Plewnia (Hg.), S. 47–70.

Bundesministerium des Innern, für Bau und Heimat (Hg.) (2014): Nationale Minderheiten. Minderheiten- und Regionalsprachen in Deutschland. Berlin: Bundesministerium des Innern, für Bau und Heimat.

Deutscher Grenzverein (Hg.) (1985): Die Bonn-Kopenhagener Erklärungen von 1955. Zur Entstehung eines Modells für nationale Minderheiten. Flensburg: Deutscher Grenzverein e. V.

Elmentaler, Michael (Hg.) (2009): Deutsch und seine Nachbarn. (= Kieler Forschungen zur Sprachwissenschaft 1). Frankfurt a. M.: Lang.

Elmentaler, Michael/Gessinger, Joachim/Macha, Jürgen/Rosenberg, Peter/Schröder, Ingrid/Wirrer, Jan (2006): Sprachvariation in Norddeutschland. Ein Projekt zur Analyse des sprachlichen Wandels in Norddeutschland. In: Voeste, Anja/Gessinger, Joachim (Hg.): Dialekt im Wandel. Perspektiven einer neuen Dialektologie. (= Osnabrücker Beiträge zur Sprachtheorie 71). Duisburg: Universitätsverlag Rhein-Ruhr, S. 159–178.

Erhart, Pascale (2019): Von Staatsgrenze zu Dialektgrenze. Wird der Rhein als „Grenze" im alemannischen Sprachraum am Oberrhein wahrgenommen? In: Linguistik Online 98, 5: Alemannische Dialektologie – Forschungsstand und Perspektiven, S. 307–328.

Fandrych, Christian/Hufeisen, Britta (2010): Die Situation von Deutsch außerhalb des deutschsprachigen Raums. In: Krumm, Hans-Jürgen/Fandrych, Christian/Hufeisen, Britta/Riemer, Claudia (Hg.): Deutsch als Fremd- und Zweitsprache. Ein internationales Handbuch. 1. Halbbd. (= Handbücher zur Sprach- und Kommunikationswissenschaft/Handbooks of linguistics and communication science (HSK) 35.1). Berlin/New York: De Gruyter Mouton, S. 34–43.

Glück, Alexander/Leonardi, Mara/Riehl, Claudia Maria (2019): Südtirol. In: Beyer/Plewnia (Hg.), S. 245–280.

Goltz, Reinhard/Kleene, Andrea (2020): Niederdeutsch. In: Beyer, Rahel/Plewnia, Albrecht (Hg.): Handbuch der Sprachminderheiten in Deutschland. Tübingen: Narr Francke Attempto, S. 171–226.

Hogan-Brun, Gabrielle (Hg.) (2000): National varieties of German outside Germany. (= German Linguistic and Cultural Studies 8). Oxford/Frankfurt a. M.: Lang.

Huck, Dominique/Erhart, Pascale (2019): Das Elsass. In: Beyer/Plewnia (Hg.), S. 155–182.

Kloss, Heinz (1978): Die Entwicklung neuer germanischer Kultursprachen seit 1800. 2., erw. Aufl. (= Sprache der Gegenwart 37). Düsseldorf: Schwann.

OLCA/EDInstitut (2012): Etude sur le dialecte alsacien. Strasbourg: Office pour la Langue et la Culture d'Alsace (OLCA – Elsässisches Sprochhàmt)/Institut d'études marketing. Internet: www.olcalsace.org/sites/default/files/documents/etude_linguistique_olca_edinstitut.pdf (Stand: 15.6.2020).

Pedersen, Karen Margrethe/Wung-Sung, Tobias Haimin (2019): Die deutsche Minderheit in Nordschleswig in Dänemark. In: Beyer/Plewnia (Hg.), S. 11–45.

Marina Foschi Albert (Pisa)
Deutsch als Fremdsprache in Europa: das „Ökosystem" Germanistik und seine Nachhaltigkeit

Abstract: Der Beitrag behandelt das Thema *Deutsch in Europa* aus der Perspektive der internationalen Germanistik und ihrer Nachhaltigkeit. Ausgehend von der Geschichte des Fachs in Europa wird die Germanistik als ein „Ökosystem" präsentiert, d. h. als ein dynamischer Komplex bildungsspezifischer Elemente, welcher auch heute – im Zeitalter von Big Data und Real-Time Artificial Intelligence – über die DaF-Vermittlung und die Lehrerausbildung hinaus eine insgesamt wichtige soziale Funktion ausüben kann. Welche Rolle das IDS dabei spielen könnte, wird im Schlussteil skizziert.

> Tradition ist nicht die Anbetung der Asche, sondern die Weitergabe des Feuers.
>
> Jean Jaurès (1859–1914)

1 Einleitung

Das Thema der 56. IDS-Jahrestagung[1] *Deutsch in Europa* fand ich sofort reizvoll und rätselhaft. Es kann aus vielen Perspektiven behandelt werden – wie es auch im Tagungsuntertitel *sprachpolitisch, grammatisch, methodisch* anvisiert wird. Europa ist ein wichtiges Analyseobjekt für Essayist/-innen und Wissenschaftler/-innen unterschiedlicher Fachrichtungen, u. a. für Sozialforscher/-innen, Historiker/-innen, Anthropolog/-innen und Jurist/-innen. Gerhard Stickel (2018, S. 65) weist darauf hin, dass Europa sowohl die geografische Entität, den Kontinent

---

[1] Dieser Beitrag konnte auf Grund des damaligen Ausbruchs der Covid-19-Pandemie nicht auf der IDS-Jahrestagung 2020 präsentiert werden. Dem IDS-Direktor, Henning Lobin, bin ich für die Aufnahme in den Band sehr zu Dank verpflichtet. Für hilfreiche Hinweise danke ich Hardarik Blühdorn, Serena Grazzini, Marianne Hepp, Francesco Rovai und Angelika Wöllstein. Der Aufsatz ist dem Gedächtnis an Horst Sitta gewidmet.

Europa, als auch die politische Institution, die Europäische Union, bezeichnet. Als Germanistin erweckt in mir der Name *Europa* unmittelbare Anknüpfungen an den Romantiker Novalis und an seine Rede *Die Christenheit oder Europa* von 1798/99:

> Es waren schöne glänzende Zeiten, wo Europa ein christliches Land war, wo *Eine* Christenheit diesen menschlich gestalteten Welttheil bewohnte; *Ein* großes gemeinschaftliches Interesse verband die entlegensten Provinzen dieses weiten geistlichen Reichs. – Ohne große weltliche Besitzthümer lenkte und vereinigte *Ein* Oberhaupt, die großen politischen Kräfte. [Hervorhebungen im Original] (Novalis 2013, S. 44)

Novalis' *Europa*-Fragment zeichnet ein ideales Bild vom mittelalterlichen Europa, das ihm als eine einheitliche, durch den lebendigen Geist der Religion geprägte Gemeinschaft erscheint, die durch Luthers Reformation, seine philologische Interpretation der heiligen Schriften sowie den späteren „weltlichen Protestantismus aus Frankreich" (Novalis 2013, S. 52), die Aufklärung, zerstört wurde. So lösten die „Buchstaben" – wie er schreibt (vgl. ebd., S. 55) – die „Chiffern-Musik der Jungfrau" auf, welcher die Sprache „zu hölzern und zu frech" ist. In Novalis' *Europa*-Fragment wird kein Bezug auf historische Sprachen genommen. Eine einheitliche Sprachgemeinschaft hat es in Europa anscheinend nie gegeben. Es gibt keine exklusiv europäischen Sprachfamilien; mehrere von ihnen (die indogermanische, die uralische und die türkische) sind auch in Asien vorhanden. *Europa* ist keine brauchbare Kategorie für linguistische Klassifikationszwecke: Bei der geografischen Abgrenzung der Sprachfamilien wird der Großraum *Eurasien* berücksichtigt (vgl. Kausen 2013, S. 43). Als paneuropäisches linguistisches Phänomen kann nur der ideologische Gebrauch der Nationalsprachen als identitätsstiftendes Element erkannt werden (vgl. Fanciullo 2007, S. 232). Nichtsdestoweniger hat Novalis gerade aus sprachgeschichtlicher Sicht nicht ganz Unrecht gehabt. Denn Luthers Zeitalter kann tatsächlich mit einem Zersplitterungsphänomen verbunden werden, der Zersplitterung der Bildungssprache. In der Frühen Neuzeit beginnt die bisher latinophone Welt der Wissenschaften und der höheren Ausbildung mehrsprachig zu werden (vgl. Ehlich 2015, S. 31). Kein Zufall, dass ausgerechnet in dieser Zeit linguistische Meilensteine der europäischen Volkssprachen entstehen, wie Antonio de Nebrijas *Gramática de la lengua castellana* (1492), Pietro Bembos *Prose della volgar lingua* (1525), Fernão de Oliveiras *Gramática da lingoagem portuguesa* (1536), Joachim Du Bellays *La deffence et illustration de la langue françoyse* (1549), und natürlich Valentin Ickelsamers *Teutsche Grammatica* (1535).

Heute steht die europäische Bildungs- und Wissenschaftswelt, wie von etlichen Seiten beklagt, vor dem umgekehrten Prozess der Anglisierung und somit des Mehrsprachigkeitsverlusts,[2] was keine „schönen glänzenden Zeiten" (Novalis 2013, S. 44) für die Germanistik in nichtdeutschsprachigen Ländern voraussahen lässt. Der Rückgang von DaF-Lernenden bei gleichzeitigem Zuwachs beim Englischen als Fremdsprache wird überall in Europa beobachtet, u. a. in Belgien (Leuschner/Radke/Küpper 2019, S. 621), Litauen (Šileikaitè-Kaishauri 2018, S. 48), den Niederlanden (Leuschner/Radke/Küpper 2019, S. 624), Polen (Mackiewicz 2019, S. 681), Slowenien (Jesenšek 2015, S. 37), Tschechien (Dovalil 2019, S. 703) und Ungarn (Knipf-Komlósi/Müller 2019, S. 496). Seit Jahren weisen sprachpolitisch engagierte Institutionen (vgl. u. a. DAAD (Hg.) 2004; Goethe-Institut/DAAD/Institut für Deutsche Sprache (Hg.) 2013) immer wieder auf die zentrale Stelle der deutschen Sprache in und für Europa hin und betonen die Notwendigkeit, sie als kulturelles Kapital auch durch Förderung des Deutschlernens zu bewahren.

Das aktuelle Thema der Nachhaltigkeit der internationalen Germanistik werde ich mit besonderem Fokus auf der Situation in Europa und aus meiner Erfahrung als Sprachgermanistin in Italien behandeln.[3] Im zweiten Abschnitt wird eine vorläufige Antwort auf die Frage gegeben, warum ein DaF- oder Germanistikstudium als attraktiv betrachtet werden kann (2). Im dritten wird auf die Definition der internationalen Germanistik als „Ökosystem" eingegangen (3). Im vierten Abschnitt wird ein Rückblick auf die Geschichte der Germanistik in Europa geworfen (4), um im Licht vergangener Entwicklungen die heutige Situation der Germanistik zu kommentieren (5). Schließlich wird die einleitende Frage wieder aufgenommen, wobei die soziale Relevanz eines DaF- und Germanistikstudiums im heutigen Europa in den Vordergrund gerückt wird (6). Zuletzt soll kurz skizziert werden, welche Rolle das IDS für die Nachhaltigkeit der europäischen Sprachgermanistik spielen kann (7).

---

[2] Wie es zuletzt Hideaki Takahashi (2019, S. 217) für den Fall Japan beschreibt: Ausbildungsinstitutionen wie das japanische Ministerium für Erziehung, Kultur, Sport, Wissenschaft und Technologie organisieren das Fach Englisch unter der Bezeichnung *Fremdsprache*, wobei man sich mit „Fremdsprache" faktisch auf Englisch allein bezieht.
[3] Das Thema der Nachhaltigkeit taucht als wichtiges Anliegen im Rahmen der allgemeinen Debatte über die Stellung der deutschen Sprache in der Welt auf, nicht zuletzt auch in Bezug auf den DaF-Bereich (vgl. dazu Ammon 2019, S. 9).

2 Welche Gründe können zum DaF- und Germanistikstudium bewegen?

Warum Deutsch „bewegt",[4] ist eine wichtige Frage für alle Institutionen, die an einer Förderung der deutschen Sprache interessiert sind.[5] Gemäß den Ergebnissen einer weltweiten Umfrage, die der Österreichische Verband für Deutsch als Fremdsprache/Zweitsprache (ÖDaF) 2017 im Auftrag des IDV unter dem Titel *99 Gründe für Deutsch* publizierte, geht es dabei vor allem um vier Hauptgründe: 1. Deutsch ist eine bedeutende Kultursprache; 2. Deutsch ist eine zentrale europäische Sprache und hat eine große Vielfalt durch D-A-CH-L;[6] 3. Deutsch ist eine ästhetisch anspruchsvolle, schöne Sprache, die gut erlernbar ist; 4. Deutsch schafft Freunde (vgl. Hepp 2017, S. 4). Im Allgemeinen sind die Beweggründe für das DaF-Lernen, wie man aus den Umfrageergebnissen schließen kann, manchmal individuell-subjektiver Art, manchmal hängen sie mit dem Prestige der Sprache zusammen. Die Frage, was junge Leute dazu bewegen kann, Germanistik zu studieren, wird von Vertreter/-innen deutschsprachiger Hochschulen mit bildungsberuflichen Argumenten beantwortet, die mit den im Studium erworbenen fachübergreifenden Schlüsselkompetenzen verbunden sind.[7] Was das nichtdeutschsprachige europäische Gebiet angeht, werde ich die Frage zuerst anhand von drei paradigmatischen Fällen aus meinem engen Familienkreis zu beantworten versuchen.

In den späten 30er und frühen 40er Jahren des 20. Jahrhunderts war im italienischen Schulsystem Deutsch obligatorisches Fach.[8] In diesen Jahren war meine Mutter Schülerin an einer technischen Oberschule in Rom, wo sie die Sprache der

---

4 Unter dem Motto *Deutsch bewegt* stand die Tagung 2009 des Internationalen Deutschlehrerinnen und Deutschlehrerverbandes (IDV) in Jena und Weimar (*Deutsch bewegt. Sprache und Kultur: Deutsch als Fremdsprache weltweit*; vgl. Barkowski et al. (Hg.) 2011).
5 Förderung der deutschen Sprache und der Germanistik bedeutet nach Ammon (2019, S. 10) darauf hinzuarbeiten, dass sich die Einstellungen zur deutschen Sprache und zur Germanistik sowie die Möglichkeiten zum Erlernen der Sprache und zur wissenschaftlichen Beschäftigung mit dem Fach verbessern.
6 Die Abkürzung steht für *Deutschland-Österreich-Schweiz-Liechtenstein* und bezieht sich auf das sogenannte „DACHL-Prinzip" (vgl. dazu Demmig 2015, S. 222).
7 „Germanist/innen werden überall dort gebraucht, wo gesprochene und/oder schriftliche Sprache im Zentrum der Berufstätigkeit steht. Das Germanistik-Studium ist keine Berufsausbildung, es bereitet auf die Übernahme von Tätigkeiten in vielen kulturellen, öffentlichen und sozialen Bereichen vor." (Drügh et al. (Hg.) 2012, S. 25).
8 Für Mussolini stellte Fremdsprachenlernen eine „mächtige Waffe für die siegreiche Verwirklichung praktischer Zwecke" dar (zit. in Rapisarda 2015, S. 823). Fremdsprachenvermittlung gehörte zur Propagandapolitik des Faschismus. Unter der Leitung des Ministeriums für Volkskultur begann 1938 auch das italienische Radio Fremdsprachunterricht anzubieten: Unter den unter-

Alliierten anhand deutscher Literaturtexte lernte. Sie liebte die deutsche Literatur, vor allem Theaterstücke von Friedrich Schiller. Man kann nur vermuten, dass für sie und für ihre Generation der Unterricht in deutscher Sprache und Kultur unter einem totalitären Regime, z. B. der Zugang zu Volksliedern wie *Die Gedanken sind frei*, wichtig war. Auf Grund ihrer technischen Schulausbildung kam für sie ein Germanistikstudium dennoch nicht in Frage. Ein Studium überhaupt war für meine Mutter als Frau und Mitglied einer kinderreichen und eher ärmeren mittelarmen Familie keine realistische Option.

In den späten 1970er Jahren konnte ich – anders als sie – ein Studium beginnen und jedes beliebige Fach wählen. Nach 1968 ließen die italienischen Hochschulen freien Zugang zu jeglicher Studienrichtung zu. Das Studium der Germanistik bot damals noch gute berufliche Aussichten für künftige DaF-Lehrer/-innen. Anders als mein Vater, der fest davon überzeugt war, dass es männliche und weibliche Berufe gab, konnte ich mir eine Karriere als Fremdsprachenlehrerin kaum vorstellen. In meiner eigenen Vorstellung sollte das Germanistikstudium als Tor zur Welt dienen. Germanistikstudierende haben damals vor allem deutsche Literaturgeschichte gelernt und die Klassiker gelesen – in den ersten Semestern in italienischer Übersetzung, später in der Originalsprache. Fremdsprachkompetenzen wurden anhand von altmodischen Lehrgrammatiken erworben, welche die unterschiedlichen Grammatikphänomene, z. B. den deutschen Komparativ, mit Beispielen dieser Art präsentierten:

> Je strenger die Eltern sind, desto mehr gehorchen ihnen die Kinder, und je älter diese werden, desto dankbarer sind sie ihnen, denn sie verstehen, daß es auch für die Eltern angenehmer gewesen wäre, weniger streng zu sein. (Alella/Marini 1980, S. 248)

Unter den Beispielsätzen, die als Gesprächsbausteine hätten dienen sollen, waren u. a. die folgenden:

> Wer ist fleißiger als du?
> Sind diese Birnen reifer als jene Pfirsiche?
> Welches Haustier ist stärker als der Esel? (Alella/Marini 1980, S. 250)

Trotz solcher Lehrmaterialien konnte ich mir im Laufe meines vierjährigen Studiums die deutsche Sprache aneignen und im Allgemeinen viele bildungsaufbauende Erfahrungen machen – auch dank der Auslandsaufenthalte, die ich schon in Vor-Erasmus-Zeiten realisieren konnte.

---

richteten Sprachen sind die Sprachen der libyschen und äthiopischen Kolonien, unter den europäischen Sprachen vor allem Deutsch (vgl. dazu Rapisarda 2015, S. 824).

In den Nullerjahren konnte mein Sohn als einer von rund 4,4 Millionen Studierenden zwischen 1987 und 2017 (vgl. Schulze-von Laszewski 2017, S. 3) vom Erasmus-Programm profitieren. Als Student der Philosophie hat er für seinen Auslandsaufenthalt nicht die Universität Berlin oder Tübingen gewählt, sondern Sevilla in Spanien. Das Erlernen einer Fremdsprache und die Erfahrung einer Fremdkultur standen für ihn – vermutlich für seine Generation im Allgemeinen – in keinem direkten Bezug zu Studium und künftigem Beruf.

Die Beispiele aus drei aufeinanderfolgenden Generationen haben gezeigt, dass bei der Entscheidung für das Lernen einer Fremdsprache und/oder das Studium einer fremdsprachlichen Kultur individuelle Präferenzen und Entscheidungen eine wichtige Rolle spielen, wobei diese mit dem historischen und sozialen Kontext eng verbunden sind.

3 Die Germanistik als Ökosystem

Die Germanistik ist ein internationales Fach. Dies macht die Bezeichnung *Internationale Germanistik* deutlich, die heute als Sammelbenennung für die Germanistik weltweit verwendet wird.[9] Bereits in ihrer frühesten Phase weist die Germanistik einen komplexen Charakter auf. Die älteste überlieferte Definition der Germanistik wird aus der Formulierung hergeleitet, mit der 1840 Gustav Freytag in einem Brief an das Preußische Kultusministerium erklärte, was Germanisten seien, nämlich „Docent[en] für deutsche Sprache, Literatur und Kulturgeschichte" (vgl. Meves 1989, S. 28). Als Konsequenz ihrer Entwicklung als akademische Disziplin seit den 1970er Jahren zeigt heute die internationale Germanistik – wie Zhao/Li (2014, S. 35) mit Bezugnahme auf die thematische Mannigfaltigkeit der geplanten Sektionen für den Kongress der Internationalen Vereinigung für Germanistik (IVG) 2015 in Shanghai beobachten – eine extrem vielfältige Gestalt. Sie kann als ein „Ökosystem" innerhalb der Humanwissenschaften betrachtet werden, d. h. als ein offener und dynamischer Komplex von verschiedenen Tätigkeitsgebieten, Methoden, Theorien und Forschungsrichtungen, die miteinander in Wechselwirkung stehen und weitgehend interdisziplinäre Ansätze anwenden. Im Kern des Systems befinden sich die deutsche Sprache, Literatur und Kultur.

International betrachtet scheint das Ökosystem Germanistik aus zwei Teilsystemen zu bestehen, nämlich der Germanistik in den deutschsprachigen Län-

---

9 Die Bezeichnung hat 1977 der Germanist Richard Brinkmann in seiner Rede zur Eröffnung des internationalen Symposiums *Germanistik im Ausland* eingeführt (vgl. Foschi 2016, S. 63 f.).

dern und der Germanistik in den nichtdeutschsprachigen Ländern. Die Trennlinie besteht darin, dass letztere ihren Forschungsgegenstand deutsche Sprache zugleich als Fremdsprache lehrt und lernt. Sie kann aus diesem Grund als *DaF-Germanistik* bezeichnet werden (vgl. dazu Foschi 2016, S. 63). Innerhalb des Teilsystems können teilweise landesspezifische Traditionen erkannt werden, wie es den 56 Abschnitten *Deutsch in ...* des Kapitels *Deutsch an Schulen und Hochschulen in nichtdeutschsprachigen Ländern: Bestandsaufnahme und Tendenzen* im HSK-Band *Deutsch als Fremd- und Zweitsprache* (Krumm et al. (Hg.) 2010, S. 1602–1842) entnommen werden kann.[10] Nicht in jedem Land sind Germanistikinstitute vorhanden, in welchen die deutsche Sprache, Literatur und Kultur gleichmäßig verteilt sind. Manche lokalen Traditionen priorisieren im Studium ein bestimmtes Element des Germanistiksystems, wie es sich in den Lehrplänen und den vielfältigen Benennungen gegenwärtiger Studiengänge zeigt.[11]

Innerhalb des internationalen Panoramas weist die DaF-Germanistik in Europa eine eigene Kontur auf, welche ihr gemeinsame Züge verleihen, die teilweise aus den Anfängen des Fachs auf dem Kontinent Europa, teilweise aus den kulturpolitischen Ausrichtungen der Europäischen Union entstehen.

4 Deutschunterricht und Germanistik in Europa: ein kurzer Rückblick

Das im 19. Jahrhundert etablierte Germanistikstudium wird in Deutschland als „freie Kunst" mit autonomem Bildungswert angesehen, die vorwiegend der Erweiterung der Wissenschaft und der Gewinnung des wissenschaftlichen Nachwuchses gilt. Die Relevanz beider Hauptausrichtungen der heutigen Germanistik, die sprach-

---

10 Die 56 Abschnitte sind den folgenden Ländern gewidmet: Ägypten, Argentinien, Australien, Belarus, Belgien, Brasilien, Bulgarien, Chile, China, Dänemark, Elfenbeinküste/Côte d'Ivoire, Estland, Finnland, Frankreich, Georgien, Ghana, Griechenland, Großbritannien, Indien, Indonesien, Irland, Italien, Japan, Kamerun, Kanada, Kolumbien, Korea, Kroatien, Kuba, Lettland, Litauen, Luxemburg, Marokko, Mexiko, Mongolei, Niederlande, Nigeria, Norwegen, Polen, Portugal, Rumänien, Russland, Schweden, Senegal, Serbien, Slowakei, Slowenien, Spanien, Südafrika, Tschechische Republik, Tunesien, Türkei, Ukraine, Ungarn, USA, Vietnam. 50 Prozent davon sind europäische Länder.
11 Jesenšek (2015, S. 31) listet beispielsweise die folgenden auf: Germanistik, Deutsch, Deutsche Sprache und Literatur, Deutsch als Fremdsprachenphilologie, Deutsch als Fremdsprache, Interkulturelle Germanistik, Europäische Germanistik/Eurogermanistik, Internationale Germanistik, Transnationale Germanistik.

und die literaturwissenschaftliche, gilt für Deutschland gleichermaßen (vgl. Drügh et al. (Hg.) 2012). Im Gegensatz dazu greifen in der nichtdeutschsprachigen Germanistik die zwei Hauptausrichtungen auf zwei unterschiedliche Traditionen zurück. Nur eine von ihnen, die literaturorientierte Germanistik, wird als Bestandteil humanistischer Ausbildung betrachtet. Ihre Anfänge liegen im 18. Jahrhundert, als das heranwachsende Prestige der deutschen Literatur das Interesse europäischer Philologen erweckte (vgl. dazu McLelland 2019, S. 600). Anders steht es mit der wesentlich älteren Tradition des Unterrichts des Deutschen als Fremdsprache.

Der formale Unterricht der modernen Fremdsprachen entstand im mittelalterlichen Europa aus den kommunikativen Erfordernissen des Fernhandels (vgl. Glück 2002, S. 85). Das älteste überlieferte DaF-Lehrwerk ist das *Sprachbuch* von Georg von Nürnberg (1424), aus welchem die folgende Gesprächsszene stammt:

> Oue sta el to maistro /   Wo siczt dein maister
> Sul campo de san bortholamio /   auff sandt bartholmes placz
> Quel campo de san bortholamio /   wo leit sandt bartholmes placz
> Apresso el fontego di todeschi /   Nahent pey dem deuczen hauzz
> Chomo Hallo Nometo Maistro /   wie haisst dein Maister
> Ello ha nome maistro zorzi /   Er haisst maister Jorg
> Donde ello se dio taida /   von wan(n) ist er daz dir got helff
> Ele de nurmbergo /   Er ist von nurmberck
>   (Pausch 1972, S. 261–262)

Wie die Szene dokumentiert, lebte im frühen 15. Jahrhundert in der Nähe des *Fondaco dei tedeschi* ein Deutschlehrer aus Nürnberg. Meister Georg erteilte Sprachunterricht an Venezianer, die eine Anstellung als Kaufmittler suchten (vgl. Glück 2011, S. 100). Über die Jahrhunderte hinweg ist die Nützlichkeit des Fremdsprachenlernens für die individuelle Erwerbsfähigkeit ein anhaltender kultureller Topos geworden. An der folgenden Textstelle (aus einem DaF-Lehrwerk aus den frühen 1960er Jahren) erscheinen Fremdsprachenkenntnisse als eine Art „Mitgift" für die Mittellosen jeglichen Geschlechts:

> Wisset Ihr, was das bedeutet moderne Sprachen lesen und schreiben zu können? Reichtum für die Armen, Trost für die Unglücklichen, geistige Anregung für die Unwissenden. Ein junger Mann, welcher französisch, englisch, deutsch und spanisch spricht und schreibt, findet ohne Schwierigkeiten in einem Geschäft, Hotel oder in einer Fabrik Stellung. [...] Auch junge Mädchen, wenn sie durch Vermögensverlust oder andere Umstände gezwungen sind, ihr Brot zu verdienen, finden stets Beschäftigung, wenn sie der fremden Sprachen mächtig sind. (Lysle 1961, S. 348)

Die akademische Etablierung der Germanistik an nichtdeutschsprachigen Hochschulen im späten 19. und frühen 20. Jahrhundert führt zu einer direkten Kontaktaufnahme bzw. zu einer mindestens partiellen Begegnung der zwei Traditionen: An den philologischen Fakultäten gilt das Studium der deutschen Sprache vorwiegend als Mittel zum Zweck der Rezeption der literarischen Texte. An den pragmatisch orientierten, nicht-philologischen Fakultäten wird ebenso ein literarisches Modell von Bildungsdeutsch vermittelt (vgl. Foschi 2015, S. 12–15). Auf Grund der engen Verflechtung von Sprache und Literatur hat die Germanistik in den nicht-deutschsprachigen Nationen Europas lange Zeit eine solide humanistische Ausbildung und berufliche Aussichten vor allem als künftige Lehrer/-innen an Schulen und Hochschulen garantiert. Die Situation hat sich um die Jahrtausendwende stark verändert, als sich als Folge der *Bologna-Erklärung* und der an ihr orientierten nationalen Hochschulreformen in den EU-Ländern die Grundzüge einer „EU-Germanistik" herausbildeten.

5 Die EU-Germanistik

Mit der Bezeichnung *EU-Germanistik* wird auf den „paneuropäischen" Charakter der heutigen Germanistik hingewiesen, der teilweise durch äußere Faktoren bedingt ist, die das europäische Hochschulsystem insgesamt charakterisieren, z. B. die Erasmus-Austauschprogramme oder das *European Credit Transfer System*. Teilweise können ideologische Faktoren erkannt werden, welche die Auslegung der disziplinären Bildungsziele verändert haben. Dabei geht es vor allem um die konzeptuelle Deutung von Fremdsprachen und Fremdsprachenkenntnissen. Die EU-Bildungspolitik der letzten Jahrzehnte scheint vor allem auf den Erwerb von Grundkompetenzen zu zielen, die Ausbildungs- und Berufschancen erhöhen. Der kulturelle und friedenstiftende Wert sozialer Mehrsprachigkeit – was für die EU als starkes Identitätsprinzip seit ihren Gründerjahren galt – wird zunehmend in den Hintergrund gerückt. In der Folge des Erneuerungsprozesses der EU-Hochschulsysteme nach „Lissabon" wird Fremdsprachenerwerb als zweckmäßige *téchne* aufgefasst. Vor allem dadurch, dass sie eine berufliche und wirtschaftliche Ressource darstellt, ist Mehrsprachigkeit an den europäischen Hochschulen nach Bologna verstärkt gefördert worden.

In der stärkeren Tendenz zur berufsbezogenen Fremdsprachenausbildung hat die EU-Germanistik der Nullerjahre ihr Nachhaltigkeitspotenzial erkannt.[12]

---

12 Die Tendenz, sprachlich orientierte Curricula vorzuziehen, wird in mehreren Ländern der internationalen Germanistik registriert, darunter etwa Frankreich (Dalmas 2019, S. 590), Rumänien (Lăzărescu/Sava 2019, S. 507), Spanien (Borszik/Jirku 2019, S. 641) und Slowenien (Jesenšek

Das Deutschstudium wurde an vielen Hochschulprogrammen auf das praxisorientierte Fremdsprachenlernen reduziert. Ein Programm dieser Art scheint heute, 20 Jahre nach Ausbruch der „digitalen Revolution", seinen Nachhaltigkeitswert verloren zu haben.[13] Fremdsprachenkenntnisse über das Englische hinaus scheinen heute einen beschränkten Anwendungsbereich zu haben. Deutsche Weltkonzerne stellten kurz vor dem Jahrhundertwechsel ihre offizielle Unternehmenssprache auf Englisch um (vgl. Pogarell 2019, S. 112). Bildungsmobilität scheint heute keine weiteren Fremdsprachenkenntnisse außer Englisch zu erfordern: Auf seiner Website informiert etwa der DAAD, dass für das akademische Jahr 2019/2020 deutsche Hochschulen insgesamt 2084 zu einhundert Prozent englischsprachige *International Programmes* anbieten.[14] In den letzten Jahren hat Englisch als Verkehrssprache sogar in den EU-Institutionen die führende Rolle übernommen.[15] Eine gründliche Veränderung der Kommunikationsmodalität hat aber vor allem durch die digitalen Technologien stattgefunden, die heute alle Bereiche des Gesellschaftslebens beeinflussen. Das Internet hat mit seiner „Ubiquität und Allgegenwart von Allem und Jedem" (Eichinger 2018, S. 16) das Panorama der sprachlichen Interaktion ganz grundsätzlich verändert. So können z. B. reisende Menschen durch Internetzugang auf Online-Übersetzungssysteme zugreifen, die für ihre okkasionellen kommunikativen Probleme viel schnellere Lösungen anbieten als das langwierige Erlernen von Fremdsprachen. Das Potenzial der neuen Technologien für das Fremdsprachenlernen hat die EU-Bildungspolitik bereits erkannt.[16] In Verbindung mit dem neuen *Erasmus+*-Programm hat die Europäische Kommission im Jahr

---

2015, S. 33). In Großbritannien bieten diejenigen Universitäten, „an denen Germanistik als Fach noch existiert" (McLelland 2019, S. 606), vor allem intensiven Sprachunterricht.

13 So stellt sich heute die Frage, ob die EU-Germanistik im Bologna-Prozess „eine Modernisierung oder eher eine Kommerzialisierung der traditionellen germanistischen Studiengänge erlangt" habe (Jesenšek 2015, S. 34).

14 Angabe des DAAD, vgl. DAAD-Website: www2.daad.de/deutschland/studienangebote/international-programmes/en/ (Stand: 22.4.2020).

15 Nach dem Mauerfall diente für die mittel- und osteuropäischen Staaten das Englische als Bewerbungssprache nicht nur in der EU, sondern auch beim Europarat, der NATO, der UNO sowie bei internationalen Firmen, Anwaltskanzleien und Wirtschaftsberatern (Haselhuber 2019, S. 172).

16 In den *Schlussfolgerungen des Rates zur Mehrsprachigkeit und zur Entwicklung von Sprachenkompetenz* vom 20. Mai 2014 verpflichteten sich die Mitgliedstaaten, im Bereich der Mehrsprachigkeit stärker zusammenzuarbeiten und die Wirksamkeit des Sprachunterrichts an den Schulen durch den Einsatz digitaler Technologien zu verbessern. Vgl. den Text der *Empfehlung*: https://ec.europa.eu/education/education-in-the-eu/council-recommendation-improving-teaching-and-learning-languages_de (Stand: 22.4.2020).

2020 eine kostenlose Plattform für Online-Sprachunterricht zur Verfügung gestellt, das *Online Linguistic Support* (OLS).[17] Die *Online-Sprachunterstützung* ist als Service für *Erasmus+*-Teilnehmerinnen gedacht, die ihr Niveau in der Sprache, die sie im Ausland nutzen werden, testen wollen. Negative Test-Ergebnisse haben keinen Einfluss auf die Teilnahme an dem Mobilitätsprogramm, bieten dafür aber den Zugang zu einem OLS-Sprachkurs.

6 Soziale Relevanz der DaF-Germanistik in Europa heute

Angesichts der stets wachsenden Entwicklung der Künstlichen Intelligenz und der damit verbundenen Automatisierung der Arbeitswelt sieht der vor kurzem verstorbene italienische Philosoph Remo Bodei in seinem letzten Buch *Dominio e sottomissione* (2019) (*Herrschaft und Unterwerfung*) mit Besorgnis auf die Entwicklung einer Gesellschaft, die aus „idiots savants", „Fachidioten", besteht. Um bewusst zu leben und sozial interagieren zu können, benötigen Menschen mehr als praktische Techniken. Bodei erkennt die zentrale Aufgabe der Bildung darin, als Triebkraft für die Entfaltung kreativer Persönlichkeiten zu dienen, „bewusstes Wissen" aufzubauen und zu fördern:

> Gerade wenn die Quote objektiver Rationalität rapide zunimmt – sie dringt in immer zahlreichere Bereiche der Existenz ein und absorbiert unaufhaltsam die humanen Fähigkeiten der Individuen – wird es immer dringlicher, nicht nur ihre Natur, sondern auch ihre Auswirkungen auf die Bildung zu verstehen. Ansonsten entsteht die Gefahr eines gravierenden Mangels an Ressourcen, die dem Geist unmittelbar zur Verfügung stehen – Informationen sowie logischen und analogischen Verknüpfungen –, also ausgerechnet denjenigen, die geistige Schnelligkeit und Elastizität begünstigen. (Bodei 2019, S. 330; eig. Übers.)[18]

In der technologiedominierten Gesellschaft kann die soziale Relevanz der „humanen Fähigkeiten" nicht überbewertet werden.

---

17 Vgl. OLS-Portal: https://erasmusplusols.eu/de/about-ols/ (Stand: 22.4.2020).
18 Originaltext: „Proprio quando il tasso di razionalità oggettiva si accresce rapidamente – invadendo sfere sempre più numerose dell'esistenza e assorbendo inesorabilmente le facoltà umane dei singoli –, diventa sempre più urgente comprenderne non solo la natura, ma anche l'incidenza sull'educazione. Si rischia, altrimenti, un grave deficit di risorse immediatamente disponibili alla mente (informazioni e nessi logici o analogici), proprio quelle che ne favoriscono la prontezza e l'elasticità" (Bodei 2019, S. 326).

Unter *humaner Fähigkeit* versteht die neue Pädagogik außerfachliche Kompetenzen, die auch wegen ihrer schwer objektivierbaren Qualität den „Fachkompetenzen" entgegengesetzt sind (vgl. Nieke 2012, S. 38): Es handelt sich um Fähigkeiten wie kritisches Denken, Lernfähigkeit, Kreativität, Entscheidungsfindung, Urteilsfähigkeit, d. h. solche, die traditionell durch eine humanistische Ausbildung vermittelt werden. Die humanen Kompetenzen werden heute im *Soft-Skills*-Diskurs zunehmend assimiliert und kommerzialisiert.[19] Zum Aufbau von persönlichen, sozialen und methodischen Kompetenzen werden in die Hochschulbildung Strategien und Techniken der Ausbildung von Unternehmenspersonal eingeführt. Nicht nur an Privatfirmen, auch an Hochschulen stehen heute Kompaktkurse zur Verfügung, mit deren Hilfe *Soft Skills* in einem Semester mit sechs Leistungspunkten erworben werden können.

Unter *humanen Fähigkeiten* sind aber komplexe Kompetenzbündel zu verstehen, die durch eine vertiefte humanistische Ausbildung und ihre kontinuierliche Ausübung heranreifen können. Jegliches Studium kann ein humanistisches Bildungsprogramm umfassen – ohne eine scharfe Trennlinie zwischen Human- und Naturwissenschaften zu ziehen.[20] Auch germanistische Studiengänge an nichtdeutschsprachigen Hochschulen neigen traditionell dazu, eine humanistische Ausbildung zu vermitteln. Dazu gehört vertieftes Wissen darüber, wie Sprachen und Kommunikation funktionieren, wie mündliche, schriftliche und multimediale Produkte von heute und gestern untersucht und durch Vergleich interpretiert werden, wie sich komplexes Denken in Texten gestaltet, wie man schriftlich argumentiert, wie man Beziehungen auch zwischen scheinbar nicht miteinander verwandten Phänomenen entdeckt. Rein instrumentelle, ökonomische Argumente für das Studium der Germanistik auch in den nichtdeutschsprachigen EU-Ländern sind nur für „Entscheidungsträger" wichtig, sie beeinflussen aber wenig die Mehrheit der jungen Lernenden (vgl. McLelland 2019, S. 610). Das Recht auf Studium und Bildung für diese junge Menschen sollte dadurch garantiert werden, dass ein reichhaltiges Angebot an Lehr- und Lernprogrammen aus dem komplexen Ökosystem der Germanistik angeboten wird.

Ein vertieftes, gut strukturiertes Angebot zum Studium der deutschen Sprache, Literatur und Kultur im Kontext der europäischen Traditionen – gleichgültig, mit welchen inhaltlichen Schwerpunktsetzungen – kann neben dem Erwerb der

---

19 Eine Aufstellung und Beschreibung der *Soft Skills* ist im *Soft Skill Lexikon* (Gabelloni et al. 2019; Ergebnis des EU-Projekts *Ulisse Soft Skills for Employability 2018–2020*) enthalten.
20 Alle Wissenschaften können nach dem italienischen Neurowissenschaftler Lamberto Maffei (2014, S. 89) als „humanistisch" aufgefasst werden, wenn sie „curiosity driven" sind, d. h. wenn sie darauf abzielen, neues Wissen durch das kreative Spiel des Intellektes zu erzeugen.

Fremdsprache auch die Fähigkeit fördern, Gegenwartsphänomene ganz unterschiedlicher Art zu verstehen, Gesetzmäßigkeiten zu erkunden oder sich Realitätsperspektiven zu erschließen. Es entwickelt Kompetenzen, die als Gegenmittel gegen die zunehmende Tendenz, sich fragmentarische und banalisierende Modelle der Welterklärung anzueignen, wirken werden. Die DaF-Germanistik könnte ihre künftige Nachhaltigkeit in einem Programm dieser Art erkennen: Im Zeitalter von *Big Data* und *Real-Time Artificial Intelligence* konnte sie einen Beitrag zur Bildung aufgeklärter, autonomer, demokratischer Bürger Europas leisten.

7 Die Rolle des IDS zur Förderung der DaF-Germanistik

Das Ökosystem der Germanistik ist in jeder europäischen Nation mit dem internationalen Gesamtbereich der humanistischen Studien verbunden. Im Kern des Systems liegt die deutsche Sprache als das Kulturspezifikum, das die Germanistik von anderen humanistischen Disziplinen, z. B. von der Philosophie, der Geschichte, aber auch der Italianistik, Anglistik, Lusitanistik usw. mindestens formal unterscheidet. Die deutsche Sprache muss deshalb in der DaF-Germanistik speziell kultiviert und gefördert, zum Objekt vertiefter wissenschaftlicher Analyse und Reflexion gemacht werden (vgl. dazu Neuland 2018, S. 45). Sprachwissenschaft, Sprachbewusstsein, Wissen über die Sprache, die man lernt, und über die Mechanismen des Spracherwerbs sind die Lehrinhalte, die ein DaF-Studium als solches rechtfertigen, im Kontrast zu kommerziellen Wegen, sich Fremdsprachen anzueignen. In der DaF-Germanistik von heute ist eine stärkere „Verwissenschaftlichung" des Nachdenkens über Sprache als Gegenstand des Lehrens und Lernens dringend nötig.

Was das IDS tun kann, um positive Auswirkungen auf die Zukunft der nichtdeutschsprachigen Germanistik in Europa zu gewährleisten, lässt sich leicht beantworten: nach seiner Tradition Projekte in Zusammenarbeit mit internationalen Germanist/-innen weiterhin fördern. Zu dieser IDS-Tradition gehören vor allem die kontrastiven Arbeiten und Kooperationsprojekte mit nichtdeutschsprachigen Partner/-innen, die seit den 1970er Jahren bis heute in der Arbeit des IDS einen festen Platz haben. Daraus entstanden die großen kontrastiven Grammatiken, die von internationalen Forschergruppen unter der Leitung von Ulrich Engel erarbeitet wurden, den Sprachenpaaren Deutsch-Serbokroatisch (Engel/Mrazović (Hg.) 1986; Engel/Srdić/Alanović 2012; Alanović/Engel/Srdić 2014; Alanović et al. 2014; Đurović et al. 2017; Engel/Alanović/Ninković 2018), Deutsch-Rumänisch (Engel et al. 1993) und Deutsch-Polnisch (Engel et al. 1999; Rytel-Schwarz et al. 2012) gewidmet. Lobend zu erwähnen ist die im Auftrag des Instituts für Deutsche Sprache herausgegebene Reihe *Deutsch im Kontrast* (28 Bände von 1982 bis 2013), deren Ziel die Herausgeber Ulrich Engel, Hans Glinz und Gerhard Jakob im Vorwort zu Band 1 erklärten:

> Ziel dieser Schriftenreihe ist es, aus kontrastiver Sicht Teilbeschreibungen der deutschen Gegenwartssprache vorzulegen und Methoden der Kontrastierung zur Diskussion zu stellen. Gleichzeitig soll zu einer didaktischen Umsetzung der veröffentlichten beschreibenden Arbeiten angeregt werden. (zitiert aus: Mrazović 1982, o.S.)

Die Reihe enthält mehrere kontrastive Studien zur Valenz, die durch fruchtbare Kooperationen mit ausländischen Partnern am IDS im Umkreis des Projekts *Valenzwörterbuch deutscher Verben* und zur Erstellung von zweisprachigen Versionen des *VALBU – Valenzwörterbuch deutscher Verben* (Schumacher et al. 2004) entstanden. Seit Ende der 1990er Jahre bis in die Gegenwart ist außerdem viel internationale Kooperationsarbeit in den Konnektorenprojekten geleistet worden, vor allem mit Bezügen zur DaF-Didaktik.

Unter der Leitung von Gisela Zifonun hat am IDS eine internationale Forschergruppe das Projekt *EuroGr@mm* abgeschlossen, dessen Ergebnisse auch in *ProGr@mm Kontrastiv* eingeflossen sind. Das noch laufende Projekt *Grammatik des Deutschen im europäischen Vergleich* (ab 1998) führt die kontrastive Tradition des IDS in eine neue Richtung fort, wie 2001 die Projektleiterin erklärte:

> In der Abteilung Grammatik des Instituts für Deutsche Sprache, Mannheim, wird derzeit ein neues Projekt entwickelt, und zwar das einer Grammatik des Deutschen im europäischen Vergleich (GDE). Dieses Projekt fügt sich ein in die kontrastive Tradition des IDS, ist jedoch andererseits auch in vieler Hinsicht innovativ. (Zifonun 2001, S. 171)

Im GDE-Projekt, aus dem die zweibändige *Grammatik des Deutschen im europäischen Vergleich. Das Nominal* (Gunkel et al. 2017) publiziert vorliegt, dient die kontrastive Perspektive zur sprachtypologischen Ermittlung des Deutschen im Raum der europäischen Sprachen. Am Nachfolgeprojekt, der Verbgrammatik, wird noch gearbeitet. Als weitere Initiative im Bereich der kontrastiven Linguistik – die übrigens Thema der 47. Jahrestagung des IDS war – kann das Projekt *Deutsch und romanische Sprachen kontrastiv: Brückenschlag zwischen kontrastiv-typologischer Grammatikforschung und Fremdsprachendidaktik* genannt werden, das die gegenwärtige Leiterin der Abteilung Grammatik, als Sektion für den XIV. Kongress der Internationalen Vereinigung für Germanistik *Wege der Germanistik in transkultureller Perspektive* in Palermo realisieren wird.[21]

---

[21] Wegen der Coronavirus-Pandemie wurde im März 2020 der für den Zeitraum 27.7.–2.8.2020 vorgesehene Kongress um ein Jahr (26.–31. Juli 2021) verschoben.

Last but not least sind die zahlreichen Forschungsergebnisse zu erwähnen, die über die Jahre zwischen einzelnen IDS-Mitarbeiter/-innen aus den Abteilungen Grammatik, Pragmatik und Lexik und internationalen Kolleg-/innen entstanden sind und in den verschiedensten Ländern und Sprachen der Welt erschienen. Sie sind es wert, als IDS-Projektergebnisse zu gelten. Ähnliches gilt für die ausgiebigen Produkte internationaler Projekte, die im Umfeld der IDS-Jahrestagungen zustande gekommen sind.

Für all dies ist die DaF-Germanistik dem IDS sehr dankbar – und für künftige Entwicklungen im Bereich der internationalen Kooperation. Die internationalen Projekte des IDS sind immer stark mit humanistischen Traditionen verbunden gewesen. Sie könnten durchaus auch für die Zukunft einer kritischen internationalen Sprachgermanistik – nicht zuletzt nach der Corona-Krise – wegweisend sein.

Ad maiora!

Literatur

Alanović, Milivoj/Engel, Ulrich/Srdićet, Smilja (2014): Deutsch-serbische kontrastive Grammatik. Teil II: Das Nomen und der nominale Bereich. (= Sagners slavistische Sammlung 33.2). München/Berlin/Washington, DC: Sagner.

Alanović, Milivoj/Engel, Ulrich/Ivanović, Branislav/Ninković, Sanja (2014): Deutsch-serbische kontrastive Grammatik. Teil III: Verb und Verbalkomplex. (= Sagners slavistische Sammlung 33.3). München/Berlin/Washington, DC: Sagner.

Alella, Anna Maria/Marini, Ida (1980): Grammatica tedesca. Mailand: Signorelli.

Ammon, Ulrich (2019): Fördermöglichkeiten von Deutsch und Germanistik in der Welt im Überblick. In: Ammon/Schmidt (Hg.), S. 3–24.

Ammon, Ulrich/Schmidt, Gabriele (Hg.) (2019): Förderung der deutschen Sprache weltweit. Vorschläge, Ansätze und Konzepte. Berlin/Boston: De Gruyter.

Barkowski, Hans/Demmig, Silvia/Funk, Hermann/Würz, Ulrike (Hg.) (2011): Deutsch bewegt: Entwicklungen in der Auslandsgermanistik und Deutsch als Fremd- und Zweitsprache. Dokumentation der Plenarvorträge der XIV. Internationalen Tagung der Deutschlehrerinnen und Deutschlehrer, IDT Jena-Weimar 2009. Baltmannsweiler: Schneider-Verl. Hohengehren.

Bodei, Remo (2019): Dominio e sottomissione. Schiavi, animali, macchine, intelligenza artificiale. Bologna: il Mulino.

Borszik, Aurica E./Jirku, Brigitte E. (2019): Deutsch in Spanien – Zukunft durch Krise. In: Ammon/Schmidt (Hg.), S. 635–648.

DAAD (Hg.) (2004): Deutsch und Fremdsprachen. Ein Handbuch für Politik und Praxis. (= Die internationale Hochschule. Ein Handbuch für Politik und Praxis 8). Bielefeld: Bertelsmann.

Dalmas, Martine (2019): Förderung der deutschen Sprache in Frankreich. In: Ammon/Schmidt (Hg.), S. 577–598.

Demmig, Silvia (2015): Das DACHL-Prinzip in der Landeskundedidaktik. In: Drumbl, Hans/Hornung, Antonie (Hg.): IDT 2013: Deutsch von innen – Deutsch von außen. Bd. 1: Hauptvorträge. Bozen: iDT, S. 219–228.

Dovalil, Vit (2019): Förderung von Deutsch als Fremdsprache in Tschechien: Theoretische Voraussetzungen und praktische Konsequenzen. In: Ammon/Schmidt (Hg.), S. 701–717.

Drügh, Heinz/Komfort-Hein, Susanne/Kraß, Andreas/Meier, Cécile/Rohowski, Gabriele/Seidel, Robert/Weiss, Helmut (Hg.) (2012): Germanistik. Sprachwissenschaft. Literaturwissenschaft. Schlüsselkompetenzen. Stuttgart/Weimar: Metzler.

Đurović, Annette/Ivanović, Branislav/Srdić, Smilja/Engel, Ulrich/Alanović, Milivoj (2017): Deutsch-serbische kontrastive Grammatik. Teil IV: Partikeln. (= Schriften zur vergleichenden Sprachwissenschaft 18). München/Berlin/Washington, DC: Sagner.

Ehlich, Konrad (2015): Zur Marginalisierung von Wissenschaftssprachen im internationalen Wissenschaftsbetrieb. In: Szurawitzki, Michael/Busch-Lauer, Ines/Rössler, Paul/Krapp, Reinhard (Hg.): Wissenschaftssprache Deutsch. International, interdisziplinär, interkulturell. Tübingen: Narr, S. 25–44.

Eichinger, Ludwig M. (2018): Entwicklungen im Deutschen. In: Moraldo (Hg.), S. 9–28.

Engel, Ulrich/Mrazović, Pavica (Hg.) (1986): Kontrastive Grammatik deutsch-serbokroatisch. (= Sagners slavistische Sammlung 10). München/Berlin/Washington, DC: Sagner.

Engel, Ulrich/Alanović, Milivoj/Ninković, Sanja (2018): Deutsch-serbische kontrastive Grammatik. Teil V: Vom Text zum Laut. (= Schriften zur vergleichenden Sprachwissenschaft 23). München/Berlin/Washington, DC: Sagner.

Engel, Ulrich/Srdić, Smilja/Alanović, Milivoj (2012): Deutsch-serbische kontrastive Grammatik. Teil I: Der Satz. (= Sagners slavistische Sammlung 33.1). München/Berlin/Washington, DC: Sagner.

Engel, Ulrich/Isbășescu, Mihai/Stănescu, Speranța/Nicolae, Octavian (1993): Kontrastive Grammatik deutsch-rumänisch. Heidelberg: Groos.

Engel, Ulrich/Rytel-Kuc, Danuta/Cirko, Lesław/Dębski, Antoni (1999): Deutsch-polnische kontrastive Grammatik. Heidelberg: Groos.

Fanciullo, Franco (2007): Introduzione alla linguistica storica. Bologna: il Mulino.

Foschi Albert, Marina (2015): Über die Beziehungen der deutschen Literatur und Sprachwissenschaft gestern und heute. Ein Vorschlag für die Profilierung der Germanistik im DaF-Bereich. In: Glottodidactica 42, 2, S. 7–21.

Foschi Albert, Marina (2016): Die andere Sprachgermanistik. In: Linke, Angelika/Peyer, Ann (Hg.): Sprachgermanistik für die Praxis. Ein Kolloquium aus Anlass des 80sten Geburtstags von Horst Sitta. Zürich: Deutsches Seminar, Universität Zürich, S. 61–80.

Gabelloni, Donata/Apreda, Riccardo/Pavanelo, Tommaso/De Santis, Giovanni/Brugnoli, Dario/Coli, Elena/Chelli, Matteo/Guadagni, Alessandro/Mazzoni, Andrea (2019): ULISSE – soft skills for employability: Soft skill lexicon. Internet: https://ulisseproject.eu/our-results/ (Stand: 22.4.2020).

Glück, Helmut (2002): Deutsch als Fremdsprache in Europa vom Mittelalter bis zur Barockzeit. Berlin/Boston: De Gruyter.

Glück, Helmut (2011): Die Fremdsprache Frühneuhochdeutsch. In: Lobenstein-Reichmann, Anja/Reichmann, Oskar (Hg). Frühneuhochdeutsch – Aufgaben und Probleme seiner linguistischen Beschreibung. (= Germanistische Linguistik 213/215). Hildesheim/Zürich/New York: Olms, S. 97–156.

Goethe Institut/DAAD/Institut für Deutsche Sprache (Hg.) (2013): Deutsch in den Wissenschaften. Beiträge zu Status und Perspektiven der Wissenschaftssprache Deutsch. München: Klett-Langenscheidt.

Gunkel, Lutz/Murelli, Adriano/Schlotthauer, Susan/Wiese, Bernd/Zifonun. Gisela (2017): Grammatik des Deutschen im europäischen Vergleich. Das Nominal. 2 Bde. (= Schriften des Instituts für Deutsche Sprache 14). Berlin/Boston: De Gruyter.

Haselhuber, Jakob (2019): Schwierigkeiten und Möglichkeiten der Festigung von Deutsch in den EU-Institutionen. In: Ammon/Schmidt (Hg.), S. 169–185.
Hepp, Marianne (2017): Vorwort. In: ÖDaF im Auftrag des IDV (Hg.): 99 Gründe Deutsch zu lernen. Das Österreich-Geschenk zur IDT 2017. Wien, S. 4–5. Internet: www.idvnetz.org/Dateien/99Gruende_PRINT.pdf (Stand: 22.4.2020).
Jesenšek, Vida (2015): Universitäre Fachrichtung Germanistik im „europäisierten" Europa: Was wir haben, was wir brauchen, was wir wollen. In: Denčeva, Emilija/Razbojnikova-Frateva, Maja/Baschewa, Emilia/Kileva-Stamenova, Reneta/Ivanova, Radka/Arnaudova, Svetlana (Hg): Traditionen, Herausforderungen und Perspektiven in der Germanistischen Lehre und Forschung. 90 Jahre Germanistik an der St.-Kliment-Ochridski-Universität Sofia: Akten der Jubiläumskonferenz der Fachrichtung Deutsche Philologie, 11.–12. Oktober 2013. Sofia: Universitätsverlag St. Kliment Ochridski, S. 28–38.
Kausen, Ernst (2013): Die Sprachfamilien der Welt. Teil 1: Europa und Asien. Hamburg: Buske.
Knipf-Komlósi, Elisabeth/Müller, Márta (2019): Sprachfördermaßnahmen zur Erhaltung der deutschen Sprache in Ungarn. In: Ammon/Schmidt (Hg.), S. 483–500.
Krumm, Hans-Jürgen/Fandrych, Christian/Hufeisen, Britta/Riemer, Claudia (Hg.) (2010): Deutsch als Fremd- und Zweitsprache: Ein Internationales Handbuch. (= Handbücher zur Sprach- und Kommunikationswissenschaft (HSK) 35). Berlin/New York: De Gruyer Mouton.
Lăzărescu, Ioan/Sava, Doris (2019): Stützung des Spracherhalts bei deutschsprachigen Minderheiten: Rumänien. In: Ammon/Schmidt (Hg.), S. 501–516.
Leuschner, Torsten/Radke, Henning/Küpper, Achim (2019): Förderung von Deutsch als Fremd- und Amtssprache in den Benelux-Staaten. In: Ammon/Schmidt (Hg.), S. 615–633.
Lysle, Andrea de Roever (1961): Metodo accelerato razionale per imparare a parlare, leggere e scrivere la lingua tedesca in pochi mesi. Turin: Casanova.
Mackiewicz, Maciej (2019): Förderung von DaF in Polen. In: Ammon/Schmidt (Hg.), S. 679–699.
Maffei, Lamberto (2014): Elogio della lentezza. Bologna: il Mulino.
Masiulionytė, Virginija/Volungevičienė, Skaistė (Hg.) (2018): Fremde und eigene Sprachen – linguistische Perspektiven. Akten des 51. Linguistischen Kolloquiums in Vilnius. (= Linguistik international 40). Berlin: Lang.
McLelland, Nicola (2019): Förderung von DaF in Großbritannien. In: Ammon/Schmidt (Hg.), S. 599–613.
Meves, Uwe (1989): Über den Namen der Germanisten. (= Oldenburger Universitätsreden 30). Oldenburg: Bibliotheks- und Informationssystem der Universität Oldenburg.
Moraldo, Sandro M. (Hg.) (2018): Sprachwandel. Perspektiven für den Unterricht Deutsch als Fremdsprache. (= Sprache – Literatur und Geschichte 49). Heidelberg: Winter.
Mrazović, Pavica (1982): Die Stellung der Satzelemente im Deutschen und im Serbokroatischen. Unter Mitarb. v. Ulrich Engel. (= Deutsch im Kontrast 1). Heidelberg: Groos.
Neuland, Eva (2018): Aktuelle Sprachwandelprozesse als Gegenstand der Reflexion im DaF-Unterricht. In: Moraldo (Hg.), S. 29–48.
Nieke, Wolfgang (2012): Kompetenz und Kultur. Beiträge zur Orientierung in der Moderne. Wiesbaden: Springer VS.
Novalis (2013): Blüthenstaub. Glauben und Liebe. Die Christenheit oder Europa. Ein Fragment. Berliner Ausgabe. Durchgeseh. Neusatz, bearb. und einger. v. Michael Holzinger. Berlin: Aufbau-Verl.
Pausch, Oskar (1972): Das älteste italienisch-deutsche Sprachbuch. Eine Überlieferung aus dem Jahre 1424 nach Georg von Nürnberg. (= Denkschriften/Österreichische Akademie der Wissenschaften/Philosophisch-Historische Klasse 111). Wien/Köln: Böhlau.

Pogarell, Reiner (2019): Der Beitrag deutscher Unternehmen zur Verbreitung der deutschen Sprache. In: Ammon/Schmidt (Hg.), S. 107–116.

Rapisarda, Stefano (2015): A proposito dello studio delle lingue straniere in epoca fascista. In: Creazzo, Eliana/Lalomia, Gaetano/Manganaro, Andrea (Hg.): Letteratura, alterità, dialogicità. Studi in onore di Antonio Pioletti. (= Le forme e la storia 8). Soveria Mannelli: Rubbettino, S. 817–827.

Rytel-Schwarz, Danuta/Jurasz, Alina/Cirko, Lesław/Engel, Ulrich (2012): Deutsch-polnische kontrastive Grammatik. Bd. 4: Die unflektierbaren Wörter. (= Westostpassagen 14.4). Hildesheim/Zürich/New York: Olms.

Schulze-von Laszewski, Agnes (2017): Fact Sheet 30 Jahre Erasmus. Internet: https://eu.daad.de/eudownloadcenter/download/427/ (Stand: 22.4.2020).

Schumacher, Helmut/Kubczak, Jacqueline/Schmidt, Renate/de Ruiter, Vera (2004): VALBU – Valenzwörterbuch deutscher Verben. (= Studien zur Deutschen Sprache 31). Tübingen: Narr.

Šileikaitė-Kaishauri, Diana (2018): Wie eine fremde Sprache zur eigenen wird. Der Fall „Deutsche Philologie" an der Universität Vilnius. In: Masiulionytė/Volungevičienė (Hg.), S. 43–64.

Stickel, Gerhard (2018): Die eigene Sprache in Europa. In: Masiulionytė/Volungevičienė (Hg.), S. 65–77.

Takahashi, Hideaki (2019): Deutsch als Fremdsprache in Japan im Zuge der Intensivierung des Englischunterrichts. In: Deutsch als Fremdsprache 56, 4, S. 214–222.

Zhao, Jin/Li, Ligui (2014): Perspektiven der Germanistik zwischen Tradition und Innovation. In: Fluck, Hans-Rüdiger/Zhu, Jianhua (Hg.): Vielfalt und Interkulturalität der internationalen Germanistik. Beiträge des Humboldt-Kollegs Shanghai, 25.05. – 28.05.2014. Festgabe für Siegfried Grosse zum 90. Geburtstag. (= Arbeiten zur angewandten Linguistik 5). Tübingen: Stauffenburg, S. 31–37.

Zifonun, Gisela (2001): Grammatik des Deutschen im europäischen Vergleich. In: Cirko, Lesław (Hg.): Studia linguistica XX. Wrocław: Universität Wrocławski, S. 171–186.

**Erwerb, Konvergenzen, Divergenzen und Wandel
des Deutschen im Europäischen Kontext**

Natalia Gagarina/Sophia Czapka/Nathalie Topaj/
Manfred Krifka (Berlin)

Erwerbsprofile des Deutschen im mehrsprachigen Kontext

Abstract: Der Beitrag weist auf verschiedene Typen des Erwerbs des Deutschen jenseits des Standardszenarios hin, dem muttersprachlichen Erwerb in einem deutschsprachigen Land. Es werden dann im Detail die Ergebnisse einer Langzeitstudie beschrieben, die Kinder mit russischer und türkischer Familiensprache und dem Deutschen als Zweitsprache vom Kindergartenalter bis in die Grundschule begleitete. Es zeigt sich, dass die typischen Verläufe des früheren mehrsprachigen Spracherwerbs von monolingualen Erwerbsverläufen abweichen können, und dass ein früher L2-Erwerbsbeginn sowie ein reicher und nachhaltiger Input wie explizite Sprachfördermaßnahmen den Erwerb des Deutschen fördern. Im Einzelnen weist die Studie auf die Prädiktoren der früheren Literalität hin.

1 Erwerbsprofile des Deutschen

Wie jede andere Sprache kann das Deutsche auf unterschiedlichen Wegen erworben werden. Neben dem monolingualen Erwerb in einem dominant deutschsprachigen Kontext (A) kann man mindestens die folgenden Fälle unterscheiden:

(B) L1 (Erstsprach-)Erwerb des Deutschen in einem Kontext, der nicht dominant deutschsprachig ist. Man spricht hier von einer „heritage language" – die deutsche Bezeichnung „Erbsprache" beginnt sich gerade zu etablieren. Sie bezieht sich auf eine Sprache, die als Erstsprache in der Familie erworben wird, die in einer vorwiegend anderssprachigen Gesellschaft lebt (vgl. Lohndal et al. 2019; Polinsky/Kagan 2007). Ein gut bekanntes Szenario (B1) ist das Deutsche als Minderheitensprache in einem der mehr oder weniger geschlossenen Sprachgebiete, wie sie aufgrund von historischen Auswanderungen in manchen Ländern in Europa, Nordasien, Nord- und Südamerika und in Australien zu finden sind. Nach Ammon (2015) ist das Deutsche dann weitgehend auf den familiären oder lokalen Bereich beschränkt und wird vorwiegend mündlich tradiert. Aufgrund der rezenten deutschen Geschichte haben viele Gemeinschaften die Erfahrung sprachlicher Diskriminierung gemacht, was ein Faktor in der Neigung zu Sprachumstellung auf die dominante Sprache ist. Es gibt allerdings auch Hinweise auf die Stärkung des Deutschen in der Gegenwart; ein Beispiel hierfür ist das Netzwerk rusdeutsch.de in Russland. Die Geschichte und die grammatischen Eigenheiten von vielen minderheitssprachlichen Varietäten des Deutschen sind relativ gut erforscht. Zum Beispiel wird die Auswirkung von Kontaktsprachen in einem bestimmten Bereich der Grammatik, der Satzkomplementation in Bidese/Putman (2014) beschrieben. Gezielte Erwerbsstudien gibt es allerdings kaum.

Ein wenig erforschtes Szenario ist hingegen das Deutsche als Familiensprache von rezent Ausgewanderten (B2), die typischerweise nicht in einem historischen Sprachgebiet leben und für die das Deutsche noch stärker eine reine Familiensprache ist. Die regen Aus- und Einwanderungsbewegungen sind zwar bekannt,[1] die Publikationen des *German Emigration and Remigration Panel Study* (GERPS)[2] gehen jedoch nicht auf sprachbezogene Umstände ein. Linguistische Studien zum Erwerb des Deutschen gibt es nur wenige. Als Beispiel sei hier Lindgren (2018) genannt, wo gezeigt wird, dass das sprachliche Umfeld einen großen Einfluss auf den Erwerb des Deutschen ausüben kann. Der Einfluss des spezifischen Registers in Erbsprachen auf die Dynamik der Grammatik wird derzeit von der DFG-geförderten Forschergruppe RUEG untersucht.[3]

(C) Das Erlernen des Deutschen als Fremdsprache, nach dem Erwerb einer anderen Sprache als L1. Hierbei gilt es wiederum verschiedene Unterfälle zu unterscheiden: (C1) Der ungesteuerte Erwerb des Deutschen als Fremdsprache in deutschsprachiger Umgebung, der intensiv seit ca. 1980 untersucht wurde (vgl. Klein/Perdue 1997). (C2) Der gesteuerte Fremdspracherwerb in fremd- oder auch deutschsprachiger Umgebung, also im Kontext des DaF-Unterrichts. Hierbei gibt es verschiedene Mischformen, und auch das Lernalter ist zu berücksichtigen.

(D) Der bilinguale Erwerb des Deutschen, typischerweise in deutschsprachiger Umgebung. Hierbei kann man unterscheiden zwischen (D1) dem bi- oder multilingualen Erwerb des Deutschen als einer zweiten Erstsprache und (D2) dem frühen Erwerb des Deutschen als Zweitsprache.

Dieser Artikel berichtet vor allem über unsere Untersuchungen im Bereich (D) und die spezifischen Erwerbsprofile, die sprachlernende Kinder hier aufweisen. Diese Art des Deutscherwerbs ruft ein großes Interesse hervor (z. B. Ahrenholz/Grommes 2014; Czinglar 2014), durch die hohe Zuwanderung in Gebiete mit Deutsch als Mehrheitssprache.

---

1 Für Deutschland vgl. https://de.statista.com/statistik/daten/studie/157440/umfrage/auswanderung-aus-deutschland/ und https://de.statista.com/statistik/daten/studie/251936/umfrage/zahl-der-einwanderer-nach-deutschland/ (beide Stand: 27.7.2020).
2 www.bib.bund.de/DE/Forschung/Migration/Projekte/german-emigration-and-remigration-panel-study.html (Stand: 27.7.2020).
3 Research Unit Emerging Grammars www.linguistik.hu-berlin.de/en/institut-en/professuren-en/rueg/ (Stand: 27.7.2020).

2 Der Verlauf des Spracherwerbs

2.1 Der monolinguale Erwerb

Um die Besonderheiten des bilingualen Spracherwerbs hervorzuheben, wollen wir kurz an den Verlauf des monolingualen Erwerbs (also Fall A) erinnern. Man kann hier unterschiedliche sprachliche Domänen betrachten, wie den Erwerb der Phonologie und Prosodie, der sehr früh und sogar schon vor der Geburt beginnt (vgl. Werker/Hensch 2015), und dann den Erwerb des Lexikons, der Kombinationsregeln der Syntax und Morphologie und der Fähigkeit, längere Ausdrücke und ganze Texte zu produzieren. Die ersten „echten" Wörter werden mit etwa 12 Monaten produziert, mit einem häufig auftretenden Spurt nach einer 50-Wort-Grenze – allerdings auch mit großer individueller Varianz (Szagun 2006; Kauschke 2008). In dieser Zeit können Kinder rezeptiv bis zu 20 neue Wörter (Rothweiler/Kauschke 2007) und produktiv bis zu fünf Wörter (von Koss Torkildsen et al. 2008) pro Tag erwerben. Im Alter von etwa 2 Jahren können Wörter zu Phrasen kombiniert und bereits flektiert werden – in Sprachen mit reicher Morphologie kommt dies auch schon in der Phase der Einwort-Äußerungen vor (Xantos et al. 2011). Ein Entwicklungsspurt setzt mit etwa 2,5 Jahren ein; im Alter von ca. 3–3,5 Jahren hat ein Kind die Grundlagen der Grammatik schon erworben. Die ersten längeren sprachlichen Produktionen, etwa Erzählungen, entstehen im Alter von etwa 4 Jahren, mit einem Entwicklungsspurt bis zum 6. Lebensjahr (Gagarina et al. 2015) und dann einer kontinuierlichen Weiterentwicklung vor allem in der schriftlichen Modalität.

Mehrere Studien zeigen, dass der sozio-ökonomische Status (SÖS) der Familie die sprachliche und allgemeine Entwicklung eines Kindes beeinflusst (Hart/Risley 1995; Pace et al. 2017). Ein intensiver Umgang mit digitalen Medien in den frühen sensitiven Phasen des Spracherwerbs könnte ihn beeinträchtigen (BLIKK-Medien Studie).

2.2 Der bilinguale Erwerb

Der bi- oder multilinguale Spracherwerb stellt sich als inhärent komplexer dar. Der Erwerb des Lexikons und der Grammatik in zwei bzw. mehreren Sprachen erfolgt inputbedingt nicht notwendigerweise zeitgleich, und die Entwicklung von grammatischen Strukturen in der einen Sprache kann die Entwicklung in der anderen fördern oder hemmen. Es kommt dabei auf die näheren Umstände an: Wie groß und von welcher Art ist der Input in den jeweiligen Sprachen, mit wem werden die Sprachen gesprochen und wie ist der zeitliche Verlauf, in dem die Kinder diesen Sprachen ausgesetzt sind?

Meisel (2008, 2009, 2011) unterscheidet drei Gruppen: (a) Simultan bilinguale Kinder mit einem Erwerbsbeginn bis 3 Jahre, (b) sequenziell bilinguale Kinder, die ab dem Alter 3–4 bis 7 Jahre ihre L2 erwerben, und (c) Kinder, die ab dem 8. Lebensjahr eine L2 erwerben. Ruberg (2013) argumentiert, dass Kinder zutreffender in folgende Kategorien unterteilt werden können: (a) Simultaner Erwerbsbeginn bis zum Alter von 2 Jahren, (b) früh-sequenzieller Erwerb bis 4 Jahre und danach (c) später sequenzieller Spracherwerb. Es gibt noch weitere Klassifikationen (siehe Paradis 2007). Die vorliegende Studie bezieht sich auf den simultanen und frühen sequenziellen Erwerb nach Rubergs Klassifikation.

Die Unterscheidungen beziehen sich auf Erwerbsprozesse, für die es eine kritische Phase gibt, in der sie erworben werden müssen, um muttersprachliches Niveau zu erreichen (vgl. Hartshorne/Tenenbaum/Pinker 2018; Werker/Tees 2005). Der Lexikonerwerb unterliegt keiner kritischen Phase (Mayberry/Kluender 2018; Ruberg 2013) und der Erwerbsverlauf simultan bilingualer ähnelt einsprachigen Kindern mit einem Wortschatzspurt im gleichen Alter (Pearson/Fernández 1994). Sukzessiv bilinguale Kinder entwickeln sich kontinuierlicher und ohne Schübe (Jeuk 2003). Der Grammatikerwerb unterliegt hingegen einer kritischen Phase, deren Umfang allerdings intensiv diskutiert wird (Hartshorne et al. 2018; Schulz/Grimm 2019). Er verläuft je nach Erwerbsbeginn unterschiedlich: Nach Grimm/Schulz (2016) unterscheiden sich 4 bis 5 Jahre alte simultan bilinguale Kinder von monolingualen Kindern nur in jenen grammatikalischen Phänomenen, die eher spät erworben werden. Sukzessiv bilinguale Kinder mit Erwerbsbeginn nach 24 Monaten hingegen unterscheiden sich auch in früher erworbenen Phänomenen. Grimm/Schulz argumentieren, dass der Grammatikerwerb anhand des chronologischen Alters des Kindes, des Erwerbsalters bei monolingualen Kindern und des Erwerbsbeginns der L2 Deutsch beurteilt werden sollte. Der L2-Erwerb verläuft oft auch schneller, zusätzlich beeinflussen sich L1 und L2 stärker mit späterem Erwerbsbeginn. Zum Beispiel lassen Kinder mit einer L1 ohne Artikel, wie Türkisch, häufiger Artikel im Deutschen aus (Rothweiler 2016).

Der L2-Erwerb hängt außerdem mit dem Erwerbsbeginn bzw. der Kontaktzeit, der Inputqualität und -quantität, dem Sprachgebrauch, der Bildung in den jeweiligen Sprachen und der Ähnlichkeit zwischen diesen Sprachen zusammen (Gagarina et al. 2014; Gagarina/Klassert 2018; Klassert/Gagarina 2010; Mayberry/Kluender 2018; Ruberg 2013). Die sprachlichen Leistungen multilingualer Kinder in Deutschland, die Deutsch oft sukzessiv als L2 erwerben, liegen im Durchschnitt unter denen der monolingualen Gleichaltrigen. Dies betrifft sowohl Lexikonumfang (Niklas et al. 2011) als auch Grammatik (z.B. Pluralbildung, siehe Bettge/Oberwöhrmann 2012).

2.3 Mehrsprachigkeit und schulischer Erfolg

Es steht außer Frage, dass Kinder mehr als eine Sprache erwerben können; dies ist keineswegs eine außergewöhnliche Situation. Es gibt auch Hinweise für bestimmte kognitive Vorteile, die sich durch Kompetenzen und den aktiven Gebrauch mehrerer Sprachen ergeben (Bialystok 2017; Czapka et al. 2019; Hilchey/Saint-Aubin/Klein 2015).

Wenn man jedoch die schulischen Leistungen mehrsprachiger Kinder in Deutschland betrachtet, so liegen diese unter denen ihrer einsprachigen Mitschüler/-innen (Stanat et al. 2017). Dieser Nachteil findet sich besonders für das Lesen (Marx/Stanat 2012; Müller/Stanat 2006). Die Datenlage für Rechtschreiben zeigt neben Nachteilen (Schründer-Lenzen/Merkens 2006) oft auch keine Unterschiede zwischen ein- und mehrsprachigen Kindern (Chudaske 2012; Roos/Schöler 2009). Es gibt eine Reihe von gemeinsamen vorschulischen Prädikatoren für die Entwicklung schriftsprachlicher Fähigkeiten in der Schule, unter anderem phonologische Bewusstheit (Ennemoser et al. 2012), kognitive Fähigkeiten (Czapka/Klassert/Festman 2019; Roos/Schöler 2009), schnelles Benennen und SÖS (Fricke et al. 2016; Roos/Polotzek/Schöler 2010; Verhoeven/Reitsma/Siegel 2011). Für mehrsprachige Kinder spielt auch der Wortschatzumfang im Deutschen eine wichtige Rolle (Czapka et al. 2019; Limbird et al. 2014; Segerer et al. 2013). Dieser hängt unter anderem mit der Menge des Inputs und dem Erwerbsbeginn im Deutschen zusammen (Gagarina/Klassert 2018; Grimm/Schulz 2016; Klassert/Gagarina 2010; Pearson et al. 1997; Segerer et al. 2013; Thordardottir 2019).

Weniger bekannt ist, welche Fähigkeiten im Kleinkindalter als Indikator für die spätere Schreib- und Lesefähigkeit benutzt werden können. Zubrick/Taylor/Christensen (2015) fanden heraus, dass sprachliche Fähigkeiten im Alter von 4 Jahren diese im Alter von 10 über den Einfluss des SÖS hinaus voraussagen. Einen noch früheren Zusammenhang erkannte Bockmann (2008) zwischen dem Wortschatz im Alter von 22 Monaten und sprachlichen Fähigkeiten und der Leseleistungen in der Grundschule (vgl. auch Lee 2011). Diese Zusammenhänge wurden allerdings bei monolingualen Kindern untersucht und können nicht direkt auf mehrsprachige übertragen werden.

3 Die BIVEM-Studie in Berlin

3.1 Der Berliner Interdisziplinäre Verbund für Mehrsprachigkeit

Wie Kinder sprechen lernen, ist ein schon lang etabliertes Forschungsthema. Die ersten großen Studien beobachteten dabei einzelne Kinder über mehrere Monate oder Jahre hinweg (Kostyuk 2005; Rothweiler 2016; Tracy/Gawlitzek-Maiwald 2005). Heute werden oft größere Querschnitts-Studien durchgeführt, zum Beispiel, wenn die Kasusverwendung von simultan vs. sukzessiv bilingualen Vorschulkindern untersucht werden, um zu generalisierbaren Aussagen zu gelangen (vgl. Werthmann 2020), oder aber um die Lexikonentwicklung in beiden Sprachen von Vorschulkindern zu verfolgen (Klassert 2011). Studien, die eine größere Gruppe von Kindern über längere Zeiträume verfolgen, sind aufwendig und daher eher selten (z. B. Suggate et al. 2018). Um Erwerbsprofile zu untersuchen, sind sie aber besonders geeignet.

Am Leibniz-Zentrum Allgemeine Sprachwissenschaft (ZAS) wird seit 2011 eine solche Langzeitstudie durchgeführt, gefördert vom Berliner Senat über den Berliner Interdisziplinären Verbund für Mehrsprachigkeit BIVEM[4] und dem Interdisziplinären Forschungsverbund Sprachentwicklung und Mehrsprachigkeit[5]. BIVEM gibt Anregungen für den Umgang mit Mehrsprachigkeit in der Politik und Gesellschaft und Informationen für Fachkräfte und Eltern, die in einer stark nachgefragten Reihe von Informationsfaltblättern in fünf Sprachen publiziert wurden.[6]

3.2 Das Ziel der Studie

Diese Studie untersucht, in welchem Maße der Erwerbsbeginn des Deutschen bei Kindern mit den Familiensprachen Russisch und Türkisch, die eine deutschsprachige Kita besuchen, die Sprachfähigkeiten im Grundschulalter beeinflussen. Sie

---

4 Siehe www.leibniz-zas.de/service-transfer/bivem/ und https://bivem.leibniz-zas.de/ (Stand: 27.7.2020).
5 Siehe www.leibniz-zas.de/de/forschung/forschungsbereiche/sprachentwicklung-mehrsprachigkeit/ifv/ (Stand: 27.7.2020).
6 „So geht Mehrsprachigkeit" in Arabisch, Deutsch, Englisch, Russisch, Türkisch, siehe https://bivem.leibniz-zas.de/de/service-transfer/flyerreihe/ (Stand: 27.7.2020).

vergleicht simultan bilinguale Kinder (Erwerbsbeginn L2 Deutsch ≤ 24 Monate) mit sequenziell bilingualen Kindern (Erwerbsbeginn L2 Deutsch > 24 Monate). Da auch sprachliche und kognitive Fähigkeiten die Schreib- und Lesefähigkeiten und den Wortschatz beeinflussen, wurde auch deren Einfluss bestimmt. Es wurden dafür Faktoren wie die perzeptiven und produktiven lexikalischen und grammatischen Fähigkeiten sowie die narrativen Fähigkeiten, die Intelligenz, die Erstsprache und das Geschlecht in die Analyse einbezogen. Die Studie will insbesondere die frühen Prädiktoren für die Lese- und Schreibfähigkeit identifizieren und untersuchte hierfür zum einen die Fähigkeiten von Kindern im Alter von drei Jahren (36–48 Monate) und zum anderen die Fähigkeiten in der zweiten Klasse. Wie in Gagarina et al. (2018) dargestellt, haben die Kinder während ihrer Kindergartenzeit entweder an einer von zwei durch BIVEM angebotenen Sprachfördermaßnahmen teilgenommen, einer additiven oder alltagsintegrierten, oder wurden einer Kontrollgruppe ohne Förderung im Rahmen des Projekts zugeordnet. Die Studie umfasste vier Testperioden, eine vor den Sprachinterventionen (Vortest) und eine nach jeder Interventionseinheit (siehe Abb. 1). Die sprachlichen Tests bestanden aus Tests für das Lexikon, die Grammatik sowie Tests für narrative Fähigkeiten (siehe Abschn. 3.4).

3.3 Teilnehmer der Studie

Daten von 59 Kindern (37 mit L1 Russisch, 22 mit L1 Türkisch) wurden analysiert. Diese Kinder wurden nach ihrem L2-Deutsch Erwerbsbeginn (AoO, „Age of Onset") in zwei Gruppen geteilt: 32 simultan bilinguale Kinder, mit den AoO vor dem zweiten, und 27 sequenziell bilinguale Kinder, mit dem AoO nach ihrem zweiten Geburtstag. Tabelle 1 stellt die Fähigkeiten dieser Gruppen im Alter von 3 Jahren dar und zeigt, dass die Kinder mit frühem Erwerbsbeginn signifikant jünger sind (ca. 3 Monate), eine höhere Intelligenz und bessere lexikalische und generell sprachliche Fähigkeiten im Deutschen haben. Schreib- und Lesefähigkeit und Kurzzeitgedächtnis in der Schule unterscheiden sich nicht, aber der rezeptive Wortschatz der Kinder mit frühem Erwerbsbeginn ist weiterhin signifikant höher ($p < .01$; vgl. Tab. 1).

Tab. 1: Deskriptive Statistiken für simultan und sukzessiv Bilinguale
(Mittelwert und Standardabweichung in Klammern für alle gemessenen Fähigkeiten und Signifikanzniveaus von Gruppenvergleichen mit unabhängigen t-Tests *** p < .001, ** p < .01, * p < .05, + p < .1)

		Simultan		Sukzessiv		p
	n (%w)	32 (56%)		27 (48%)		
	L1 (Russ./Türk.)	21/11		16/11		
	Erwerbsbeginn	10.2	(9.3)	30.3	(4.4)	***
Kita	Alter	41.7	(3.6)	44.8	(2.2)	***
	Lexikon	−0.3	(0.6)	−0.5	(0.6)	
	Grammatik	−0.2	(0.7)	−0.5	(0.7)	
	Sprache	−0.3	(0.6)	−0.5	(0.6)	
	Narrative	2.9	(2.2)	3.7	(2.6)	
	Intelligenz	111.0	(16.3)	98.7	(11.2)	**
	SÖS	2.0	(0.6)	2.0	(0.5)	
Schule	Alter	96.7	(4.9)	97.3	(3.9)	
	Wortlesen	23.2	(11.9)	21.7	(6.5)	
	Satzlesen	10.3	(6.4)	9.9	(3.5)	
	Textlesen	5.7	(4.0)	5.2	(2.6)	
	Rechtschreibung	44.2	(11.0)	43.4	(10.1)	
	Expressiver Wortschatz	30.1	(8.7)	24.8	(12.9)	+
	Rezeptiver Wortschatz	2.2	(1.7)	1.0	(1.4)	**
	Kurzzeitgedächtnis	13.4	(3.8)	14.3	(3.4)	

3.4 Testverfahren im Kindergarten

Im Kindergarten wurden zwei standardisierte Tests für die lexikalischen Fähigkeiten der Kinder verwendet, PDSS (Patholinguistische Diagnostik für Sprachentwicklungsmaßnahmen, Kauschke/Siegmüller 2010) und LiSe-DaZ (Linguistische Sprachstandserhebung – Deutsch als Zweitsprache; Schulz/Tracy 2011). Das Maß setzt sich aus den z-skalierten und gemittelten Werten dieser Tests zusammen; aus PDSS wurden die Untertests für Substantiv- und Verbproduktion sowie Substantiv- und Verbverständnis verwendet. Die grammatischen Fähigkeiten wurden mit drei Tests für unterschiedliche grammatikalische Strukturen und produktive und rezeptive Fähigkeiten untersucht. Das Maß für grammatische Fähigkeiten ergibt sich aus den gemittelten und z-skalierten Werten dieser Tests. Die Untertests des LiSe-DaZ (ebd.) erfassen produktive (d. h. Kasus, Satzklammer und Subjekt-Verb-Kongruenz) und rezeptive Fähigkeiten (d. h. Verständnis von Ergänzungsfragen). Die Produktion von Pluralmarkierungen wurde mit dem SETK 3–5

(Sprachentwicklungstest für drei- bis fünfjährige Kinder; Grimm 2010) getestet. Das Verständnis von Konstituentenfragen bzw. W-Fragen wurde mit dem entsprechenden Test der PDSS getestet. Der Test besteht aus 16 Items mit acht unterschiedlichen Fragepronomen, die sich auf Subjekte, Objekte oder adverbiale Bestimmungen von Ort, Zeit oder Weg beziehen. Jedes Item besteht aus einer Frage, die sich auf ein Bild mit einem beschreibenden Satz bezieht. Die Summe aller richtigen Antworten dient als abhängiges Maß. Die sprachlichen Fähigkeiten im Kindergarten wurden aus den grammatischen und lexikalischen Fähigkeiten gemittelt.

Der sprachliche Hintergrund der Kinder wurde über einen detaillierten Fragebogen aus dem russischen Sprachtest für mehrsprachige Kinder ermittelt (Gagarina/Klassert/Topaj 2010), in einer deutsch-russischen und einer deutsch-türkischen Version. Die Intelligenz wurde mit dem SON-R gemessen (Tellegen/Laros/Petermann 2007), einem nonverbalen Intelligenztest, und zwar mit Untertests zu Schlussfolgerungen (Objekte kategorisieren, Analogien finden und logische Verbindungen zwischen Situationen finden). Der Test ist für eine deutsche Stichprobe normiert. Die narrativen Fähigkeiten der Kinder wurden mit MAIN (Multilingual Assessment Instrument for Narratives) ermittelt (Gagarina et al. 2012, 2015).[7]

3.5 Testverfahren in der Grundschule

In der Schule wurde der expressive und rezeptive Wortschatz im Deutschen mit dem WWT (Kurzversionstest 2; Glück 2011) getestet. Die Lesefähigkeiten wurden mit den Leseverständnistests ELFE 1–6 (Lenhard/Schneider/Schneider 2006) überprüft. Die Schreibfähigkeiten wurden mit der Hamburger Schreibprobe (HSP1-10; May 2002) untersucht. Das Kurzzeitgedächtnis wurde durch eine Nichtwort-Wiederholungsaufgabe, die ZLT-II (Petermann/Daseking 2012), gemessen. Die statistische Auswertung erfolgte mit dem Programm R (R Core Team 2015). Gruppenvergleiche wurden mit unabhängigen t-Tests berechnet (siehe Tab. 1). Zur Berechnung der Prädiktoren für die abhängigen Variablen Wortlesen, Satzlesen, Rechtschreiben und Wortschatzgröße wurden schrittweise lineare Regressionen gerechnet. Dies geschah zuerst nur für die Gruppe (simultan vs. sukzessiv Bilinguale), um den Einfluss des Erwerbsbeginns allein auf jede abhängige Variable zu bestimmen; im zweiten Schritt wurden die Prädiktoren Sprache, Narrative, Intelligenz, Geschlecht und L1 (Russisch vs. Türkisch) hinzugefügt. Intervention

---

7 Siehe https://main.leibniz-zas.de/ (Stand: 27.7.2020).

wurde nicht berücksichtigt, da ein Einfluss der Förderung auf die in der Schule gemessenen Fähigkeiten nicht angenommen wurde, was durch ANOVAs zur Kontrolle des Einflusses der Intervention bestätigt wurde.[8]

3.6 Prädiktoren für das Lesen

Wie in Tabelle 1 dargestellt, zeigen die Kinder mit frühem Erwerbsbeginn bessere Leistungen in allen Leseaufgaben; diese Unterschiede sind aber nicht signifikant. Die Regressionsanalysen für die einzelnen Aufgaben (Tab. 2) zeigen, dass der Erwerbsbeginn allein Lesen nicht vorhersagt. Wortlesen wird nur durch Intelligenz vorhergesagt, wobei die erklärte Varianz R^2 = 35% beträgt. Für Satzlesen findet man auch den Einfluss von Intelligenz, zusätzlich zeigen Mädchen signifikant bessere Leistungen, und der signifikante Intercept zeigt, dass es hohe Varianz zwischen den Kindern gibt. Der marginal signifikante Effekt für den Erwerbsbeginn zeigt, dass Kinder, die Deutsch ab ihrem zweiten Geburtstag erwarben, bessere Leistungen zeigen. Die Menge der erklärten Varianz ist in diesem Model mit R^2 = 57% höher als für Wortlesen.

Tab. 2: Regressionsmodelle zur Vorhersage des Wort- (links) und Satzlesens (rechts) (*** p < .001, ** p < .01, * p < .05, + p < .1)

		Wortlesen				Satzlesen			
		b	SE	t	p	b	SE	t	p
1)	(Intercept)	23.3	1.7	13.4	***	10.3	0.9	11.0	***
	Gruppe (sukzessiv)	−1.6	2.6	−0.6		−0.4	1.4	−0.30	
2)	(Intercept)	−5.9	12.7	−0.5		−18.5	7.2	−2.6	*
	Gruppe (sukzessiv)	4.4	3.5	1.3		4.0	2.0	2.1	+
	Sprache	4.3	3.8	1.1		−0.1	2.2	−0.1	
	Narrative	−0.5	0.9	−0.6		−0.2	0.5	−0.4	
	Intelligenz	0.3	0.1	2.4	*	0.3	0.1	4.0	***
	Geschlecht (w)	4.7	3.0	1.6		4.2	1.7	2.5	*
	L1 (Türkisch)	−1.0	3.4	−0.3		−1.7	1.9	−0.9	

---

8 Kein signifikanter Unterschied zwischen den Interventionsgruppen im Wortlesen (F(2,55) = 2.39, p = .10), Satzlesen (F(2,55) = 0.79, p = .46), Rechtschreiben (F(2,56) = 0.02, p = .98) und Wortschatz (F(2,55) = 0.64, p = .53).

3.7 Prädiktoren für Rechtschreiben

Im Rechtschreiben unterscheiden sich Kinder mit frühem oder späterem Erwerbsbeginn nicht signifikant (siehe Tab. 1). Auch im Regressionsmodell (vgl. Tab. 3) zeigt sich kein Einfluss des Erwerbsbeginns. Im zweiten Modell zeigt sich, dass nur das Geschlecht Rechtschreiben voraussagt, auch hier sind Mädchen signifikant besser. Marginal signifikante Effekte zeigen, dass Kinder mit höherer Intelligenz und geringerer Leistung in Narrativen mehr korrekte Grapheme produziert haben. Dieses Modell erklärt $R^2 = 39\%$ der Varianz in den Daten.

Tab. 3: Regressionsmodelle zur Vorhersage der Rechtschreibleistung
(*** $p < .001$, ** $p < .01$, * $p < .05$, + $p < .1$)

		b	SE	t	p
1)	(Intercept)	43.6	2.0	21.9	***
	Gruppe (sukzessiv)	−1.0	2.9	−0.4	
2)	(Intercept)	13.4	15.5	0.9	
	Gruppe (sukzessiv)	6.7	4.2	1.6	
	Sprache	7.9	4.8	1.7	
	Narrative	−2.1	1.2	−1.8	+
	Intelligenz	0.3	0.1	2.0	+
	Geschlecht (w)	9.6	3.765	2.6	*
	L1 (Türkisch)	−0.8	4.21	−0.2	

3.8 Prädiktoren für Lexikon

Im Gegensatz zur Lese- und Schreibfähigkeit weisen Kinder mit einem früheren Erwerbsbeginn einen signifikant größeren Wortschatz im Deutschen auf, und zwar sowohl rezeptiv als auch produktiv (siehe Tab. 1). Auch im Regressionsmodell (Tab. 4) hat ein früher Erwerbsbeginn einen besseren Wortschatz zufolge. Dieser Effekt wird allerdings nicht mehr signifikant im zweiten Regressionsschritt. Hier werden die sprachlichen Fähigkeiten gemessen an den lexikalischen und grammatischen Fähigkeiten der einzige signifikante Prädiktor für expressiven Wortschatz. Dieses Modell erklärt $R^2 = 34\%$ der Varianz in den Daten.

Tab. 4: Regressionsmodelle zur Vorhersage des expressiven Wortschatzes (*** p < .001, ** p < .01, * p < .05, + p < .1)

		b	SE	t	p
1)	(Intercept)	30.1	1.9	15.5	***
	Gruppe (sukzessiv)	−5.3	2.9	−1.8	+
2)	(Intercept)	22.9	15.1	1.5	
	Gruppe (sukzessiv)	1.0	4.1	0.2	
	Sprache	10.9	5.1	2.1	*
	Narrative	−0.5	1.2	−0.4	
	Intelligenz	0.1	0.1	0.5	
	Geschlecht (w)	3.0	3.7	0.8	
	L1 (Türkisch)	0.7	4.1	0.2	

3.9 Zusammenfassende Diskussion der Ergebnisse

Erwerbsprofile des Deutschen im mehrsprachigen Kontext verlaufen mit unterschiedlichen *path* und *timing* und werden durch diverse interne und externe Faktoren beeinflusst. Die in diesem Beitrag berichtete Langzeitstudie untersucht, wie Kinder mit russischer und türkischer Familiensprache das Deutsche als Zweitsprache vom Kindergartenalter bis in die Grundschule erwerben und welche Faktoren frühere Literalität vorhersagen.

Es zeigt sich, dass die typischen Verläufe eines früheren mehrsprachigen Spracherwerbs von monolingualen Erwerbsverläufen abweichen können, und dass ein früher L2-Erwerbsbeginn sowie ein reicher und nachhaltiger Input den Erwerb des Deutschen fördern. Für die schriftsprachlichen Leistungen mehrsprachiger Kinder in der Stichprobe zeigt sich kein Einfluss des Erwerbsbeginns. Für das Lesen zeigt sich vor allem die Intelligenz, aber auch das Geschlecht als vorhersagekräftig, denn Mädchen schneiden hier besser ab als Jungen. Das Geschlecht sagt auch allein die Rechtschreibleistung in der zweiten Klasse voraus (Mädchen produzierten mehr korrekte Grapheme als Jungen). Kinder mit einem früheren Deutscherwerb haben einen tendenziell größeren Wortschatz, und frühe sprachliche Fähigkeiten sind ausschlaggebend für den Wortschatz in der 2. Klasse. Der Beginn des Deutscherwerbs, vor oder nach dem zweiten Geburtstag, bestimmt natürlich die Leistungen im Alter von 3 Jahren: Lexikon und Grammatik sind besser ausgebildet bei den Kindern mit frühem Erwerbsbeginn. Der Unterschied in dem Intelligenz-Score könnte auf sprachliche Fähigkeiten zurückzuführen sein. Der Befund, dass vor allem die Intelligenz im Alter von 3 Jahren schriftsprachliche Leistungen in der Grundschule bestimmt, deutet an, dass die schulische Entwicklung mehrsprachiger Kinder initial von ihren kognitiven Fähigkeiten und nicht nur von sozio-ökonomischer und sprachlicher Benachteiligung geprägt ist. Der Einfluss dieser Faktoren, wie des SÖS, der nachweislich schulische Leistungen bestimmt (vgl. Pace et al. 2017), mag erst zu einem späteren Zeitpunkt eintreten (z. B. Zöller/Roos/Schöler 2006).

Die Ergebnisse zeigen aber auch, dass der Wortschatz in der Grundschule bereits durch die sprachlichen Fähigkeiten im Alter von 3 Jahren vorausgesagt wird (vgl. mit Suggate et al. 2018, die zeigten, dass die Lexikongröße im Alter von 2 Jahren Leseverständnis 15 Jahre später vorhersagt). Da Wortschatz und Grammatik nicht nur vom Erwerbsbeginn, sondern auch von den Erwerbsbedingungen abhängen, also der Inputquantität und -qualität, könnten diese Variablen zumindest in der Kindergartenzeit relativ konstant sein und damit auch gleichbleibend die Entwicklung beeinflussen. Generell zeigen die Ergebnisse der Studie, dass besonders die kognitiven Fähigkeiten die Voraussetzungen für den späteren schulischen Erfolg bilden.

Literatur

Ahrenholz, Bernt/Grommes, Patrick (2014): Deutsch als Zweitsprache und Sprachentwicklung Jugendlicher. In: Ahrenholz, Bernt/Grommes, Patrick (Hg.): Zweitspracherwerb im Jugendalter. (= DaZ-Forschung. Deutsch als Zweitsprache, Mehrsprachigkeit und Migration 4). Berlin/Boston: De Gruyter Mouton, S. 1–20.
Ammon, Ulrich (2015): Die Stellung der deutschen Sprache in der Welt. Berlin: De Gruyter.
Bettge, Susanne/Oberwöhrmann, Sylke (2012): Grundauswertung der Einschulungsdaten in Berlin 2011. Berlin: Senatsverwaltung für Gesundheit und Soziales. Internet: www.berlin-suchtpraevention.de/wp-content/uploads/2016/10/2012_SenGS_Grundauswertung_Einschulungsdaten_2011.pdf (Stand: 27.7.2020).
Bialystok, Ellen (2017): The bilingual adaptation: how minds accommodate experience. In: Psychological Bulletin 143, 3, S. 233–262.
Bidese, Ermenegildo/Putnam, Michael T. (Hg.) (2014): Language Typology and Universals 67, 4. Special Issue: German Complementizers in Contact.
BLIKK-Medien Studie (2017): BLIKK-Medien: Kinder und Jugendliche im Umgang mit elektronischen Medien. Köln. Internet: www.bundesgesundheitsministerium.de/fileadmin/Dateien/5_Publikationen/Praevention/Berichte/Abschlussbericht_BLIKK_Medien.pdf (Stand: 2.3.2020).
Bockmann, Ann-Katrin (2008): ELAN – Mit Schwung bis ins Grundschulalter: Die Vorhersagekraft des frühen Wortschatzes für spätere Sprachleistungen. In: Forum Logopädie 22, 4, S. 20–23.
Chudaske, Jana (2012): Einfluss der sprachlichen Kompetenz auf schulfachliche Leistungen. In: Chudaske, Jana (Hg.): Sprache, Migration und schulfachliche Leistung. Einfluss sprachlicher Kompetenz auf Lese-, Rechtschreib- und Mathematikleistungen. Wiesbaden: Springer VS, S. 171–220.

Czapka, Sophia/Klassert, Annegret/Festman, Julia (2019): Executive functions and language: their differential influence on mono- vs. multilingual spelling in primary school. In: Frontiers in Psychology 10, 97, S. 1–18. Internet: https://doi.org/10.3389/fpsyg.2019.00097 (Stand: 27.7.2020).

Czapka, Sophia/Wotschack, Christiane/Klassert, Annegret/Festman, Julia (2019): A path to the bilingual advantage: pairwise matching of individuals. In: Bilingualism: Language and Cognition 23, 2, S. 344–354. Internet: https://doi.org/10.1017/S1366728919000166 (Stand: 27.7.2020).

Czinglar, Christine (2014): Der Einfluss des Alters auf die Erwerbsgeschwindigkeit: Eine Fallstudie zur Verbstellung im Deutschen als Zweitsprache. In: Ahrenholz, Bernt/Grommes, Patrick (Hg.): Zweitspracherwerb im Jugendalter. (= DAZ-Forschung 4). Berlin: De Gruyter, S. 23–39.

Ennemoser, Marco/Marx, Peter/Weber, Jutta/Schneider, Wolfgang (2012): Spezifische Vorläuferfertigkeiten der Lesegeschwindigkeit, des Leseverständnisses und des Rechtschreibens: Evidenz aus zwei Längsschnittstudien vom Kindergarten bis zur 4. Klasse. In: Zeitschrift für Entwicklungspsychologie und Pädagogische Psychologie 44, 2, S. 53–67. Internet: https://doi.org/10.1026/0049-8637/a000057 (Stand: 27.7.2020).

Fricke, Silke/Szczerbinski, Marcin/Fox-Boyer, Annette/Stackhouse, Joy (2016): Preschool predictors of early literacy acquisition in german-speaking children. In: Reading Research Quarterly 51, 1, S. 29–53. Internet: https://doi.org/10.1002/rrq.116 (Stand: 27.7.2020).

Gagarina, Natalia/Klassert, Annegret (2018): Input dominance and development of home language in Russian-German bilinguals. In: Frontiers in Communication 3, 40, S. 1–14. Internet: https://doi.org/10.3389/fcomm.2018.00040 (Stand: 27.7.2020).

Gagarina, Natalia/Klassert, Annegret/Topaj, Nathalie (2010): Sprachstandstest Russisch für mehrsprachige Kinder/Russian language proficiency test for multilingual children. (= ZAS Papers in Linguistics 54). Berlin: Zentrum für Allgemeine Sprachwissenschaft.

Gagarina, Natalia/Topaj, Nathalie/Posse, Dorothea/Czapka, Sophia (2018): Der Erwerb des Deutschen bei türkisch-deutsch und russisch-deutsch bilingualen Kindern: Gibt es doch einen Einfluss von Sprachfördermaßnahmen? In: Diskurs Kindheits- und Jugendforschung 13, 2, S. 191–210. Internet: https://doi.org/10.3224/diskurs.v13i2.05 (Stand: 27.7.2020).

Gagarina, Natalia/Armon-Lotem, Sharon/Altman, Carmit/Burstein-Feldman, Zhanna/Klassert, Annegret/Topaj, Nathalie/Golcher, Felix/Walters, Joel (2014): Age, input quantity and their effect on linguistic performance in the home and societal language among Russian-German and Russian-Hebrew preschool children. In: Silbereisen, Rainer/Titzmann, Peter/Shavit, Yossi (Hg.): The challenges of diaspora migration: Interdisciplinary perspectives on Israel and Germany. Farnham: Ashgate Publishing Limited, S. 63–82.

Gagarina, Natalia/Klop, Daleen/Kunnari, Sari/Tantele, Koula/Välimaa, Taina/Balčiūnienė, Ingrida/Bohnacker, Ute/Walters, Joel (2012): Multilingual assessment instrument for narratives. (= ZAS Papers in Linguistics 56). Berlin: Zentrum für Allgemeine Sprachwissenschaft.

Gagarina, Natalia/Klop, Daleen/Kunnari, Sari/Tantele, Koula/Välimaa, Tiana/Balčiūnienė, Ingrida/Bohnacker, Ute/Walters, Joel (2015): Assessment of narrative abilities in bilingual children. In: Armon-Lotem, Sharon/de Jong, Jan/Meir, Natalia (Hg.): Assessing multilingual children: disentangling bilingualism from language impairment. Bristol: Multilingual Matters, S. 243–276.

Glück, Christian W. (2011): Wortschatz- und Wortfindungstest für 6- bis 10-Jährige (WWT 6–10). Handbuch. 2., überarb. Aufl. München: Elsevier, Urban & Fischer.

Grimm, Angela/Schulz, Petra (2016): Warum man bei mehrsprachigen Kindern dreimal nach dem Alter fragen sollte: Sprachfähigkeiten simultan-bilingualer Lerner im Vergleich mit monolingualen und frühen Zweitsprachlernern. In: Diskurs Kindheits- und Jugendforschung 11, 1, S. 27–42. Internet: https://doi.org/10.3224/diskurs.v11i1.22247 (Stand: 31.7.2020).

Grimm, Hannelore (2010): SETK 3–5: Sprachentwicklungstest für drei- bis fünfjährige Kinder. Diagnose von Sprachverarbeitungsfähigkeiten und auditiven Gedächtnisleistungen. 2., überarb. Aufl. Göttingen/Bern/Stockholm: Hogrefe.

Harrell, Frank E. (2017): Package „Hmisc". Wien.

Hart, Betty/Risley, Todd R. (1995): Meaningful differences in the everyday experience of young american children. Baltimore: Brookes.

Hartshorne, Joshua K./Tenenbaum, Joshua B./Pinker, Steven (2018): A critical period for second language acquisition: Evidence from 2/3 million English speakers. In: Cognition 177, S. 263–277. Internet: https://doi.org/10.1016/j.cognition.2018.04.007 (Stand: 31.7.2020).

Hilchey, Matthew/Saint-Aubin, Jean/Klein, Raymond M. (2015): Does bilingual exercise enhance cognitive fitness in traditional non-linguistic executive processing tasks? In: Schwieter, John W. (Hg.): The Cambridge handbook of bilingual processing. Cambridge: Cambridge University Press, S. 586–613. Internet: https://doi.org/http://dx.doi.org/10.1017/CBO9781107447257.026 (Stand: 31.7.2020).

Jeuk, Stefan (2003): Erste Schritte in der Zweitsprache Deutsch. Eine empirische Untersuchung zum Zweitspracherwerb türkischer Migrantenkinder in Kindertageseinrichtungen. Freiburg i. Br.: Fillibach.

Kauschke, Christina (2008): Frühe lexikalische Verzögerung als Indikator für SSES? Neue Befunde zur Entwicklung von Late Talkern. In: Spektrum Patholinguistik 1, S. 19–38.

Kauschke, Christina/Siegmüller, Julia (2010): Patholinguistische Diagnostik bei Sprachentwicklungsstörungen (PDSS). 2., überarb. Aufl. München: Urban & Fischer.

Klassert, Annegret (2011): Lexikalische Fähigkeiten bilingualer Kinder mit Migrationshintergrund. Eine Studie zum Benennen von Nomen und Verben im Russisch und Deutschen. Diss. Marburg: Philipps-Universität Marburg.

Klassert, Annegret/Gagarina, Natalia (2010): Der Einfluss des elterlichen Inputs auf die Sprachentwicklung bilingualer Kinder. Evidenz aus russischsprachigen Migrantenfamilien in Berlin. In: Diskurs Kindheits- und Jugendforschung 5, 4, S. 413–425.

Klein, Wolfgang/Perdue, Clive (1997): The basic variety (or: couldn't natural languages be much simpler?). In: Second Language Research 13, 4, S. 301–347.

Kostyuk, Natalia (2005): Der Zweitspracherwerb beim Kind. Eine Studie am Beispiel des Erwerbs des Deutschen durch drei russischsprachige Kinder. Hamburg: Kovač.

Lee, Joanne (2011): Size matters: early vocabulary as a predictor of language and literacy competence. In: Applied Psycholinguistics 32, 1, S. 69–92. Internet: https://doi.org/10.1017/S0142716410000299 (Stand: 31.7.2020).

Lenhard, Wolfgang/Schneider, Wolfgang (2006): ELFE 1–6. Ein Leseverständnistest für Erst-bis Sechstklässler. Göttingen/Wien: Hogrefe.

Limbird, Christina K./Maluch, Jessica T./Rjosk, Camilla/Stanat, Petra/Merkens, Hans (2014): Differential growth patterns in emerging reading skills of Turkish-German bilingual and German monolingual primary school students. In: Reading and Writing 27, 5, S. 945–968. Internet: https://doi.org/10.1007/s11145-013-9477-9 (Stand: 31.7.2020).

Lindgren, Josefin (2018): Developing narrative competence. Swedish, Swedish-German and Swedish-Turkish children aged 4–6. (= Acta Universitatis Upsaliensis 19). Uppsala: Uppsala Universitet.

Lohndal, Terje/Rothman, Jason/Kupisch, Tanja/Westergaard, Marit (2019): Heritage language acquisition. What it reveals and why it is important for formal linguistic theories. In: Language and Linguistics Compass 13, 12. Internet: https://doi.org/10.1111/lnc3.12357 (Stand: 31.7.2020).

Marx, Alexandra/Stanat, Petra (2012): Reading comprehension of immigrant students in Germany: research evidence on determinants and target points for intervention. In: Reading and Writing 25, 8, S. 1929–1945. Internet: https://doi.org/10.1007/s11145-011-9307-x (Stand: 31.7.2020).

May, Peter (2002): Hamburger Schreibprobe (HSP). Zur Erfassung der grundlegenden Rechtschreibstrategien. Stuttgart: Verlag für pädagogische Medien.

Mayberry, Rachel/Kluender, Robert (2018): Rethinking the critical period for language: new insights into an old question from American Sign Language. In: Bilingualism: Language and Cognition 21, 5, S. 886–905. Internet: https://doi.org/10.1017/S1366728917000724 (Stand: 31.7.2020).

Meisel, Jürgen (2008): Child second language acquisition or successive first language acquisition? In: Haznedar, Belma/Gavruseva, Elena (Hg.): Current trends in child second language acquisition. A generative perspective. (= Language Acquisition and Language Disorders 46). Amsterdam/Philadelphia: Benjamins, S. 55–80.

Meisel, Jürgen (2009): Second language acquisition in early childhood. In: Zeitschrift für Sprachwissenschaft 28, 1, S. 5–34. Internet: https://doi.org/10.1515/ZFSW.2009.002 (Stand: 31.7.2020).

Meisel, Jürgen (2011): First and second language acquisition: Parallels and differences. Cambridge/New York: Cambridge University Press.

Müller, Andrea G./Stanat, Petra (2006): Schulischer Erfolg von Schülerinnen und Schülern mit Migrationshintergrund: Analysen zur Situation von Zuwanderern aus der ehemaligen Sowjetunion und aus der Türkei. In: Baumert, Jürgen/Stanat, Petra/Watermann, Rainer (Hg.): Herkunftsbedingte Disparitäten im Bildungswesen. Differenzielle Bildungsprozesse und Probleme der Verteilungsgerechtigkeit. Vertiefende Analysen im Rahmen von PISA 2000. Wiesbaden: VS Verlag für Sozialwissenschaften, S. 221–255.

Niklas, Frank/Schmiedeler, Sandra/Pröstler, Nina/Schneider, Wolfgang (2011): Die Bedeutung des Migrationshintergrunds, des Kindergartenbesuchs sowie der Zusammensetzung der Kindergartengruppe für sprachliche Leistungen von Vorschulkindern. In: Zeitschrift für Pädagogische Psychologie 25, 2, S. 115–130. Internet: https://doi.org/10.1024/1010-0652/a000032 (Stand: 31.7.2020).

Pace, Amy/Luo, Rufan/Hirsh-Pasek, Kathy/Michnick Golinkoff, Roberta (2017): Identifying pathways between socioeconomic status and language development. In: Annual Review of Linguistics 3, S. 285–308.

Paradis, Johanne (2007): Early bilingual and multilingual acquisition. In: Auer, Peter/Wei, Li (Hg.): Handbook of multilingualism and multilingual communication. (= Handbooks of Applied Linguistics 5). Berlin: De Gruyter Mouton, S. 15–44.

Pearson, Barbara Zurer/Fernández, Sylvia C. (1994): Patterns of interaction in the lexical growth in two languages of bilingual infants and toddlers. In: Language Learning 44, 4, S. 617–653.

Pearson, Barbara Zurer/Fernandez, Sylvia C./Lewedeg, Vanessa/Oller, D. Kimbrough (1997): The relation of input factors to lexical learning by bilingual infants. In: Applied Psycholinguistics 18, 1, S. 41–58.

Petermann, Franz/Daseking, Monika (2012): ZLT-II: Zürcher Lesetest-II: Weiterentwicklung des Zürcher Lesetests (ZLT) von Maria Linder und Hans Grissemann. 3., überarb. Aufl. Bern/Stuttgart: Huber.

Polinsky, Maria/Kagan, Olga (2007): Heritage languages: in the ‚wild' and in the classroom. In: Language and linguistics compass 1, 5, S. 368–395. Internet https://doi.org/10.1111/j.1749-818X.2007.00022.x (Stand: 31.7.2020).

R Core Team (2015): R: A language and environment for statistical computing. Wien.

Roos, Jeanette/Schöler, Hermann (2009): Entwicklung des Schriftspracherwerbs in der Grundschule. Längsschnittanalyse zweier Kohorten über die Grundschulzeit. Wiesbaden: VS Verlag für Sozialwissenschaften.

Roos, Jeanette/Polotzek, Silvana/Schöler, Hermann (2010): EVAS Evaluationsstudie zur Sprachförderung von Vorschulkindern Wissenschaftliche Begleitung der Sprachfördermaßnahmen im Programm „Sag' mal was – Sprachförderung für Vorschulkinder". Abschlussbericht. Heidelberg: Pädagogische Hochschule Heidelberg. Internet: www.sagmalwas-bw.de/fileadmin/Mediendatenbank_DE/Sag_Mal_Was/Dokumente/EVAS_Abschlussbericht_mit-Anhang_und_Vorspann_und_Danksagung_21-04-2010.pdf (Stand: 31.7.2020)

Rothweiler, Monika (2016): Zum Erwerb der deutschen Grammatik bei frühsequentiell zweisprachigen Kindern mit Türkisch als Erstsprache – Ergebnisse aus einem Forschungsprojekt. In: Diskurs Kindheits- und Jugendforschung 11, 1, S. 9–26. Internet: https://doi.org/10.3224/diskurs.v11i1.22246 (Stand: 31.7.2020).

Rothweiler, Monika/Kauschke, Christina (2007): Lexikalischer Erwerb. In: Schöler, Hermann/Welling, Alfons (Hg.): Handbuch Sonderpädagogik. Bd. 1: Sonderpädagogik der Sprache. Göttingen/Bern: Hogrefe, S. 42–57.

Ruberg, Tobias (2013): Problembereiche im kindlichen Zweitspracherwerb. In: Sprache – Stimme – Gehör 37, 4, S. 181–185. Internet: https://doi.org/10.1055/s-0033-1358698 (Stand: 31.7.2020).

Schründer-Lenzen, Agi/Merkens, Hans (2006): Differenzen schriftsprachlicher Kompetenzentwicklung bei Kindern mit und ohne Migrationshintergrund. In: Schründer-Lenzen, Agi (Hg.): Risikofaktoren kindlicher Entwicklung. Migration, Leistungsangst und Schulübergang. Wiesbaden: VS Verlag für Sozialwissenschaften, S. 15–44. Internet: https://doi.org/10.1007/978-3-531-90075-9 (Stand: 4.8.2020).

Schulz, Petra/Grimm, Angela (2019): The age factor revisited: timing in acquisition interacts with age of onset in bilingual acquisition. In: Frontiers in psychology 9, S. 1–18. Internet: https://doi.org/10.3389/fpsyg.2018.02732 (Stand: 4.8.2020).

Schulz, Petra/Tracy, Rosemarie (2011): LiSe-DaZ: Linguistische Sprachstandserhebung – Deutsch als Zweitsprache. Göttingen/Bern/Wien: Hogrefe.

Segerer, Robin/Marx, Alexandra/Stanat, Petra/Schneider, Wolfgang/Roick, Thorsten/Marx, Peter (2013): Determinanten der Lesekompetenz bei Jugendlichen nicht deutscher Herkunftssprache. In: Jude, Nina/Klieme, Eckhard (Hg.): PISA 2009 – Impulse für die Schul- und Unterrichtsforschung. (= Zeitschrift für Pädagogik, Beiheft 59). Weinheim: Beltz Juventa, S. 111–131.

Stanat, Petra/Schipolowski, Stefan/Rjosk, Camilla/Weirich, Sebastian/Haag, Nicole (2017): IQB-Bildungstrend 2016. Kompetenzen in den Fächern Deutsch und Mathematik am Ende der 4. Jahrgangsstufe im zweiten Ländervergleich. Münster/New York: Waxmann. Internet: www.iqb.hu-berlin.de/bt/BT2016/Bericht/BT2016_Bericht.pdf (Stand: 4.8.2020).

Suggate, Sebastian/Schaughency, Elizabeth/McAnally, Helena/Reese, Elaine (2018): From infancy to adolescence: the longitudinal links between vocabulary, early literacy skills, oral narrative, and reading comprehension. In: Cognitive Development 47, S. 82–95. Internet: https://doi.org/10.1016/j.cogdev.2018.04.005 (Stand: 4.8.2020).

Szagun, Gisela (2006): Sprachentwicklung beim Kind. Ein Lehrbuch. Vollst. überarb. 7. Aufl. Weinheim/Basel: Beltz.
Tellegen, Peter J./Laros, Jacob A./Petermann, Franz (2007): SON-R 2½-7. Non-verbaler Intelligenztest. Göttingen/Bern/Wien: Hogrefe.
Thordardottir, Elin (2019): Amount trumps timing in bilingual vocabulary acquisition: effects of input in simultaneous and sequential school-age bilinguals. In: International Journal of Bilingualism 23, 1, S. 236–255. Internet: https://doi.org/10.1177/1367006917722418 (Stand: 4.8.2020).
Tracy, Rosemarie/Gawlitzek-Maiwald, Ira (2005). The strength of the weak: Asynchronies in the simultaneous acquisition of german and english. In: Zeitschrift für Literaturwissenschaft und Linguistik 35, 3, S. 28–53. Internet: https://doi.org/10.1007/BF03379442 (Stand: 4.8.2020).
Verhoeven, Ludo/Reitsma, Pieter/Siegel, Linda S. (2011): Cognitive and linguistic factors in reading acquisition. In: Reading and Writing 24, 4, S. 387–394.
Von Koss Torkildsen, Janne/Svangstu, Janne Mari/Hansen, Hanna Friis/Smith, Lars/Simonsen, Hanne Gram/Moen, Inger/Lindgren, Magnus (2008): Productive vocabulary size predicts event-related potential correlates of fast mapping in 20-month-olds. In: Journal of Cognitive Neuroscience 20, 7, S. 1266–1282.
Werker, Janet F./Hensch, Takao K. (2015): Critical periods in speech perception: new directions. In: Annual Review of Psychology 66, 1, S. 173–196. Internet: https://doi.org/10.1146/annurev-psych-010814-015104 (Stand: 4.8.2020).
Werker, Janet F./Tees, Richard. C. (2005): Speech perception as a window for understanding plasticity and commitment in language systems of the brain. In: Developmental Psychobiology 46, 3, S. 233–251. Internet: https://doi.org/10.1002/dev.20060 (Stand: 4.8.2020).
Werthmann, Antonina (2020): Kasusmarkierung im Russischen und Deutschen. Eine Untersuchung bei bilingualen Vorschulkindern mit und ohne auffällige Sprachentwicklung. (= Germanistische Linguistik 321). Berlin/Boston: De Gruyter.
Xanthos, Aaris/Laaha, Sabine/Gillis, Steven/Stephany, Ursula/Aksu-Koç, Ayhan/Christofidou, Anastasia/Gagarina, Natalia/Hrzica, Gordana/Ketrez, Nihan/Kilani-Schoch, Marianne (2011): On the role of morphological richness in the early development of noun and verb inflection. In: First Language 31, 4, S. 461–479.
Zöller, Isabelle/Roos, Jeanette/Schöler, Hermann (2006): Einfluss soziokultureller Faktoren auf den Schriftspracherwerb im Grundschulalter. In: Schründer-Lenzen, Agi (Hg.): Risikofaktoren kindlicher Entwicklung: Migration, Leistungsangst und Schulübergang. Wiesbaden: VS Verlag für Sozialwissenschaften, S. 45–65.
Zubrick, Stephen R./Taylor, Catherine L./Christensen, Daniel (2015): Patterns and predictors of language and literacy abilities 4–10 years in the longitudinal study of Australian children. In: PLoS ONE 10, 9, S. 1–29. Internet: https://doi.org/10.1371/journal.pone.0135612 (Stand: 4.8.2020).

Nanna Fuhrhop (Oldenburg)
Vergleichende Graphematik

Abstract: Dieser Aufsatz skizziert Schritte auf dem Weg zu einer vergleichenden Graphematik. Dabei thematisiert er vier Schriftsysteme (des Deutschen, Englischen, Niederländischen, Französischen) und untersucht sechs graphematische Phänomene, unter ihnen Doppelkonsonantenschreibung und Apostroph. Zwar sind die Phänomene in allen vier Schriftsystemen zu finden, aber die Häufigkeit unterscheidet sich sehr; so weist das deutsche Schriftsystem die meisten Doppelkonsonanten auf, das französische die meisten Apostrophe. Es geht aber nicht primär um die Quantität der graphematischen Phänomene, sondern vielmehr um die Verankerung der Graphematik innerhalb der sprachspezifischen grammatischen Systeme. Auf Grundlage dieses Vergleichs werden Parameter zur Beschreibung der Phänomene entwickelt. Dadurch wird dieser Aufsatz zur Werbung für die vergleichende Graphematik.

1 Einleitung

Mit Fuhrhop (2018) wurde ein erster Entwurf vorgelegt, wie eine vergleichende Graphematik mit dem Wissen über das deutsche Schriftsystem ausgelegt werden könnte. Dieses Vorhaben soll hier fortgesetzt werden.

Die Graphematik zeichnet sich durch zwei Besonderheiten aus: Erstens liegen selten wissenschaftlich fundierte Graphematiken in den anderen Sprachen vor. Damit unterscheidet sich die Ausgangslage einer vergleichenden Graphematik grundsätzlich von einer vergleichenden Phonologie, Morphologie oder Syntax. Zweitens liegen ausreichend elektronisch zugängliche und auswertbare Texte bzw. Korpora in den unterschiedlichen Sprachen vor.

Viele Phänomene sind relativ leicht zu detektieren – so das Vorkommen von Doppelkonsonanten, von Apostrophen oder von satzinterner Großschreibung bzw. das jeweilige Nichtvorkommen im Vergleich. Schwieriger ist es, die Funktion zu erkennen. Hierzu kann auf Lernergrammatiken oder Orthographielehrwerke zurückgegriffen werden. Es geht zunächst darum, die genannten graphematischen Phänomene sprachvergleichend zu beschreiben und Parameter für die graphematische Beschreibung zu entwickeln.

Es können vielfältige und umfassende Ziele formuliert werden:
1. Für die Einzelschriftsysteme jeweils eine umfassende Graphematik, sowohl in ihrer Standardverschriftung als auch in ihren Variationen;
2. Theoretisch fundierte vergleichende Parameter;
3. Vergleiche von einzelnen Phänomenen.

Da sich das Feld gerade erst eröffnet, kann nicht alles gleichzeitig passieren. Der Aufsatz erarbeitet einen Vorschlag zur Erschließung des Forschungsfeldes und der Abarbeitung der Forschungsfragen. Dieser Aufsatz versteht sich wesentlich als ‚Werbung' für eine vergleichende Graphematik.

Die sechs Phänomene Doppelvokale, Doppelkonsonanten, Eigennamengroßschreibung, Gebrauch von <h>, Apostroph, Bindestrich werden jeweils für die vier Schriftsysteme des Deutschen, des Englischen, des Niederländischen und des Französischen beschrieben. Der Reduktion auf vier Schriftsysteme liegt ein vorsichtiges Vorgehen zugrunde: Die Graphematik greift auf alle Bereiche der Grammatik zu, mechanische Zugriffe führen dagegen zu äußerst oberflächlichen und unbefriedigenden Ergebnissen.

Die hier untersuchten Phänomene nutzen das folgende Inventar: Vokal- und Konsonantenbuchstaben, einerseits in ihrer jeweiligen Verdopplung, andererseits speziell das <h>, (satzinterne) Majuskeln, den Apostroph und den Bindestrich. Alle vier Schriftsysteme weisen dieses Inventar auf, aber keines nutzt das Inventar exakt wie ein anderes.

2 Der Doppelvokal

Im Niederländischen ist der Doppelvokal im Gegensatz zum Deutschen ein häufig vorkommendes Phänomen. In vielen Schriftsystemen kommen nicht alle Vokale doppelt vor, jenseits von Morphemgrenzen. So sind im Deutschen sowohl *<ii>, *<uu> als auch *<ää>, *<öö>, *<üü>[1] ausgeschlossen. In einer Datenbank, wie sie mit CELEX (Baayen/Piepenbrock/Gulikers 1995) fürs Englische, Deutsche und Niederländische und mit Lexique (New et al. 2001) fürs Französische vorliegt, können durchaus auch relativ leicht quantitative Aussagen gemacht werden.[2]

---

1 Jenseits von Morphemgrenzen, siehe auch Neef (2005, S. 165 ff.).
2 Die quantitativen Aussagen beziehen sich hier auf Types und dienen lediglich einer groben Orientierung.

1. Welche kommen vor?
2. Wie häufig (hier in Bezug auf Vokalkombinationen)?
3. Wechseln sie in paradigmatischen Bezügen?

Tab. 1: Doppelvokalbuchstaben relativ zu Vokalkombinationen

	Welche?	Wie häufig?[3]	Wechsel?
Niederländisch	<aa>	16,26%	+
	<ee>	16,66%	lezen – leest, dromen – droom,
	<oo>	13,22%	huren – huurt
	<uu>	1,7%	
Englisch	<ee>	11,8%	–
	<oo>	12,4%	feed – feeding, mood – moods – moody
Deutsch	<aa>	3,2%	Paar – Paare – paart, aber
	<oo>	4,6%	Pärchen, leer – leere – leerst
	<ee>	1,7%	
Französisch	<ée>	4,5%	glacée – glacé
	<oo>		

Die quantitativen Angaben werden nur bei der Doppelvokalschreibung gemacht, sie sind eine grobe Orientierung. Während sie im Niederländischen ziemlich regelmäßig erscheint, und zwar im Wechsel zwischen offenen und geschlossenen Silben, erscheint sie im Englischen relativ undurchsichtig, aber eben doch häufig: 11,8% der V-V-Kombinationen in einsilbigen Wörtern sind Schreibungen mit <ee> und 12,4% solche mit <oo>. Die Zahlen im Niederländischen sind noch höher, hier sind fast die Hälfte der Vokalgraphemkombinationen Doppelvokalgrapheme; im Deutschen hingegen unter 10% und das bei einer deutlich höheren Grundgesamtheit (2005 Schreibungen mit Schreibdiphthongen im Niederländischen, 410 im Deutschen).

Die Doppelvokalschreibung ist im Niederländischen sehr präsent, eine Morphemkonstanz wird nicht eingehalten; die Vokalschreibung wechselt nach offenen und geschlossenen Silben. Im Englischen sind <ee> für /i/ und <oo> für /u/ (und /ʊ/) präsente phonographische Schreibungen; für /i/ findet sich insbesondere <ea> daneben (siehe Berg/Fuhrhop 2011, S. 12). Im Französischen ergibt sich

---

[3] Die Gesamtzahlen, also 100%, gemeint sind Tokens, sind fürs Niederländische 2005, fürs Englische 1568, fürs Deutsche 410 und fürs Französische 418.

<ee> im Wesentlichen als morphologische Endung von Partizipien, die Wörter mit <oo> sind Wörter, die das Französische aus dem Englischen übernommen hat, nach Bereinigung von Anglizismen bleiben hier also quasi keine Doppelvokalschreibungen übrig.

3 Der Doppelkonsonant

Der Doppelkonsonant kommt in vielen Schriftsystemen vor, allerdings unterscheidet sich das Vorkommen in allen hier besprochenen Systemen deutlich.

In vielen Schriftsystemen kommt der Doppelkonsonant an Morphemgrenzen vor (z. B. *ver-reisen, ver-reizen, inter-rupt*); interessant ist dann die Frage, ob er ausschließlich an Morphemgrenzen vorkommt. Dies sollten Analysen von Wortdatenbanken in den jeweiligen Sprachen zeigen. Es geht im Folgenden um die Doppelkonsonantbuchstaben, die sich nicht durch das Aufeinandertreffen an der Morphemgrenze ergeben.

Zuerst stellt sich die Frage, welche Konsonantenbuchstaben überhaupt doppelt vorkommen. – So finden sich im Spanischen lediglich <ll> und <rr>. Gerade das reduzierte Auftreten im Spanischen legt eine besondere Interpretation nahe – es sind zunächst spezielle Phonem-Graphem-Korrespondenzen.[4]

Im Deutschen, Englischen und Niederländischen stehen die Doppelkonsonantenbuchstaben für einen ambisilbischen Konsonanten, wobei dieser ambisilbische Konsonant wie folgt definiert werden kann: Zwischen zwei Silbenkernen steht phonologisch ein Konsonant, der erste Silbenkern ist betont und ungespannt/ kurz, der zweite ist eine unbetonte oder sogar unbetonbare Silbe. Diese ist eine notwendige Bedingung für die Schreibung als Doppelkonsonanten[5] für lexikalische Wörter. Im nativen System des Deutschen und Niederländischen ist das auch eine hinreichende Bedingung.

a) schrubben, buddeln, hoffen, flaggen, bellen, kämmen, trennen, kippen, knurren, küssen, retten;
b) tobben (,sorgen'), redden (,retten'), blaffen (,bellen'), leggen (,legen'), hollen (,rennen'), trimmen (,trimmen'), rennen (,rennen/laufen'), morren (,murren'), gissen (,raten'), pletten (,zerquetschen');

---

4 Im Italienischen hingegen stehen die Doppelkonsonantenbuchstaben für Langkonsonanten, Verdopplung als faktisch für Längung.
5 Diese notwendige Bedingung gilt ausschließlich für die Schreibung lexikalischer Wörter; die Schreibung von Funktionswörtern unterliegt anderen Bedingungen.

c) robbing (‚überfallen'), wedding (‚heiraten'), sniffing (‚schniefen'), begging (‚betteln'), calling (‚rufen'), swimming (‚schwimmen'), banning (‚verbieten'), stepping (‚treten'), stirring (‚rühren'), kissing (‚küssen'), betting (‚wetten'), buzzing (‚summen') – jeweils in der Gerundiumsform als zweisilbige Form.

Auf der silbischen Ebene ähneln sich die Schriftsysteme: ambisilbische Konsonanten werden mit Doppelkonsonantenbuchstaben wiedergegeben. Auch das wird bei der Verbflexion gezeigt, weil hier sowohl ein- als auch zweisilbige Formen im Allgemeinen im Paradigma enthalten sind.

Tab. 2: Doppelkonsonantenbuchstaben – abhängig vom jeweiligen Buchstaben

	ein Konsonantenbuchstabe	zwei Konsonantenbuchstaben
Deutsch		jobb-t, klaff-t, knall-t, schwimm-t, renn-t, schnapp-t, knurr-t, küss-t nimm-t – *nimmen/nehmen (genommen), tritt
Niederländisch	kis-t, cros-t (von engl. cross), bel-t, blaf-t, bak-t, ren-t, zwem-t	
Englisch	rob, wed, beg, swim, ban, stir, step, bet	call, sniff, buzz, kiss

Während das Deutsche die Doppelkonsonantenschreibung im Einsilber konsequent beibehält, wird sie im Niederländischen ebenso konsequent nicht beibehalten. Das Englische verhält sich hier ambivalent, wenn auch in deutlich mehr Fällen analog zum Niederländischen. Für die Stammkonstanzschreibung heißt das, dass sie im Deutschen für die Doppelkonsonanten gilt, im Niederländischen nicht. Bezieht man nun auch die Doppelvokalschreibung im Niederländischen mit ein, so wird deutlich, dass sich das Niederländische in Bezug auf die Anzeige der Länge des vorausgehenden Vokals jeweils konsequent verhält: In offenen Silben werden betonte Vokale lang gesprochen, in geschlossenen kurz – die jeweils andere Aussprache wird explizit in der Schreibung angezeigt. Für das Niederländische sind auf der silbischen Ebene damit klare Prinzipien zu formulieren; eine Stammkonstanzschreibung findet bei den silbischen Schreibungen nicht statt.

Die Doppelkonsonantenbuchstaben – so ähnlich sie auf den ersten Blick erscheinen – unterscheiden sich in den drei Schriftsystemen grundsätzlich.

Im Französischen ‚wechseln' die Doppelkonsonanten im verbalen Paradigma (*appeler – j'appelle*), sie stehen im Anschluss von ‚artikulierten' Silben, so beispielsweise in der 1. Person Plural *nous appelons* – *nous mettons*. Insgesamt stehen die Doppelkonsonanten aber in Konkurrenz zum Accent grave (*je jette* – *j'achète*); diese ‚Konkurrenz' wurde in vielen Fällen in der Orthographiereform von 1990 zugunsten der Akzentschreibung entschieden (Conseil Supérieur de la Langue Française (Hg.) 1990, S. 13), die Doppelkonsonantenschreibung wurde damit für die Verben im Französischen (noch mehr) marginalisiert.

4 Das <h>

Während das Niederländische recht systematisch die Quantität des Vokals darstellt, stellt das Deutsche die Stammkonstanz dar. Die Schriftsysteme ähneln sich beim Zweisilber; sie unterscheiden sich beim Einsilber (ndl. *belt* – dt. *bellt*, ndl. *leeft* – dt. *lebt*). Das Deutsche hat hier zum Teil das postvokalische <h> (ndl. *baant* – dt. *bahnt*); in anderen Schriftsystemen ist das offenbar unbekannt. Daher ein kurzer Exkurs zum <h>.

Zunächst wird das <h> in einigen Schriftsystemen, so dem Deutschen, dem Englischen und dem Niederländischen, für eine primäre Phonem-Graphem-Korrespondenz genutzt, also /h/ – <h>.

Die postvokalische <h>-Nutzung findet sich ausschließlich im nativen Bereich des Deutschen. Die prävokalische bzw. postkonsonantische Nutzung findet sich in anderen Schriftsystemen. Letztendlich scheint man aber die Kombinationen auflisten zu können: <th>, <sh>, <gh>, <ch>, <ph> sind durchaus häufig. Zumindest bei <th> steht im Englischen das <h> für eine explizite Frikativierung (<ph>, <sh>, <ch> korrespondieren auch eher mit Frikativen), im Italienischen sind <ch> und <gh> aber gerade die Schreibungen für Plosive – vor <i> und <e> korrespondieren <c> und <g> ansonsten mit Affrikaten, das <h> führt hier zur Korrespondenz mit Plosiven. Dieser kurze Exkurs soll zeigen: Das <h> ist in den Schriftsystemen phonographisch wenig belastet, weil ein Phonem /h/, so es denn überhaupt vorkommt, nur alleine im Anlaut vorkommt. Wenn die Schriftsysteme es dann in anderen Positionen nutzen, dann mit anderen Funktionen; häufig postkonsonantisch mit einem Einfluss auf die Phonographie des jeweiligen Konsonanten, lediglich im Deutschen postvokalisch.

5 Die Eigennamengroßschreibung

Das Deutsche ist bekanntermaßen – neben dem Letzeburgischen – das einzige Schriftsystem, das eine ‚satzinterne' Großschreibung für den Kern der Nominalgruppe pflegt; in anderen Schriftsystemen werden satzintern nur die Eigennamen großgeschrieben. In der folgenden Tabelle kann man aber ahnen, dass nicht alle Sprachen das gleiche Eigennamenkonzept annehmen.

Tab. 3: Eigennamenschreibung

Deutsch	Englisch	Niederländisch	Französisch
Sonntag	Sunday	zondag	dimanche
März	March	maart	mars
Alzheimer	Alzheimer's (disesase)	alzheimer	(démence d')Alzheimer
amerikanisch	American	Amerikaans	américain
Rottweiler	rottweiler	rottweiler	rottweiler
Chihuahua	C/chihuahua	chihuahua	chiahuahua
Pazifischer Ozean	Pacific Ocean	Stille Oceaan	l'océan Pacifique
Außenminister/ Bundesminister des Auswärtigen (BR) Bundesminister für Europa, Integration und Äußeres (At)	foreign minister (US) – Foreign Secretary (Brit)	M/minister van Buitenlandse Zaken (NL und Be)	ministre des Affaires étrangères

Im Niederländischen wird deutlich unterschieden zwischen dem Menschen *Alzheimer* und der Krankheit *Alzheimer*. („Een eigennaam krijgt een hoofdletter, een soortnaam een kleine letter."; De Schryver/Neijt 2005, S. 259.) Allerdings wird im Niederländischen der gesamte Begriff *Stille Oceaan* großgeschrieben, im Französischen lediglich das nachgestellte Adjektiv (*l'océan Pacifique*). Bei dem ‚Außenminister' gibt es auch die Möglichkeit, im Niederländischen *minister* kleinzuschreiben, die Individualisierung wird nachgestellt. Fraglich ist grundsätzlich, inwieweit *Sonntag, März* usw. Eigennamen sind (siehe auch Nowak/Nübling 2017). Auch im Deutschen findet sich dieses ‚Eigennamenkontinuum', es zeigt sich nur nicht an der Großschreibung, sondern an Merkmalen wie der Genitivflexion usw. (Nowak/Nübling 2017).

6 Der Apostroph

In allen vier Schriftsystemen ist der Apostroph als Zeichen ähnlich; in den meisten Fällen steht er zwischen zwei Buchstaben. Historisch (Bunčić 2004; Nübling 2014) geht er auf ein Elisionszeichen zurück; diese Elision ist in allen vier Schriftsystemen zumindest in einigen Beispielen zu erkennen.

Tab. 4: Apostrophe

Deutsch	Peter's, rauscht', Carlos', wen'ge, Ku'damm (Rat für deutsche Rechtschreibung (Hg.) 2018, S. 99–100)
Englisch	Peter's, we're, hasn't, can't, won't, the girl's – the girls', o'clock (= of the clock), i's (three i's), 1990's (Quirk et al. 1994, S. 1636)
Französisch	l'ami, j'aime, m'appelle, l'ai (Objekt), d'arrivée, s'il c'est, n'aime pas, qu'elle, t'as-vu (Catach 2003, S. 72)
Niederländisch	comma's […], Anna's, baby'tje 's avonds (De Schryver/Neijt 2005, S. 288), twee k's (ebd., S. 186)

Dennoch verhält sich der Apostroph in den vier Schriftsystemen recht unterschiedlich. Schon allein die Frequenz ist eine völlig andere: So kann man sich einen deutschen Text komplett ohne einen Apostroph vorstellen, einen französischen nicht. Es geht hier zunächst darum, ein Beschreibungsformat anhand von Merkmalen zu entwickeln, das dann hinterher auch für nicht-standardisierte Schreibungen genutzt werden könnte und es geht um Unterschiede zwischen den Schriftsystemen; zu nicht-standardisierten Apostrophen sprachübergreifend zum Beispiel Bunčić (2004), für das Deutsche Klein (2002), Scherer (2010, 2013), Nübling (2014), zur systematischen Beschreibung im Deutschen siehe Gallmann (1989, S. 102–106).

6.1 Das Merkmal [±Elision]

Das erste Merkmal ist das der Elision. Gibt es Material, das weggelassen wird oder nicht?

Im Englischen kann *that's* auch als *that is* geschrieben werden, die (wortübergreifende) Elision betrifft hier also den Buchstaben <i>. Bei engl. *Peter's* hingegen kann synchron keine Einheit ergänzt werden. Historisch mag das *Peter (hi)s* sein, bei *Anna's* (*Anna her, *Anna hers) hinkt auch die historische Möglichkeit.

Auch im deutschen *Peter's* steht der Apostroph nicht für eine Elision, weil nicht klar ist, was ergänzt werden könnte (≠ *Peter (sein)s*). Bei engl. *fathers'* hingegen treffen zwei *s*-Endungen zusammen, Genitiv und Plural. Das Genitiv-s wird weggelassen, im konkreten Fall wird es zwar nicht ergänzt, aber es ist immerhin denkbar zu benennen, was (theoretisch) fehlt; so wird in der Plural-Genitivform *men's* sehr wohl das *s* ergänzt. Insbesondere im Französischen ist dieser Apostroph häufig. Er wird hier als Unterfall von [+Elision] behandelt. (Kursiv gesetzte Beispiele sind hier im Gegensatz zu Tabelle 4 ergänzt, sie kommen häufig vor.)

Tab. 5: Apostroph und Elision

	[+Elision]		[–Elision]
	fehlendes Material kann ergänzt werden	in diesen speziellen Fällen nicht	
Deutsch	wen'ge (wenige), rauscht' Ku'damm (Kurfürstendamm)	Carlos' (*Carlos's)	Peter's, auf's (≠auf das) (Scherer 2010:4)
Englisch	hasn't (has not), that's (that is), we're (we are), let's (let us)	fathers'	Peter's, father's, i's, 1990's, o'clock
Französisch	*p'tit dej'* (petit dejeuner)	l'ami (*le ami), qu'il (*que il)	aujourd'hui
Niederländisch	't (het) z'n (zijn)	d'r (haar)	auto's, Anna's, baby'tje

6.2 Das Merkmal [±Obligatorik]

Oben war angemerkt, dass ein französischer Text ohne Apostroph fast undenkbar ist, ein deutscher hingegen schon. Dies wird wesentlich erfasst durch die Obligatorik des Apostrophs (siehe Tab. 6).

Der Apostroph kann in vielen Schriftsystemen Kennzeichen eines informellen Schreibstils sein; er ist daher in vielen Fällen nicht obligatorisch. Es sind Abstufungen bzgl. der Textsorten zu erwarten. So sind – zum Beispiel im Englischen – viele Apostrophe zwar nicht obligatorisch, aber es dürfte einen großen Unterschied zwischen *let's* und *'cause* geben. Das zu operationalisieren wäre ein nächster Schritt.

Tab. 6: Apostroph und Obligatorik

	[+obligatorisch]	[–obligatorisch]
Deutsch	Carlos' Hund	Peter's, rauscht'
Englisch	dog's, dogs', women's, o'clock, i's, 1990's	you're, don't, let's
Niederländisch	Hans', 's morgens, oma's, auto's, baby'tje	z'n, 't
Französisch	l'arbre, l'homme, qu'il, j'aime, aujourd'hui	(p'tit dej')

6.3 Die Kombination Elision und Obligatorik

Durch die Kombination von Elision und Obligatorik wird die Besonderheit des Französischen deutlich:

Tab. 7: Kombination von Elision und Obligatorik beim Apostroph

	[+Elision] [+Obligat.]	[+Elision] [–Obligat.]	[–Elision] [+Obligat.]	[–Elision] [–Obligat.]
Deutsch	Carlos'	geht's, rauscht', wen'ge, 'n Abend, Ku'damm	auf's	Grimm'sche, Peter's
Englisch	dogs', teachers'	you're, don't, let's	o'clock, dog's, women's	
Niederländisch	Hans'	'k, m'n, kind'ren, A'dam	oma's, auto's, baby'tje, k's	
Französisch	l'arbre, j'aime, l'homme, qu'il, ...	(p'tit dej')	(aujourd'hui[6])	

---

6 Etymologisch sind die Apostrophe in *aujourd'hui* und *o'clock* Elisionsapostrophe (*au jour de hui*, *of the clock*). Es geht hier nicht unbedingt darum, diese Entscheidung genau zu treffen, sondern es geht erst einmal um die Entwicklung eines Beschreibungsformats.

Das Französische zeigt unterschiedliche Fälle von obligatorischer Elision. Außerdem erfasst man mit ‚obligatorischer Elision' die Fälle, in denen konkret eine Ergänzung gar nicht möglich ist; die Unterscheidung, die oben bei der Elision gemacht wurde. Die anderen Schriftsysteme zeigen diese obligatorische Elision in sehr wenigen Fällen, und zwar ausschließlich in Kombination mit <s> und hier noch deutlicher in Kombination mit der Funktion Genitiv. Im Folgenden wird daher <'s> in den drei Schriftsystemen thematisiert.

6.4 Apostroph, <s> und Genitiv im Deutschen, Englischen und Niederländischen

Alle drei Sprachen weisen sowohl ein Pluralsuffix <s> auf als auch eine Genitivendung <s>.

Tab. 8: <'s>-Schreibung

	Genitiv	Plural	Genitiv & Plural
Deutsch	Peters, Peter's – Carlos'	Autos, Kinos, Schmidts/ Bachs	
Englisch	Peter's, dog's – Charles's, princess's man's, mother's, doctor's	princesses, dogs, doctors	princesses', dogs', doctors' women's, men's
Niederländisch	Anna's – Peters Max', Boris'	auto's, oma's – tafels	

Sie sind sehr unterschiedlich verteilt: So ist der s-Plural im Deutschen relativ selten, der Genitiv im Niederländischen rudimentär. Sowohl im Deutschen als auch im Niederländischen wird der Genitiv lediglich im Singular gekennzeichnet. Im Deutschen ist der Apostroph des Typs *Carlos'* als Genitivkennzeichnung obligatorisch, wenn kein zusätzliches <s> aus lautlichen Gründen möglich ist. Möglich ist eine Schreibung wie *Andrea's*. Ob *Peter's* in der Amtlichen Regelung (Rat für deutsche Rechtschreibung (Hg.) 2018) jedoch erlaubt ist, ist umstritten;[7] es kommt

---

[7] In der Ergänzung zu § 97 heißt es „Von dem Apostroph als Auslassungszeichen zu unterscheiden ist der gelegentliche Gebrauch dieses Zeichens zur Verdeutlichung der Grundform eines Personennamens vor der Genitivendung -s oder vor dem Adjektivsuffix -sch: *Carlo's Taverne, Einstein'sche Relativitätstheorie.*" (Rat für deutsche Rechtschreibung (Hg.) 2018, S. 100).

vor, bleibt aber in jedem Fall fakultativ. Im Englischen hingegen scheint die Regularität einfach zu sein: Der Genitiv wird mit Apostroph gekennzeichnet; im Allgemeinen als <'s>. Wenn <s> nicht möglich ist, dann erfolgt eine Schreibung nur mit Apostroph. Im Niederländischen wird der Apostroph vor <s> gesetzt, wenn es sich um einen Mehrsilber handelt und davor ein Graphem steht, das mit einem Vollvokal korrespondiert – im Niederländischen wird diese Silbe graphematisch offengehalten; es ist ein Hinweis auf die Aussprache. Für das klitische <'s> ergeben sich damit drei verschiedene Interpretationen: Im Englischen ist es ein graphematisch eindeutiges Suffix für den Genitiv, im Deutschen ist es eine freie Variante für den Genitiv, im Niederländischen ist es ein kontextuelles Allomorph sowohl für den Plural als auch für den Genitiv. Zusätzlich ist <'s> an einer syntaktischen Grenze möglich; so wird im Englischen auch *let's, that's* usw. häufig genutzt, im Deutschen *gibt's, nimmt's* usw.

6.5 Das Merkmal [±Grenze] und die Art der Grenze

Bunčić (2004, S. 198) weist darauf hin, dass bereits die ersten Elisionsregeln im Deutschen und Englischen abhängig von der Wortgrenze formuliert werden. Der Apostroph wird also vermutlich schon immer auch als Grenzanzeiger verwendet. Nach Bunčić (2004, S. 199 f.) ist die Annahme, dass der Apostroph primär Elision zeigte, primär der Tatsache geschuldet, dass diese Funktion in der Poesie genutzt wurde. Heute findet sich diese Funktion eher in der weniger formalen Sprache. Im Folgenden werden Beispiele gegeben, ob der Apostroph an einer morphologischen oder syntaktischen Grenze steht oder nicht. Wenn er an einer Grenze steht, wird weiterhin klassifiziert, ob der Apostroph der alleinige Grenzanzeiger ist. Wenn er an keiner Grenze steht, wird der Fall beschrieben für das Englische, dass er sogar die Anzeige einer anderen Grenze (Wortgrenze) verhindert (siehe Tab. 9).

In dem Feld [–Grenze] stehen Apostrophe, die ausschließlich Elisionsapostrophe sind. Für das Englische ist hier der Sonderfall angenommen, in dem die Setzung eines Apostrophs mit einem Verlust einer Wortgrenze (einem Leerzeichen) an einer anderen Stelle zusammenhängt, die vokallose Schreibung <n't> wird zu einer klitischen. Entsprechend kann die Unterscheidung in der Spalte [+Grenze] gedeutet werden: Als alleiniger Anzeiger einer Grenze gilt es, wenn der Apostroph nicht selbst mit Leerzeichen operiert und nicht selbst das Morphem ist (wie in *Carlos', teachers'*).[8]

---

[8] Etwas anders gehen sowohl Bredel (2008, S. 102 ff.) als auch Buchmann (2015, S. 313) vor; Buchmann geht von einem ‚Stammformapostroph' aus, das links und rechts von Buchstaben

Tab. 9: Apostroph an Grenzen

	[+Grenze]		[−Grenze]
	Apostroph ist nicht die alleinige Grenze		insgesamt weniger Grenzen mit Apostroph
Deutsch	Peter's, Carlos'	's (ist schade)	wen'ge
Englisch	Peter's, father's, fathers', we're, let's, that's		hasn't, don't, shouldn't
Französisch	qu'il, l'ami		
Niederländisch	camera's, Anna's	't, 's (avonds)	(z'n, m'n)

Im Folgenden kann dann noch die Art der Grenze unterschieden werden, nämlich nach Morphem- und Wortgrenze bzw. nach morphologischer und syntaktischer Grenze:

Tab. 10: Die Art der Grenze beim Apostroph

	Morphologische Grenze	Syntaktische Grenze
Deutsch	Peter's, Ku'damm	gibt's
Englisch	Peter's, father's, fathers', i's, 1990's	we're, let's, that's, o'clock
Niederländisch	camera's, Anna's	
Französisch		qu'il, l'ami, j'aime, m'appelle, c'est

Insgesamt kann man nun jeden einzelnen Apostroph nach den entsprechenden Merkmalen klassifizieren. Im Französischen gibt es dann eine Reihe von Apostrophen, die [+obligatorisch], [+Elision], [+Grenze], [+syntaktische Grenze] sind, im

---

umgeben ist; lediglich der Elisionsapostroph sei das nicht. Die Ansätze widersprechen sich nicht; im synchronen Sprachvergleich scheint dieses Vorgehen angemessener, da ‚Elision' und ‚Grenze' häufig gemeinsam zutreffen.

Englischen sind analoge Fälle im Allgemeinen [–obligatorisch]. Mit Nübling (2014) könnte außerdem eine Wortformschonungsfunktion eingeführt werden; sie nimmt das für Eigennamen, Fremdwörter und Akronyme an. In den hier genannten Standardfällen trifft das nur für das Deutsche zu; allerdings kennzeichnet das Deutsche in gewisser Weise auch seine Eigennamen graphematisch am schlechtesten. Denn nur das Deutsche hat nicht die Möglichkeit, Eigennamen exklusiv großzuschreiben (siehe Abschn. 5).

7 Der Bindestrich

Der Bindestrich kann im Deutschen als eine graphotaktische Teilmenge des Divis gelten (Bredel 2008; Buchmann 2015). Er operiert typischerweise zwischen Wörtern, links und rechts stehen also Buchstaben bzw. Ziffern oder Sonderzeichen. Der Divis in Nachbarschaft zu Leerzeichen ist der Ergänzungsstrich, in Verbindung mit einem Zeilenumbruch ist er ein Trennstrich (siehe auch Bredel 2008, S. 106 ff.; Buchmann 2015, S. 217 ff.). Der Bindestrich (ndl. koppelteken, engl. hyphen, frz. trait d'union) kann also in vielen Schriftsystemen als Verbindung für kompositaartige Strukturen gesehen werden. Daher zunächst einige kompositaartige Strukturen der vier genannten Sprachen.

Tab. 11: Kompositionsstrukturen im Vergleich

Deutsch	Niederländisch	Englisch	Französisch
Fensterglas	vensterglas	window glass	verre à vitres
Stuhlbein	stoelpoot	chair leg	pied de chaise
Baustelle	bouwplaats	construction side	chantier
Schokoladenkuchen	chocoladecake	chocolate cake	gâteau au chocolat
Käsekuchen	kaaskoek/kwarktaart	cheesecake	gâteau au fromage

Im Deutschen und Niederländischen werden Komposita zusammengeschrieben. Im Englischen zu einem kleinen Teil zusammen (siehe auch Berg 2012), zu einem größeren Teil getrennt. Im Französischen bestehen diese Strukturen typischerweise aus einem Substantiv und einer sie modifizierenden Präpositionalgruppe. Aus graphematischer Sicht interessant ist, dass erstens für das Deutsche und Niederländische Zusammenschreibung der unmarkierte Fall ist, für das Englische und Französische hingegen die Getrenntschreibung (Schreibung mit Leerzeichen), zweitens erscheinen in den unmarkierten kompositaartigen Strukturen keine Bindestriche.

Tab. 12: Der Bindestrich

Deutsch	ABM-Stelle, ein Add-on, Kick-off, Baden-Württemberg, rot-grün, Software-Entwicklung, See-Elefant, Mund-zu-Mund-Beatmung, S-Kurve, 30-jährig, Hoch-Zeit, Tee-Ernte, Drucker-Zeugnis, das An-den-Haaren-Herbeiziehen (Rat für deutsche Rechtschreibung (Hg.) 2018)
Englisch	air vice-marshall, class-warfare, to ice-skate, a break-in, thirty-one, cold-blooded, brown-eyed, well-established (facts), do-it-yourself (job), Russian-English (dictionary), U-turn, mother-in-law, great-uncle (Quirk et al. 1994, S. 1613 ff.), baby-sit, 9-year-old, drip-proof, de-ice, re-form
Französisch	arc-en-ciel, porte-bonheur, chou-fleur, après-midi, au-dessus, avant-hier, avez-vous, téléphone-moi, celle-ci, a-t-il, dis-le-moi, c'est-à-dire, bouche-à-bouche, extra-européen, bio-industrie (Berlion (Hg.) 2011, S. 121)
Niederländisch	auto-ongeluk, zo-even, mede-inzittende, dvd-speler, doe-het-zelfzaak, Frans-Duits samenwerking, ex-premier, Sint-Nicolaas, niet-roker, Zuid-Frankrijk, bijnadood-ervaring, dij-kramp, dijk-ramp, dat-ie (dat hij), heeft-ie (Genootshap Onze Taal (Hg.) 2016, S. 86)

In Tabelle 12 sind typische Bindestrichschreibung in den verschiedenen Schriftsystemen genannt. In Tabelle 13 werden diese beispielartig übersetzt, die jeweilige ‚Ausgangssprache' ist fettgesetzt.

Tab. 13: Bindestrichschreibungen im Vergleich

Deutsch	Niederländisch	Englisch	Französisch
a-Moll	a-mineur	a minor	la mineur (f-moll fa mineur)
A-Moll-Tonleiter	de toonladder van a-mineur	a minor scale	gamme de la mineur
X-Beine	x-benen	x-fracture	jambes en X
Nichtraucher	**niet-roker**	non-smoker (BE), nonsmoker (AE)	non-fumeur
Add-on, Kick-off, Give-away Make-up,	add-on make-up	**add-on give-away make-up**	outil complémentaire (Add-on) à donner maquillage, fond de teint

Deutsch	Niederländisch	Englisch	Französisch
Make-up-Flecken Add-on-Kosten	make-upvlekken add-on-tarief	**add-on costs** **give-away articles**	
Schwiegermutter	schoonmoeder	mother-in-law	la belle-mère
vorgestern	eergisteren	the day before yesterday	avant-hier
oben, darauf, darüber	daarop, daarboven	above, at the top, upstairs	au-dessus

Es zeigt sich bereits hier recht deutlich, dass Niederländisch und Deutsch sehr ähnlich sind; sie unterscheiden sich hier insbesondere bei den Fällen dt. *Make-up-Flecken* vs. nl. *make-upvlekken;* dt. *Add-on-Kosten* vs. nl. *add-on-tarief* in der letzten Verbindung: Deutsch mit und Niederländisch ohne Bindestrich. Im Englischen zeigt sich auch hier eine deutliche Tendenz zur Getrenntschreibung, ebenso im Französischen. *Mother-in-law* ist strukturell ähnlich zu *arc-en-ciel*, im Deutschen finden sich Präpositionalgruppen mit Bindestrich eher in Verbindung mit Verben *das Aus-der-Haut-Fahren*. Mit diesen Tabellen ist ein mögliches Vorgehen gezeigt, das zu weiteren Interpretationen anregen soll. Eine erste Interpretation ergibt sich aber schon, so unterschiedlich die Schriftsysteme sind.

Tab. 14: Bindestrich und Markiertheit

	Deutsch	Niederländisch	Englisch	Französisch
unmarkierte kompositaähnliche Strukturen	zusammen	zusammen	getrennt	getrennt
markierte kompositaähnliche Strukturen	Bindestrich	Bindestrich	Bindestrich	Bindestrich

Der Bindestrich hat auf einer abstrakten Ebene dann doch eine vergleichbare Funktion: Er zeigt die Markiertheit der Kompositionsstruktur an. Er wird gerade nicht bei jedem Kompositum gesetzt, sondern ausschließlich bei den markierten.

8 Fazit und Ausblick

Es wurden sechs Phänomene schriftsystemvergleichend vorgestellt. Diejenigen Phänomene, die sich auf einer oberflächlichen Ebene sehr ähnlich sehen (die Doppelkonsonanten und der Apostroph), wurden einer gründlicheren Beschreibung unterzogen. Man könnte aber auch pro Phänomen ein Schriftsystem besonders hervorheben: So kommen im Niederländischen die meisten Doppelvokale vor, im Deutschen die meisten Doppelkonsonanten und die meisten Großschreibungen und im Französischen die meisten Apostrophe und was sie im Schriftsystem jeweils bewirken. Es scheint sich zu zeigen, dass die Häufung von Doppelvokalen im Niederländischen den silbischen Prinzipien entsprechen, nach dem Langvokale in offenen Silben und Kurzvokale in geschlossenen Silben nicht extra gekennzeichnet werden, im jeweils umgekehrten Fall aber schon. Die relativ häufige Doppelvokalschreibung und die relativ weniger häufige (im Vergleich zum Deutschen) Doppelkonsonantenschreibung hängen also direkt miteinander zusammen. Die häufige Doppelkonsonantenschreibung im Deutschen beruht hingegen auf der Stammkonstanzschreibung im Deutschen – sie ist eine Folge davon. Die Stammkonstanzschreibung zeigt sich aber auch an anderen Phänomenen. In diesem Sinne wurde deutlich, dass von den Phänomenen aus die abstrakte Beschreibung erfolgen kann.

Alle hier ausgewählten Phänomene werden in den jeweiligen Schriftsystemen genutzt, aber kein einziges Schriftsystem verhält sich auch nur bezüglich eines Phänomens gleich wie ein anderes.

So zeigen sich eine Menge hochinteressanter Forschungsfragen, sowohl für die Einzelschriftsysteme als auch für die Entwicklung brauchbarer Beschreibungsparameter, zumal mit vier Schriftsystemen und sechs Phänomenen erst ein kleiner Entwurf gemacht wurde. Aber wie gesagt: Dieser Aufsatz versteht sich als ein erster Schritt für ein fruchtbar zu machendes neues kontrastives Forschungsthema in der Graphematik.

Literatur

Baayen, R. Harald/Piepenbrock, Richard/Gulikers, Leon (1995): The CELEX lexical database. CD-ROM. Nimwegen/Philadelphia: Linguistic Data Consortium.

Berg, Kristian/Fuhrhop, Nanna (2011): Komplexe Silbenkernschreibungen im Englischen im Vergleich mit dem Deutschen. In: Linguistische Berichte 228, S. 443–466.

Berg, Thomas (2012): The cohesiveness of English and German compounds. In: The Mental Lexicon 7, S. 1–33.

Berlion, Daniel (Hg.) (2011): Orthographe en poche. Paris: Hachette.

Bredel, Ursula (2008): Die Interpunktion des Deutschen. Ein kompositionelles System zur Online-Steuerung des Lesens. (= Linguistische Arbeiten 522). Tübingen: Niemeyer.

Buchmann, Franziska (2015): Die Wortzeichen im Deutschen. (= Germanistische Bibliothek 56). Heidelberg: Winter.

Bunčić, Daniel (2004): The apostrophe: a neglected and misunderstood reading aid. In: Written Language and Literacy 7, 2, S. 185–204.

Catach, Nina (2003): L'orthographe française. L'orthographe en leçons: un traité théorique et pratique. 3. Aufl. Paris: Armand Colin.

Conseil Supérieur de la Langue Française (Hg.) (1990): Les rectifications de l'orthographe. (= Journal officiel de la République Française/édition des documents administratifs 100). Paris: Direction des Journaux Officiels.

De Schryver, Johan/Neijt, Anneke (2005): Handboek spelling. Mecheln: Wolters Plantym.

Fuhrhop, Nanna (2018): Graphematik des Deutschen im europäischen Vergleich. In: Wöllstein, Angelika/Gallmann, Peter/Habermann, Mechthild/Krifka, Manfred (Hg.): Grammatiktheorie und Empirie in der germanistischen Linguistik. (= Germanistische Sprachwissenschaft um 2020 1). Berlin/Boston: De Gruyter, S. 587–616.

Gallmann, Peter (1989): Syngrapheme an und in Wortformen. Bindestrich und Apostroph im Deutschen. In: Eisenberg, Peter/Günther, Hartmut (Hg.): Schriftsystem und Orthographie. (= Germanistische Linguistik 97). Tübingen: Niemeyer, S. 85–110.

Genootshap Onze Taal (Hg.) (2016): Leestekens. Richtlijnen en tips voor interpunctie. Den Haag.

Klein, Wolf Peter (2002): Der Apostroph in der deutschen Gegenwartssprache. Logographische Gebrauchserweiterungen auf phonographischer Basis. In: Zeitschrift für germanistische Linguistik 30, 2, S. 169–197.

Neef, Martin (2005): Die Graphematik des Deutschen. (= Linguistische Arbeiten 500). Tübingen: Niemeyer.

New, Boris/Pallier Christophe/Ferrand, Ludovic/Matos, Rafael (2001): Une base de données lexicales du français contemporain sur internet: LEXIQUE. In: L'Année Psychologique 101, 3, S. 447–462. Internet: www.lexique.org (Stand: 3.6.2019/Daten vom 13.8.2013).

Nowak, Jessica/Nübling, Damaris (2017): Schwierige Lexeme und ihre Flexive im Konflikt: Hör- und sichtbare Wortschonungsstrategien In: Fuhrhop, Nanna/Szczepaniak, Renata/Schmidt, Karsten (Hg.): Sichtbare und hörbare Morphologie. (= Linguistische Arbeiten 565). Berlin/Boston: De Gruyter, S. 113–144.

Nübling, Damaris (2014): Sprachverfall? Sprachliche Evolution am Beispiel des diachronen Funktionszuwachses des Apostrophs im Deutschen. In: Plewnia, Albrecht/Witt, Andreas (Hg.): Sprachverfall? Dynamik – Wandel – Variation. (= Jahrbuch des Instituts für Deutsche Sprache 2013). Berlin/Boston: De Gruyter, S. 99–123.

Rat für deutsche Rechtschreibung (Hg.) (2018): Deutsche Rechtschreibung. Regeln und Wörterverzeichnis. Aktualisierte Fassung des amtlichen Regelwerks entsprechend den Empfehlungen des Rats für deutsche Rechtschreibung 2016. Mannheim: Rat für deutsche Rechtschreibung. Internet: www.rechtschreibrat.com/regeln-und-woerterverzeichnis/ (Stand: 23.7.2020).

Quirk, Randolph/Greenbaum, Sidney/Leech, Geoffrey/Svartvik, Jan (1994): A comprehensive grammar of the English language. 12. Aufl. New York: Longman.

Scherer, Carmen (2010): Das Deutsche und die dräuenden Apostrophe. Zur Verbreitung von „'s" im Gegenwartsdeutschen. In: Zeitschrift für germanistische Linguistik 38, S. 1–24.

Scherer, Carmen (2013): Kalb's Leber und Dienstag's Schnitzeltag. Zur Funktionalisierung des Apostrophs im Deutschen. In: Zeitschrift für Sprachwissenschaft 32, S. 75–112.

Lutz Gunkel (Mannheim)/Jutta M. Hartmann (Bielefeld)
Präpositionalobjektsätze im europäischen Vergleich

Abstract: In diesem Beitrag werden Präpositionalobjektsätze – also Sätze, die in der Funktion von präpositionalen Objekten stehen, – aus ausgewählten germanischen und romanischen Sprachen sprachvergleichend betrachtet. Dabei zeigen sich zwei verschiedene Strategien, die Verbindung von Präposition und Satz herzustellen: direkt, indem die Präposition einen Satz selegiert, und indirekt über die Anbindung mit einer komplexen Proform. Erstere Strategie sehen wir im Schwedischen (stellvertretend für die nordgermanischen Sprachen) und auch im Französischen und Italienischen (mit einer coverten Präposition). Im Niederländischen und Deutschen findet sich die zweite Strategie, bei der Sätze mithilfe eines Pronominaladverbs angebunden werden. Eine genauere Analyse dieser beiden germanischen Sprachen zeigt, dass im Deutschen Pronominaladverb und Satz eine Konstituente bilden können, während dies im Niederländischen nicht möglich ist. Alle analysierten Sprachen haben gemeinsam, dass das präpositionale Element (Präposition oder Pronominaladverb) abwesend sein kann oder muss. Dabei lässt sich anhand von Pronominalisierung, Topikalisierung und W-Extraktion zeigen, dass das P-Element syntaktisch präsent als leeres Element (covert) realisiert werden muss, da diese Sätze mit und ohne P-Element Eigenschaften der PO-Sätze haben und mit DO-Sätzen kontrastieren.

1 Einleitung

Präpositionalobjektsätze (PO-Sätze) sind propositionale Argumente von Verben, Substantiven oder Adjektiven, die syntaktisch als infinite oder finite sentenziale Konstituenten realisiert werden, und zwar bei Verben in der Funktion von Präpositionalobjekten, bei Substantiven und Adjektiven in der Funktion von präpositionalen Attributen. Relevant sind PO-Sätze in syntaktischer und typologischer Hinsicht insofern, als Präpositionen präferiert Ausdrücke mit nominalem Charakter, also typischerweise NPs selegieren (Hagège 2010, S. 58).[1]

---

[1] Dieser Beitrag entstand im Rahmen des Projekts GDE-V in der Abteilung Grammatik des Leibniz-Instituts für Deutsche Sprache (IDS) (www1.ids-mannheim.de/gra/projekte/gde-v.html) und

In (1) sind PO-Sätze aus germanischen und romanischen Sprachen anhand von Übersetzungsäquivalenten aus der Erzählung „Le Petit Prince" von Antoine de Saint-Exupéry angeführt.[2]

(1) a. Car le roi tenait essentiellement **à ce que** son autorité fût réspectée. FR
(LPP, Kap. 10, S. 48)
b. Perché il re teneva assolutamente **a che** la sua autorità fosse rispettata. IT
(IPP, Kap. 10)
c. Ty kungen höll strängt **på att** hans makt SV
denn König.DEF halt.PRT streng auf dass seine Macht
och myndighet respekterades.
und Autorität respektiert.PRT.PASS
(LP, S. 38)
d. Denn der König bestand grundsätzlich **darauf, dass** man seine Autorität achtete. DE
(LPP/DKP, Kap. 10)
e. Want de koning stond **erop dat** zijn autoriteit werd gerespecteerd. NL
(DKP/DKP, Kap. 10)

Im Französischen, Italienischen und Schwedischen wird der eingebettete Satz direkt von der Präposition eingeleitet.[3] Das Deutsche und Niederländische machen

---

fasst die Ergebnisse einer weitergehenden sprachvergleichenden Untersuchung zu dem Thema zusammen. Sprachen, die nicht im Fokus des Beitrags stehen, werden am Rande erwähnt, um die hier diskutierten Daten in ein umfassenderes Bild des Phänomenbereichs einzuordnen. – Wir bedanken uns bei Hagen Augustin, Annika Draudt, Melanie Drothler, Vanessa González Ribao, Jarich Hoekstra, Valéria Molnár, Hans Broekhuis, Anne Mucha, Anna Sjöberg, Anna Süs, Hélène Vinckel-Roisin für Hilfe bei der Zusammenstellung und Beurteilung der Daten. Spezieller Dank gebührt Hagen Augustin, Annika Draudt und Vanessa Gonzáles Ribao für Korpusrecherchen. Den Herausgeber/-innen, insbesondere Angelika Wöllstein, danken wir für hilfreiche Kommentare. – Für verbleibende Fehler sind allein die Autor/-innen verantwortlich.
2 Zu den Siglen vgl. Abschnitt 6. Die Abkürzungen der Sprachennamen richten sich nach ISO 639-1: Dänisch = DA, Deutsch = DE, Englisch = EN, Französisch = FR, (West-)Friesisch = FY, Isländisch = IS, Italienisch = IT, Katalanisch = CA, Niederländisch = NL, Norwegisch = NO, Portugiesisch = PT, Spanisch = SP, Schwedisch = SV. Die Glossierung ist selektiv und folgt den Leipziger Glossing Rules, vgl. www.eva.mpg.de/lingua/pdf/Glossing-Rules.pdf (Stand: 6.10.2020).
3 (1b) stellt einen markierten Fall dar, denn in finiten (assertiven) PO-Sätzen fällt im IT die Präposition weg. *A che*-Sätze wie (1b) sind eher selten, wirken stilistisch gehoben (Renzi/Salvi/Car-

dagegen von Pronominaladverbien Gebrauch. Pronominaladverbien, die zur Bildung von PO-Sätzen eingesetzt werden, nennen wir präpositionale Proformen (PPF). Um unterschiedslos auf Präpositionen und PPFs zugreifen zu können, sprechen wir von P-Elementen. Die mit dem P-Element verknüpfte sententiale Konstituente wird als CP kategorisiert und auch so bezeichnet.

Die syntaktische Beziehung zwischen einem P-Element und einer CP wird in Abschnitt 3 analysiert. Den Ausdruck PO-Satz verwenden wir prätheoretisch für alle Strukturen, in denen die (jeweilige) fragliche Beziehung zwischen PPF und CP besteht. Wichtig ist, dass die Redeweise von PO-Sätzen nicht präsupponiert, dass ein PO-Satz eine Konstituente ist. Ferner sprechen wir auch dann von PO-Sätzen, wenn das P-Element nicht realisiert wird. Wie PO-Sätze ohne P-Element zu analysieren sind, ist ebenso eine empirische Frage wie die der Konstituentenbildung (vgl. Abschn. 4).

Insgesamt beschränken wir den Untersuchungsbereich der PO-Sätze in dreierlei Hinsicht: Erstens betrachten wir ausschließlich **finite** PO-Sätze, die zweitens eine **assertive** CP (im Deutschen einen *dass*-Satz) enthalten und drittens selbst von einem **verbalen** Kopf selegiert werden. Als Vergleichssprachen nehmen wir ausgewählte germanische (DE, NL, SV) und romanische Sprachen (FR, IT) in den Blick.

Für eine sprachvergleichende Untersuchung stellt sich die generelle Frage, wie die einzelnen Sprachen in Bezug auf die morphosyntaktische Realisierung von PO-Sätzen variieren. In unserem Beitrag konzentrieren wir uns auf zwei zentrale Aspekte:
(i) Welche syntaktischen Strukturen sind für die PO-Sätze anzusetzen?
(ii) Gibt es strukturelle Unterschiede zwischen PO-Sätzen mit P-Element und solchen, in denen das P-Element optional oder obligatorisch wegfällt?

Der Aufsatz ist wie folgt aufgebaut: Abschnitt 2 gibt einen kurzen Überblick über die Realisierungsstrategien von PO-Sätzen in den Vergleichssprachen. In Abschnitt 3 diskutieren wir die Frage der Konstituentenbildung zwischen P-Element und CP. Dass PO-Sätze auch dann vorliegen, wenn das P-Element phonologisch abwesend ist, wird in Abschnitt 4 gezeigt. Abschnitt 5 fasst die Ergebnisse zusammen.

---

dinaletti (Hg.) 2001, S. 653) und bleiben daher im Folgenden unberücksichtigt. – Zum Status von FR *ce* vgl. Abschnitt 3.1.

2 Realisierungsstrategien

Sprachen verfügen über unterschiedliche Realisierungsstrategien von PO-Sätzen, je nachdem, ob die Anpassung an die Rektionsforderung der Präposition oder an die des Verbs erfolgt. Im ersten Fall wird das propositionale Argument in eine für Komplemente von Präpositionen kanonische Kategorie gebracht („nominale Einbettung'). Im zweiten Fall bleibt die Satzstruktur des propositionalen Arguments größtenteils erhalten, wobei ggf. Anpassungen in Bezug auf die Form der Präposition erfolgen („sententiale Einbettung'). Wir beschränken uns in diesem Beitrag auf sententiale Einbettungen. Nominale Einbettungen liegen in den Beispielen (2) und (3) vor. In (2) selegiert die Präposition ein Pronomen,[4] in (3) ein semantisch weitgehend leeres Substantiv wie DE *Tatsache* oder FR *fait*. Die CP fungiert jeweils als Attribut zu einem nominalen Kopf (Pronomen oder Substantiv).

(2) a. Whatever it is, Kitten so stubbornly insists on **it** that motorcycle gangs, London cops, and IRA killers all realize they can kill him but they can't change him. EN
(Ebert, Roger 2009, „Breakfast on Pluto", Roger Ebert's Movie Yearbook, S. 69, books.google.de, 25.8.2020)
b. insists on [NP it [CP that motorcycle gangs ...]]

(3) a. Es beruhte auf [NP der Tatsache, [CP dass ...]]. DE
b. Il était fondé sur [NP le fait [CP que ...]]. FR

Auch bei sententialer Einbettung lassen sich Fallunterscheidungen treffen: Die vom Matrixverb selegierte Präposition kann einmal direkt mit der CP kombiniert werden. Dieses Verfahren bezeichnen wir als direkte Anbindung. Von einer indirekten Anbindung sprechen wir dagegen, wenn die Beziehung zwischen Matrixverb und CP durch eine PPF vermittelt wird. Beide Verfahren liegen quer zu den genetisch unterschiedenen Gruppen der germanischen[5] und romanischen Sprachen und instanziieren einen strukturellen Unterschied zwischen den nordgermanischen[6] und den kontinentalwestgermanischen Sprachen (vgl. J. Hoekstra

---

[4] Dies ist die präferierte Strategie im Polnischen (vgl. Rytel-Schwarz et al. 2018, S. 236 f.) und in anderen slawischen Sprachen (zum Russischen vgl. Timberlake 2004, S. 361).
[5] Die PO-Sätze im EN verhalten sich heterogen und werfen Fragen auf, die wir in diesem Beitrag nicht diskutieren können. Vgl. hierzu Fischer (1997, S. 192–195, 198); Huddleston/Pullum (2002, S. 1019–1021); Gunkel/Hartmann (2020).
[6] Vgl. SV Teleman et al. (1999, S. 533); DA Hansen/Heltoft (2019, S. 1503); NO Faarlund et al. (1997, S. 988); IS Thráinsson (2007, S. 402).

2011, S. 66):[7] Letztere weisen dominant indirekte, erstere dagegen direkte Anbindung auf und verhalten sich damit analog zu den romanischen Sprachen.[8] Allerdings verfügen die nordgermanischen Sprachen – anders als die romanischen[9] – über ein größeres Inventar an Präpositionen zur Bildung von PO-Sätzen, das im Umfang etwa mit dem vergleichbar ist, das in den kontinentalwestgermanischen Sprachen zu Bildung von Pronominaladverbien herangezogen wird.

2.1 Direkte Anbindung

Ein klares Beispiel für direkte Anbindung ist das Schwedische, stellvertretend für die nordgermanischen Sprachen. (4) zeigt ein Beispiel mit der Präposition *över* („über") und der Subjunktion *att* („dass").

(4) Gregor väste   i   ilska **över att**   ingen   hade   SV
     Gregor zischte   in   Wut   über dass   niemand hatte
     stängt   dörren,   för   att bespara   honom
     geschlossen Tür.DEF   um   zu   ersparen ihm
     åsynen   av   allt detta och dess   buller.
     Anblick.DEF von all   dem   und dessen Lärm
     (Förvandlingen, Kap. III)

Die Möglichkeit der direkten Anbindung besteht auch für das Niederländische. Diese ist aber hier auf faktive Verben beschränkt,[10] optional und gilt als markiert (5), vgl. Haslinger 2007, S. 154–162).

(5) Zij   heeft geklaagd **over dat**   het   weer   zo   slecht   was.   NL
     sie   hat   geklagt   über dass   das   Wetter so   schlecht war
     ‚Sie hat sich darüber beklagt, dass das Wetter so schlecht war.'
     (nach Haslinger 2007, S. 162)

---

7 Vgl. DE Breindl (1989, 2013); IDS-Grammatik (1997, S. 1475–1490); NL Haslinger (2007); Broekhuis/Corver (2015, S. 293–295, 725–728; 2019, 1391–1392); FY J. Hoekstra (2006, 2011); E. Hoekstra (2019).
8 Vgl. SP/PT/FR/IT Delicado Cantero (2013, S. 122–156, 178–183, 220–231, 251–268); SP Bosque/Demonte (Hg.) (2000, S. 2022–2054); PT Gärtner (1998, S. 401 f.), Mateus et al. (2006, S. 614–616); CA Wheeler/Yates/Dols (2006, Kap. 32.4.2, 32.5); FR Zaring (1992), Authier/Ried (2010), Riegel/Pellat/Rioul (2018, S. 825–826); IT Renzi/Salvi/Cardinaletti (Hg.) (2001, S. 647 f.), Serianni (2016, S. 554–558).
9 Zum Inventar in den romanischen Sprachen vgl. Fußnote 8.
10 Analoges gilt für FY, vgl. T. Hoekstra (2019).

Auch das Französische lässt sich der direkten Anbindung zuordnen, wie im Folgenden gezeigt wird, auch wenn bei der Bildung finiter PO-Sätze zwischen Präposition (à, de) und CP (que-Satz) immer die Form ce auftritt (6a).

(6) a. [...] en revanche les mâchoires étaient fort robustes ; en   FR
se servant d'elles, il parvenait effectivement à faire bouger la clé, sans se soucier **de ce qu**'il était manifestement en train de se faire mal [...]
(Metámorphose, Kap. I)
b. [...] aber dafür waren die Kiefer freilich sehr stark; mit   DE
ihrer Hilfe brachte er auch wirklich den Schlüssel in Bewegung und achtete nicht **darauf, daß** er sich zweifellos irgendeinen Schaden zufügte [...]
(Verwandlung, Kap. I)

Ce ist als Demonstrativum eine Kurz- oder Schwundform von *ça* oder *cela* und hat sich auch in PO-Sätzen diachron aus diesen Wörtern bzw. ihren historischen Vorläufern entwickelt (Rouquier 1990). Für die Abfolgen aus Präposition (P), *ce* und *que* kommen die Strukturierungen in (7) in Frage.

(7) (i)   P [ce [que ...]]
    (ii) P [ce+que ...]
    (iii) [P+ce] [que ...]
    (iv) [P+ce+que]

Nach (i) wäre *ce* eine syntaktisch autonome Einheit. Eine Kategorisierung als Demonstrativum, das den pronominalen Kopf einer Attributionsstruktur bildet (vgl. Judge/Healey 1989, S. 369), kommt jedoch nicht Frage. *Ce* ist in diesen Fällen nicht referenziell, da es sich z. B. phorisch nicht auf einen PO-Satz beziehen kann (6). So müsste etwa in Beispielen wie (8) *cela* anstelle von *ce* verwendet werden (*Oui, je m'habitue à cela.*).

(8)   T'habitues-tu à ce qu'elle dorme pendant la journée?   FR
    – *Oui, je m'habitue à **ce**.
    ‚Hast du dich daran gewöhnt, dass sie tagsüber schläft?'
    (nach Zaring, 1992, S. 56)

Darüber hinaus findet sich *ce* nur bei finiten PO-Sätzen, nicht jedoch bei finiten DO-Sätzen, was erwartbar wäre, wenn es sich um ein Demonstrativum handelte (9).

(9) Je regrette (*ce) qu'il ne nous ait pas dit la vérité. FR
,Ich bedauere, dass er uns nicht die Wahrheit gesagt hat.'
(nach Zaring 1992, S. 57)

Alternativ wird *ce* als sententiales Determinativ betrachtet (Zaring 1992). Auch nach dieser Analyse wäre *ce* eine eigenständige syntaktische Einheit. Betrachten wir nun Verben, bei denen die Präposition vor einer finiten CP wegfallen kann (z. B. *informer*, (10)) oder muss (z. B. *se souvenir*, (11)).[11]

(10) J'ai informé Pierre (**de ce**) que ma décision est prise. FR
,Ich habe Pierre (darüber) informiert, dass meine Entscheidung getroffen ist.'
(nach Riegel/Pellat/Rioul 2018, S. 826)

(11) Je me souviens (***de ce***) que Marc est parti assez tôt.
,Ich erinnere mich, dass Marc früh genug gegangen ist.'
(nach Zaring 1992, S. 59)

Wie die Beispiele zeigen, fällt *ce* immer zusammen mit der Präposition weg, was durch die o.g. Analyse unerklärt bleibt: Als sententiales Determinativ stünde seinem Auftreten ohne selegierende Präposition nichts im Wege. Damit scheidet (i) aus, aber ebenso eine Analyse wie in (ii) (vgl. Bouchard/Hirschbühler 1987, S. 50 f.), die sich an der Struktur freier Relativsätze orientiert, denn *ce* kann in PO-Sätzen nie ohne Präposition auftreten. Umgekehrt spricht die gegenseitige Bindung von *ce* an P für (iii): *à+ce* und *de+ce* sind demnach komplexe Präpositionen, die auf die Verbindung mit finiten Sätzen ausgerichtet sind. Bei (iv) hingegen (vgl. Authier/Ried 2010) wäre P+*ce*+*que* jeweils eine komplexe Subjunktion, die mit einfachem *que* alternieren würde. In Abschnitt 4 zeigen wir, dass die Präposition auch dann syntaktisch präsent sein muss, wenn sie phonologisch nicht realisiert ist (vgl. (37)). Dem kann durch (iv) nicht Rechnung getragen werden, denn hier existiert keine Präposition als autonomes syntaktisches Element: Erscheint phonologisch nur *que* (anstelle von P+*ce*+*que*), kann auch covert keine zusätzliche Präposition angesetzt werden. Wir nehmen daher an, dass (iii) die Struktur des linken Randes französischer PO-Sätze repräsentiert, bei denen sententiale Einbettung mit direkter Anbindung durch eine komplexe Präposition vorliegt.

---

11 *Informer* und *se souvenir* sind Verben, die obligatorisch die Präposition *de* selegieren, wenn sie sich mit einer NP oder einer infiniten VP/CP verbinden.

Das Italienische stellt insofern einen Extremfall dar, als sich alle Verben, die die Präposition *di* selegieren, wie das FR *se souvenier* verhalten, wenn sie mit einer CP kombinieren: Die Präposition fällt bei allen Verben obligatorisch weg (zu den Ausnahmen bei IT *a* vgl. Fußnote 3).[12] Ein Beispiel ist in (12) mit dem reflexiven Verb *meravigliarsi* (‚sich wundern') gegeben.

(12) Mi   meraviglio   **che/*di che** tu sia   così   IT
      mich   wunder.1SG   dass/DI dass   du sein.2SG.SBJV so
      abbattuto.
      niedergeschlagen
      ‚Ich wundere mich darüber, dass du so niedergeschlagen bist.'
      (nach Renzi/Salvi/Cardinaletti (Hg.) 2001, S. 637)[13]

Analog zu FR *se souvenir* ist bei IT *meraglivigliarsi* (*di*) die Präposition obligatorisch, wenn das Verb das Denotat einer NP oder einer infiniten VP/CP als semantisches Argument nimmt. Dass die Präposition auch in finiten Strukturen wie (12) syntaktisch präsent, aber covert ist, wird in Abschnitt 4 gezeigt. Daher sind auch die italienischen PO-Sätze ein Fall von direkter Anbindung.[14]

Die nordgermanischen Sprachen unterscheiden sich im Übrigen von den romanischen u. a. darin, dass sie *preposition stranding* zulassen, stilistisch stark präferieren oder – wie im Schwedischen bei Relativsätzen, die durch die Relativpartikel *som* (REL.ADV) eingeleitet werden – syntaktisch erzwingen (13). Wir kommen darauf in Abschnitt 3 zurück.

(13) a. flickan   **som**   jag pratade **med**   SV
          Mädchen.DEF REL.ADV ich sprach   mit
      b. la fille **à que** je parlais   FR

---

12 Ähnlich CA, wo P weitgehend dispräferiert ist. Allerdings tritt das Muster P+CP bei verschiedenen Ps durchaus auf, vgl. dazu Fußnote 8.

13 Der Zusatz „nach" kennzeichnet, dass Glossierungen und/oder Übersetzungen geändert oder ergänzt wurden. Änderungen am Beispiel sind formaler Art und dienen zur Hervorhebung des in Frage stehenden Phänomens.

14 Dass im IT P vor CP wegfällt, im FR zwischen P und CP ein *ce* gesetzt werden muss, sollte nicht zu der Annahme verleiten, dass die direkte Verbindung von P und CP in den romanischen Sprachen nicht möglich ist. Im SP, PT ist das Muster (P) + CP unproblematisch. Vgl. dazu Fußnote 8.

2.2 Indirekte Anbindung

Präpositionale Proformen (PPF) setzen sich aus einer Form eines nicht-proximalen deiktischen Adverbs (DE *da(r)*, NL *er*) und einer Präposition zusammen. Historisch enden diese Wörter auf /r/ (wie EN *there*), weshalb sie in der Literatur seit van Riemsdijk (1978, S. 36–45) auch R-Pronomina genannt werden. Im Deutschen ist auslautendes /r/ vor konsonantisch anlautenden Präpositionen weggefallen. Das Niederländische besitzt mit den R-Pronomina *daar* und *er* zwei Reihen von Pronominaladverbien (J. Hoekstra 2006, S. 214), wobei nur mit der phonologisch schwachen (und nicht-akzentuierbaren) Form *er* PPFs gebildet werden können. Beispiele sind in (14) und (15) aufgeführt.

(14) Und tatsächlich wundern sich viele Erklärer der Schrift   DE
 darüber, daß der Türhüter jene Andeutung überhaupt gemacht hat [...]
 (Proceß, Im Dom)

(15) En   inderdaad   verbazen veel   tekstgeleerden   zich **erover**   NL
 und   in der Tat   wundern viele   Textgelehrte   sich darüber
 dat   de poortwachter die suggestie   daadwerkelijk gewekt
 dass der Torwächter   jene Suggestion tatsächlich   geweckt
 heeft [...]
 hat
 (Proces, In de dom)

Im Niederländischen kann oder muss die PPF zudem in bestimmten syntaktischen Kontexten ‚aufgespalten' werden (16). Auf diese strukturelle Möglichkeit sowie auf potenziell analoge Fälle im konzeptuell mündlichen Sprachgebrauch des Deutschen sowie in dessen dialektalen Varianten gehen wir nicht weiter ein, weil sie für unsere weitere Argumentation keine Rolle spielen.[15]

(16) Ik heb   **er** gisteren   een boek   **voor**   gekocht.   NL
 ich habe   ER gestern   ein Buch   für   gekauft

---

[15] Zu den Bedingungen für Aufspaltung im NL vgl. Broekhuis (2013, Kap. 5); zu Aufspaltung in dialektalen Varietäten des DE Fleischer (2002).

3 Konstituentenstruktur

3.1 Französisch, Italienisch, Schwedisch

Kommen wir zur Frage des Konstituentenstatus von PO-Sätzen. Bei direkter Anbindung folgt die CP direkt auf die Präposition, so dass eine Kategorisierung der PO-Sätze als PPs nahe liegt. Dies lässt sich durch diagnostische Tests wie Pronominalisierung und Dislokation rechtfertigen. In (17) liegt Rechtsversetzung (*right dislocation*) eines *que*-Satzes vor; dass es sich um einen DO-Satz handelt, zeigt sich an den entsprechenden kataphorischen Pronomina im Matrixsatz (klitisches *le*, demonstratives *cela*). (18a) und (18b) zeigt die Rechtsversetzung von *à*-PO- bzw. *de*-PO-Sätzen. In den jeweiligen Matrixsätzen sind sie durch die klitischen Pronominaladverbien *en* und *y* oder PPs (*de/à*+Demonstrativum) kataphorisiert.

(17) Je **le** sais enfin/Je sais enfin **cela**, que François vous aime.   FR
 ,Ich weiß es endlich, dass F. Sie liebt.'
 (nach Riegel/Pellat/Rioul 2018, S. 724)

(18) a. Elle **y** tient/Elle tient **à cela, à ce** que Pierre vienne.
   ,Sie will es, dass Pierre kommt.'
   (nach Riegel/Pellat/Rioul 2018, S. 724)
  b. Jean m'**en** a convaincu/Jean m'a convaincu **de cela, de ce** qu'il était malade.
   ,Jean hat mich davon überzeugt/Jean hat mich überzeugt davon, dass er krank war.'

Analog sind die PO-Sätze im Italienischen zu beschreiben, die aber nie overte Präpositionen aufweisen (vgl. 2.1, (12)). (19) zeigt, dass der *che*-Satz linksversetzt auftreten kann und damit Konstituentenstatus hat. Zusätzlich wird er durch *ne* – dem Pronominaladverb für *di*-PPs – pronominalisiert, was ihn als PO-Satz ausweist.

(19) [Che questa sia la soluzione migliore] **ne** dubito.   IT
   dass diese sein.SBJV die Lösung beste NE zweifel.1P.SG
 ,Dass diese die beste Lösung ist, daran zweifele ich.'
 (nach Mollica 2010, S. 322)

Was das Schwedische – exemplarisch für die nordgermanischen Sprachen – betrifft, so ist zu beachten (vgl. 2.1, (13)), dass nur die CP des PO-Satzes topikalisiert werden kann, da die Präposition postverbal zurückgelassen werden muss (20).

(20) a. Jag hade en känsla **av** [CP att han visste något]. SV
ich hatte ein Gefühl von dass er wusste etwas
‚Ich hatte das Gefühl, dass er etwas wusste.'
b. [CP Att han visste något] hade jag en känsla **av** redan då.
dass er wusste etwas hatte ich ein Gefühl von schon damals
‚Ich hatte schon damals das Gefühl, dass er etwas wusste.'
(nach Teleman et al. 1999, S. 533)

Der PP-Status der P+*att*-Sätze kann dennoch unter Rekurs auf Pronominalisierungs- (21) und Rechtsversetzungsdaten (22) begründet werden.

(21) a. Man bad oss [PP **om** [CP att vi skulle fortsätta]].
man bat uns um dass wir sollten fortfahren
‚Man bat uns darum, dass wir fortfahren sollten.'
b. Man bad oss [PP **om** detta].
man bat uns um das
‚Man bat uns darum.'
(nach Teleman et al. 1999, S. 533)

(22) Detta metodiska slöande kunde inte ha något
diese methodische Trägheit konnte nicht haben etwas
gott med sig, och han litade dunkelt **på** detta,
gut mit sich, und er vertraute dunkel auf das
[PP **på** [CP att man med halvslutna ögon skulle
auf dass man mit halbgeschlossenen Auge.PL würde
se vissa saker tydligare]],
sehen gewisse Ding.PL deutlicher
[PP **på** [CP att somnen sköljer ens hjärnhinnor]].
auf dass Schlaf.DEF spült ein.GEN Hirnhaut.PL
‚Diese methodische Trägheit konnte nichts Gutes mit sich bringen, und er vertraute vage darauf, dass man mit halbgeschlossenen Augen bestimmte Dinge klarer sehen würde, darauf, dass der Schlaf die Hirnhäute spült.'
(Hoppa, Kap. 40)

Für die Sprachen mit direkter Anbindung ergeben sich damit die Konstituentenstrukturen in (23) und (24): Der PO-Satz ist eine PP, in der die Präposition eine CP als Komplement nimmt und mit dieser eine Konstituente bildet. Dies ist unabhängig davon, ob die Präposition overt ist (23) oder nicht (24). Die Annahme einer coverten Präposition in (24) begründen wir in Abschnitt 4.

(23) Französisch, Schwedisch

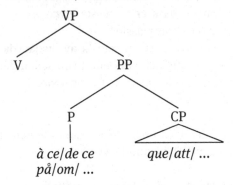

(24) Italienisch, Französisch, Schwedisch

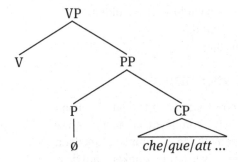

3.2 Deutsch, Niederländisch

Im Niederländischen sind PPFs grundsätzlich nicht akzentuierbar (25). Das Deutsche verfügt dagegen über zwei Inventare von PPFs: Die PPFs in (26) können akzentuiert sein oder nicht, der Satzakzent fällt bei Akzentuierung auf den deiktischen Bestandteil (*da*). Bei den PPFs in (27) handelt es sich um Reduktionsformen von PPFs in (26), deren präpositionaler Teil vokalisch anlautet. Wir nehmen an, dass es sich hier um eigenständige Lexikoneinträge handelt, da die Formen auch als Verbpartikeln auftreten können. In diesen Fällen sind sie akzentuierbar (*DRAUFhauen, DRANbleiben*). Fungieren sie dagegen als PPFs, können sie keinen nicht-kontrastiven Satzakzent tragen. Die in (25ii) und (26ii) angeführten ‚Nullformen' stehen für die coverten PPFs.

(25) PPFs im Niederländischen (nicht-akzentuierbar)
 (i) eraan, erbij, erdoor, ermee, ernaar, ernaast, erom, erop, erover, eruit, ervan, ervoor
 (ii) zero: ∅

(26) PPFs im Deutschen (akzentuierbar)
 dabei, dadurch, dafür, dagegen, damit, danach, daran, darauf, daraus, darin, darüber, darum, darunter, davon, davor, dazu

(27) PPFs im Deutschen (nicht-akzentuierbar)
 (i) dran, drauf, draus, drin, drüber, drum, drunter[16]
 (ii) zero: ∅

Die Akzentuierung[17] der PPF spielt für die Konstituentenbildung eine zentrale Rolle (so bereits Breindl 1989). Trägt die PPF einen Satzakzent, können direkte Abfolgen von PPF und CP im Vorfeld, Mittelfeld oder Nachfeld auftreten und damit eine Konstituente bilden (28). Ist die PPF nicht akzentuiert, ist die Besetzung des Vorfelds und Mittelfelds ausgeschlossen, die des Nachfelds zumindest stark markiert (29). Wir schließen daraus, dass PPF und CP bei Nicht-Akzentuierung keine Konstituente bilden.

(28) a. [DArüber, dass Maria kommt], freut sich Hans schon Tage lang.
 b. weil Hans sich [DArüber, dass Maria kommt], freut
 c. Hans hat sich gefreut [DArüber, dass Maria kommt].

(29) a. *Drüber, dass Maria kommt, freut sich Hans seit Tagen.
 b. *weil Hans sich drüber, dass Maria kommt, freut
 c. ??Hans hat sich gefreut drüber, dass Maria kommt.

Analog gilt nun für das Niederländische, dass Abfolgen von PPF und CP im Vor- und Nachfeld nicht möglich sind. (30) zeigt ein Beispiel mit Vorfeldstellung. Zu beachten ist, dass die Mittelfeldstellung sentenzialer Konstituenten im Niederländischen generell kaum akzeptabel oder ungrammatisch ist (Broekhuis/Corver 2015, S. 726).

---

[16] Als PPFs finden sich die Reduktionsformen im DE vorwiegend – aber keineswegs immer – und lexemabhängig in unterschiedlichem Maße im konzeptuell mündlichen Sprachgebrauch.
[17] Dabei muss es sich nicht um einen Kontrastakzent handeln. Akzenttragende Silben sind durch Majuskeln gekennzeichnet.

(30) *Erover dat het weer zo slecht was NL
darüber dass das Wetter so schlecht war
heeft ze constant lopen klagen.
hat sie ständig laufen klagen.
intendiert: ‚Sie hat ständig darüber geklagt, dass das Wetter so schlecht war.'
(nach Haslinger 2007, S. 160)

Um diesem Unterschied Rechnung zu tragen, nehmen wir an, dass wir es hier mit zwei unterschiedlichen Konstituentenstrukturen zu tun haben, die in (31) vs. (32) illustriert sind (siehe auch Gunkel/Hartmann 2020 für weitere Details).

(31) a. Konstituentenstruktur bei akzentuierten PPFs (DE)

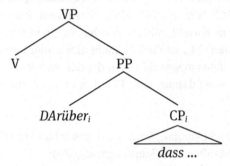

b. Konstituentenstruktur bei akzentuierten PPFs im Mittelfeld (DE)

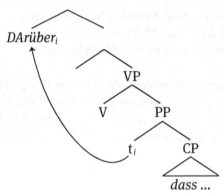

(32) Konstituentenstruktur bei nicht-akzentuierten PPFs (DE, NL)

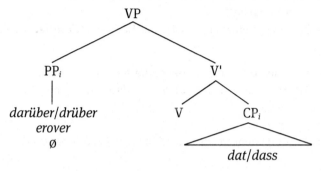

(31b) trägt dem Umstand Rechnung, dass die akzentuierte PPF im Deutschen auch im Mittelfeld und sogar im Vorfeld stehen kann (33).

(33) a. weil Hans **DArüber** seine Freunde informiert hat, dass Maria kommt
 b. **DArüber** hat Hans sein Freunde informiert, dass Maria kommt

Die nicht-akzentuierte PPF kann dagegen nicht im Vorfeld stehen und steht auch im Mittelfeld tendenziell adjazent zum finiten Verb, was insbesondere durch das Stellungsverhalten der Reduktionsformen deutlich wird.

(34) a. weil Hans (**DArüber**) rechtzeitig seine Freunde (**DArüber**) informiert hat, dass Maria kommt
 b- weil Hans (***drüber**) rechtzeitig seine Freunde (**drüber**) informiert hat, dass Maria kommt

Das Stellungsverhalten der nicht-akzentuierten PPF rückt diese in die Nähe von Verbpartikeln. Dazu passt, dass nicht-akzentuierte (mehrsilbige) PPFs gerade das Wortakzentmuster von Verbpartikeln (*daRÜber, daRAN* etc.) aufweisen, indem sie auf dem präpositionalen Bestandteil betont sind (vgl. Breindl 1989).

Ein Vorteil der Annahme der Konstituentenstrukturen (31) und (32) ist, dass es keine mögliche Strukturzuschreibung für die Topikalisierung eines ‚PO-Satzes' (PPF+CP) mit nicht-akzentuierbarer PPF gibt und somit die ungrammatischen Sätze in (29) und (30) ausgeschlossen werden können. Die Topikalisierung der CP über die PPF hinweg, die ebenfalls in beiden Sprachen ungrammatisch ist (vgl. (35), (36); Breindl 1989, S. 181, 206; Haider 1995, S. 263; Müller 1995, S. 233; IDS-Grammatik 1997, S. 1478), deuten wir als Resultat eines *strong-cross-over*-Effekts (vgl. Lasnik/Funakoshi 2017), wonach es nicht möglich ist, eine Konstituente (die CP) über eine koindizierte Konstituente (PPF) hinweg zu bewegen.

(35) a. Hans hat sich **darüber$_i$/drüber$_i$/0$_i$** gefreut, [CP dass   DE
Maria gewonnen hat]$_i$.
b. *[CP Dass Maria gewonnen hat]$_i$, hat Hans sich **darüber$_i$/drüber$_i$/0$_i$** gefreut.

(36) a. Jan klaagde **er** weer **over** [CP dat Marie hem   NL
J. klagte ER wieder über dass M. ihn
steeds plaagt].
stets ärgert.
b. *[CP Dat Marie hem steeds plaagt] klaagde Jan **er** weer over.

4 Abwesenheit von P-Elementen

In diesem Abschnitt wenden wir uns der Analyse der Fälle zu, in denen das P-Element wegfallen kann oder muss. Dieses Phänomen wurde bereits mehrfach angesprochen und in den Konstituentenstrukturen (24) und (32) berücksichtigt. Es wird anhand verschiedener Testverfahren gezeigt, dass das P-Element zwar phonologisch unrealisiert ist, aber syntaktisch präsent sein muss.

4.1 Pronominalisierung

Den Pronominalisierungstest beschränken wir auf das Französische und Italienische, weil er uns für diese beiden Sprachen, insbesondere das Italienische, am aussagekräftigsten erscheint.[18] Bereits in 3.1 hatten wir festgestellt, dass PO-Sätze auch dann durch Pronominaladverbien (FR *y/en* für *à/de*-PPs, IT *ne* für *di*-PPs) aufgenommen werden **müssen**, wenn das P-Element abwesend ist (für FR vgl. (17), (18)). Italienische POs, die für *a*-PPs stehen, werden durch *vi* oder *ci* pronominalisiert. Finite *di*-POs (19), die immer, und finite *a*-POs (37a), die in der Regel ohne Präposition stehen, können auf diese Weise von DO-Sätzen abgegrenzt werden, die mit *lo* pronominalisiert werden (37b).

---

[18] Im DE und NL müssen PO-Sätze ohne overtes P-Element durch das entsprechende Pronominaladverb pronominalisiert werden. Im SV wird im gleichen Fall eine PP mit der jeweiligen Präposition eingesetzt (vgl. (21)).

(37) a. **Che** anche la Cdu voglia la pace non   IT
       dass auch die CDU will den Frieden nicht
       ci credo
       CI glaub.1PS
       (nach Mollica 2010, S. 306)
   b. **Che** il Parlamento difficilmente avrebbe approvato
      das das Parlament schwierig hätte verabschiedet
      la legge, **lo** sapevano tutti.
      das Gesetz es wussten alle
      ‚Dass das Parlament das Gesetz kaum verabschiedet hätte, wussten alle.'
      (nach Maiden/Robustelli 2013, S. 359)

Diese Pronominalisierungsmuster blieben unerklärt, wenn das P-Element nicht Teil der Selektionsbedingungen des Verbs wäre. PO-Sätze ohne P-Element unterscheiden sich in dieser Hinsicht eindeutig von DO-Sätzen.

4.2 Topikalisierung

Wie oben gezeigt (vgl. (32b), (33b)), können PO-Sätze im Deutschen und Niederländischen nicht topikalisiert werden. Bei DO-Sätzen ist das hingegen möglich, vgl. (38), (39). Dies nehmen wir ebenfalls als Test, um zu zeigen, dass sich PO-Sätze auch bei Abwesenheit des P-Elementes wie PO-Sätze und nicht wie DO-Sätze verhalten. Bei PO-Sätzen ist Topikalisierung auch dann nicht möglich, wenn das Pronominaladverb weggelassen wird, vgl. (40), (41).

(38) a. Hans weiß, [CP dass Maria krank ist].   DE
     b. [CP Dass Maria krank ist], weiß Hans.

(39) a. Jan heeft gisteren gezegd [CP dat Marie ziek is].   NL
       ‚Jan hat gestern gesagt, dass Maria krank ist.'
     b. [CP Dat Marie ziek is] heeft Jan gisteren gezegd.
       ‚Dass Maria krank ist, hat Jan gestern gesagt.'
       (nach Broekhuis/Corver 2015, S. 661)

(40) a. Hans hat sich gefreut, [CP dass Maria kommt].   DE
     b. *[CP Dass Maria kommt], hat Hans sich gefreut.

(41) ??[CP Dat Marie hem steeds plaagt] klaagde Jan.   NL
     dass M. ihn immer ärgert klagte Jan
     (nach Broekhuis/Corver 2015, S. 727)

Auch im Schwedischen erlauben einige Verben die Weglassung der Präposition, allerdings nur dann, wenn der Satz in der Basisposition, i. e. postverbal steht (42a). In diesen Fällen ist Topikalisierung des Satzes ausgeschlossen, vgl. Boškovic (1995, S. 49) und Teleman et al. (1999, S. 533). Die Präposition muss overt sein, damit Topikalisierung möglich ist (42b). Dies deuten wir als Indiz dafür, dass sie auch dann syntaktisch präsent ist, wenn der *att*-Satz in der Basisposition steht.

(42) a. Han insisterar (**på**) [CP att jag ska komma].
 er besteht auf dass ich werde kommen
 ‚Er besteht darauf, dass ich komme.'
 b. [CP Att jag ska komma] insisterar han *(**på**).

4.3 W-Extraktion

W-Extraktion ist ein weiteres Kriterium, das hauptsächlich in der theoretischen Literatur zur Unterscheidung von DO- vs. PO-Sätzen herangezogen wird. Lange Extraktion ist in der Regel nur aus DO-Sätzen (wenn überhaupt) möglich. Sollte lange W-Extraktion aus PO-Sätzen ohne P-Element möglich sein, wäre dies ein starkes Argument gegen eine Analyse mit einem leeren PO-Kopf und für eine alternative Analyse als DO-Satz.

Diesen Test haben wir mit den deutschen PO-Sätzen durchgeführt. Zunächst ist festzustellen, dass lange Extraktion im Deutschen markiert ist, jedoch für eine Gruppe von Sprecher/-innen dennoch möglich (siehe u. a. die empirischen Arbeiten von Kiziak 2010):

(43) a. Welchen Anwalt hat der Richter angerufen?
 b. %?Welchen Anwalt glaubt sie, dass der Richter angerufen hat?
 (Kiziak 2010, S. 55; Akzeptabilitätsurteil auf der Basis der Ergebnisse ergänzt)

Um den Test anzuwenden, gilt es also, Sprecher/-innen zu befragen, die lange Extraktion wie in (43) zulassen, und bei diesen Sprecher/-innen den Unterschied zwischen W-Extraktion aus PO-Sätzen mit und ohne P-Element zu messen. Da die Einschätzungen bei langen Extraktionen insgesamt trotzdem markiert und auch subtil sein können, haben wir dies im Rahmen einer Thermometerstudie (siehe Gunkel/Hartmann 2020) erhoben. Dazu wurden anhand von Sätzen wie in (44) die Probanden in zwei Gruppen aufgeteilt, in diejenigen, die in ihrer Bewertung dieser beiden Sätzen nur einen geringen Unterschied zeigten (Gruppe 1) und somit lange Extraktion akzeptieren, und die anderen (Gruppe 2).

(44) a. Er denkt, dass der Bischof den Priester ermahnt hat.
b. Welchen Priester denkt er, dass der Bischof ermahnt hat?

Vergleicht man, welche Bewertungen in den unterschiedlichen Gruppen für die PO-Sätze in (45) angegeben wurden (siehe Tab. 1), zeigt sich deutlich, dass beide Gruppen Extraktion aus PO-Sätzen mit und ohne P-Element ähnlich schlecht beurteilen.[19]

(45) 1 Wir haben uns darüber gefreut, dass die Kinder das Pony streicheln dürfen.
2 Wir haben uns gefreut, dass die Kinder das Pony streicheln dürfen.
3 Welches Pony haben wir uns darüber gefreut, dass die Kinder streicheln dürfen?
4 Welches Pony haben wir uns gefreut, dass die Kinder streicheln dürfen?

Tab. 1: Normalisierte Akzeptabilitätsurteile (z-score) pro Gruppe und Bedingung

	Gruppe 1 (n=10)		Gruppe 2 (n=65)	
	Basis	Extraktion	Basis	Extraktion
Mit Proform	0.60	−0.67	0.78	−1.16
Ohne Proform	0.40	−0.89	0.43	−1.08

Wir schließen aus diesen Daten, dass sich PO-Sätze im Hinblick auf Extraktion von DO-Sätzen unterscheiden. Das stützt unsere Analyse, dass das Pronominaladverb auch dann syntaktisch präsent ist, wenn es phonologisch nicht realisiert wird.

Ähnliche Daten finden sich in der Literatur auch zum Niederländischen, wo lange Extraktion unabhängig von der phonologischen Realisierung des Pronominaladverbs ebenfalls ungrammatisch ist (46).

---

19 Es gibt andere signifikante Unterschiede zwischen den Gruppen, die aber für diese Diskussion nicht relevant sind.

(46) a. Jan klaagt (**erover**) [CP dat Marie zijn NL
J. klagt darüber dass M. seine
aantekeningen weg gegooid heeft].
Aufzeichnungen weg geworfen hat
‚Jan klagt darüber, dass Marie seine Aufzeichnungen weggeworfen hat'
b. *Wat$_i$ klaagt Jan (**erover**) [CP dat Marie t$_i$ weg
was klagt J. (darüber) dass M. weg
gegooid heeft]?
geworfen hat
(nach Broekhuis/Corver 2019, S. 1391)

Diese Daten sollten in der Zukunft ebenfalls experimentell überprüft werden – nach demselben Schema, wie wir es bereits fürs Deutsche gemacht haben. Dieses Schema kann auch auf andere Sprachen übertragen werden, in denen lange Extraktion (eingeschränkt) möglich ist, um PO-Sätze ohne P-Element mit DO-Sätzen zu vergleichen.

5 Zusammenfassung

Die hier betrachteten germanischen (DE, NL, SV) und romanischen (FR, IT) Sprachen folgen zwei übereinzelsprachlich aufweisbaren Strategien für die Bildung von PO-Sätzen: Die die Proposition bezeichnende CP wird direkt von einer Präposition eingebettet, die ihrerseits vom Matrixverb selegiert wird. Oder sie wird indirekt an das Matrixverb mithilfe einer präpositionalen Proform (PPF) gebunden. Im zweiten Fall lassen sich zwei unterschiedliche Konstituententstrukturen unterscheiden: (i) Die PPF fungiert als Kopf, der die CP als Attribut anbindet und mit dieser eine Konstituente bildet; oder (ii) die PPF fungiert als resumptives Pronomen (traditionell: Korrelat) und steht zu der CP in einer phorischen Beziehung. Zudem treten in allen Vergleichssprachen Fälle auf, in denen das P-Element (P oder PPF) optional oder obligatorisch weggelassen wird. Hier haben wir auf der Basis von Daten zur Pronominalisierung, Topikalisierung und W-Extraktion gezeigt, dass diese Sätze in beiden Fällen als PO-Sätze mit phonologisch unrealisiertem P-Element zu analysieren sind.

Die Verteilung der syntaktischen Optionen verläuft z. T. entlang sprachgenetisch etablierter Grenzen, z. T. aber auch quer zu diesen: Die nordgermanischen Sprachen folgen ebenso wie die hier betrachteten beiden romanischen Sprachen der Strategie der direkten Anbindung. Die beiden kontinentalwestgermanischen Sprachen unterscheiden sich wiederum darin, dass das Niederländische im Gegensatz zum Deutschen keine Konstituentenbildung zwischen PPF und CP erlaubt. Anders als für das Deutsche hat aber das Niederländische bei faktiven Verben die Option, P und CP direkt zu verbinden, und damit das Anbindungsmuster der nordgermanischen Sprachen zu realisieren.

Quellen

DKP/DKP = de Saint-Exupéry, Antoine (2016): Der kleine Prinz – De kleine Prins. Deutsche und Niederländische Textversion parallel. Kentauron.com [E-Book].
Förvandlingen = Kafka, Franz (2017): Förvandlingen. Stockholm: Kilbard/Books on Demand [E-Book].
Hoppa = Cortázar, Julio (2013): Hoppa hage. Stockholm: Modernista [E-Book].
IPP = de Saint-Exupéry, Antoine (2017): Il piccolo principe. Florenz/Mailand: Bompiani/Giunti [E-Book].
LP = de Saint-Exupéry, Antoine (2015): Lille prinsen. Stockholm: Rabén & Sjörgen.
LPP = de Saint-Exupéry, Antoine (2007): Le petit prince. Paris: Gallimard.
LPP/DKP = de Saint-Exupéry, Antoine (2016) Le petit prince – Der kleine Prinz. Französische und deutsche Textversion parallel. Kentauron.com [E-Book].
Métamorphose = Kafka, Franz (2016): La métamorphose. Pulsio [E-Book].
Proces = Kafka, Franz (2014): Het proces. Amsterdam: Athenaeum–Polak & Van Gennep [E-Book].
Proceß = Kafka, Franz (2010): Der Proceß. Frankfurt a. M.: Fischer E-Books.
Verwandlung = Kafka, Franz (2010): Die Verwandlung. Frankfurt a. M.: Fischer E-Books.

Literatur

Authier, J.-Marc/Reed, Lisa A. (2010): Clausal complementation and the status of French à/de ce que. In: Lingua 120, S. 2193–2210.
Boškovic, Željko (1995): Case properties of clauses and the greed principle. In: Studia Linguistica 49, S. 32–53.
Bosque, Ignacio/Demonte, Violeta (Hg.) (2000): Gramática descriptiva de la lengua española. Bd. 2. Madrid: Espasa.
Bouchard, Denis/Hirschbühler, Paul (1987): French Quoi and its clitic allomorph QUE. In: Neidle, Carol/Nuñez Cedeño, Rafael A. (Hg.): Studies in Romance languages. (= Publications in Language Sciences 25). Dordrecht/Providence: Foris, S. 39–60.
Breindl, Eva (1989): Präpositionalobjekte und Präpositionalobjektsätze im Deutschen. (= Linguistische Arbeiten 220). Tübingen: Niemeyer.
Breindl, Eva (2013): Präpositionalobjektsätze. In: Meibauer, Jörg/Steinbach, Markus/Altmann, Hans (Hg.): Satztypen im Deutschen. Berlin/New York: De Gruyter, S. 458–481.
Broekhuis, Hans (2013): Syntax of Dutch. Adpositions and adposition phrases. Amsterdam: Amsterdam University Press.

Broekhuis, Hans/Corver, Norbert (2015): Syntax of Dutch. Verbs and verb phrases. Bd. 2. Amsterdam: Amsterdam University Press.
Broekhuis, Hans/Corver, Norbert (2019): Syntax of Dutch. Verbs and verb phrases. Bd. 3. Amsterdam: Amsterdam University Press.
Delicado Cantero, Manuel (2013): Prepositional clauses in Spanish. A diachronic and comparative syntactic study. (= Studies in Language Change 12). Berlin/New York: De Gruyter Mouton.
Faarlund, Jan Terje/Svein Lie/Vannebo, Kjell Ivar (1997): Norsk referansegrammatikk. Oslo: Universitetsforlaget.
Fischer, Klaus (1997): German-English verb valency. A contrastive analysis. (= Tübinger Beiträge zur Linguistik 422). Tübingen: Narr.
Fleischer, Jürg (2002): Die Syntax von Pronominaladverbien in den Dialekten des Deutschen. Eine Untersuchung zu Preposition Stranding und verwandten Phänomenen. Stuttgart: Steiner.
Gärtner, Eberhard (1998): Grammatik der portugiesischen Sprache. Tübingen: Niemeyer.
Gunkel, Lutz/Hartmann, Jutta M. (2020): Remarks on prepositional object clauses in Germanic. In: Nordlyd 44, 1, S. 69–91.
Hagège, Claude (2010): Adpositions. Oxford: Oxford University Press.
Haider, Hubert (1995): Downright down to the right. In: Lutz, Uli/Pafel, Jürgen (Hg.): On extraction and extraposition in German. (= Linguistik Aktuell 11). Amsterdam/Philadelphia: Benjamins, S. 245–271.
Hansen, Erik/Heltoft, Lars (2019): Grammatik over det Danske Sprog. Sætningen og dens konstruktion. Bd. 3. Kopenhagen: Syddansk Universitetsforlag.
Haslinger, Irene (2007): The syntactic location of events. Aspects of verbal complementation in Dutch. Utrecht: LOT.
Hoekstra, Eric (2019): Selected preposition + finite clause. Internet: https://taalportaal.org/taalportaal/topic/pid/topic-13998813351671264 (Stand: 1.1.2020).
Hoekstra, Jarich (2006): Rezension von: Fleischer, Jürg (2002): Die Syntax der Pronominaladverbien in den Dialekten des Deutschen. In: Journal of Comparative Germanic Linguistics 9, 3, S. 209–215.
Hoekstra, Jarich (2011): Rapider Sprachwechsel und syntaktische Trägheit im nordfriesisch-niederdeutsch-dänischen Sprachkontakt. In: Elmentaler, Michael/Hoinkes, Ulrich (Hg.): Gute Sprache, schlechte Sprache. Frankfurt a. M.: Lang, S. 63–76.
Huddleston, Rodney D./Pullum, Geoffrey K. (2002): The Cambridge grammar of the English language. Cambridge/New York: Cambridge University Press.
IDS-Grammatik (1997) = Zifonun, Gisela/Hoffmann, Ludger/Strecker, Bruno (1997): Grammatik der deutschen Sprache. 3 Bde. (= Schriften des Instituts für Deutsche Sprache 7). Berlin/New York: De Gruyter.
Judge, Anne/Healey, Frank George (1989): A reference grammar of Modern French. London/Melbourne/Baltimore: Arnold.
Kiziak, Tanja (2010): Extractions asymmetries. Experimental evidence from German (= Linguistik Aktuell 163). Amsterdam/Philadelphia: Benjamins.
Lasnik, Howard/Funakoshi, Kenshi (2017): Condition C violations and strong crossover. In: Everaert, Martin/van Riemsdijk, Henk C. (Hg.): The Wiley Blackwell companion to syntax. 2. Aufl. Hoboken/Oxford: Wiley, S. 1–27.
Maiden, Martin/Robustelli, Cecilia (2013): A reference grammar of Modern Italian. 2. Aufl. Abingdon/New York: Routledge.

Mateus, Maria Helena Mira/Demonte, Violeta/Frota, Sónia (Hg.) (2006): Gramática da língua Portuguesa. 7. Aufl. Lissabon: Caminho.
Müller, Gereon (1995): On extraposition & successive cyclicity. In: Lutz, Uli/Pafel, Jürgen (Hg.): On extraction and extraposition in German. (= Linguistik Aktuell 11). Amsterdam/Philadelphia: Benjamins, S. 213-243.
Mollica, Fabio (2010): Korrelate im Deutschen und im Italienischen. (= Deutsche Sprachwissenschaft international 9). Frankfurt a. M./Berlin/Bern: Lang.
Renzi, Lorenzo/Salvi, Giampaolo/Cardinaletti, Anna (Hg.) (2001): Grande grammatica italiana di consultazione. Bd. 2. Bologna: Il Mulino.
Riegel, Martin/Pellat, Jean-Christophe/Rioul, Réne (2018): Grammaire méthodique du français. 7. Aufl. Paris: Presses Universitaires de France.
van Riemsdijk, Henk C. (1978): A case study in syntactic markedness. The binding nature of prepositional phrases. (= Studies in Generative Grammar 4). Lisse: Ridder.
Rouquier, Magali (1990): Le terme 'ce que' regissant une complétive en ancient français. In: Revue Romane 25, S. 47-72.
Rowlett, Paul (2007): The syntax of French. Cambridge: Cambridge University Press.
Rytel-Schwarz, Danuta/Jurasz, Alina/Cirko, Lesław/Engel, Ulrich (2018): Deutsch-polnische kontrastive Grammatik. 2. Bd.: Der Satz. 2., neu bearb. u. ergänzte Aufl. Hildesheim/Zürich/New York: Olms.
Serianni, Luca (2016): Grammatica italiana. Roma: Utet Università.
Teleman, Ulf/Hellberg, Staffan/Andersson, Erik (1999): Svenska Akademiens grammatik. Norstedts ordbok. Satser och meninger. Bd. 4. Stockholm: Norstedt.
Thráinsson, Höskuldur (2007): The syntax of Icelandic. Cambridge/New York/Melbourne: Cambridge University Press.
Timberlake, Alan (2004): A reference grammar of Russian. Cambridge/New York/Melbourne: Cambridge University Press.
Wheeler, Max W./Yates, Alan/Dols, Nicolau (2006): Catalan. A comprehensive grammar. Abington/New York: Routledge.
Zaring, Laurie (1992): French *ce* as a clausal determiner. In: Probus 4, S. 53-80.

Thomas Stolz/Nataliya Levkovych (Bremen)
Über die Diffusion von /y/ in Europa und wie viel Verantwortung das Deutsche dafür trägt

Abstract: Anhand der geografischen Distribution des hohen vorderen gerundeten Vokalphonems /y/ in Europa wird das Projekt des *Phonologischen Atlas Europas* (*Phon@Europe*) vorgestellt. Der Schwerpunkt der Diskussion liegt auf Fällen der möglichen bzw. strittigen Diffusion von /y/ durch Sprachkontakt. Dabei gilt die Aufmerksamkeit auch der Rolle, die das Deutsche bei der Verbreitung von /y/ in Europa gespielt haben könnte. Es werden Vergleiche zu ähnlich gelagerten Fällen in anderen Teilen des Kontinents gezogen. Die Möglichkeit der kontaktunabhängigen Entstehung von /y/ wird ebenfalls in Betracht gezogen. Abschließend werden die Befunde kontaktlinguistisch und areallinguistisch ausgewertet und das Deutsche in der phonologischen Landschaft Europas situiert.

1 Einleitung

1.1 Wo eigentlich kein /y/ hingehört

In Europa, das hier gemäß EUROTYP (König/Haspelmath 1999, S. 111 f.) in weiter Auslegung bis zum Ural reicht und Anatolien sowie den Transkaukasus mit umfasst, finden sich mehrfach Belege dafür, dass ein Phonem /y/ in Sprachen (= Dokulekten) vorkommt, die aus genealogischer Sicht keine phonematischen hohen vorderen gerundeten Vokale besitzen sollten. Dieses Phänomen illustrieren die baskischen Beispiele (1)–(2).[1]

(1) Baskisch (Batúa = Standard) [LPP Baskisch, S. 15]
    Eta   *halaxe*   **ezagutu**   **nuen,**   *bada,*
    und   so:EMPH   **kenn:PTZP**   AUX.TR.1SG.PRÄT   dann
    printze   *txikia.*
    Prinz   klein:SPEZ

---

[1] Die inhaltlich identischen Sätze stammen aus den Übersetzungen von *Le Petit Prince* in das Standardbaskische (1) und in die souletinische Regionalvarietät (2).

(2) Baskisch (Souletinisch = Regionalvarietät) [LPP Souletinisch, S. 15]
Eta   holaxe   **nüan**   printze
und   SO:EMPH   **AUX.TR.1SG.PRÄT** Prinz
ttipia **ezagütü**
klein:SPEZ **kenn:PTZP**
„Und auf diese Weise **habe ich** (dann) den Kleinen Prinzen **kennengelernt**."

Bis auf *bada* ‚dann' bilden alle sonstigen Standard- und Dialektwörter Kognatenpaare, die mit wenigen Ausnahmen auch segmental miteinander übereinstimmen. Die für diesen Beitrag einzig interessante Ausnahme betrifft den baskischen standardsprachlichen hohen hinteren Vokal /u/ (= <u>), dem im Souletinischen stets ein hoher vorderer gerundeter Vokal /y/ (= <ü>) entspricht. Ein /y/ besitzen ausschließlich die baskischen Varietäten nördlich der spanisch-französischen Grenze (= Iparralde), besonders aber die unter der Bezeichnung Zuberoa bekannte souletinische Varietät, wo /y/ vollen Phonemstatus hat und mit /u/ eine Opposition bildet. In der Batúa und den auf spanischem Territorium gesprochenen Varietäten (= Hegoalde) ist das Phonem /y/ unbekannt (Hualde/Ortiz de Urbina 2003, S. 16–19).

Diese Verteilung ist nicht zufällig, sondern reflektiert die unterschiedliche Kontaktgeschichte der nördlichen und südlichen Varietäten des Baskischen. In Hegoalde hat es Langzeitkontakte mit dominanten iberoromanischen Sprachen gegeben, die kein /y/ kennen. In Iparralde hingegen gehören die Kontaktpartner zum galloromanischen Zweig, dessen Mitglieder durchweg /y/ als Phonem aufweisen. Haase (1992, S. 29–31) nimmt an, dass sich das /y/ im Souletinischen durch massive lexikalische Entlehnungen aus dem Gaskognischen (wie Gaskognisch *sus tot* > Souletinisch *süstut* ‚vor allem', beides = /sys tut/) etablieren und danach auch über den ererbten baskischen Wortschatz verbreiten konnte (wie Souletinisch *egün* ‚Tag' = Batúa *egun*). Belegt ist das /y/ in Zuberoa bereits seit dem 17. Jahrhundert (Lafon 1962, S. 83). Wie alle okzitanischen Varietäten besitzt auch das Gaskognische ein /y/ (Romieu/Bianchi 2005, S. 75 f.), dessen Entstehung sprachgeschichtlich im 10.–11. Jahrhundert anzusetzen ist (Rohlfs 1968, S. 54).

Das souletinische /y/ ist also durch Sprachkontakt zu erklären, bei dem ein Phonem in einer geografischen Nachbarschaftsbeziehung über die Sprachgrenze diffundiert. Dass es sich bei den phonologischen Effekten der gaskognisch-souletinischen Kontaktbeziehungen keineswegs um einen isolierten Einzelfall handelt, tritt erst deutlich zu Tage, wenn man die Arealphonologie Europas mikroskopisch betrachtet. Diese Aufgabe stellt sich unsere Studie für einen kleinen Ausschnitt aus der reichhaltigen Phänomenologie.

1.2 Hintergründiges und Organisatorisches

Es gibt zahlreiche Stimmen, die Europa in phonologischer Hinsicht für die Areallinguistik als unergiebig betrachten (Haarmann 1976; Ternes 1998, 2010; König/ Haspelmath 1999; Haspelmath 2001), wohl hauptsächlich weil sich weder (nicht triviale) paneuropäische Isoglossen noch Alleinstellungsmerkmale für den Kontinent im weltweiten Vergleich identifizieren lassen. Seit 2006 wird aufgrund von zwischenzeitlich gewonnenen Erkenntnissen, die den obigen Hypothesen widersprechen, in der Bremer Linguistik daran gearbeitet, erstmalig die empirischen Daten und Gegebenheiten in der segmentalen Phonologie europäischer Sprachen vollständig und im Detail sowohl zu erfassen als auch areallinguistisch und typologisch auszuwerten. In mehreren Vorstudien (zuletzt zusammenfassend Stolz/Levkovych 2017) konnte dabei bereits deutlich gezeigt werden, dass die Verteilung von bestimmten Lautklassen im Raum einer Logik folgt, bei der Nachbarschaft wichtiger als Verwandtschaft zu sein scheint. Die Evidenz hierfür ist so stark, dass das Bremische Forschungsvorhaben *Phonological Atlas of Europe* (*Phon@Europe*) ins Leben gerufen wurde, auf das der momentan in Abfassung befindliche Band über Lehnphoneme (Stolz/Levkovych i. Ersch.) Appetit machen soll. Unsere Studie ist eng mit einem Kapitel in diesem Band verknüpft. Mit ihr wird gezeigt, dass sich genügend Beispiele für genealogisch Unerwartetes in der Phonologie verschiedener europäischer Sprachen beibringen lassen und zwar anhand von (zum Teil nur vermeintlichen) Parallelen zum oben genannten baskischen Fall.

Die Zielstellung auch dieser Studie ist primär areallinguistischer Natur, d. h. wir wollen die von EUROTYP hinterlassene phonologische Wissenslücke hinsichtlich der strukturellen Divergenz und Konvergenz europäischer Sprachen füllen. Es ist nicht beabsichtigt, genuin phonologische Theorien zu bestätigen oder zu widerlegen. Vielmehr ordnen wir uns dem Ansatz der phonologischen Typologie zu, der den traditionellen strukturalistischen Phonembegriff voraussetzt (Gordon 2016, S. 43–82). Unsere weiteren phonologischen Begrifflichkeiten orientieren sich an Ladefoged/Maddieson (1996). Für den speziellen Fall der Lehnphoneme richten wir uns nach Maddieson (1986) und Grossman et al. (2019). In areallinguistischer Hinsicht verfolgen wir nicht das Ziel, die Existenz von bestimmten Sprachbünden (Campbell 2017) und ähnlich problematischen Kategorien nach- oder zurückzuweisen. Vielmehr besteht mit Bechert (1981) die wichtigste Aufgabe darin, mit kartografischen Mitteln unvoreingenommen darzustellen und nachvollziehbar zu machen, was genau phonologisch in Europa der Fall ist. Ob man die Ergebnisse nachträglich im Sinne der *Predictive Areality Theory* (Bickel 2017, S. 44) ausdeuten kann (oder besser: sollte), ist eine Frage, die bereits weit außerhalb unseres eigenen Forschungshorizonts liegt. Dieser Beitrag zeigt am Beispiel der

Distribution von /y/ in Europa, wie spannend die Erforschung der europäischen Arealphonologie tatsächlich sein kann.

Wir strukturieren unsere Studie wie folgt. Abschnitt 2 informiert in mehreren Unterkapiteln über die crosslinguistische und europäische Verteilung von /y/ im Raum und über Sprachfamilien. Das Deutsche als Quelle von entlehntem /y/ in zwei europäischen Sprachen wird in 3 besprochen. Anders gelagerte Fälle von /y/ bei Nachbarn des Deutschen, die des Sprachkontakts verdächtig sind, sind Thema von 4. Parallelen in anderen europäischen Sprachkontaktsituationen ziehen wir in 5. Abschnitt 6 präsentiert die Schlussfolgerungen.

2 Wissenswertes über /y/ im Allgemeinen

2.1 Globale Vogelperspektive

Der hohe vordere gerundete Vokal /y/ – einschließlich langer Quantität /y:/ und Absenkung /ʏ/ – tritt weltweit nur in einer Minderheit von Sprachen als Phonem auf. Von den 317 Sprachen in Maddieson (1984, S. 248 f.) haben ihn nur 24 Sprachen (~ 8%); keiner der Belege wird als Entlehnungsfall klassifiziert. Genau die Hälfte der /y/-Sprachen befindet sich auf europäischem Boden. Sie gehören zu drei großen Sprachfamilien: Indoeuropäisch, Uralisch und Turksprachen. Der Eindruck, dass wir es mit einem minoritären und zudem stark europäisch geprägten Phänomen zu tun haben, wird durch Maddiesons (2005) Kapitel über vordere gerundete Vokale im *World Atlas of Language Structures* (*WALS*) noch deutlich verstärkt. Unter den 561 untersuchten Sprachen sind nur 31 (~ 6%) mit /y/ ausgestattet. Maddieson vermeldet diesmal nur 13 /y/-Sprachen (darunter jetzt auch zwei daghestanische Sprachen) ggü. 26 /y/-losen Sprachen in Europa. Nur vier der /y/-Sprachen werden südlich des Äquators verortet. Europa bildet mit Nordasien das Zentrum der /y/-Sprachen.

2.2 Europas Zahlenverhältnisse

Wegen der Grobmaschigkeit von Maddiesons Samples (1984, 2005) lässt sich die Rolle, die /y/ in Europa spielt, jedoch nicht exakt nachzeichnen. Baskisch ist beispielsweise bei Maddieson immer als /y/-lose Sprache verzeichnet, was ja gemäß (1)–(2) oben nicht auf alle Varietäten im baskischen Diasystem zutrifft. Die ausschließliche Berücksichtigung von Standardsprachen ist nur eingeschränkt aussagekräftig, wenn man die europäische Phonologie areallinguistisch auswerten will. Aber selbst auf überwiegend standardsprachlicher Basis ist bereits wiederholt gezeigt worden, u. a. von Eliasson (2000), Stolz (2006), Ewels (2009, S. 46) und Blevins (2017, S. 105–107), dass die Verteilung von vorderen gerundeten Vokalen areallinguistisch hochinteressante Isoglossen ergibt, die benachbarte Sprachen verschiedener genealogischer Zugehörigkeit umschließen. Inspiriert durch Bisangs (2004) Plädoyer für einen integrativen Ansatz, der Typologie und Dialektologie miteinander vereint, haben wir für *Phon@Europe* das Sample unter Berücksichtigung zahlreicher Nicht-Standardvarietäten auf 210 Mitglieder erweitert, um eine möglichst hohe sprachgeographische Dichte zu erreichen und die Erfassung von Mikrovariation zu ermöglichen.

In diesem Sample mit Nicht-Standardvarietäten verbuchen wir 88 Sprachen mit vorderen gerundeten Vokalen gegenüber 122 Sprachen ohne diese phonologische Klasse. Überall dort, wo in Europa gerundete Vokale auftreten, ist auch stets /y/ dabei, während /ø/ durchaus fehlen kann. D. h. dass knapp 42% der Samplesprachen /y/ aufweisen. Dieser Anteil ist fünf- bis siebenmal größer als der von Maddiesons globalen Samples (1984, 2005), die sowohl Standard- als auch Nicht-Standardvarietäten umfassen. Gleichzeitig ist die absolute Zahl von europäischen /y/-Sprachen bei *Phon@Europe* fast dreimal größer als die höchste weltweit von Maddieson ermittelte Anzahl. Diese Diskrepanz spricht eindeutig dafür, dass Europa für /y/ besonders fruchtbaren Boden für die Erforschung von Mikrovariation bietet.

Schon bei Maddieson (1984, 2005) ist zu erkennen, dass bestimmte Sprachfamilien für die /y/-Sprachen besondere Wichtigkeit besitzen. Abbildung 1 zeigt für das *Phon@Europe*-Sample, dass deutlich mehr als die Hälfte (14 von 23) aller uralischen Sprachen zu den /y/-Sprachen gehören, bei den Turksprachen haben die /y/-Sprachen mit 14 von 15 sogar einen Anteil von 93%. Die mongolische Sprachfamilie ist nur durch das Kalmückische im Sample vertreten; deshalb sind die verzeichneten 100% nicht aussagekräftig. Die adyghisch-abchasische Sprachfamilie besteht als einzige nur aus /y/-losen Sprachen. Von 124 indoeuropäischen Sprachen haben 44 /y/.

Wie aus Abbildung 2 ersichtlich wird, deckt die indoeuropäische Sprachfamilie zwar genau 50% aller /y/-Sprachen ab; jedoch ist dieser Anteil sichtbar niedriger als der, den dieselbe Sprachfamilie am Gesamtsample hat. Bei den uralischen Sprachen und den Turksprachen ist es genau umgekehrt, d. h. dass ihr Anteil an den /y/-Sprachen höher liegt als ihr Anteil am Gesamtsample. Die nakh-daghestanische Sprachfamilie kommt in beiden Fällen jeweils auf 14%. Die fünf übrigen genealogisch definierten Kategorien ergeben laut Abbildung 2 keine für unseren Diskussionszusammenhang relevanten Werte.

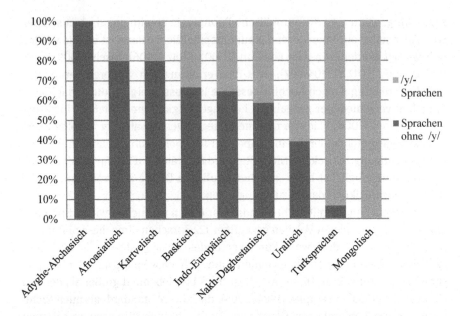

Abb. 1: Anteil der /y/-Sprachen an den im *Phon@Europe*-Sample vertretenen Sprachfamilien

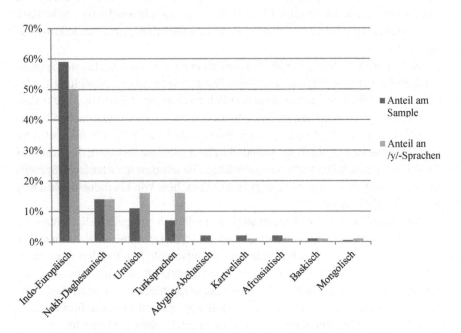

Abb. 2: Anteile der Sprachfamilien am Sample im Vergleich zu ihrem Anteil an den /y/-Sprachen

Wir schließen aus den ermittelten Frequenzen und Anteilen, dass /y/ in der indoeuropäischen Sprachfamilie ungeachtet der hohen Fallzahlen weniger allgemein etabliert ist als in der uralischen Sprachfamilie und den Turksprachen.

2.3 Blick zurück

Wenn /y/ nur in knapp über einem Drittel der indoeuropäischen Samplesprachen vertreten ist, kann man den heutigen Stand der Dinge entweder als ein Anzeichen für Innovation oder für Rezession ansehen. Dass /y/ eine Neuerung darstellt, geht aus den klassischen Texten der Indogermanistik hervor. Alle auf älteren Stufen von indoeuropäischen Sprachen belegten Fälle von /y/ sind sekundär aus u/ū entstanden (so Altgriechisch, Albanisch und evtl. Umbrisch) und gehören damit nicht zum proto-indoeuropäischen Bestand (Brugmann 1930, S. 112 f.). Abbildung 3 zeigt auf der Basis des *Phon@Europe*-Samples, dass innerhalb dieser Sprachfamilie die verschiedenen Zweige unterschiedlich stark zur Zahl der /y/-Sprachen beitragen, wobei allein die Germania mit 26 /y/-Sprachen (bei 28 Samplemitgliedern) über die Hälfte aller indoeuropäischer /y/-Sprachen abdeckt. Slawisch, Baltisch, Griechisch und Armenisch sind sämtlich durch /y/-lose Sprachen vertreten.

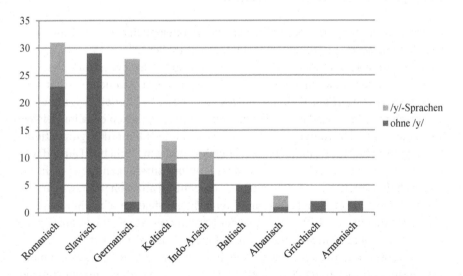

Abb. 3: /y/-Sprachen und /y/-lose Sprachen in den Zweigen der indoeuropäischen Sprachfamilie

Die typische indoeuropäische /y/-Sprache ist demnach – wie Deutsch – ein Mitglied des germanischen Zweigs.

Auch bei der Rekonstruktion der uralischen Protosprache werden üblicherweise keine vorderen gerundeten Vokale und mithin auch kein /y/ angesetzt (Bereczki 2004, S. 167), d. h. dass dieses Phonem in vielen uralischen Sprachen erst nach der Ausgliederung der verschiedenen Zweige der Sprachfamilie entstanden sein muss. In unserem Sample fehlt es beispielsweise in allen Sprachen des permischen Zweigs, im Mordwinischen und Udmurtischen sowie in den nördlichen Saami-Varietäten. Ganz anders ist die Situation in den Turksprachen, für deren früheste Stadien bereits grundständige vordere gerundete Vokale angesetzt werden (Bazin 1959, S. 11–13). Schon im Alttürkischen (8.–14. Jahrhundert) gehört /y/ fest zum Phonembestand (Gabin 1959, S. 25) wie auch in allen Turksprachen der Gegenwart mit Ausnahme der karaimischen Varietät von Galits (Musaev 1997). Bei den Turksprachen haben wir es bei /y/ mit einem sehr alten gemeinsamen Erbe zu tun, dessen protosprachliche Entstehungsgeschichte im Dunkeln liegt.

Außerhalb der Turksprachen muss /y/ hingegen historisch sekundär sein. Es stellt sich die Frage, wie Sprachen, die ursprünglich kein /y/ kannten, zu diesem Phonem gekommen sind. Diesbezüglich sind zwei Szenarien denkbar: sprachinterner Lautwandel und Sprachkontakt.

2.4 /y/-Genese durch Lautwandel

In der deutschen Sprachgeschichte wird die Phonematisierung des Umlauts je nach Varietät schon für das Spät-Althochdeutsche (Keller 1995, S. 155–160), spätestens aber für das Mittelhochdeutsche des 13. Jahrhunderts angesetzt (Keller 1995, S. 265), d. h. dass es ab dieser Zeit /y/ gab, das zuvor im Althochdeutschen als Allophon [y] von /u/ vor /i/ in der Folgesilbe diente. Es handelt sich um einen sprachinternen Prozess, der in anderen germanischen Sprachen etwa im gleichen Zeitraum Parallelen findet. Aus dem Blickwinkel der Phonetik argumentieren Harrington/Schiel (2017) dafür, dass in einer Vielzahl von ähnlichen Fällen davon ausgegangen werden kann, dass das dem *Fronting* unterliegende /u/ nicht die Eigenschaft [hinten] besitzt, sondern eher als [zentral] anzusehen ist, was artikulatorisch einem [ʉ] entspricht, was aus ihrer Sicht auf viele Sprachen Europas synchron wie diachron zutrifft. Ein typischer Umlautkontext wie im germanischen Fall ist dann nicht zwingend nötig, wie in Europa beispielsweise die Entstehung von /y/ in Monosyllaba der Naduri-Varietät des afroasiatischen Maltesisch nahelegt (Azzopardi-Alexander 2011, S. 245 f.). Dass spontane oder kontextabhängige /y/-Genese kein Monopol europäischer Sprachen ist, zeigt der von Krifka (2011) beschriebene Fall der melanesischen Sprache Daakie, die /y/ aus einer Allophonie [u] ~ [y] heraus phonematisiert. Auch wenn keine crosslinguistischen Erhebungen vorliegen, darf man annehmen, dass sich in der Sprachenwelt noch weitere gleichgelagerte Fälle finden lassen, sodass die Zahl der /y/-Sprachen letztlich größer sein dürfte, als in Maddieson (2005) festgestellt.

2.5 /y/-Entlehnung

Die Erweiterung der Klasse der /y/-Sprachen ist auch deshalb wahrscheinlich, weil es Belege für die Entlehnung von /y/ gibt, die bei Maddieson (1984, 1986, 2005) aus guten Gründen keine Berücksichtigung gefunden haben; wohl weil das Lehn-/y/ häufig nur marginalen Status hat und auf den Lehnwortschatz beschränkt bleibt. Außerdem war die Identifikation von Lehnphonemen nicht das Hauptziel von Maddiesons Forschung. Die deskriptiv-linguistischen Quellen, aus denen wir für *Phon@Europe* Daten entnommen haben, gehen für acht Sprachen (~ 9% der europäischen /y/-Sprachen) von der Entlehnung des Phonems im Sprachkontakt aus. Die Sprachen, die kontaktbedingt /y/ in ihr phonologisches System aufgenommen haben sollen, sind:[2]

(a) Arabisch von Çukurova (Südtürkei; Afroasiatisch) < Türkisch (Procházka 2002); (b) souletinisches Baskisch (Südfrankreich, Isolat) < Gaskognisch, Französisch (Haase 1992); (c) Livisch (Lettland, Uralisch) < Germanisch (?) (Moseley 2002); (d) Luxemburgisch (Luxemburg, Germanisch) < Deutsch, Französisch (Keller 1961); (e) Romani von Ajia Varvara (Griechenland, Indo-Arisch) < Türkisch (Igla 1996); (f) Burgenland-Romani (Österreich, Indo-Arisch) < Ungarisch, Deutsch (Halwachs 2002); (g) Sepečides-Romani (Griechenland, Indo-Arisch) < Türkisch (Cech/Heinschink 1996); (h) Udi (Aserbaidschan, Daghestanisch) < Aserbaidschanisch (Schulze-Fürhoff 1994).

Unter den Quellsprachen findet sich das Deutsche zweimal. Es lohnt sich daher, der vom Deutschen ausgehenden Diffusion von /y/ über die Sprachgrenzen nachzugehen, wozu zunächst (d) und (f) aus der obigen Liste betrachtet werden.

---

2 Die Diffusionsrichtung geben wir durch das Symbol < an.

3 Deutscher /y/-Export in Kooperation

3.1 Luxemburgisch

Fall (d) der vom Deutschen ausgehenden Diffusion von /y/ betrifft das Luxemburgische, das wie andere moselfränkische Varietäten im deutschen Dialektkontinuum die mittelhochdeutschen vorderen gerundeten Vokale schon frühzeitig wieder entrundet hat (Keller 1961, S. 255), sodass /y/ > /i/ ~ /e/ ~ /ei/ gewandelt wurde. Dementsprechend finden sich zahlreiche Kognatenpaare wie Deutsch *Mühle* = Luxemburgisch *Millen*, Deutsch *fühlen* = Luxemburgisch *fillen*, Deutsch *Tür* = Luxemburgisch *Dir*, Deutsch *grün* = Luxemburgisch *gréng*, Deutsch *süß* = Luxemburgisch *séiss* usw. D. h. dass /y/ zeitweilig aus dem luxemburgischen Phonemsystem verschwand. Erst über Entlehnungen hat es sich wieder im Gegenwartsluxemburgischen etablieren können (Schanen/Zimmer 2012, S. 333).

Zur Etablierung von /y/ haben zahlreiche Lehnwörter aus dem Deutschen beigetragen. Man findet Deutsch *Drüse* = Luxemburgisch *Drüs*, Deutsch *Hütte* = Luxemburgisch *Hütt*, Deutsch *Küste* = Luxemburgisch *Küst*, Deutsch *mütterlich* = Luxemburgisch *mütterlech*, Deutsch *schüchtern* = Luxemburgisch *schüchtern* usw. Aber Deutsch ist nicht die einzige Quelle für luxemburgisch /y/. Der zweite wichtige Kontaktpartner des Luxemburgischen ist das Französische, aus dem ebenfalls zahlreiche /y/-haltige Wörter entlehnt wurden. Ein interessantes Beispiel ist Luxemburgisch *Molekül*, das oberflächlich aus dem Deutschen stammen könnte. Anders als im Deutschen, wo *Molekül* ein Neutrum ist, hat das Wort im Luxemburgischen feminines Genus – wie das Französische *molecule*. Die Genusübereinstimmung spricht für eine Entlehnung aus dem Französischen. Weitere /y/-haltige Gallizismen sind u. a. Luxemburgisch *Modül* = Französisch *module* ‚Modul‘, Luxemburgisch *Flütt* = Französisch *flûte* ‚Flöte‘, Luxemburgisch *Pünäs* = Französisch *punaise* ‚Heftzwecke‘. Dazu gibt es eine Reihe von Lehnwörtern, die entweder direkt aus dem Französischen oder vermittelt über das Deutsche ins Luxemburgische gekommen sein können, wie Luxemburgisch *brüsk* = Deutsch *brüsk* < Französisch *brusque*. Luxemburgisch /y/ hat also zwei externe Quellen, von denen eine das Deutsche ist. Ob man dem /y/ im Luxemburgischen vollen Phonemstatus zubilligen sollte, ist eine Frage, die nur in einer separaten Untersuchung beantwortet werden kann.

3.2 Burgenland-Romani

Das Deutsche ist auch eine von zwei externen Quellen für das /y/ im Burgenland-Romani (Indo-Arisch). Halwachs (1998, S. 25) beschreibt das Phonemsystem dieser Romani-Varietät und erwähnt dabei den „Vokal /y/, der nur in »jüngsten« Entlehnungen aus standardnahen Varianten des Deutschen auftritt" (ähnlich Halwachs 2002, S. 6). Als einziges Beispiel wird Burgenland-Romani *fülfeder* /fylfeḑer/ = Deutsch *Füllfeder* angegeben. Heinschink/Krasa (2015, S. 17) sprechen davon, dass die vorderen gerundeten Lehnvokale im Lovari von Wien (einem Verwandten des Burgenland-Romani) gemäß den Regeln der Wiener Stadtvarietät des Deutschen wieder entrundet werden, sodass statt /y/ eben /i/ zu finden sei. Das Burgenland-Romani hat aber auch massive Entlehnungen aus einer anderen /y/-Sprache, dem Ungarischen, aufzuweisen. Heinschink/Krasa (2015, S. 17) geben als Beispiel Burgenland-Romani *külen* = Ungarisch *külön* ‚getrennt' an, während Halwachs (1998) für /y/-haltige Magyarismen grundsätzliche Entrundung annimmt. Im Unterschied zum luxemburgischen Beispiel darf angenommen werden, dass im Burgenland-Romani /y/ instabil und kein voll integriertes Phonem ist. Ungeachtet von seiner Position im phonologischen System der Sprache kann konstatiert werden, dass das Deutsche nicht allein für /y/ im Burgenland-Romani verantwortlich ist, sondern mit dem Ungarischen eine zweite Quelle für /y/ existiert.

Mit lediglich zwei Fällen von an Lehnwörtern nachweisbarem /y/-Export sieht die deutsche Erfolgsbilanz bei der Diffusion von /y/ relativ dürftig aus, zumal die Position von /y/ im Burgenland-Romani keineswegs stabil ist. Hier spielt sicher der Umstand eine wichtige Rolle, dass der direkte Sprachkontakt zunächst nicht mit dem Standarddeutschen, sondern mit den zum bairischen Zweig gehörigen lokalen österreichischen Varietäten erfolgte, in denen keine vorderen gerundeten Vokale vorkommen. Eine Parallele hierzu bietet das moribunde baltische Nehrungskurische, das aus dem Deutschen z. B. den mittleren hinteren Vokal /o/ entlehnt hat, aber die vorderen gerundeten Vokale aus dem Standarddeutschen ergeben im Nehrungskurischen „keine zusätzlichen Phoneme, da an deren Stelle gemäß der ostpreußischen Aussprache /i(:)/ bzw. /e(:)/ gesprochen wird" (El Mogharbel 1993, S. 62). D. h. dass /y/ gar nicht weitergegeben werden konnte, weil am Kontakt als Quellsprache nur /y/-lose Varietäten des Deutschen beteiligt waren bzw. sind.

In Abschnitt 4 werden zwei weitere Fälle präsentiert, bei denen der Einfluss wahrscheinlich, aber faktisch nicht nachweisbar ist. Zu diesem Zweck greifen wir auf zwei slawische Sprachen zurück, die aus verschiedenen (technischen) Gründen nicht zum *Phon@Europe*-Sample gehören und daher auch bei den obigen Berechnungen nicht mit berücksichtigt wurden.

4 Nachbarschaftliche Übereinstimmung

4.1 Polabisch

Unter den slawischen Sprachen im *Phon@Europe*-Sample sind phonematische vordere gerundete Vokale völlig unbekannt. Diese Lautklasse ist in der Slavia tatsächlich eine Randerscheinung und zwar nicht nur wegen der geringen Zahl von Sprachen, die /y/ besitzen, sondern auch wegen ihrer Lage an der germanisch-slawischen Sprachgrenze. Das bereits im 18. Jahrhundert ausgestorbene westslawische Polabische wurde auf einem Gebiet gesprochen, das vom Wendland westlich der Elbe über die heutigen Bundesländer Mecklenburg-Vorpommern, Sachsen-Anhalt und Brandenburg bis zur Oder reichte. Der Kontakt mit den germanischen Sprachen (Mittelhochdeutsch, Mittelniederdeutsch) begann im 11.–12. Jahrhundert und hielt bis zum Sprachtod des Polabischen an. Diese Kontakte haben zu massiven lexikalischen Entlehnungen und auch grammatisch-strukturellen Konsequenzen geführt (Polański 1993, S. 798).

Was im phonologischen Bereich des Polabischen besonders ins Auge sticht, ist die Existenz der Phoneme /y/ und /ø/, die in den anderen westslawischen Sprachen unbekannt sind. Die Belege für /y/ (= <ü>) sind zahlreich wie z. B. Polabisch *pükrĕt* ‚bedecken', *klübĕk* ‚Hut', *lüt'ĕt* ‚Ellbogen', *nüxte* ‚(Finger-/Fuß-)Nägel', *püd* ‚unter', *janü* ‚ein(s)', *nebü* ‚Himmel', *våtü* ‚Auge', *l'otü* ‚Sommer' (Polański 1993, S. 802f.) usw. Es handelt sich dabei durchweg um slawische Erbwörter, die protoslawisch ein *o enthielten. Dieses *o wurde vor ursprünglichen nichtpalatalisierten Koronalen unter dem Akzent zu /ø/, in allen sonstigen Kontexten aber zu /y/. Polański (1993, S. 803) räumt ein, dass „[t]here is no general agreement as to the factors that caused the fronting of the vowel *o (into ü, ö)". Mit keinem Wort wird auf möglichen Einfluss seitens der germanischen Kontaktpartner abgehoben.

Der eigentliche Kontaktpartner des Polabischen war das Mittelniederdeutsche. Viele /y/-haltige polabische Wörter haben eine mittelniederdeutsche Etymologie wie Polabisch *brükot* < Mittelniederdeutsch *brüken* ‚gebrauchen', Polabisch *brüt* < Mittelniederdeutsch *brüt* ‚Braut', Polabisch *(g)lük* < Mittelniederdeutsch *(g)lück* ‚Glück', Polabisch *krüd* ‚Kraut' < Mittelniederdeutsch *krüder* ‚Kräuter' usw. Da rund 600 der belegten 2.800 Wörter mittelniederdeutschen/deutschen Ursprungs sind (Polański 1993, S. 822), kann zumindest angenommen werden, dass die Stellung von /y/ im polabischen Phonemsystem über den Sprachkontakt gestärkt wurde, weil /y/ in den Lehnwörtern auch in Kontexten vorkam, aus denen es im slawischen Wortschatz ausgeschlossen war. Das polabische /y/ ist ein vollgültiges Phonem. Eventuell kann somit der mittelniederdeutsche/deutsche Einfluss für die Phonematisierung der Opposition /y/ ≠ /ø/ verantwortlich gemacht werden. Es ist noch ein interessanter historischer Gesichtspunkt, dass das polabische Sprachgebiet wenigstens sich teilweise mit dem der brandenburgischen Varietät des Niederdeutschen überlappte. Das Brandenburgische ist die einzige niederdeutsche Varietät, die keine vorderen gerundeten Vokalphoneme kennt (Ewels 2009, S. 155 f.).

4.2 Pannonisches Slowenisch

Die südslawische Sprache Slowenisch ist im Grenzgebiet zwischen Slawisch, Uralisch (Ungarisch), Romanisch (Italienisch) und Germanisch (Deutsch) angesiedelt. Das auch als Prekmurje-Varietät bekannte pannonische Slowenische im Dreiländereck Österreich-Slowenien-Ungarn weist gegenüber den meisten seiner Schwesterdialekte und der Standardsprache viele Besonderheiten auf, darunter die Existenz von vorderen gerundeten Vokalen (Greenberg 2000, S. 179 f.). In den Sätzen (3) aus dem Standard und (4) aus dem Pannonischen kann dies an dem Wortpaar *metulj ~ metül* ‚Schmetterling' erkannt werden.

(3) Slowenisch (Standard) [LPP Slowenisch, S. 17]
 *Ali zbira **metulje**?*
 INTERR sammel:3SG **Schmetterling:AKK.PL**

(4) Slowenisch (pannonische Varietät) [LPP Pannonisch, S. 23]
 *Išče **metüle**?*
 bewahr:3SG **Schmetterling:AKK.PL**
 ‚Sammelt er **Schmetterlinge**?'

Dem standardsprachlichen hohen hinteren Vokal /u/ entspricht das pannonische /y/ (= <ü>). Nicht alle Subvarietäten des Pannonischen haben /y/ und /ø/ (Greenberg 2000, S. 181), während wenigstens /y/ auch in anderen slowenischen Varietäten im Süd(ost)en des Sprachgebiets auftritt (Greenberg 2000, S. 172 f.) und seine Isoglosse sogar bis in das kajkavische Kroatisch hineinreicht (Greenberg 2000, S. 116).

Die Entstehung von pannonisch /y/ wird gemeinhin als Fronting vom Typ *u > y verstanden – ein Prozess, dem hohes Alter zugebilligt wird (Greenberg 2000, S. 116). Zwar wird er als interner Lautwandel begriffen, aber Greenberg (2000, S. 58) merkt an, dass „[t]hough there is a degree of ambiguity in these developments, which may be seen in part as particular outcomes of general Slavic developments, the resulting parallels to Hungarian are striking". D. h. dass nicht kategorisch ausgeschlossen wird, dass der Kontakt zur /y/-Sprache Ungarisch mit zur Etablierung des Phonems /y/ im Pannonischen beigetragen hat. Der Kontakt zur anderen /y/-Sprache Deutsch wird trotz einer Vielzahl von lexikalischen Germanismen im Pannonischen dafür nicht in Erwägung gezogen, höchstwahrscheinlich wieder aus dem Grund (vgl. 3.2), dass die lokalen Varietäten des österreichischen Deutschen ihrerseits keine vorderen gerundeten Vokale besitzen.[3] Ungarisch scheint hier als unterstützender Faktor in Frage zu kommen. Ob sich überhaupt zu irgendeinem Zeitpunkt der deutsch-slowenischen Kontaktgeschichte standardsprachlicher deutscher Einfluss bemerkbar gemacht hat, darf bezweifelt werden. Fälle wie der des pannonischen Slowenischen liefern gute Argumente für die möglichst breitgefächerte Aufnahme von Nicht-Standardvarietäten in das Sample; denn ohne Berücksichtigung der österreichischen und slowenischen Dialekte hätten verschiedene Fehleinschätzungen nicht verhindert werden können. Dem slawischen /y/ wäre man nur über den slowenischen Standard nicht auf die Spur gekommen, während das Wissen über die Varietäten des Deutschen in Österreich verhindert, dass man das Deutsche pauschal als mitverantwortlich für die Diffusion von /y/ in den slowenischen Sprachraum macht. Ähnliches gilt für die Fallstudien zum Polabischen (4.1) und Burgenland-Romani (3.2).

Fazit: Das Deutsche ist im Kontext der /y/-Diffusion nur ein Scheinriese. Je genauer man die Fakten unter die Lupe nimmt, desto unbedeutender wird die Rolle des Deutschen; da auch der ungarische Einfluss nicht völlig überzeugend nachweisbar ist, stellt sich die Frage, ob die Verbreitung von /y/ in Europa überhaupt in nennenswertem Maß mit Sprachkontakt und Entlehnung in Verbindung gebracht werden sollte.

---

3 Andererseits führt Ilešić (1900, S. 488) auch /y/-haltige Lehnwörter aus österreichischen Varietäten auf. Gleichzeitig verteidigt derselbe Autor (ebd., S. 490) die Idee, dass /y/ in der deutschen Sprachinsel von Sora in Slowenien aus dem lokalen Slowenischen entlehnt ist, weil die deutschen Siedler ursprünglich aus Freising in Bayern stammen, wo /y/ zuvor entrundet worden ist. Damit haben wir die interessante Situation, dass eine slawische Nachbarsprache des Deutschen mit diesem eine Eigenschaft teilt, nämlich das Phonem /y/, ohne dass die aus genealogischer Sicht unerwartete Präsenz von /y/ im Pannonischen nachweislich mit dem Kontakt zum Deutschen in Verbindung gebracht werden kann.

5 Parallelfälle außerhalb der deutschen Einflusssphäre

5.1 /y/ in Lehnwörtern bewahrt

Die Skepsis ist unbegründet. Mag das Deutsche keine großen Erfolge bei der Verbreitung von /y/ aufzuweisen haben, so gibt es an verschiedenen Punkten auf der europäischen Landkarte andere /y/-Sprachen, die ihren hohen vorderen gerundeten Vokal über lexikalische Entlehnungen an Kontaktpartner weitergegeben haben. Ivić (1958, S. 12) erwähnt für serbische Dialekte im Kosovo die Übernahme des /y/ aus den /y/-Sprachen Türkisch und Albanisch, d. h. dass auch hier zwei Quellsprachen bei der Entlehnung und Etablierung des Phonems in der Replikasprache involviert sind (vgl. 3.1, 3.2, 4.1). Die serbischen Fälle erweitern die Zahl der slawischen /y/-Sprachen nochmals.

Für das Romani in Finnland konstatiert Granquist (1999, S. 48) die Existenz von u. a. /y/, das im Wesentlichen in Lehnwörtern aus dem Schwedischen auftritt wie Finnland-Romani *stükkøs* < Schwedisch *stycke* ‚Stück'. Der zitierte Autor nimmt ungarischen, deutschen und festlandskandinavischen Einfluss an; die koterritoriale /y/-Sprache Finnisch wird nicht erwähnt. Interessant ist allerdings, dass auch in einigen indo-arischen Erbwörtern wie Finnland-Romani *phüüli* ‚Witwe' /y/ auftritt, wo in anderen Romani-Varietäten /i/ steht wie *p(h)iv(l)i* ‚Witwe', das Boretzky/Igla (1994, S. 237) mit altindisch *vidhavā* und prakrit *vihavā* etymologisch assoziieren.

Eine weitere Romani-Varietät – Rumungro – ist seit langem mit dem Ungarischen in Kontakt. Zwar werden bei älteren ungarischen Lehnwörtern die vorderen gerundeten Vokale normalerweise entrundet, aber für die jüngste Lehnschicht konstatiert Elšík (2007, S. 263) die Tendenz bei Teilen der Romungro-Sprecherschaft ungarisches /y/ u. a. m. in den Lehnwörtern beizubehalten.

Die /y/-Sprache Türkisch ist die Quelle von entsprechenden Lehnphonemen im anatolischen Griechischen (Thomason/Kaufman 1988, S. 218) und in der griechischen Varietät von Edirne/Adrianopel (Joseph 2019, S. 170) – beides inzwischen rein historische Szenarien. Auch für das neuostaramäische /y/ kommt nur das Türkische als Gebersprache in Frage, da es ausschließlich in türkischen Lehnwörtern erscheint (Sinha 2000, S. 36 f.). Ob es sich bei dem Lehnphonem im Neuostaramäischen tatsächlich um einen hohen vorderen gerundeten Vokal oder doch eher um einen hohen gerundeten zentralen Vokal /ʉ/ handelt, kann auf der Basis der deskriptiven Grammatik der Replikasprache allerdings nicht entschieden werden.

Es gibt mithin zu den in 2.5 erwähnten Fällen noch einige relativ gesicherte Beispiele für die Existenz von /y/ im Lehnwortschatz mehrerer Replikasprachen. Ob /y/ in ostanatolischen Varietäten des Kurmanji-Kurdisch tatsächlich Phonemstatus besitzt, bleibt strittig. Sicher ist nur, dass türkische Lehnwörter auch in diesem Zusammenhang eine wichtige Rolle spielen (Haig 2017, S. 401). Daneben finden sich zusätzlich weitere Belege von /y/ in Sprachen, die genealogisch dieses Phonem nicht erwarten lassen, aber Nachbarn von /y/-Sprachen sind.

5.2 Nachbarschaftliches /y/

Fest etabliert ist /y/ als Phonem im sogenannten Nord-Dialekt des (neu-iranischen) Zaza, das auf türkischem Staatsgebiet gesprochen wird. Die von Selcan (1998, S. 182) aufgeführten Minimalpaare bestehen sämtlich aus Erbwörtern. Türkische Lehnwörter, die es im Zaza in ansehnlicher Zahl gibt, werden bezüglich /y/ nicht erwähnt. Armenische Varietäten in der Osttürkei und Aserbaidschan werden als /y/-Sprachen beschrieben (Vaux 1998, S. 160–169). Die ost- und westarmenischen Standardvarietäten sind hingegen /y/-lose Sprachen wie auch die Mehrheit der sonstigen Regionalvarietäten. Scala (2018, S. 224) erwähnt zwar die Möglichkeit, dass Einfluss aus der /y/-Sprache Aserbaidschanisch bei der Herausbildung der Vokalharmonie in den armenischen /y/-Varietäten unterstützend gewirkt haben könnte; für den Ursprung von /y/ können aber auch rein inner-armenische Lautwandelprozesse benannt werden. Ganz ähnlich wird im Zusammenhang mit der Entstehung von vorderen gerundeten Vokalen in thrakischen, thessalischen und mazedonischen Varietäten des Griechischen argumentiert (Joseph 2019, S. 321). Türkische Lehnwörter, die /y/ enthalten, werden hier problemlos unter Bewahrung von /y/ in den replikasprachlichen Wortschatz integriert, weil gemäß Newton (1972, S. 47–50) in diesen regionalen Varietäten des Griechischen [y] durch innergriechische Prozesse vor Aufnahme der türkischen Lehnwörter zumindest allophonischen Status (bezogen auf /u/) erlangt hatte. Zu bedenken ist auch, dass die mazedonischen Varietäten des Griechischen Nachbarn der /y/-Sprache Albanisch sind.

Aserbaidschanisch, eine Schwestersprache des Türkischen, hat seit Jahrhunderten enge Kontaktbeziehungen zu den daghestanischen Sprachen in seiner unmittelbaren Nachbarschaft, wobei diese überwiegend die Rolle von Replikasprachen übernehmen. Die daghestanischen Sprachen teilen sich in /y/-lose Sprachen (wie Archi, Chamalal, Ghodoberi, Tsesisch, Dargwa, Inguschisch u. a. m.) und /y/-Sprachen (wie Lesgisch, Kryts, Khinalug und Rutul im lesgischen Zweig sowie darüber hinaus Hinukh, Bezhta und Tsakhur). Die mit /y/ ausgestatteten Sprachen liegen in relativer geografischer Nähe zur /y/-Sprachen Aserbaidschanisch. Jedoch wird allein für /y/ im Udi aserbaidschanischer Einfluss explizit genannt und die Möglichkeit negiert, für die sogenannte Palatalisierung von /u/ zu /y/ eine gemein-lesgische Basis zu rekonstruieren (Schulze-Fürhoff 1994, S. 508). Für aserbaidschanische Lehnwörter mit ursprünglichem /y/ im Kryts wird jedoch gezeigt, dass dieses /y/ regelhaft durch /u/ ersetzt wird (Authier 2009, S. 19–22). Diese Beobachtung spricht gegen eine Integration von /y/ über Lehnwörter in den daghestanischen Sprachen.

Als letzte Parallele soll /y/ im Bretonischen erwähnt werden. Bretonisch ist die einzige der keltischen Sprachen, die vordere gerundete Vokale kennt. Im Unterschied zu ihren Schwestersprachen ist das Bretonische seit rund einem Jahrtausend mit der /y/-Sprache Französisch in Kontakt, aus der es Hunderte von Lehnwörtern übernommen hat. In vielen von diesen tritt sowohl in der Quell- als auch der Replikasprache /y/ auf. Jackson (1967) untersucht die historische Phonologie des Bretonischen und kommt zu dem Schluss, dass das Bretonische ursprüngliche vordere gerundete Vokale bewahrt habe, die im Walisischen und Kornischen verlorengegangen seien. Die französischen Lehnwörter haben die Position von /y/ und /ø/ letztlich nur, aber doch massiv gestärkt.

Die für den deutschen Kontext in 4.1–4.2 beschriebenen Szenarien sind damit keine Sonderfälle. Die /y/-Sprachen Französisch, Türkisch, Aserbaidschanisch sowie in gewissem Maß auch Ungarisch sind ebenfalls an Situationen beteiligt, in den ihre Nachbarn genealogisch unberechtigtes /y/ zeigen, dessen Ursprung jedoch nicht konkret über Lehnwortbeziehungen erklärt werden kann. Dass Sprachkontakt eine Rolle gespielt hat, scheint zwar auf der Hand zu liegen, lässt sich aber materiell nicht beweisen.

6 Schlussfolgerungen

Auf der Europakarte in Abbildung 4 werden die von uns besprochenen Fälle in den Kontext des *Phon@Europe*-Samples gestellt. Dabei wird für die Möglichkeit von kontaktinduzierter Diffusion bewusst ein maximalistischer Blickwinkel eingenommen, d. h. dass auch solche Sprachen in der Kategorie der (unsicheren) Entlehnungsfälle geführt werden, bei denen der Kontakt eventuell nur verstärkend gewirkt hat und nicht den Ursprung von /y/ bildet. Die als leere Kreise ohne Schattierung verzeichneten Sprachen besitzen laut unseren Quellen definitiv kein /y/. Schwarze Punkte auf wellig schraffiertem Hintergrund stehen für genuine /y/-Sprachen, die zum *Phon@Europe*-Sample gehören. Graue Schattierung markiert das Gebiet, in dem – neben den in 2.5 genannten Fällen von /y/-Entlehnung innerhalb des Samples – die zusätzlich zum Sample in diesem Beitrag besprochenen Sprachen angesiedelt sind. Erscheinen sie dort als leere Dreiecke, kann der kontaktbedingte Ursprung ihres /y/ nicht schlüssig bewiesen werden. Sind sie durch schwarze Dreiecke vertreten (also auch die Sprachen aus 2.5), gilt die Entlehnung von /y/ als gesichert. Wie man leicht erkennen kann, spricht das Kartenbild praktisch für sich selbst: Wo immer eine /y/-Sprache lokalisiert ist, befindet sich in ihrer unmittelbaren Nachbarschaft eine weitere /y/-Sprache. Sprachen, deren nächste Verwandte /y/-los sind, liegen geografisch neben mit ihnen nicht verwandten /y/-Sprachen.

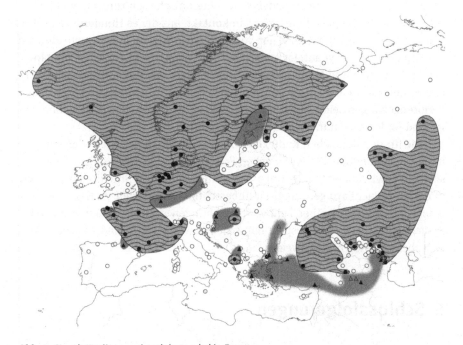

Abb. 4: Grundständiges und entlehntes /y/ in Europa

Dieses Muster ist insofern verblüffend, als eben für viele dieser Fälle kein greifbarer historischer Beleg für den Transfer von /y/ über Sprachkontakt beigebracht werden kann. Vielfach kann der Einfluss seitens /y/-Sprachen lediglich als Verstärkung einer bereits beim Kontaktpartner angelegten Tendenz zur Phonematisierung vorderer gerundeter Vokale eingeordnet werden. Die europäischen Daten zur Diffusion von /y/ scheinen Blevins (2017, S. 98 f.) Recht zu geben, die annimmt, dass für die Herausbildung von areal-phonologischen Mustern eigentlich keine direkte „phonetische" Entlehnung nötig ist. Sie spricht vielmehr vom *perceptual magnet effect*. Dieser besteht darin, dass Eigenschaften ohne materielle Entlehnung dann möglich sind, wenn Quell- und Replikasprache hinreichende phonologische Ähnlichkeiten aufweisen, die darin bestehen können, dass das Phonem der Quellsprache einem Allophon der Replikasprache entspricht. Ob diese Hypothese im Fall von /y/ hinreichend explanativ ist und ob sie allgemein haltbar ist, müssen weitere vertiefende Studien ergeben.

Für unser diesmaliges Thema dürfen wir schließen, dass die Rolle des Deutschen bei der Diffusion von /y/ in Europa einerseits nicht überbewertet werden darf, weil es nur wenig Evidenz dafür gibt, dass /y/ direkt entlehnt wurde. In diesem Bereich scheint zumindest das Türkische – vielleicht auch das Ungarische und das Französische – erfolgreicher zu sein. Andererseits gibt es noch die Möglichkeit der indirekten, also unterstützenden Einflussnahme, für die auch außerhalb des deutschen Kontexts zahlreiche Beispiele zu nennen sind. Um endgültige Klarheit in diesem areal-phonologischen Gebiet zu erlangen, müssen nicht nur weitere Kontaktregionen wie der Alpenraum, sondern auch die Sprachgeografie des mittleren vorderen gerundeten Vokals /ø/ ~ /œ/ mit in Betracht gezogen werden. Abgerundet würde eine Gesamtgeschichte dieser Lautklasse in Europa durch die Diskussion derjenigen Fälle, in denen bereits etabliertes /y/ – kontaktbedingt oder nicht – wieder aus dem Phonemsystem verschwunden ist. Alle diese und weitere Fragestellungen werden in Stolz/Levkovych (i. Ersch.) beleuchtet.

7 Danksagung

Für hilfreiche Kommentare danken wir Norbert Boretzky (Bochum), Lutz Gunkel (Mannheim), Jonathan Harrington (München), Gerd Hentschel (Oldenburg), Uršula Krevs-Birk (Ljubljana), Manfred Krifka (Berlin), Beke Seefried (Bremen), Angelika Wöllstein (Mannheim) und Gisela Zifonun (Mannheim).

8 Abkürzungen

1/3 = 1./3. Person, AKK = Akkusativ, AUX = Auxiliar, EMPH = emphatisch, INTERR = Interrogativ, PL = Plural, PRÄT = Präteritum, PTZP = Partizip, SG = Singular, SPEZ = spezifisch, TR = transitiv

Primärquellen

Autor: Saint-Exupéry, Antoine de

[LPP Baskisch] = Übersetzung: Patxi Zubizarreta (2001): Printze txikia. Donostia.

[LPP Pannonisch] = Übersetzung: Akoš Anton Dončec (2018): Mali Kralič. Markišavci.

[LPP Slowenisch] = Übersetzung: Ivan Minatti (1991): Mali Princ. Ljubljana.

[LPP Souletinisch] = Übersetzung: Panpeia Etxebarne (2013): Printze ttipia. Mauléon.

Literatur

Authier, Gilles (2009): Grammaire kryz (langue caucasique d'Azerbaïdjan, dialecte d'Alik). (= Collection linguistique 93). Leuven/Paris: Peeters.

Azzopardi-Alexander, Marie (2011): The vowel system of Xlukkajr and Naduri. In: Caruana, Sandro/Fabri, Ray/Stolz, Thomas (Hg.): Variation and change. The dynamics of Maltese in space, time and society. (= Studia Typological 9). Berlin: Akademie-Verlag, S. 233–253.

Bazin, Louis (1959): Structure et tendances communes des langues turques (Sprachbau). In: Deny/Grønbech/Scheel (Hg.), S. 11–20.

Bechert, Johannes (1981): Notiz über eine Möglichkeit, die historisch-vergleichende Sprachwissenschaft zu vervollständigen, oder: Lesefrüchte zur Verbesserung Mitteleuropas und anderer Weltgegenden. In: Papiere zur Linguistik 25, 2, S. 85–89.

Bereczki, Gábor (2004): The Uralic language family. In: Nanovfszky, György (Hg.): The Finno-Ugric world. Budapest: Teleki László Foundation, S. 165–170.

Bickel, Balthasar (2017): Areas and universals. In: Hickey (Hg.), S. 40–54.

Bisang, Walter (2004): Dialectology and typology – an integrative perspective. In: Kortmann, Bernd (Hg.): Dialectology meets typology. Dialect grammar from a cross-linguistic perspective. Berlin/New York: De Gruyter, S. 11–46.

Blevins, Juliette (2017): Areal sound patterns: from perceptual magnets to stone soup. In: Hickey (Hg.), S. 88–121.

Boretzky, Norbert/Igla, Birgit (1994): Wörterbuch Romani-Deutsch-Englisch für den südosteuropäischen Raum mit einer Grammatik der Dialektvarianten. Wiesbaden: Harrassowitz.

Brugmann, Karl (1930): Grundriß der vergleichenden Grammatik der indogermanischen Sprachen. Vergleichende Laut-, Stammbildungs- und Flexionslehre der indogermanischen Sprachen. Einleitung und Lautlehre. Bd. 1. Berlin/Leipzig: De Gruyter.

Campbell, Lyle (2017): Why is it so hard to define a linguistic area? In: Hickey (Hg.), S. 19–39.

Cech, Petra/Heinschink, Mozes F. (1996): Sepečides-Romani. München/Newcastle: Lincom Europa.

Deny, Jean/Grønbech, Kaare/Scheel, Helmut (Hg.) (1959): Philologiae turcicae fundamenta. Turksprachen. Bd. 1. Wiesbaden: Steiner.

Eliasson, Stig (2000): Typologiska och areallingvistika aspekter på de nordeuropeiska språkens fonologi. In: Jahr, Ernst Håkon (Hg.): Språkkontakt – innverknaden frå nedertysk på andre nordeuropeiska språk. (= Skrift frå Prosjektet Språkhistoriske Prinsipp for Lånord i Nordiske Språk 2). Kopenhagen: Nordisk Ministerråd, S. 21–70.

El Mogharbel, Christliebe (1993): Nehrungskurisch. Dokumentation einer moribunden Sprache. (= Forum Phoneticum 54). Frankfurt a. M.: Hector.

Elšík, Viktor (2007): Grammatical borrowing in Hungarian Rumungro. In: Matras, Yaron/Sakel, Jeanette (Hg.): Grammatical borrowing in cross-linguistic perspective. Berlin/New York: De Gruyter, S. 261–282.

Ewels, Andrea-Eva (2009): Areallinguistik und Sprachtypologie im Ostseeraum. Die phonologisch relevante Vokal- und Konsonantenquantität. Frankfurt a. M./Berlin/Bern: Lang.

Gabin, Annemarie von (1959): Das Alttürkische. In: Deny/Grønbech/Scheel (Hg.), S. 21–45.

Gordon, Matthew Kelly (2016): Phonological typology. Oxford: Oxford University Press.

Granquist, Kimmo (1999): Notes on Finnish Romani phonology. In: Grazer Linguistische Studien 51, S. 47–63.

Greenberg, Marc L. (2000): A historical phonology of the Slovene language. (= Historical Phonology of the Slavic Languages 13). Heidelberg: Winter.

Grossman, Eitan/Nikolaev, Dmitry/Eisen, Elad/Ronén, Júda/Schwartz, Layla/Yoav, Yosef/Moran, Steven (2019): The typology of phonological segment borrowing. Arbeitspapier präsentiert auf: ALT2019: 13th Conference of the Association for Linguistic Typology. Pavia (Italy), 4–6 September 2019. Pavia: University of Pavia.

Haarmann, Harald (1976): Grundzüge der Sprachtypologie: Methodik, Empirie und Systematik der Sprachen Europas. Stuttgart/Berlin/Köln/Mainz: Kohlhammer.

Haase, Martin (1992): Sprachkontakt und Sprachwandel im Baskenland. Die Einflüsse des Gaskognischen und Französischen auf das Baskische. Hamburg: Buske.

Haig, Geoffrey (2017): Western Asia: East Anatolia as a transition zone. In: Hickey (Hg.), S. 96–423.

Halwachs, Dieter W. (1998): Phonologie des Roman. Arbeitsbericht 5 des Projekts Kodifizierung und Didaktisierung des Roman. Graz/Oberwart: Verein Roma.

Halwachs, Dieter W. (2002): Burgenland-Romani. (= Languages of the World/Materials 107). München/Newcastle: Lincom Europa.

Harrington, Jonathan/Schiel, Florian (2017): /u/-fronting and agent-based modeling: the relationship between the origin and spread of sound change. In: Language 93, 2, S. 414–445.

Haspelmath, Martin (2001): The European linguistic area: Standard Average European. In: Haspelmath, Martin/König, Ekkehard/Oesterreicher, Wulf/Raible, Wolfgang (Hg.): Language typology and language universals. An international handbook. Bd. 2. (= Handbücher zur Sprach- und Kommunikationswissenschaft 20.2). Berlin/New York: De Gruyter, S. 1492–1510.

Heinschink, Mozes F./Krasa, Daniel (2015): Lehrbuch des Lovari. Die Romani-Variante der österreichischen Lovara. Hamburg: Buske.

Hickey, Raymond (Hg.) (2017): The Cambridge handbook of areal linguistics. Cambridge: Cambridge University Press.

Hualde, José Ignacio/Ortiz de Urbina, Jon (2003): A grammar of Basque. (= Mouton Grammar Library 26). Berlin/Boston: De Gruyter Mouton.

Igla, Birgit (1996): Das Romani von Ajia Varvara. Deskriptive und historisch-vergleichende Darstellung eines Zigeunerdialekts. (= Balkanologische Veröffentlichungen 29). Wiesbaden: Harrassowitz.

Ilešić, Franz (1900): Slovenica. V. Etymologisches *u* = *ü*. In: Archiv für Slavische Philologie 22, S. 487–490.
Ivić, Pavle (1958): Osnovnye puti razvitija serboxorvatskogo vokalizma. In: Voprosy Jazykoznanija 7, 1, S. 3–20.
Jackson, Kenneth Hurlstone (1967): A historical phonology of Breton. Dublin: Institute for Advanced Studies.
Joseph, Brian D. (2019): The Greek of Ottoman-era Adrianoupolis. In: Ralli, Angela (Hg.): The morphology of Asia Minor Greek. Selected topics. (= Empirical Approaches to Linguistic Theory 13). Leiden/Boston: Brill, S. 315–332.
Keller, Rudolf E. (1961): German dialects: phonology and morphology. Manchester: Manchester University Press.
Keller, Rudolf E. (1995): Die deutsche Sprache. Hamburg: Buske.
König, Ekkehard/Haspelmath, Martin (1999): Der europäische Sprachbund. In: Reiter, Norbert (Hg.): Eurolinguistik. Ein Schritt in die Zukunft. Beiträge zum Symposion vom 24. bis 27. März 1997 im Jagdschloß Glienicke (bei Berlin). Wiesbaden: Harrassowitz, S. 111-127.
Krifka, Manfred (2011): Notes on Daakie (Port Vato): sounds and modality. In: Clemens, Lauren Eby/Scontras, Gregory/Polinsky, Maria (Hg.): Proceedings of the 18th Meeting of the Austronesian Formal Linguistics Association (AFLA). Harvard: Harvard University Press, S. 46–65.
Ladefoged, Peter/Maddieson, Ian (1996): The sounds of the world's languages. Oxford: Blackwell.
Lafon, René (1962): Sur la voyelle ü en basque. In: Bulletin de la Société de Linguistique Paris 52, S. 83–102.
Maddieson, Ian (1984): Patterns of sounds. Cambridge: Cambridge University Press.
Maddieson, Ian (1986): Borrowed sounds. In: Fishman, Joshua A. (Hg.): The Fergusonian impact. In honor of Charles A. Ferguson on the occasion of his 65th birthday. Bd. 1: From phonology to society. (= Contributions to the Sociology of Language 42.1). Berlin/New York/Amsterdam: De Gruyter Mouton, S. 1–16.
Maddieson, Ian (2005): Front rounded vowels. In: Haspelmath, Martin/Dryer, Matthew S./Gil, David/Comrie, Bernhard (Hg.): The world atlas of language structures. Oxford: Oxford University Press, S. 50–53.
Moseley, Christopher (2002): Livonian. (= Languages of the World/Materials 144). München/ Newcastle: Lincom Europa.
Musaev, K. M. (1997): Karaimskij jazyk. In: Tenišev, Édgem R./Jarceva, Viktorija Nikolaevna (Hg.): Jazyki mira: Tjurkskie jazyki. Moskau: Nakau, S. 254–264.
Newton, Brian (1972): The generative interpretation of dialect. A study of modern Greek phonology. (= Cambridge Studies in Linguistics 8). Cambridge: Cambridge University Press.
Polański, Kazimierz (1993): Polabian. In: Comrie, Bernard/Corbett, Greville G. (Hg.): The Slavonic languages. London/New York: Routledge, S. 795–824.
Procházka, Stephan (2002): Die arabischen Dialekte der Çukurova (Südtürkei). (= Semitica viva 27). Wiesbaden: Harrassowitz.
Rohlfs, Gerhard (1968): Vom Vulgärlatein zum Altfranzösischen. Einführung in das Studium der altfranzösischen Sprache. (= Sammlung kurzer Lehrbücher der romanischen Sprachen und Literaturen 15). Tübingen: Niemeyer.
Romieu, Maurice/Bianchi, André (2005): Gramatica de l'occitan gascon contemporanèu. Bordeaux: Presses Universitaires de Bordeaux.

Scala, Andrea (2018): Borrowing of phonological rules: case studies from Romani, Armenian and Yiddish and some general reflections. In: Journal of Language Relationship 16, 3, S. 215–230.
Schanen, François/Zimmer, Jacqui (2012): Lëtzebuergesch grammaire luxembourgeoise. Esch-sur-Alzette: Editions Schortgen.
Schulze-Fürhoff, Wolfgang (1994): Udi. In: Smeets, Henricus/Greppin, John (Hg.): The indigenous languages of the Caucasus. The North East Caucasian languages. Bd 4.2: Presenting the three Caucasian languages and six minor Lezgian languages. Delmar: Caravan Books, S. 447–514.
Selcan, Zülfü (1998): Grammatik der Zaza-Sprache. Nord-Dialekt (Dersim-Dialekt). Berlin: Wissenschaft & Technik Verlag.
Sinha, Jasmin (2000): Der neuostaramäische Dialekt von Beşpən (Provinz Mardin, Südosttürkei). Eine grammatische Darstellung. (= Semitica viva 24). Wiesbaden: Harrassowitz.
Stolz, Thomas (2006): Europe as a linguistic area. In: Brown, Keith (Hg.): Encyclopedia of language and linguistics. 2. Aufl. Amsterdam: Elsevier, S. 278–295.
Stolz, Thomas/Levkovych, Nataliya (2017): Convergence and divergence in the phonology of the languages of Europe. In: Hickey (Hg.), S. 122–160.
Stolz, Thomas/Levkovych, Nataliya (i. Ersch.): Towards the phonological atlas of Europe. On the areal linguistics of loan phonemes in Europe. Berlin/Boston: De Gruyter.
Ternes, Elmar (1998): Lauttypologie der Sprachen Europas. In: Boeder, Winfried/Schroeder, Christoph/Wagner, Karl H./Wildgen, Wolfgang (Hg.): Sprache in Raum und Zeit. Beiträge zur empirischen Sprachwissenschaft. 2 Bde. Tübingen: Narr, S. 139–152.
Ternes, Elmar (2010): Phonetische Eigenschaften der Sprachen Europas. In: Hinrichs, Uwe (Hg.): Handbuch der Eurolinguistik. Wiesbaden: Harrassowitz, S. 577–596.
Thomason, Sarah Grey/Kaufman, Terrence (1988): Language contact, creolization, and genetic linguistics. Berkeley/Los Angeles/London: University of California Press.
Vaux, Bert (1998): The phonology of Armenian. Oxford: Clarendon.

Peter Auer (Freiburg i. Br.)
Gibt es einen deutschen Neo-Standard und – wenn ja – wie verhält er sich zu den Entwicklungen der Standards anderer europäischer Sprachen?

Abstract: In verschiedenen europäischen Ländern ist in letzter Zeit in der Soziolinguistik die Frage diskutiert worden, ob sich zwischen der traditionellen Standardsprache und den regionalen bzw. Substandardvarietäten ein neuer Standard („Neo-Standard") herausgebildet hat; ein Standard, der sich nicht nur strukturell vom alten unterscheidet, sondern sich auch durch ein anderes Prestige auszeichnet als dieser: Er wirkt (im Vergleich) informeller, subjektiver, moderner, kreativer etc. In diesem Beitrag werden einige wesentliche Eigenschaften von Neo-Standards diskutiert und ihre Entwicklung als Folge der „Demotisierung" (Mattheier) der Standardsprache beschrieben. Neben dem potenziellen Neo-Standard in Deutschland werden auch die Entwicklungen in Dänemark, Belgien und Italien diskutiert.

1 Einleitung[1]

Wenn es um den ‚Standard' einer Sprache geht, reicht es nie aus nur zu fragen, wie gebildete Menschen in öffentlichen oder institutionellen Situationen, besonders wenn sie sich fremd sind, miteinander sprechen; vielmehr geht es immer auch darum, wie diese Sprache von ihnen und anderen bewertet wird, oder anders gesagt: Es geht darum, was als die ‚beste Sprache' gilt. Die grundlegende Hypothese, die sich mit dem von Gaetano Berruto 1987 geprägten Begriff des Neo-Standards verbindet, ist nun, dass in heutigen europäischen Gesellschaften diese ‚beste Sprache' nicht mehr wie in (1) klingt (phonetische Transkription in eckigen Klammern):

(1) Sie sind die erste Frau die in dieser Reihe porträtiert werdn soll, die erste Frau, wenn auch freilich mit einer (–) in LANDläufiger Vor[st]ellung höchst

---

[1] Mein Beitrag greift einige Überlegungen wieder auf und baut sie weiter aus, die bereits in Auer (2018) vorgestellt worden sind.

männlichen Beschäftigung: Sie sind Philosophin. Darf ich von dieser Vorbemerkung (–) zu meiner erstn Frage [kɔm̩], ...[2]

sondern eher wie in (2)–(5):[3]

(2) Dieser kleine Affe, dieser Flop, der da aus der Urzeit äh:: zu uns herüber in dem Comic scheint der äh hat (–) der der der verSUCHT der Evolution entgegenzutreten un sag(t) NEI:N:: kei[n] Faustkeil NEI:N nich mit Feuer umgehn (–) aber natürlich passiert das alles und am Ende stirbt[ɐ] halt aus. So.

(3) Dann hab ich äh:: gemerkt, dass es dann doch zu etwas gut war und hab (–) im Grunde genommen dafür:=äh den Samen ges[e:]t für: auch mei[n] Geschäftssinn und einge und einfach gesagt so ah! Ok, dann: muss man's einfach selber machn. Un dann muss man DAS machn dann muss man DAS machn.

(4) Also (.) ohne jetz wieder in der Fernsehgeschichte aber; als ich natürlich AUCH merkte, oh GOTT der Ranitzki will sei[n] Preis nicht, dann hast du ja kei[n] vorgeschrieb[n̩]nen Text; aber DAS sind die Momente, auf die man eig[ŋ̍]tlich hofft.

(5) Aber ich hatte nie dieses Selbstwertgefühl von wegen (–) <<verstellte Stimme>ich bin eine tolle Schauspielerin. Ich MUSS das machn:, ich MUSS nach vorne:> das hatt ich gar nich. Und o ohne diesen Drang: weiß=ich=nich übersteht man sone Schauspielschule (.) glaubich gar nich, (–) und darum war des für mich SUPERtoll dass ich den Beruf (–) in der Arbeit lernen durfte. War für mich genau richtig.

Wie im ersten Beispiel, so handelt es sich auch in (2)–(5) um relativ gebildete, an öffentliche Auftritte in den Medien gewöhnte, sprachlich gewandte Sprecher/-innen (ein Comiczeichner, eine Pop-Sängerin, ein TV-Moderator und eine Schauspielerin), die mit einer ihnen unbekannten Person in der medialen Öffentlichkeit interagieren, also in einer Situation, in der in Deutschland die Verwendung des Standards angezeigt ist.

---

2 Günter Gaus im Gespräch mit Hannah Arendt in der TV-Sendung „zur person" (1964): www.youtube.com/watch?v=J9SyTEUi6Kw (Stand: 30.7.2020).
3 Ralph König, Lena Meyer-Landruth, Thomas Gottschalk und Stefanie Stappenbeck im Gespräch mit Kristian Thees in der SWR-3-Sendung „Promi-Talk mit Thees" (2019, 2020): www.ardaudiothek.de/promi-talk-mit-thees/41984574/alle (Stand: 30.7.2020).

Der Begriff des Neo-Standards (den ich im Folgenden synonym mit „Neuer Standard" verwende) impliziert, dass es zwei Standardvarietäten[4] gibt, eine alte und eine neue, und dass zwischen den beiden Standards mehr als nur eine strukturelle Differenz besteht. Vielmehr wird behauptet, dass der neue Standard in einem anderen Sinn ‚beste Sprache' ist als der alte, weil die mit ihm verbundene Konstellation von Werten eine andere ist. Die meisten Soziolinguisten, die sich mit europäischen Neo-Standards beschäftigt haben, nehmen außerdem an, dass der Neo-Standard den alten Standard nicht einfach abgelöst hat, sondern die beiden heute (noch) nebeneinander existieren; daraus ergibt sich durch Kontrastbildung, dass auch das attitudinale Gefüge, in dem der konservative Standard operiert, sich neu geordnet hat und nicht mehr vollständig mit dem übereinstimmt, das früher gegolten hat.

Die Idee eines Neo-Standards – gleich welcher Sprache – muss sich vor allem gegen zwei Gegenargumente verteidigen:
- Zum einen, dass es sich dabei um de-standardisierte Sprechweisen handelt (also gar keinen Standard mehr), die sich Gebrauchsdomänen erobert haben, die früher dem Standard vorbehalten waren (nämlich z. B. Interviews in Rundfunk oder Fernsehen).
- Zum anderen, dass es sich beim Neo-Standard um einfachen Sprachwandel innerhalb des weiter existierenden einzigen Standards handelt, der von manchen Sprecher/-innen mehr realisiert wird als von anderen.

Anders gesagt: der Neo-Standard muss sich sowohl gegen den alten Standard als auch gegen Substandardvarietäten und -sprechweisen abgrenzen lassen und darf weder mit dem einen, noch mit dem anderen identisch sein.[5] Ich werde diese beiden Abgrenzungen in diesem Beitrag anhand des (gesprochenen[6]) deutschen Neo-Standards diskutieren, dabei aber in vergleichender Perspektive auch die Entwicklung des Standards in drei anderen europäischen Ländern berücksichtigen, zu deren Neo-Standards bereits umfangreich geforscht worden ist, nämlich Italien,

---

4 Dies macht übrigens auch den Unterschied zum schillernden Begriff der ‚Umgangssprache', die meist als Zwischenform zwischen Dialekt und Standard verstanden und also auf der Standard-Dialekt-Dimension verortet wird (etwa Munske 1983). Wie später noch argumentiert werden soll, spielen regionale Formen im deutschen Neo-Standard nach meiner Auffassung eine immer geringere Rolle.
5 Ich verwende hier absichtlich ‚Substandard' anstelle des neutralen, in der Soziolinguistik heute üblicheren ‚Nicht-Standard', um die Bewertung als ‚schlechtere' Varietät im Kontrast zum Standard als ‚bester Sprache' zu betonen.
6 Die schwierige Frage einer literaten Norm des Neo-Standards wird hier nicht berücksichtigt.

Dänemark und Belgien (genauer gesagt, seinem flämischsprachigen Teil). Damit soll natürlich nicht impliziert werden, dass ähnliche Entwicklungen nicht auch in anderen Ländern Europas stattfinden – das Gegenteil dürfte der Fall sein.

2 Strukturelle Merkmale eines möglichen gesprochenen Neo-Standards in Deutschland, Italien, Belgien und Dänemark

Systematische und umfassende Untersuchungen zum gesprochenen deutschen Neo-Standard gibt es – anders als in den drei anderen genannten Ländern – nicht, lediglich Einzelphänomene sind untersucht. Seine potenziellen Merkmale lassen sich jedoch nach meinen Beobachtungen in vier Gruppen einordnen: 1. der gesprochene Neo-Standard ist eine eindeutig orate (Maas 2010) Varietät, 2. der Neo-Standard toleriert mehr als der alte Standard phonologisch reduzierte Formen, 3. der Neo-Standard präferiert Formen und Konstruktionen, die der Dialogisierung und Subjektivierung dienen, und 4. schließlich gibt es lexikalische Merkmale des Neo-Standards, zu denen der Gebrauch von Anglizismen gehört (Eisenberg 2013).

Zu 1.: Der gesprochene Neo-Standard ist eine eindeutig orate (Maas 2010) Varietät, die alle Merkmale der temporalen und interaktionalen Emergenz von sprachlichen Äußerungen aufweist (vgl. Auer 2000). Anders als der alte Standard, der zurecht von Laien gelegentlich noch als ‚Schriftdeutsch' bezeichnet wird, hat er sich völlig von der literaten Standardsprache emanzipiert. Die Sprecher/-innen versuchen nicht, typisch mündliche Merkmale zu unterdrücken, sondern setzen sie sogar rhetorisch ein (vgl. etwa Bsp. 2). Planungsprozesse werden sichtbar, Rephrasierungen und Annäherungen an das Gemeinte sind erlaubt. Heute wird das Schreiben von diesem neuen Standard beeinflusst, im traditionellen Standard war es umgekehrt.

Zu den oraten Merkmalen des neuen Standards gehören neben Verzögerungen, Rephrasierungen, Abbrüchen auch die bekannten Mittel zur Informationsstrukturierung und Reliefgebung, zum Abgleich des epistemischen Status der Teilnehmerinnen und zur Turnorganisation; also sogenannte Links- und Rechtsversetzungen, freie Themen, Projektorkonstruktionen (Günthner 2008), Nachträge, apo-koinou-Konstruktionen, *topic drop* (*war für mich genau richtig*, Bsp. 5), indexikalitätsmarkierendes *dies* (vgl. Bsp. 2; Auer 1981; vgl. „recognitional deixis" bei Himmelmann 1996, S. 230–239) etc. Der Strukturierung von mündlichen Redebeiträgen dienen auch zahlreiche, teils neu oder weiterentwickelte Gliederungspartikeln wie *gut, ja, genau* (vgl. in Ausschnitt (2) *so* als Turn-Abschlusssignal).

Zu 2.: Der Neo-Standard toleriert mehr als der alte Standard phonologisch reduzierte Formen. Dazu gehören reduzierte Schwa-Silben [ham, gem, holn, zaŋ], die inzwischen nach stammauslautendem Nasal der Totalassimilation unterliegen, so dass etwa Infinitiv und 1.Ps.Sg. des Verbs *meinen* zusammenfallen (zweisilbiges [mai̯n] wird zu einsilbigem [main], so im Ausschnitt (4)) und *Rahm* und *rahmen* oder *schwimmen* und *Tim* homophon werden.[7] Natürlich werden auch weitgehend konventionalisierte Kurzformen wie *nich* für *nicht* (Ausschnitte (3), (5)) oder *is* für *ist* und Klitisierungen v.a. der Artikel- und Pronominalformen wie *stirbt'a halt aus* (Ausschnitt (2)) sowie Elisionen des Suffixes der 1.Ps.Sg. (*das hatt'ich*, Ausschnitt (5)) verwendet.

Zu 3.: Der Neo-Standard präferiert Formen und Konstruktionen, die der Dialogisierung und Subjektivierung dienen. Zentral ist hier die Vermeidung von Hypotaxe durch die Verwendung direkter Rede anstelle von Komplementsätzen, und zwar nicht nur zur Redewiedergabe, sondern vor allem auch zur Darstellung von Meinungen, Gefühlen, Erlebnissen, wie etwa
- *als ich natürlich AUCH merkte, oh GOTT der Ranitzki will sei[n] Preis nicht ...* (Ausschnitt (4))
- *... und hab (–) im Grunde genomm (...) einfach gesagt so ah! Ok, dann: muss man's einfach selber machn* (Ausschnitt (3))
- *Aber ich hatte nie dieses Selbstwertgefühl von wegen (–) <<verstellte Stimme>ich bin eine tolle Schauspielerin. Ich MUSS das machn:, ich MUSS nach vorne:> ...* (Ausschnitt (5))

Der Subjektivierung und Dialogisierung dient auch die Verwendung des Pronomens 2.Sg. anstelle des Indefinitpronomens *man* für mehr oder weniger generische Statements (die oft faktisch dem Ausdruck des eigenen Denkens und Meinens dienen; vgl. Ausschnitt (4): *dann hast du ja kei[n] vorgeschrieb[n]nen Text*), die auch für viele andere europäische Sprachen beschrieben worden ist (vgl. Auer/ Stukenbrock 2018 mit weiteren Literaturhinweisen). Inzwischen kommt als weiteres Merkmal des deutschen Neo-Standards das „Beratungs-*ich*" dazu, das ebenfalls an die Stelle des alten *man* tritt. (Etwa: *Wenn ich jetzt die ersten Anzeichen von einer Erkältung habe, sollte ich mich dann auf den Corona-Virus testen lassen?* im Munde eines TV-Moderators als Frage an eine Expertin.)

---

[7] Dieser Wandel ist gut an den Reimen in der deutschsprachigen Popmusik zu verfolgen, vgl. etwa „Die fantastischen Vier": *Denn nur zusammen ist man nicht <u>allein</u>/Komm lass uns alles miteinander <u>teilen</u>/Denn nur zusammen ist man nicht <u>allein</u>/Komm lass 'n bisschen noch zusammen <u>bleiben</u>.* Alle unterstrichenen Wörter sind im Neo-Standard reimfähig. Die Verkürzung *lass uns > lass* dürfte noch Substandard sein.

Zu 4.: Schließlich gibt es lexikalische Merkmale des Neo-Standards, zu denen der Gebrauch von Anglizismen gehört (Eisenberg 2013). Sie bringen der Sprecherin den Prestigegewinn, den im alten Standard der lateinisch-griechisch basierte Bildungswortschatz verlieh. Dieser selbst stellt nach wie vor Ressourcen für produktive Verfahren der Wortbildung, löst sich aber immer mehr von der Etymologie und wird dadurch weiter nativisiert (vgl. zu *clippings*/Desegmentierung Harnisch 2004). Allerdings ist diese Gruppe von Merkmalen wohl für den geschriebenen Neo-Standard von größerer Bedeutung als für den gesprochenen.

Nicht typisch für den deutschen Neo-Standard sind Regionalismen und Substandardmerkmale wie etwa doppelte Verneinung, Relativsatzanschluss mit (*die*) *wo* oder Kasuszusammenfall. Die üblichen und seit langem fortschreitenden Sprachwandeltendenzen im Deutschen (etwa Abbau der nominalen Kasusflexion) sind aber vermutlich im Neo-Standard schon weiter fortgeschritten als im traditionellen Standard.

Natürlich ist der Neo-Standard keine klar abgegrenzte Varietät, sondern Sprecher haben die Möglichkeit, ihn mit Substandard-Elementen oder auch mit Merkmalen des traditionellen Standards zu vermischen.

Werfen wir einen Blick auf die drei anderen europäischen Länder, in denen von einem neuen Standard (Neo-Standard) die Rede ist, dann zeigt sich zunächst, dass die typischen, in der Diskussion immer wieder genannten Merkmale dafür recht unterschiedlich sind:

– In Dänemark entspricht das, was als der neue Standard bezeichnet wird, der gehobenen mündlichen Sprache in der Hauptstadt (*københavnsk*), in Opposition zum *rigsdansk*, dem alten Standard. Seine wesentlichen Merkmale sind phonologisch definiert.[8] Das am meisten untersuchte und salienteste Merkmal ist das sogenannte „flache a" (*flade a*). Der sprachhistorische Hintergrund ist hier die Spaltung von /a/ im alten Standard in zwei komplementär verteilte Kurzvokale, nämlich [æ] vor Alveolaren und am Silbenende und [a] in den übrigen Kontexten, die im frühen 20. Jahrhundert erfolgte. Aus diesem [æ] entwickelte sich dann in der Unterschicht die angehobene Variante [ɛ], das *flade a*, das zunächst sehr negativ bewertet wurde. Wie z. B. Gregersen/Maegaard/Pharao (2009) und Maegaard et al. (2013) nachweisen, ist dieses [ɛ]

---

[8] Man kann sich natürlich fragen, ob eine solche Einschränkung gerechtfertigt ist und der neue Kopenhagener Standard nicht auch Elemente auf anderen Ebenen umfasst. Zum Beispiel ist die Verwendung neuer Indefinitpronomen auch für das Dänische nachgewiesen (Jensen 2009). Die soziolinguistische Diskussion in Dänemark ist dadurch bestimmt, dass regionale Unterschiede außerhalb der Lautung kaum mehr existieren und daher grammatische Merkmale nur sehr selten im Fokus stehen.

im letzten Drittel des 20. Jahrhunderts in die neue Kopenhagener Standardvarietät (und daher in den Neo-Standard) des Dänischen aufgestiegen und hat von dort ausgehend den Rest des Landes erobert.[9]
- Den italienischen Neo-Standard beschreibt Berruto (2017) durch seine
  - mündliche Syntax (etwa Rechtsversetzungen, Linksversetzungen, Spaltsätze, Präsentationskonstruktionen wie *c'è un gatto che gioca nel giardino* statt einfach *il gatto gioca nel giardino*),
  - orate morphologische Formen (wie etwa die alleinige Verwendung des *passato composto* anstelle des *passato semplice*, oder den Gebrauch des *stare*-Gerunds: *sto vedendo un film*),
  - ehemals sanktionierte syntaktische Strukturen wie die Generalisierung des Komplementierers *che* als Relativpronomen auf neue Kontexte, etwa nach Temporalausdrücken (*il giorno que ti ho vista* anstelle *il giorno ... quando ...* im alten Standard),
  - den Ersatz der Pronomina *egli/ella, essi/esse* durch *lui/lei, loro* und die Verwendung von *gli* und *loro* anstelle des Dativ-Pronomens *le* (*le piaceva andare ...* statt *gli/(à) loro piaceva andare*) im Unterschied zum traditionellen Standard, in dem umgekehrt *gli* zunehmend *le* ersetzt hat,
  - den vermehrten Gebrauch von *averci* anstelle von einfachem *avere* (*ce l'hai le carote?* anstelle von *hai le carote?*),
  - syntaktische Lehnbildungen aus dem Englischen wie die Superlativkonstruktion mit Ordinalzahlen (*la seconda torre più alta del mondo* nach engl. *the second highest tower in the world*) oder die Konstruktion *grazie di ...* nach *thank you for* (etwa *grazie di venire al concerto*),
  - die Verwendung von *tipo* als Vagheitsmarker (entsprechend engl. *like*, dt. *so*, fr. *genre*), u. a.

Auch hier sind neben Innovationen auch Umstandardisierungen anzutreffen, die ihren Ursprung (wie in Dänemark) in der Sprache 'niederer Schichten' (*italiano popolare*) haben und aufgewertet wurden.
- Der in der belgischen Soziolinguistik heftig diskutierte Kandidat für einen Neo-Standard ist das sogenannte *tussentaal* ('Zwischensprache', also zwischen altem Standard und Dialekt) oder eine abgeschwächte Variante davon. Auch hier sind teils grammatische Merkmale typisch, die bisher als Substandardformen sanktioniert waren, wie etwa

---

[9] Die komplexen Entwicklungen in Kopenhagen am Ende des 20. Jahrhunderts werden hier ausgeblendet.

- die Pronominalformen *ge, gij* (mit stimmlosem initialen Frikativ), *u, uw* anstelle der alten std.-nl. Formen *je, jij, jou, jouw* (stimmhafter Frikativ),
- die Diminutivform *-ke* anstelle von *-je*,
- die Verdopplung des Subjunktors in *of dat* (anstelle von einfach *of*, dt. ‚ob': *Ik weet niet of dat hij komt*),
- das Indefinitpronomen *ne* anstelle von *een* (*een grote hond* vs. *ne groten hond*),
- die Tilgung des auslautenden /t/ in Funktionswörtern wie *niet* oder *wat*, etc.

3 Was ist ein Standard?

Für die weitere Diskussion ist es notwendig, den Begriff des Standards näher zu definieren. Ich habe an anderer Stelle vorgeschlagen (Auer 2005), dass drei Merkmale notwendig sind, damit man von einem Standard sprechen kann (damals bezogen auf den traditionellen Standard bzw. historische Standardisierungsprozesse). Eine bestimmte Sprachweise muss

- überregionale Geltung haben, also andere, regionale Sprechweisen ‚überdachen'; in der Regel verstehen sich diese Regionen als eine Nation, die aber nicht unbedingt über einen Nationalstaat verfügen muss (wie etwa das Beispiel Kataloniens zeigt). Eine Nation kann auch mehrere Standardvarietäten zulassen (vgl. Belgien, Schweiz, Finnland etc.). In diesem Sinn ist eine Standardvarietät also eine ‚Gemeinsprache' oder ‚Einheitssprache': Sprecher/-innen unterschiedlicher regional gebundener Sprechweisen (Dialekte) ‚einigen' sich auf eine gemeinsame, in bestimmten Situationen (z. B. der Interaktion zwischen Sprechern aus Regionen, die sich sonst nicht problemlos verständigen könnten, in der Schriftlichkeit, in nationalen Institutionen wie vor Gerichten oder im Parlament etc.) verbindliche Sprachform. Die gemeinsame Dachsprache kann sich historisch aus verschiedenen der überdachten Varietäten speisen (wie das im Deutschen der Fall war) oder dem Vorbild einer bestimmten Region folgen (in der Regel der Hauptstadt, wie z. B. Kopenhagen).
- Der Standard muss mit einem besonderen Prestige ausgestattet sein, eben als ‚beste Sprache' gelten. Als ‚beste Sprache' ist der Standard die ‚Hochsprache'. In der Regel ist dieses Prestige dadurch begründet, dass eine bestimmte Gruppe von Sprechern sich dieser Sprechweise bedient, die ihrerseits hohes gesellschaftliches Ansehen genießt. Im Deutschland des 18. und 19. Jahrhunderts war das das gebildete Bürgertum (nicht der Adel, nicht die bäuerlichen oder

Arbeiterschichten). Das Prestige des Standards ist das Ergebnis eines sprachideologischen Prozesses der Aufwertung bestimmter sprachlicher Formen und der Abwertung anderer. Zu dieser ideologischen Arbeit gehörte in Europa oft auch, dass die Standardformen mit dem Stil herausragender Dichter identifiziert und durch diesen begründet wurden (vgl. die Bedeutung von Goethes und Schillers Sprache im bürgerlichen Deutschland des 19. Jahrhunderts). Aber moderne Standards können sich natürlich an anderen Referenzgruppen orientieren als dem Bürgertum, deren Sprache nun als ‚die beste' definiert wird.

– Schließlich ist der Standard im weitesten Sinn durch Normen abgesichert. Diese Normen können durch staatlich beauftragte oder durch nicht-staatliche Institutionen (etwa Verlage) kodifiziert werden, sie können die gesamte Sprache erfassen oder auch nur Teile (besonders wichtig aus praktischen Gründen: die Orthographie). Wie Ammon (z. B. 2005) und in jüngerer Zeit auch die Sprachmanagementtheorie Prager Linguisten (vgl. Dovalil 2013, 2020) ausführlich dargelegt haben, gehören zur Normierung aber nicht nur – und nicht einmal notwendigerweise – Institutionen, sondern auch die normdurchsetzenden Agenten wie Lehrerinnen oder Sprachkritiker, Sprachberaterinnen der nationalen Rundfunk- und Fernsehanstalten, Mitglieder von Sprachräten (in Skandinavien) etc. Darüber wirkt die Norm des Standards über allseits akzeptierte Modellsprecher (man denke etwa für den alten Standard an die Nachrichtensprecher in den öffentlich-rechtlichen Fernsehanstalten).

Das Fehlen von Variation gehört hingegen nicht zu meinen Kriterien für einen Standard. Zwar ist in der Normorientiertheit wie auch in der überregionalen Gültigkeit des Standards implizit die Erwartung enthalten, dass im Standard nicht beliebig viele Formen und Ausdrucksweisen für dieselben sprachlichen Funktionen und außersprachlichen Referenten möglich sein sollten; Normierung bedeutet immer Reduktion der Möglichkeiten, und überregionale Verständigung ist ohne eine solche Reduktion oft auch nicht möglich oder zumindest erschwert. Andererseits ist keine Standardvarietät variationsfrei. Auch die alten Standards erlauben z. B. regionale Akzente (etwa verwendet der Sprecher des alten Standards in Ausschnitt (1) im Interview recht konsistent die ‚hanseatische' (alveolare) Aussprache des anlautenden Frikativs in <st>, <sp>). Häufig verzichten die normsetzenden Institutionen auf die vollständige Beseitigung von Varianten, die ohnehin kaum durchsetzbar wäre, oder die relevanten Standardsprecher fügen durch Innovationen dem Standard neue Varianten hinzu, die schließlich allgemein akzeptiert werden. Der Standard als real existierende Varietät ist zwar eine ‚gerichtete' Varietät, in der Variation in Richtung auf den Pol einer Norm orientiert ist, sie darf aber nicht mit der Norm gleichgesetzt werden, die lediglich ihr Fluchtpunkt ist. Die immer wieder zu hörende Auffassung, aus der faktisch beobachteten Variation in der Standardvarietät sei zu folgern, es sei „more appropriate to speak [...] of [...] a standard language as an idea in the mind rather than a reality" (Milroy/Milroy 1999, S. 19) verwechselt Standardvarietät und Standardnorm. Dabei erliegt sie der irreführenden Metapher des Begriffs ‚Standard' als abstrakter (in der Realität nicht zu erreichender) Messeinheit (wie etwa in ‚Standard-Kilo' oder der ‚Standard-Meter').

Aus der Bestimmung des Standards durch die drei genannten Kriterien ergibt sich umgekehrt auch, unter welchen Umständen man von einer Destandardisierung sprechen könnte:

– Destandardisierung läge vor, wenn es keine verbindliche überregionale Sprachform mehr gibt, also z. B. Formen des Bairischen oder Niederdeutschen im bairischen oder niederdeutschen Sprachgebiet die bundesdeutsche Standardvarietät aus der Position der überdachenden Sprechweise verdrängten. Im Fall des Deutschen lässt sich zwar feststellen, dass einige bisher vom (bundes)deutschen Standard überdachte Regionen dieses Dach verlassen und eigene Standards entwickelt haben (ein eindeutiges Beispiel ist Luxemburg, Österreich nebst Südtirol und die Schweiz sind zumindest auf dem Weg dorthin); auf dem deutschen Staatsgebiet ist jedoch der bundesdeutsche Standard mehr denn je als überregionale ‚Gemeinsprache' akzeptiert.

– Destandardisierung läge auch vor, wenn die Ideologie der ‚besten Sprache' grundsätzlich geschwächt wird, die frühere Standardvarietät also nicht mehr als prestigereicher als die Nicht-Standard-Formen, etwa die Dialekte, anerkannt wird und überhaupt die Vorstellung, dass eine Sprechweise ‚besser' als eine andere ist, verschwindet. Dieser Prozess ist für die deutschsprachige Schweiz kennzeichnend; Kristiansen (2016), der darin den Kern aller Destandardisierungsprozesse sieht, betrachtet auch Norwegen als ein Beispiel.[10] In der Schweiz verliert bekanntlich die gesprochene deutsche Standardsprache (trotz ihrer klar vom bundesdeutschen Standard unterschiedenen Form) immer mehr Domänen, meist an die Dialekte, gelegentlich auch an das Englische (nämlich in der Kommunikation zwischen Deutsch- und Welschschweizern). Noch wichtiger ist aber, dass damit ein massiver Prestigeverlust des Standards und ein Prestigegewinn der Dialekte einhergeht. In Deutschland wie auch in den anderen hier betrachteten Ländern ist das jedoch nicht der Fall; wie wir sehen werden, verschiebt sich hier das Prestige nicht auf die

---

10 Die norwegische Situation ist allerdings zumindest in Bezug auf Nynorsk anders, denn dieser Standard wurde von Anfang an nur geschrieben. Die am Bokmal orientierte, bürgerliche Stadtvarietät von Oslo scheint hingegen dem europäischen Normalfall eines gesprochenen Standards näher zu sein (vgl. Røyneland 2009).

Dialekte, sondern auf den Neo-Standard. Die Standardideologie selbst bleibt intakt.
– Schließlich könnte man von Destandardisierung sprechen, wenn einer Sprachgemeinschaft die normativen Institutionen und deren normdurchsetzenden Agenten sowie die beispielgebenden Modellsprecherinnen für den Standard abhanden kommen. Dies ist im Fall der Neo-Standards zumindest insofern nicht von der Hand zu weisen, als sich die Wege, auf denen er normiert wird, von denen des alten Standards unterscheiden: es sind weniger Institutionen und Codices (Wörterbücher, Grammatiken) wichtig als mediale Modellsprecher.

4 Sind die Kriterien für einen Standard auch auf die Neo-Standards anwendbar?

Anhand der drei Kriterien Überregionalität, Prestige und Normierung lässt sich nun fragen, ob die oben genannten Varietäten/Sprechweisen (neue) Standards sind und ob/wie sich die drei genannten Kriterien auf sie anwenden lassen.[11]

4.1 Überregionalität

Über die traditionellen Standardvarietäten der europäischen Nationalstaaten, so wie sie sich über Jahrhunderte herausgebildet haben (siehe Auer 2005), ist bereits viel geschrieben worden, so dass ich mich hier auf einige zentrale Punkte beschränken kann.

In Deutschland war die Schicht des gebildeten Bürgertums, die im späten 18. und im 19. Jahrhundert den emergenten mündlichen Standard trug, zunächst sehr klein. Anders als z. B. in Dänemark konnten sich diese Sprecher auch nicht an einem unmittelbar erfahrbaren Vorbild wie der Sprache am Hof in der Hauptstadt orientieren, sondern mussten die bereits etablierte geschriebene Standardsprache „oralisieren" (Schmidt/Herrgen 2011). Daraus resultierten schriftinduzierte

---

[11] Grondelaers/van Hout/van Gent (2016) beschäftigen sich ebenfalls mit diesen drei Kriterien und kommen zu dem Schluss, dass sie für die Definition der Neo-Standards grundsätzlich nicht brauchbar sind. Sie schlagen stattdessen andere Kriterien vor, die spezifisch die Neo-Standards erfüllen. Sie können auf dieser Argumentationsgrundlage allerdings nicht mehr belegen, dass es sich bei den neuen Standards überhaupt noch um Standards handelt. Hier gehe ich einen anderen Weg und will zeigen, dass die Kriterien durchaus für den alten wie den neuen Standard taugen (zumindest in Deutschland), allerdings unterschiedlich ausbuchstabiert werden müssen.

Aussprachen (wie z. B. die Realisierung von <ä> als /ɛː/ statt /eː/) und die Übertragung literater syntaktischer Strukturen in die gesprochene Standardsprache. Im nicht durch die Schrift reglementierten Bereich (und teils darüber hinaus) war der emergente mündliche Standard bis ins frühe 20. Jahrhundert hinein daher immer von den jeweiligen dialektalen Substraten geprägt, was seine Überregionalität einschränkte. Eine einheitliche Aussprache gab es deshalb lange nicht.

Ein schlagendes Beispiel für die dialektale Prägung der gesprochenen Standardvarietät selbst der gebildeten Schichten im Deutschland des späten 19. Jahrhunderts kommt aus der Dialektologie. Wie zuletzt von Ganswindt (2017) ausführlich dargestellt, war noch zu Zeiten der Wenkererhebung (also in den 1880er Jahren) im niederalemannisch-schwäbischen Raum die für die Normdurchsetzung so essenzielle Gruppe der Lehrer (Wenkers Hilfserheber) nicht in der Lage, die Graphien *i* vs. *ü* und *e* vs. *ö* entsprechend ihrem standardsprachlichen Lautwert korrekt zu verwenden, um die lokalen Dialektformen wiederzugeben. Dies zeigt sich an den entsprechenden Karten des Wenker-Atlasses, die ganz offensichtlich fehlerhaft sind. Daraus ist zu schließen, dass im gesprochenen, regionalen Standard der Lehrer die vorderen gerundeten und ungerundeten Vokale zu dieser Zeit immer noch in die ungerundeten Formen zusammenfielen. Rundungsschreibungen kommen daher auch zahlreich in einem Gebiet vor, von dem wir wissen, dass überall Entrundung herrschte. Kürzlich konnte Strobel (i. Ersch.) anhand der Auswertung einer 50 Jahre nach Wenker mit identischen Methoden durchgeführten indirekten Dialekterhebung von Friedrich Maurer im selben Dialektgebiet zeigen, dass Anfang der 40er Jahre des 20. Jahrhunderts dieses Problem weitgehend behoben war: Die Lehrer beherrschten nun die in der Standardaussprache gültige Opposition zwischen den beiden Lautreihen und konnten die Dialektformen korrekt mit dem Inventar der deutschen Graphien niederschreiben. Entsprechend reduziert sich die Zahl der Fehlschreibungen (<ü>, <ö>, <oi> o.ä.) im Entrundungsgebiet von 11% auf 3,6% für das Belegwort *heute*, von 30,2 auf 13.9% für das Belegwort *böse* sowie von 35% auf 16,1% für das Belegwort *(Apfel-)Bäumchen*. Die Abbildungen 1 und 2 zeigen das am Beispiel der Entrundungsschreibungen für *böse*.

In den unteren Schichten breiteten sich zwar im Lauf des 19. Jahrhunderts – bedingt durch den Ausbau des allgemeinen Schulwesens und die Bildungsmaßnahmen in der organisierten Arbeiterschaft – schriftsprachliche Kenntnisse des Standards soweit aus, dass zum Jahrhundertende in Deutschland fast die gesamte Bevölkerung alphabetisiert war; der mündliche Standard dürfte in diesen Schichten aber in dieser Zeit höchstens eine zeremonielle und/oder deklamatorische (für die Umsetzung konzeptionell schriftlicher Texte ins Medium der gesprochenen Sprache geeignete) Rolle gespielt haben. Die gesprochene Alltagssprache war für sie identisch mit dem Dialekt – jedenfalls soweit diese Dialekte nicht schon damals im Zug der Industrialisierung (u. a. in Sachsen, Ruhrgebiet, Berlin) durch Ausgleichsdialekte und urbane Substandardvarietäten, die sich aus verschiedenen Quellen speisten, verdrängt wurden.

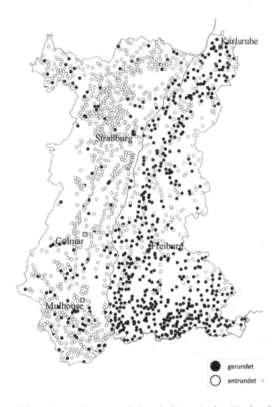

Abb. 1: Entrundung von mhd. *oe* in *bösen* in den Wenker-Daten (WA 184, nur Monophthonge), aus Strobel (i. Ersch.). Im gesamten rechtsrheinischen Gebiet nördlich des hier nicht identifizierbaren traditionellen Rundungsgebiets kommen zahlreiche Rundungsgraphien vor

Da die Dialekte die quasi natürlich gesetzte mündliche Sprache waren, wurden in der linguistischen Diskussion selbst regional nicht gebundene Merkmale der Alltagssprache wie selbstverständlich als Dialektmerkmale verstanden (vgl. Auer 2004); etwa wenn Adolf Bach noch in den 1930er Jahren vom „geistig-seelischen Gehalt der Mundart" spricht und darunter „Gefühlsbetonung", „Neigung zu bildhaften Vergleichen", „Übertreibungen", „enumerative Redensweise", „Kürzungen" und vieles mehr fasst (Bach 1934). Ein Beispiel ist die doppelte Verneinung, die in allen Dialekten vorkommt, also gerade nicht regional gebunden ist, trotzdem aber als Dialektmerkmal eingestuft wurde.

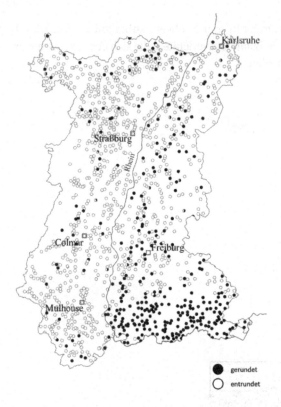

Abb. 2: Entrundung von mhd. *oe* in den Maurer-Daten (nur Monophthonge). Das südliche zusammenhängende Gebiet mit Rundungsgraphien entspricht dem faktischen Rundungsgebiet. Nur vereinzelt kommen nördlich davon noch Rundungsgraphien vor (aus Strobel i. Ersch.)

Im 20. Jahrhundert erwies sich dann allerdings das große Projekt der Durchsetzung einer regional ungebundenen, gesprochenen Einheitssprache in Deutschland als enorm erfolgreich. In Deutschland gibt es heute zwar weiter lebendige Regionaldialekte, aber auch deren Sprecher und Sprecherinnen verfügen alle zusätzlich über die gesprochene Standardvarietät, auch wenn sie in ihrem Leben eine unterschiedlich große Rolle spielen mag und sie sie zu unterschiedlichen Graden beherrschen. Mattheier hat 1997 den Begriff der Demotisierung des Standards eingeführt, um diesen Prozess der Durchsetzung der Standardvarietät in allen sozialen Schichten zu bezeichnen. Demotisierung des Standards bedeutet nicht nur, dass der gesprochene Standard für alle zugänglich ist, sondern auch, dass er immer mehr Domänen des Dialekts übernimmt, was schließlich zur Auflösung der früheren Koppelung von Dialekt und Alltagssprache führt. Heute ist für einen wachsenden Teil der Deutschen eine kaum noch oder gar nicht mehr regional gebundene ‚Gemeinsprache' sogar die einzige Varietät, die sie – bereits als Erstsprache – erwerben und die für sie alle Bereiche des sprachlichen Haushalts abdeckt. Für diese Sprecher und Sprecherinnen genügt bereits die Verwendung weniger salienter Dialektmerkmale, um jemand als Dialektsprecher einzustufen, und schon leichte Dialektalität führt zu Verständnisschwierigkeiten. Die Toleranz für dialektale Abweichungen von der nationalen Norm geht zurück. Der Verlust dialektaler Ausdrucksformen wird durch größere vertikale Variabilität innerhalb des nicht-dialektalen Repertoirebereichs kompensiert: Je mehr die Dialekte aus dem Alltag verschwinden, umso flexibler muss die ‚Gemeinsprache' sein, um in sehr unterschiedlichen Situationen – von formell über familiär bis intim – einsetzbar zu sein (Willemyns 2007). Methodisch führt dies in der soziolinguistischen Forschung dazu, dass innerhalb dieser ‚Gemeinsprache' sprachliche Formen, die noch als Standard gelten, von solchen abzugrenzen sind, die als (nicht regional gebundener) Substandard bewertet werden müssen.

Der Rückgang der dialektalen Substrateinflüsse im deutschen Standard ist vielfältig belegt. Ich verweise stellvertretend auf Lameli (2004), der die Redebeiträge in Stadtratssitzungen in Mainz und Neumünster in den End-50er und Mitt-90er Jahren des letzten Jahrhunderts miteinander verglichen hat und bei ortsgeborenen Sprechern und Sprecherinnen in Mainz einen deutlichen Rückgang der dialektalen Formen feststellen konnte. (In Neumünster waren die Dialektalitätswerte schon in den 1950er Jahren sehr niedrig.) Für Südwestdeutschland berichtet Spiekermann (2008) ähnliche Ergebnisse (siehe auch Auer/Spiekermann 2011). Hier wurden die als Standardsprecher eingestuften Sprecher und Sprecherinnen im sogenannten Pfeffer-Corpus von 1961 mit Interviewdaten von jungen Lehrerkräften und Lehramtsstudierenden aus den Jahren 2001–2003 verglichen. Auch Spiekermann konnte einen massiven Rückgang der dialektalen Formen feststellen, der von einem ebenso deutlichen Zuwachs nicht-dialektaler Reduktionsformen begleitet war. Es fand also eine „Verumgangssprachlichung" (*vernacularization*, Coupland 2014a) statt, die typisch für den neuen Standard ist.

Auch heute noch wird von den Deutschen die Standardsprache zuallererst als eine Sprache verstanden, die frei von dialektalen oder regionalen Merkmalen ist. Interessant sind in diesem Zusammenhang die Ergebnisse einer Untersuchung zu Selbstkorrekturen im „Deutsch heute"-Korpus (Deppermann/Knöbl 2018): In der Situation des Interviews mit einem fremden Linguisten, also einer Situation, die den Standard fordert, korrigierten Abiturienten und Abiturientinnen ihre eigene Sprache (wenn man von Versprechern absieht) fast ausschließlich in Bezug auf Dialektalismen: Standard ist, wenn man Dialektalismen vermeidet.

Der Rückgang dialektaler Substratformen im mündlichen Standard bedeutet natürlich nicht, dass regionale Ausprägungen des Standards (Regionalstandards) völlig verschwunden wären; es bleiben neben lexikalischen vor allem phonetische und mikrophonetische Unterschiede bestehen, in Bereichen wie Aspiration, Stimmhaftigkeit, *r*-Realisierung (insbesondere verschiedene Vokalisierungsprozesse vor Koda-Konsonanten), Reduktionsgrad des Schwa u. Ä. Die regionale Variation folgt allerdings nicht unbedingt den traditionellen Grenzen der Dialekte, wie Deppermann/Kleiner/Knöbl (2013) z. B. anhand der Variation zwischen offenem und geschlossenem vorderem /eː/~/ɛː/ oder der Frikativrealisierung von auslautend /g/ nach /i/ zeigen.

Wir können also festhalten, dass der neue deutsche Standard mehr noch als der traditionelle eine ‚Gemeinsprache' ist, die frei von Dialektalismen ist. Gilt das auch für die anderen betrachteten Länder?

Der faktisch gesprochene italienische Standard war wie der deutsche immer von einem erheblichen Maß an regionaler Formenvariation gekennzeichnet; weder der florentinische noch der römische noch der milanesische Standard konnte sich in der Phonologie vollständig durchsetzen. Beispiele in der Phonologie sind z. B. die Variation im Öffnungsgrad der mittleren Vokale (/e/ vs /ɛ/, etwa röm. /šendo/ vs. florent. /šendo/ oder milan./neapol. /vjeni/ vs. florent. /vjɛni/); die Variation zwischen Affrikate und /s/ vor Sonorkonsonant wie in (eher) nord-ital. /mɛnsa/ und (eher) süd-/mittelital. /mɛntsa/; die Variation zwischen geminiertem und nicht-geminiertem /r/ (Rom, Lazio, Toskana /gwɛra/ vs. sonst /gwɛrra/); der Einsatz des *radoppiamento sintattico* und viele andere (vgl. Crocco 2017). Bewertungsexperimente (de Pascale/Marzo/Speelmann 2017) suggerieren allerdings, dass Unterschiede zwischen dem Prestige der einzelnen regionalen Standards bestehen und vor allem die Milaneser Standardvarietät eine gewisse Führungsposition beanspruchen kann. Betrachtet man den italienischen Neo-Standard, so weisen italienische Soziolinguisten darauf hin, dass diese Toleranz für regionale Variation im Vergleich zum alten Standard gestiegen ist – was wohl bedeutet, dass man hier von einer tendenziellen Destandardisierung in Bezug auf mein erstes Merkmal für Standards sprechen muss. In diesem Punkt unterscheidet sich die italienische Entwicklung also von der deutschen, wo umgekehrt ein Rückgang der Regionalismen und Dialektalismen zu beobachten ist, also keine Destandardisierung.

In Dänemark hat die Demotisierung des Standards früher begonnen und ist weit stärker vorangeschritten als in Deutschland, Italien oder Belgien (vgl. als Überblick Pedersen 2005). *Rigsdanks*, der alte Standard, hat sich nach dem zweiten Weltkrieg so massiv durchgesetzt, dass heute höchstens noch im äußersten Norden und Süden Jütlands sowie in Resten auf Bornholm Dialekte gesprochen werden (Maegaard et al. (Hg.) 2020). Im restlichen Gebiet weisen höchstens noch phonetische (oft prosodische) Akzentmerkmale auf die regionale Herkunft der Sprecher und Sprecherinnen hin. Pedersen (2005, S. 178) zitiert den dänischen

Linguisten P.K. Thorsen (1929, S. 152), der schon Anfang des 20. Jahrhunderts schrieb (Übersetzung I. Pedersen): „It could be claimed that the movement that has created, and is still creating modern common spoken Danish is nothing other than a constant battle between written language and Copenhagen dialect". Das gilt für den traditionellen Standard, der ursprünglich auf eine in Kopenhagen gesprochene Form des geschriebenen Standard-Dänisch zurückgeht, aber auch für den neuen Standard, der sich ab den 1970er Jahren erneut aus der in Kopenhagen gesprochenen Sprache entwickelte – diesmal allerdings, wie oben ausgeführt, aus der Arbeitersprache. Er ist inzwischen im ganzen Land eine zweite ‚beste Sprache' (s. unten) neben dem alten Standard. Dialektale Substrat-Merkmale spielen weder im alten noch im neuen Standard eine Rolle, auch wenn zumindest der neue Standard immer noch mit der Stadt Kopenhagen assoziiert wird.

Im flämischsprachigen Teil Belgiens wurde das Niederländische erst in den 1920er Jahren allmählich zur alleinverbindlichen Staatssprache (vorher war Französisch die einzige bzw. seit 1898, als Niederländisch den Status einer offiziellen Sprache erhielt, die dominante Staatssprache; vgl. Grondelaers/van Hout/Speelmann 2011, S. 201). Dabei schloss man sich der in den Niederlanden geltenden Norm an. Dies bedeutet, dass die offizielle Norm keinerlei flämische Dialektmerkmale enthalten konnte. Grondelaers und Kollegen vertreten die These, dass sich *tussentaal* mit seinen typisch belgischen Merkmalen notwendigerweise aus dem Rückgang der Dialekte und der daraus resultierenden Notwendigkeit einer informellen Alltagssprache in Belgien entwickeln musste. Diese neue Varietät scheint nämlich dort entstanden zu sein, wo die Dialekte am frühesten verschwanden (Willemyns 2007). Laut Ghyselen/Delarue/Lybaert (2016) wird *tussentaal* inzwischen überall in Belgien als (neuer) Standard anerkannt und emanzipiert sich vom alten niederländischen Standard; es wird nicht mehr mit einem der belgischen Dialektgebiete assoziiert. Dem entsprechen die von De Caluwe (2009) vorgestellten Ergebnisse einer Studie zur Verbreitung ausgewählter *tussentaal*-Merkmale in Gesprächen zwischen jungen Sprechern und Sprecherinnen in Belgien (geboren um 1980, zum Erhebungszeitpunkt um die 20), die aufgefordert wurden, sich im Standard über ein beliebiges Thema zu unterhalten. Die *tussentaal*-Formen waren bereits damals in allen Provinzen außer West-Flandern in der Überzahl (siehe Abb. 3).

Insgesamt lässt sich sagen, dass nur in Italien eine verstärkte Toleranz gegenüber regionalen/dialektalen Formen im Neo-Standard berichtet wird. In Belgien und Dänemark werden Formen, die ursprünglich mit bestimmten Teilen des Landes assoziiert wurden, zunehmend in der gesamten Sprachregion als neuer Standard anerkannt.

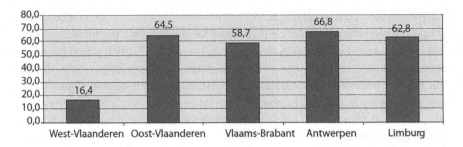

Abb. 3: Mittelwerte der *tussentaal*-Variablen *ge*- statt *je*-Pronomen, Diminutiv -*ke* statt -*je*, attr. Adjektivflexion und *om dat*-Verdopplung (aus De Caluwe 2009)

4.2 Prestige und ideologische Bedeutung des Standards

Ein Standard zeichnet sich jedoch nicht nur durch seine Überregionalität aus, sondern noch viel mehr durch sein Prestige und seine ideologische Bedeutung.

Zunächst kann man nicht genug betonen, dass der alte Standard in Deutschland, Dänemark und Italien von Anfang an weit mehr war als nur ein technisches Mittel zur Steigerung der kommunikativen Effizienz und der problemlosen Verständigung zwischen den verschiedenen Dialektregionen. Er war Symbol der nationalen bzw. (teils erst späteren) nationalstaatlichen Einheit. Die Idee der Nation war eine bürgerliche Idee, und die Standardsprache dementsprechend ein Distinktionsmerkmal des Bürgertums, das dadurch seine führende Rolle in Staat und Gesellschaft gegen die unteren Schichten begründen und Autorität und Macht aus der Beherrschung und Verwendung des Standards ableiten konnte. Der Erfolg der Standardisierung auch der mündlichen Sprache wurde durch den Aufstieg anderer bürgerlicher Institutionen wie Wissenschaft (Universitäten) und Kunst (besonders dem Theater, vgl. den deutschen Begriff der ‚Bühnenaussprache') gefördert, für die wiederum die Existenz einer solchen Standardsprache als unabdingbar galt. So ist es nicht verwunderlich, dass die sein Prestige begründenden Eigenschaften des Standards den Werten entsprachen, für die auch das Bürgertum stand: Kontrolle von Emotionen, Rationalität, Explizitheit, Autonomie (des Sprechers), Distinktion und Bildung, Differenziertheit der Darstellung und entsprechende Komplexität. Es gehört zur ideologischen Konstruktion des Standards, dass der mit der Beherrschung des Standards verbundene Distinktionsgewinn des Bürgertums naturalisiert, also mit inhärenten Eigenschaften dieses Standards begründet wurde.

Dies gilt für drei der hier zur Debatte stehenden vier Länder (Dänemark, Deutschland und Italien). Nur in Belgien war die Sprache des Bürgertums, das das Land 1830 in die Unabhängigkeit führte, auch im flämischsprachigen Landesteil das Französische. Und selbst als ab 1889 das Niederländische in Belgien mehr und mehr als zweite offizielle Staatssprache anerkannt wurde, konnte es nicht zum sprachlichen Symbol der flämischen (oder belgischen) Nation werden, denn die Varietät des Niederländischen, die als Standard anerkannt wurde, war ja von außen (aus den Niederlanden) importiert.

Die national(staatlich)e Ideologie, die mit den alten europäischen Standardvarietäten verbunden war, ist auch heute nicht verschwunden; sie ist zum Beispiel ein essenzieller Teil des *nation building* nach dem Zerfall Jugoslawiens oder in der Ukraine gewesen. Überdies ist sie die treibende Kraft hinter der Auflösung übernationaler Normzentren und damit verantwortlich für die heutige sogenannte Plurizentrik des Deutschen (mit drei Normen des deutschen Standards in Deutschland, Österreich und der Schweiz) sowie zunehmend auch des Niederländischen (mit divergierenden Normen in den Niederlanden und Belgien).

Die Demotisierung des Standards und die Herausbildung neuer Standards bedeutete auch eine Abkehr von diesem bürgerlichen Wertekomplex, der mit den alten Standards verbunden war. Der neue Standard bezieht sein Prestige gerade im Kontrast dazu daraus, dass er (bzw. seine Sprecher und Sprecherinnen) modern, cool, persönlich, spontan und urban klingt. Die umfangreichsten experimentellen Untersuchungen zu diesem veränderten Wertekomplex stammen aus Dänemark. Dort hat Tore Kristiansen (vgl. etwa Kristiansen 2001, 2009) das Prestige des alten Standards (*rigsdansk*), des neuen Standards (*københavnsk*) und phonetisch definierter regionaler Standardvarietäten in verschiedenen Teilen des Landes getestet. Schüler und Schülerinnen im Alter von ca. 16 Jahren wurden an verschiedenen Orten zunächst in einem *label ranking task* danach gefragt, wie gut ihnen diese Varietäten des Dänischen gefallen. Es zeigte sich überall, dass die lokale Varietät des Standards (vermutlich die der nächstgelegenen größeren Stadt als lokalem Normzentrum) am besten bewertet wurde, gefolgt vom alten Standard; der neue Standard schnitt hingegen durchweg relativ schlecht ab. Dieser Test zeigt das ‚offizielle' (overte) Prestige der jeweiligen Varietäten, das einerseits regionales Selbstbewusstsein, andererseits die andauernde Akzeptanz des traditionellen Standards belegt.

In einem zweiten Schritt wurden dann mittels einer Form des semantischen Differenzials Stimmen bewertet, die diese Varietäten repräsentierten, ohne dass die Schüler/-innen wussten, woher die Sprecher kamen. Daraus ergab sich ein ganz anderes Bild, das das versteckte Prestige des neuen Standards (*københavnsk*) erkennen lässt.

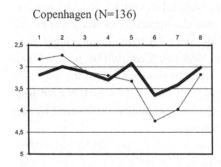

Superiority
1. intelligent–stupid
2. conscientious–happy-go-lucky
3. goal-directed–dull
4. trustworthy–untrustworthy

Dynamism
5. self-assured–insecure
6. fascinating–boring
7. cool–uncool
8. nice–repulsive

Abb. 4: Bewertung des alten und neuen Standards in Kopenhagen durch Jugendliche (dicke Linie: neuer Standard, dünne Linie: alter Standard) (aus: Grondelaers/Kristiansen 2013)

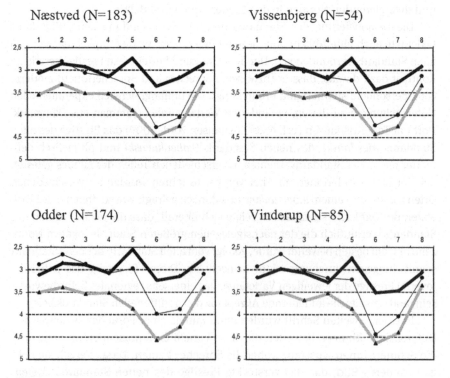

Abb. 5a–d: Bewertung des alten und neuen Standards in vier dänischen Kleinstädten durch Jugendliche: Næstved auf Seeland, Vissenbjerg bei Odense auf Funen, Odder bei Århus in Ost-Jütland und Vinderup in Nordwest-Jütland (dicke Linie: neuer Standard, dünne Linie: alter Standard, graue Linie: regionaler Standard) (aus: Grondelaers/Kristiansen 2013)

Betrachten wir zunächst die Jugendlichen aus Kopenhagen selbst (Abb. 4). Für sie sind zwar die Sprecher/-innen des alten Standards noch leicht ‚intelligenter' und ‚gewissenhafter' als die des neuen Standards (was bedeutet, dass der alte Standard durchaus nicht nur ein offenes, sondern auch ein verstecktes Prestige hat), die Sprecher/-innen des neuen Standards werden jedoch auf diesen Skalen schon fast so gut bewertet wie die des alten Standards. Auf den Skalen der Dynamismus-Dimension schnitten sie hingegen deutlich besser ab als die des alten Standards: Sie klingen ‚selbstsicherer', ‚faszinierender', ‚cooler' und ‚netter'.

Soweit ließe sich das Ergebnis noch durch den Lokalpatriotismus der Kopenhagener erklären. Nimmt man nun jedoch die Ergebnisse aus den anderen Erhebungsorten hinzu, zeigt sich, dass dieselbe Bewertung landesweit gilt (vgl. Abb. 5).

Daraus ist zu folgern: Alter und neuer Standard sind beide noch gültig, sie unterscheiden sich aber darin, warum sie als ‚beste Sprache' gelten, d. h. welche Eigenschaften jemand zugeschrieben werden, der diese ‚beste Sprache' spricht. Der alte Standard wird durch die Opposition zum neuen, in die er nun getreten ist, heute allerdings anders bewertet als früher: Die *rigsdanks*-Aussprache [æ] wird als „posh" eingestuft, weil sie in Opposition zur Aussprache [ɛ] im neuen Standard steht (Kristiansen 2016, S. 107).

Ähnliche Tests sind auch in Belgien für *tussentaal* gemacht worden, haben dort jedoch die Hypothese eines versteckten Prestiges nicht im selben Sinn bestätigen können. Grondelaers/van Hout/Speelman (2016) betonen zwar die neuen Werte, die mit *tussentaal* im Kontrast zum gesamtniederländischen alten Standard verbunden sind: Anstelle von Status vermittele der Neo-Standard Egalität und Solidarität, anstelle von Konformität ‚Widerstand' („insurrection", so Plevoets 2009); *tussentaal* habe „young, even somewhat rebellious, connotations" (van Gijsel/Geeraerts/Speelman 2008; zit. nach Grondelaers/van Hout/Speelman 2011, S. 206). Das Prestige des alten und (potenziell) neuen Standards ist allerdings komplementär: Nach Vandekerckhove/Cuvelier (2007) wird der alte (gesamtniederländische) Standard auf der Macht/Kompetenz-Dimension deutlich höher eingeschätzt, *tussentaal* hingegen auf der Solidaritätsdimension. Eine andere Studie (Impe/Speelman 2007) zeigt, dass den *tussentaal*-Sprechern zwar hohe ‚Attraktivität', aber niedriger ‚Status' zugeschrieben wird. In einer Studie, die lediglich regionale flämische Sprechweisen und *tussentaal* verglich (also das alte Standard-Niederländische ausschloss), fanden Grondelaers/Speelman (2013), dass die nichtstandardkonformen morphologischen Merkmale in *tussentaal* sowohl auf der Superioritäts- als auch auf der Dynamismus-Dimension deutlich schlechter bewertet wurden, während flämische Lexik zwar auf der Dynamismus-Dimension positiver, auf der Superioritäts-Dimension allerdings ebenfalls negativer bewertet wurde. Im Vergleich zum Dänischen ist es also fraglich, ob *tussentaal* in Bezug auf sein Prestige als Standard eingeschätzt wird. Besonders seine grammatischen

Merkmale sind immer noch stark stigmatisiert. Eine Varietät, deren Sprecher und Sprecherinnen zwar als ‚cool', nicht aber als ‚kompetent' und ‚vertrauenswürdig' eingestuft werden, lässt sich wohl nicht als ‚beste Sprache' bezeichnen: Wäre es so, müssten auch viele Substandard-Varietäten (z. B. Multi-Ethnolekte) als Standard eingestuft werden, denn sie teilen dieses Prestige (wofür Grondelaers/van Hout/van Gent 2016 auch konsequenterweise plädieren).

4.3 Normierung

Die Kodifizierung eines emergenten Nationalstandards in Form von Normbüchern (Codices), also präskriptiven Grammatiken und Wörterbüchern, ist zumindest in der Anfangsphase der Standardisierung unumgänglich, weil der Standard faktisch nur von wenigen Menschen gesprochen und muttersprachlich beherrscht wird. Es sind also Nachschlagwerke nötig, um den willigen Nutzern die Entscheidung zwischen Standard und Substandard zu ermöglichen. Schon Hermann Paul weist aber darauf hin, dass Standardvarietäten, die auf solche externen Codices angewiesen sind, immer etwas Künstliches haben (Paul 1920, Kap. XXIII zur „Gemeinsprache"). Sobald Standardsprachen demotisiert sind, verlieren die Codices an Bedeutung, zumal wenn sie sich auf eine Beschreibung des faktisch Vorhandenen (‚Gebrauchsstandard') zurückziehen und damit das Bedürfnis der Nutzer nach eindeutigen Handlungsanweisungen nicht bedienen.

Wichtiger als Codices sind für eine Standardvarietät schon seit fast 100 Jahren die Modellsprecher, die seit dem Siegeszug von Rundfunk und Fernsehen als Norm-Vorbilder wirken. Bis in die 1960er und 1970er Jahre gehörte es zum Bildungsauftrag der staatlichen Rundfunk- und Fernsehanstalten in allen hier betrachteten Ländern, den (traditionellen) Standard zu verbreiten und auf normgerechte Sprache zu achten. Rundfunk und Fernsehen spielten so bei der Demotisierung des Standards eine herausragende Rolle, besonders seit die in der Anfangsphase noch aus dem Theater und der politischen Propaganda (Reden auf freien Plätzen) übernommenen Hyperartikulationen verschwanden. Besonders wichtig waren die öffentlich-rechtlichen Rundfunkanstalten in Belgien, wo ja der mündliche Standard von außen importiert worden war und überhaupt nur deshalb bekannt werden konnte, weil er seit 1930 im *Vlaamse Radio en Televisie* zu hören war. Überall in Europa wurden die Sprecher und Sprecherinnen geschult, und die so ‚zur Schau gestellte' Standardvarietät war entsprechend relativ variationsfrei.

Auch die neuen Standards verdanken ihre Existenz, ihre Verbreitung und ihr Prestige ihrer medialen Präsenz. Untersuchungen belegen zum Beispiel, dass das „flache a" des dänischen Neo-Standards seit ca. 50 Jahren in den Medien auf dem Vormarsch ist und heute die normale Aussprache selbst bei Nachrichtensprechern darstellt (Thøgersen 2012, zit. nach Kristiansen 2016, S. 82). Dabei spielte die Zulassung privater Sender sicher eine Rolle. Der Popularisierung der Sendeformate entspricht die Verwendung eines demotisierten Standards, der niemand ausschließen und keine Verständnisbarrieren aufbauen will. Sie fördert eine sichtbar mündliche, lebendige und leicht zu prozessierende Sprache, die dem Bestreben dieser Medien entspricht, eine ‚persönliche' Beziehung zu den Zuschauern aufzubauen und sie emotional zu involvieren (vgl. Faircloughs 1994 Begriff der „conversationalization of public discourse"). Die Art und Weise, wie heute im deutschen Radio und Fernsehen sowie ihren Ablegern in den neuen Medien von professionellen, d. h. in Medienauftritten geschulten Menschen gesprochen wird, erscheint entsprechend auch recht uniform.[12] Wie man klingen will, darüber scheint relativ große Einigkeit zu herrschen – eben so wie in den Beispielen (2)–(5), sicherlich nicht mehr so wie in Beispiel (1).

5 Fazit

Im Überblick kann man die diskutierten Kandidaten für einen Neo-Standard in Deutschland, Belgien, Dänemark und Italien wie folgt zusammenfassen (vgl. Tab. 1):

Tab. 1: Die neuen Standards in Deutschland, Belgien, Italien und Dänemark im Überblick, auf der Grundlage der bisherigen Untersuchungen im jeweiligen Land. Angaben in Klammern bedeuten, dass die Merkmale bisher nicht systematisch untersucht wurden

	DL	DK	I	B
Überregionalität	ja	ja	eingeschränkt	ja (außer W-Flandern?)
kovertes Prestige	(ja)	ja, für Superiorität und Dynamik	(ja)	auf Dynamik-Dimension beschränkt
overtes Prestige	(?)	nein	(?)	nein

---

[12] Das gilt natürlich nur für die professionellen Sprecher/-innen der Institutionen sowie ihre ebenso professionellen Gäste, die als Experten, Talkshow-Teilnehmerinnen und Interviewpartner auftreten, nicht für die ‚Laien', die in Reality-TV-Shows o. Ä. vorgeführt werden.

	DL	DK	I	B
Norm durch	Modellsprecher, besonders Medien	Modellsprecher, besonders Medien	Modellsprecher, besonders Medien	Modellsprecher, besonders Medien
Historische Assoziation mit einer Region	nein	ja, Kopenhagen	nein	unklar, evtl. Brabant, O-Flämisch?
betroffene Strukturebenen	alle	v.a. Phonologie	alle	alle
Abgrenzung von Substandard?	unproblematisch	unproblematisch	teils schwierig	schwierig
Variabilität	gering	sehr gering	beträchtlich	beträchtlich

Anders als das flämische *tussentaal* und der italienische Neo-Standard ist der neue deutsche Standard noch weniger als der alte von dialektalen Substratmerkmalen gekennzeichnet; er wird außerdem mit keiner bestimmten Region assoziiert und ist für das ganze Land gültig. Er setzt also den seit einem Jahrhundert andauernden Prozess der Demotisierung der gesprochenen deutschen Standardsprache und deren Loslösung von regionalen oder gar dialektalen Sprachformen fort. Andererseits enthält der neue Standard aber (erneut anders als in Belgien oder Italien) auch keine Merkmale, die früher (bzw. teils noch heute) mit dem Substandard assoziiert und entsprechend sanktioniert waren. Sein kovertes Prestige auf der Kompetenz/Status-Dimension dürfte aus diesen beiden Gründen ähnlich hoch sein wie das des dänischen Neo-Standards. Keines der drei Kriterien für Destandardisierung, die in Abschnitt 3 genannt wurden, lassen sich auf ihn anwenden: Er ist überregional, hat (vermutlich[13]) ein hohes kovertes Prestige und wird durch eine homogene Gruppe von medial präsenten Normsprechern als Vorbild öffentlich zugänglich gemacht. All das spricht für die Annahme eines deutschen Neo-Standards.

Warum handelt es sich bei den europäischen Neo-Standards nicht um einfachen Sprachwandel innerhalb des weiter existierenden einzigen Standards? Der entscheidende Punkt ist, dass sich neuer und alter Standard nicht nur in Bezug auf die sprachlichen Formen unterscheiden, sondern auch in Bezug auf ihre Bewertung. Wir haben es also im Sinn von Coupland (2014b) mit einem „sociolin-

---

[13] Untersuchungen, die analog zum Dänischen das versteckte Prestige des Neo-Standards in Deutschland überprüfen würden, gibt es leider nicht.

guistic change" (im Gegensatz zu einem einfachen „linguistic change") zu tun. Diese attitudinale Neuorientierung wird unmittelbar von den sprachlichen Phänomenen reflektiert, die den neuen Standard auszeichnen. Beide sind untrennbar.

Literatur

Ammon, Ulrich (2005): Standard und Variation: Norm, Autorität, Legitimation. In: Eichinger, Ludwig M./Kallmeyer, Werner (Hg.): Standardvariation. Wie viel Variation verträgt die deutsche Sprache? (= Jahrbuch des Instituts für Deutsche Sprache 2004). Berlin/New York: De Gruyter, S. 28–40.
Auer, Peter (1981): Zur indexikalitätsmarkierenden Funktion der demonstrativen Artikelform in deutschen Konversationen. In: Hindelang, Götz/Zillig, Werner (Hg.): Sprache: Verstehen und Handeln. (= Linguistische Arbeiten 99). Tübingen: Niemeyer, S. 301–310.
Auer, Peter (2000): On-line-Syntax – Oder: was es bedeuten könnte, die Zeitlichkeit der mündlichen Sprache ernst zu nehmen. In: Sprache und Literatur in Wissenschaft und Unterricht 85, S. 43–56.
Auer, Peter (2004): Non-standard evidence in syntactic typology – methodological remarks on the use of dialect data vs. spoken language data. In: Kortmann, Bernd (Hg.): Dialectology meets typology. Dialect grammar from a cross-linguistic perspective. (= Trends in Linguistics. Studies and Monographs 153). Berlin/New York: De Gruyter, S. 69–92.
Auer, Peter (2005): Europe's sociolinguistic unity, or: a typology of European dialect/standard constellations. In: Delbecque, Nicole/van der Auwera, Johan/Geeraerts, Dirk (Hg.): Perspectives on variation. Sociolinguistic, historical, comparative. (= Trends in Linguistics. Studies and Monographs 163). Berlin/Boston: De Gruyter, S. 7–42.
Auer, Peter (2018): The German neo-standard in a European context. In: Stickel, Gerhard (Hg.): National language institutions and national languages. Contributions to the EFNIL Conference 2017 in Mannheim. Budapest: Hungarian Academy of Sciences, Research Institute for Linguistics, S. 37–56.
Auer, Peter/Spiekermann, Helmut (2011): Demotisation of the standard variety or destandardisation? The changing status of German in late modernity (with special reference to south-western Germany). In: Kristiansen/Coupland (Hg.), S. 161–176.
Auer, Peter/Stukenbrock, Anja (2018): When 'you' means 'I': the German 2nd ps.sg. pronoun *du* between genericity and subjectivity. In: Open Linguistics 4, 1, S. 280–309.
Bach, Adolf (1934): Deutsche Mundartforschung: Ihre Wege, Ergebnisse und Aufgaben. (= Germanische Bibliothek, Abteilung 1, Reihe 1, Grammatiken 18). Heidelberg: Winter.
Berruto, Gaetano (1987): Sociolinguistica dell'italiano contemporaneo. (= Studi superiori NIS 33). Rom: Carocci editore.
Berruto, Gaetano (2017): What is changing in Italian today? Phenomena of restandardization in syntax and morphology: an overview. In: Cerruti/Crocco/Marzo (Hg.), S. 31–60.
Cerruti, Massimo/Crocco, Claudia/Marzo, Stefania (Hg.) (2017): Towards a new standard. Theoretical and empirical studies on the restandardization of Italian. (= Language and Social Life 6). Berlin/Boston: De Gruyter Mouton.
Crocco, Claudia (2017): Everyone has an accent. Standard Italian and regional pronunciation. In: Cerruti/Crocco/Marzo (Hg.), S. 89–117.

Coupland, Nikolas (2014a): Sociolinguistic change, vernacularization and broadcast British media. In: Androutsopoulos, Jannis (Hg.): Mediatization and sociolinguistic change. (= Linguae & litterae 36). Berlin/Boston: De Gruyter, S. 67–96.

Coupland, Nikolas (2014b): Language change, social change, sociolinguistic change: a metacommentary. In: Journal of Sociolinguistics 18, 2, S. 277–286.

De Caluwe, Johan (2009): Tussentaal wordt omgangstaal in Vlaanderen. In: Nederlandse Taalkunde 14, 1, S. 8–25.

Deppermann, Arnulf/Knöbl, Ralf (2018): Was zählt für AlltagssprecherInnen als Gebrauchsstandard und wofür ist er relevant? Selbstinitiierte Selbstreparaturen als Evidenz. In: Albert, Georg/Diao-Klaeger, Sabine (Hg.): Mündlicher Sprachgebrauch zwischen Normorientierung und pragmatischen Spielräumen. (= Stauffenburg Linguistik 101). Tübingen: Stauffenburg, S. 255–279.

Deppermann, Arnulf/Kleiner, Stefan/Knöbl, Ralf (2013): ‚Standard usage': towards a realistic conception of spoken standard German. In: Auer, Peter/Reina, Javier Caro/Kaufmann, Göz (Hg.): Language variation – European perspectives IV. Selected papers from the Sixth International Conference on Language Variation in Europe (ICLaVE 6), Freiburg, June 2011. (= Studies in Language Variation 14). Amsterdam/Philadelphia: Benjamins, S. 83–116.

De Pascale, Stefano/Marzo, Stefania/Speelman, Dirk (2017): Evaluating regional variation in Italian: towards a change in standard language ideology? In: Cerruti/Crocco/Marzo (Hg.), S. 118–144.

Dovalil, Vít (2013): Zur Auffassung der Standardvarietät als Prozess und Produkt von Sprachmanagement. In: Hagemann, Jörg/Klein, Wolf Peter/Staffeldt, Sven (Hg.): Pragmatischer Standard. (= Stauffenburg Linguistik 73). Tübingen: Stauffenburg, S. 163–176.

Dovalil, Vít (2020): Processes of destandardization and demotization in the micro-macro perspective: the case of Germanic languages. In: Kimura, Goro Christoph/Fairbrother, Lisa (Hg.): A language management approach to language problems. Integrating macro and micro dimensions. (= Studies in World Language Problems 7). Amsterdam/Philadelphia: Benjamins, S. 177–196.

Eisenberg, Peter (2013): Anglizismen im Deutschen. In: Deutsche Akademie für Sprache und Dichtung/Union der deutschen Akademien der Wissenschaften (Hg.): Reichtum und Armut der deutschen Sprache. Erster Bericht zur Lage der deutschen Sprache. Berlin/Boston: De Gruyter, S. 57–120.

Fairclough, Norman (1994): Conversationalization of public discourse and the authority of the consumer. In: Keat, Russell/Whiteley, Nigel/Abercrombie, Nicholas (Hg.): The authority of the consumer. New York: Routledge, S. 253–268.

Ganswindt, Brigitte (2017): Landschaftliches Hochdeutsch. Rekonstruktion der oralen Prestigevarietät im ausgehenden 19. Jahrhundert. (= Zeitschrift für Dialektologie und Linguistik – Beihefte 168). Stuttgart: Steiner.

Gregersen, Frans/Maegaard, Marie/Pharao, Nicolai (2009): The long and short of (ae)-variation in Danish – a panel study of short (ae)-variants in Danish in real time. In: Acta Linguistica Hafniensia 41, S. 64–82.

Grondelaers, Stefan/Kristiansen, Tore (2013): On the need to access deep evaluations when searching for the motor standard language change. In: Grondelaers/Kristiansen (Hg.), S. 9–52.

Grondelaers, Stefan/Kristiansen, Tore (Hg.) (2013): Language (de)standardization in late modern Europe. Experimental studies. (= Standard Language Ideology in Contemporary Europe 2). Oslo: Novus.

Grondelaers, Stefan/Speelman, Dirk (2013): Can speaker evaluation return private attitudes towards stigmatised varieties? Evidence form emergent standardization in Belgian Dutch. In: Grondelaers/Kristiansen (Hg.), S. 171–191.

Grondelaers, Stefan/van Hout, Roeland/Speelman, Dirk (2011): A perceptual typology of standard language situations in the Low Countries. In: Kristiansen/Coupland (Hg.), S. 199–222.

Grondelaers, Stefan/van Hout, Roeland/van Gent, Paul (2016): Destandardization is not destandardization. Revising standardness criteria in order to revisit standard language typologies in the Low Countries. In: Taal en Tongval 68, 2, S. 119–149.

Ghyselen, Anne-Sophie/Delarue, Steven/Lybaert, Chloé (2016): Studying standard language dynamics in Europe: advances, issues & perspectives. In: Taal en Tongval 68, 2, S. 75–91.

Günthner, Susanne (2008): Projektorkonstruktionen im Gespräch: Pseudoclefts, *die Sache ist*-Konstruktionen und Extrapositionen mit *es*. In: Gesprächsforschung – Online-Zeitschrift zur verbalen Interaktion 9, S. 86–114.

Harnisch, Rüdiger (2004): Verstärkungsprozesse. Zu einer Theorie der „Sekretion" und des „Re-konstruktionellen Ikonismus". In: Zeitschrift für germanistische Linguistik 32, 2, S. 210–232.

Himmelmann, Nikolaus P. (1996): Demonstratives in narrative discourse: a taxonomy of universal uses. In: Fox, Barbara A. (Hg.): Studies in anaphora. (= Typological Studies in Language 33). Amsterdam: Benjamins, S. 205–254.

Impe, Leen/Speelman, Dirk (2007): Vlamingen en hun (tussen)taal. Een attitudineel mixed-guise onderzoek. In: Handelingen van de koninklijke Zuid-Nederlandse Maatschappij voor Taal-, Letterkunde en Geschiedenis 61, S. 109–128.

Jensen, Torben Juel (2009): Generic variation? Developments in the use of generic pronouns in late 20th century spoken Danish. In: Acta Linguistica Hafniensia 41, S. 83–115.

Kristiansen, Tore (2001): Two standards: one for the media and one for the school. In: Language Awareness 10, S. 9–24.

Kristiansen, Tore (2009): The macro-level social meanings of late-modern Danish accents. In: Acta Linguistica Hafniensia 41, S. 167–192.

Kristiansen, Tore (2016): Contemporary standard language change: weakening or strengthening? In: Taal en Tongval 68, 2, S. 93–117.

Kristiansen, Tore/Coupland, Nikolas (Hg.) (2011): Standard languages and language standards in a changing Europe. (= Standard Language Ideology in Contemporary Europe 1). Oslo: Novus.

Lameli, Alfred (2004): Standard und Substandard: Regionalismen im diachronen Längsschnitt. (= Zeitschrift für Dialektologie und Linguistik – Beihefte 128). Stuttgart: Steiner.

Maas, Utz (2010): Literat und orat. Grundbegriffe der Analyse geschriebener und gesprochener Sprache. In: Grazer Linguistische Studien 73, S. 21–150.

Maegaard, Marie/Jensen, Torben Juel/Kristiansen, Tore/Jørgensen, Jens Normann (2013): Diffusion of language change: accommodation to a moving target. In: Journal of Sociolinguistics 17, 1, S. 3–36.

Maegaard, Marie/Monka, Melene/Køhler Mortensen, Kristine/Sthær, Andreas Candefors (Hg.) (2020): Standardization as sociolinguistic change: a transversal study of three traditional dialect areas. New York/London: Routledge, Taylor & Francis Group.

Mattheier, Klaus J. (1997): Über Destandardisierung, Umstandardisierung und Standardisierung in modernen europäischen Standardsprachen. In: Mattheier, Klaus J./Radtke, Edgar (Hg.): Standardisierung und Destandardisierung europäischer Nationalsprachen. Frankfurt a. M./Berlin/Bern: Lang, S. 1–9.

Milroy, James/Milroy, Lesley (1999): Authority in language. Investigating language prescription and standardisation. 3. Aufl. London: Routledge.

Munske, Horst Haider (1983): Umgangssprache als Sprachenkontakterscheinung. In: Besch, Werner/Knoop, Ulrich/Putschke, Wolfgang/Wiegand, Herbert Ernst (Hg.): Dialektologie. Ein Handbuch zur deutschen und allgemeinen Dialektforschung. 2. Halbbd. (= Handbücher zur Sprach- und Kommunikationswissenschaft (HSK) 1.2). Berlin/New York: De Gruyter, S. 1002–1018.

Paul, Hermann (1920): Prinzipien der Sprachgeschichte. 5. Aufl. Halle a. d. S.: Niemeyer.

Pedersen, Ingelise (2005): Processes of standardisation in Scandinavia. In Auer, Peter/Hinskens, Frans/Kerswill, Paul (Hg.): Dialect Change. Convergence and divergence in European languages. Cambridge: Cambridge University Press, S. 171–195.

Plevoets, Koen (2009): Verkavelingsvlaams als de voertaal van de verburgerlijking van Vlaanderen. In: Studies van de Belgische Kring voor Linguistiek 4, S. 1–29.

Røyneland, Unn (2009): Dialects in Norway: catching up with the rest of Europe? In: Britain, David (Hg.): Dialect death in Europe? (= International Journal of the Sociology of Language 196/197). Berlin/Boston: De Gruyter Mouton, S. 7–31.

Schmidt, Jürgen Erich/Herrgen, Jürgen (2011): Sprachdynamik. Eine Einführung in die moderne Regionalsprachenforschung. (= Grundlagen der Germanistik 49). Berlin: Schmidt.

Spiekermann, Helmut (2008): Sprache in Baden-Württemberg: Merkmale des regionalen Standards. (= Linguistische Arbeiten 526). Tübingen: Niemeyer.

Strobel, Mai-Brit (i. Ersch.): Die Entrundungsverschriftung in der „Maurer-Erhebung" als Evidenz für die Durchsetzung der Standardlautung in der 1. Hälfte des 20. Jahrhunderts. Ersch. in: Zeitschrift für Germanistische Linguistik 2/2021.

Thøgersen, Jacob (2012): Vil De prøve at sige A? „Fladt a" i Radioavisen 1950–2010. In: Nydanske Sprogstudier 43, S. 101–132.

Thorsen, Peder Kristian (1929): Afhandlinger og breve. Blandede afhandlinger. Bd. 2. Kopenhagen: Schønberg.

Vandekerckhove, Reinhild/Cuvelier, Pol (2007): The perception of exclusion and proximity through the use of Standard Dutch, Tussentaal and dialect in Flanders. In: Cuvelier, Pol (Hg.): Multilingualism and exclusion: policy, practice and prospects. Pretoria: Van Schaik, S. 241–256.

Van Gijsel, Sofie/Geeraerts, Dirk/Speelman, Dirk (2008): Style shifting in commercials. In: Journal of Pragmatics 40, 2, S. 205–226.

Willemyns, Roland (2007): De-standardization in the Dutch language territory at large. In: Fandrych, Christian/Salverda, Rainer (Hg.): Standard, Variation und Sprachwandel in germanischen Sprachen. (= Studien zur Deutschen Sprache 41). Tübingen: Narr, S. 265–279.

Methoden – Sprachressourcen und Infrastrukturen

Erhard Hinrichs (Mannheim/Tübingen)
Multilinguale Sprachressourcen für die linguistische Forschung

Abstract: Sprachressourcen in digitaler Form liegen für ein immer breiteres Spektrum von Einzelsprachen vor. Linguistisch annotierte Korpora ermöglichen es, gezielt nach linguistischen Mustern auf der Wort-, Phrasen-, und Satzebene zu suchen und in quantitativer und qualitativer Hinsicht auszuwerten. In diesem Beitrag illustriere ich anhand von ausgewählten Beispielen den Mehrwert, den annotierte Textkorpora für die sprachwissenschaftliche Forschung bieten können. Viele der vorgestellten Sprachressourcen werden im Rahmen der CLARIN-Infrastruktur nachhaltig zur Verfügung gestellt. Die Korpora sind entweder durch Suchportale recherchierbar oder werden per Download zur Verfügung gestellt.

1 Einleitung

Die Jahrestagung 2020 des Leibniz-Instituts für Deutsche Sprache (IDS) hat den thematischen Schwerpunkt *Deutsch in Europa*. Die Tagung widmet sich u. a. der Frage, wie digitale Forschungsdaten für vergleichende sprachwissenschaftliche Untersuchungen genutzt werden können. Ich möchte auf diese Frage exemplarisch eine Antwort geben anhand von annotierten Textkorpora und anhand von sogenannten *Baumbanken*, deren Annotation nicht nur die Wortebene, sondern auch syntaktische Annotationen umfasst. In Abschnitt 2 werde ich ausgewählte Textkorpora für das Deutsche und für sprachvergleichende Untersuchungen vorstellen und die Nutzbarkeit dieser Sprachressourcen für die linguistische Forschung anhand von Fallbeispielen illustrieren. Die Beispiele beziehen sich sowohl auf die Wort- als auch auf die Satzebene. Abschnitt 3 gibt einen Überblick über Baumbanken des Deutschen und über die Initiative der *Universal Dependency Treebanks*, die Baumbanken mit dependenzgrammatischen Annotationen für ein breites Spektrum von Einzelsprachen zur Verfügung stellt. Abschnitt 4 stellt die Forschungsdateninfrastruktur CLARIN und die CLARIN Webanwendung WebLicht vor, die es erlaubt, Textkorpora mit computerlinguistischen Methoden automatisch mit linguistischen

Annoationen anzureichern. Mein Beitrag endet mit Abschnitt 5, der einen Überblick über weitere Bereiche der Sprachwissenschaft gibt, in denen digitale Sprachressourcen eine zentrale Rolle spielen.

2 Ausgewählte Textkorpora für das Deutsche und für sprachvergleichende Untersuchungen

Mit dem Deutschen Referenzkorpus DEREKO (Kupietz et al. 2010) stellt das IDS die weltweit größte Sammlung deutschsprachiger elektronischer Korpora zur Verfügung. In der Version vom Januar 2020 umfasst DEREKO 46,9 Milliarden Wörter. Die Webseiten des IDS geben Auskunft über den nicht-linearen Zuwachs an Daten in den letzten Jahren: Der Datenumfang von DEREKO hat sich zwischen 1992 und 2015 von ca. 28 Millionen auf 28 Milliarden Textwörter erhöht. DEREKO kann mit Hilfe der on-line Werkzeuge COSMAS II (Bodmer 2005) und KorAP (Diewald et al. 2016) online durchsucht werden. Diese beiden Werkzeuge unterstützen neben Suchanfragen auch die Kompilierung von virtuellen Korpora. Solche virtuellen Teilkorpora können entweder nach Gesichtspunkten der Repräsentativität für eine bestimmte linguistische Fragestellung oder bewusst auf bestimmte Textsorten beschränkt werden.

Das DEREKO Korpus beinhaltet Texte, die bis ins 19. Jahrhundert zurückreichen. Daher können mit Hilfe von COSMAS II und KorAP Neologismen und Veränderungen in der Häufigkeit von Wörtern nachverfolgt werden. So ergibt eine Suchanfrage für das Wort *Energiewende* einen rasanten Anstieg von einem Treffer für die Dekade 1970–1979 auf 43.672 für den Zeitraum 2010–2019. Vor 1970 gibt es überhaupt keine Treffer. Da der Datenumfang von DEREKO für die in Frage stehenden Dekaden starken Schwankungen unterliegt, ist nicht nur die absolute Anzahl an Belegstellen relevant, sondern vor allem die relative Häufigkeit im Verhältnis zur Größe des Korpus. Abbildung 1 zeigt daher die Häufigkeit des Suchbegriffs pro 1 Million Wörter an und belegt, dass die relative Häufigkeit zwischen 2010 und 2019 überproportional angestiegen ist.

Neben lexikalischen Untersuchungen zu Einzelwörtern können mit COSMAS-II auch Kollokationsanalysen durchgeführt werden. Abbildung 2 zeigt die zehn hochrangigsten Kollokate für alle Wortformen des Adjektivs *schwarz*.

Abb. 1: Ergebnisse der COSMAS-II Suchanfrage *Energiewende* im Korpus DeReKo 2020-I

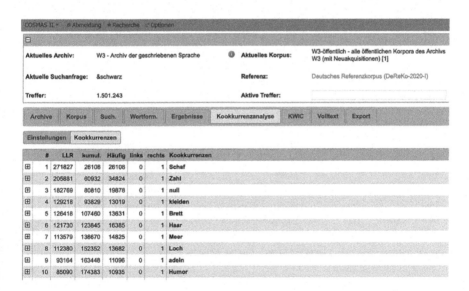

Abb. 2: Kollokationsanalyse von *schwarz* im DeReKo 2020-I

Die Rangfolge wird mit dem für die Ermittlung von Kollokationen einschlägigen statistischen Maß der log-likelihood-ratio (LLR) ermittelt. Kollokationsanalysen sind für lexikografische Zwecke sehr nützlich und können insbesondere wichtige Daten für die Phraseologieforschung liefern. Der idiomatische Ausdruck *schwarzes Schaf* und die Kollokationen *schwarze Zahl* und *schwarze Null* finden sich unter den Ergebnissen mit den höchsten log-likelihood Werten.

Mit Hilfe der Webanwendung *Sketch Engine* (Kilgariff et al. 2014) können Kollokationsanalysen sprachvergleichend durchgeführt werden. Sketch Engine hält eine große Anzahl von elektronischen Korpora für eine Vielzahl von Sprachen bereit, darunter auch sehr große Textsammlungen, die aus Webdaten bestehen.

Wenn man die Kollokate von *black* mit denen von *schwarz* im Deutschen vergleicht, fallen linguistische und kulturelle Gemeinsamkeiten und Unterschiede gleichermaßen auf. So tritt die Bedeutung von *black* als ethnische Bezeichnung viel stärker hervor als bei *schwarz* im Deutschen. Dies zeigt sich besonders bei den Kollokaten von Adverbien. Bei den Mehrwortlexemen fallen sowohl Gemeinsamkeiten wie *black hole* und *schwarzes Loch*, aber auch Unterschiede wie *schwarze Null* oder *schwarze Zahlen* auf, die keine direkten Entsprechungen im Englischen haben.

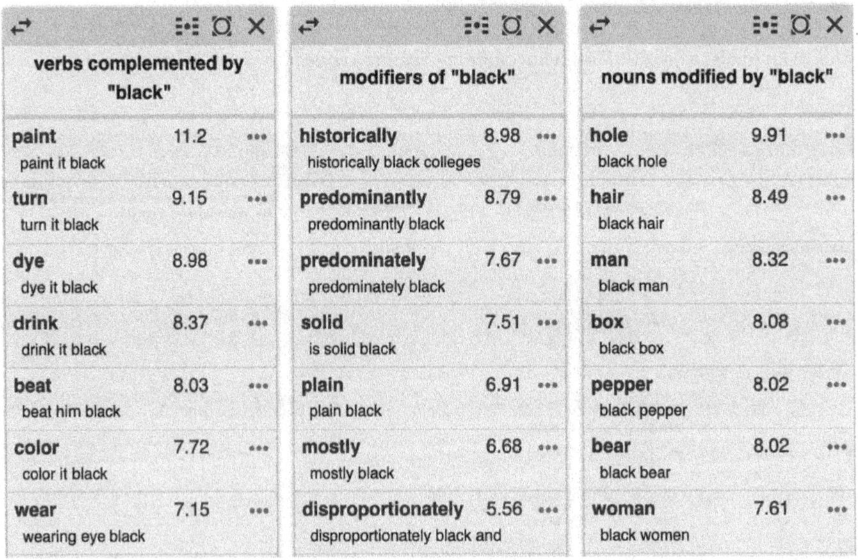

verbs complemented by "black"			modifiers of "black"			nouns modified by "black"		
paint paint it black	11.2	•••	historically historically black colleges	8.98	•••	hole black hole	9.91	•••
turn turn it black	9.15	•••	predominantly predominantly black	8.79	•••	hair black hair	8.49	•••
dye dye it black	8.98	•••	predominately predominately black	7.67	•••	man black man	8.32	•••
drink drink it black	8.37	•••	solid is solid black	7.51	•••	box black box	8.08	•••
beat beat him black	8.03	•••	plain plain black	6.91	•••	pepper black pepper	8.02	•••
color color it black	7.72	•••	mostly mostly black	6.68	•••	bear black bear	8.02	•••
wear wearing eye black	7.15	•••	disproportionately disproportionately black and	5.56	•••	woman black women	7.61	•••

Abb. 3: Datenauszug aus dem Word Sketch für das Adjektiv *black*

Für das Englische stellen die digitale Korpussammlung und die zugehörigen Such- und Visualisierungswerkzeuge, die von Mark Davies auf der Webseite English-Corpora.org angeboten werden, eine exzellente Ressource für linguistische Untersuchungen dar. Sie bietet eine Übersicht über neun Korpora unterschiedlicher Größe, geografischer und zeitlicher Abdeckung sowie unterschiedlicher Textsorten. Besonders erwähnenswert sind das *iWeb Corpus* (Davies/Kim 2019), das *Corpus of Contemporary American English* (COCA; Davies 2009) und das *Corpus of Historical American English* (COHA; Davies 2010). Diese Korpora können entweder direkt auf den eigenen Rechner heruntergeladen oder mit Hilfe des Suchinterfaces im Netz recherchiert werden. Das Suchinterface ist außerordentlich vielseitig und daher für ganz unterschiedliche linguistische Fragestellungen äußerst nützlich. Das weitaus größte Korpus, das von Mark Davies zur Verfügung gestellt wird, ist das iWeb Corpus, das englische Daten aus 6 verschiedenen Ländern umfasst.

Dank der *Corpora from the Web Initiative* (COW; Schäfer 2016) von Felix Bildhauer und Roland Schäfer gibt es Webkorpora für verschiedene europäische Sprachen, die für sprachvergleichende Studien verwendet werden können und mit Hilfe der SketchEngine durchsuchbar sind.

Mit dem deutschen Textarchiv (DTA; Geyken et al. 2018) steht ein hochwertiges Korpus mit diachronen Daten des Deutschen zur Verfügung. Das DTA ist ein Langzeitvorhaben an der Berlin-Brandenburgische Akademie der Wissenschaften. Es umfasst Texte des frühen 16. bis zum frühen 20. Jahrhundert aus vier verschiedenen Textsorten: literarische und wissenschaftliche Texte, Zeitungstexte und Gebrauchsliteratur. Mit der linguistischen Suchmaschine DDC lässt sich das DTA online durchsuchen.

Als Beispiel, wie sich das DTA für linguistische Untersuchungen nutzen lässt, möchte ich eine Studie zur morphologischen Produktivität von *-bar* Adjektiven (Hinrichs 2017) vorstellen, die ich auf Grundlage der DTA Daten durchgeführt habe.

Wenn man die Zeitspanne von 1600 bis Ende des 19. Jahrhunderts, die das DTA abdeckt, so zeigt sich, dass die Produktivität des *–bar* Suffixes in diesem Zeitraum signifikant zugenommen hat. Das kann man u.a. anhand der Verlaufskurve in Abbildung 4 ablesen, die die Vorkommenshäufigkeit pro 1 Million Wörter zeigt.

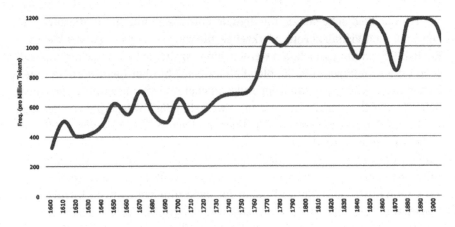

Abb. 4: Relative Häufigkeit von -*bar* Adjektiven pro 1 Million Token im DTA

Nun könnte man natürlich vermuten, dass die relative Häufigkeit von anderen Derivationssuffixen wie -*ig*, -*lich* und -*isch* für Adjektivbildungen im gleichen Zeitraum ebenfalls zunimmt. Dann hätten wir es mit einem allgemeinen Zuwachs an Produktivität zu tun. Dies ist aber nicht der Fall, wie die Abbildung 5 zeigt: Die relative Häufigkeit von Adjektiven, die auf -*lich* enden, bleibt im DTA für den Vergleichszeitraum relativ konstant. Dieser Befund gilt auch für Adjektivbildungen auf -*ig* und -*isch*. Der Zuwachs an Produktivität ist vielmehr ein Spezifikum der Adjektive mit dem -*bar* Suffix.

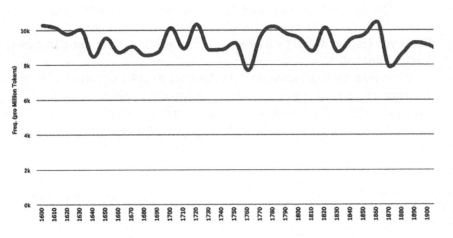

Abb. 5: Relative Häufigkeit von -*lich* Adjektiven pro 1 Million Token im DTA

Zusätzliche Evidenz für die Hypothese einer gesteigerten Produktivität des *-bar* Suffixes bietet das Vorkommen von Hapax Legomena im untersuchten Zeitraum. Die Signifikanz von Hapax Legomena für ein Ansteigen von morphologischer Produktivität geht auf die Studien von Baayen und Lieber (1991) zurück. Wenn man die drei Jahrhunderte der DTA Texte in Zeitscheiben von jeweils zwei Dekaden (siehe Abb. 6) unterteilt, so steigt die Anzahl der Hapax Legomena von etwa 10 bis auf fast dreihundert an Ende des 19. Jahrhunderts.

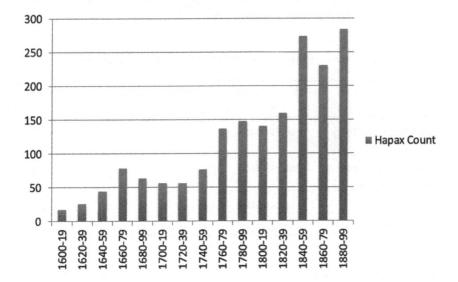

Abb. 6: Hapax Legomena für bar-Adjektive im DTA

Flury (1964) hat darauf hingewiesen, dass die Bedeutung des Suffix -bar auf MHD bære zurückgeht – verwandt mit dem Englischen bear (‚tragen'). D. h. ein ehrbarer Mensch bezeichnet eine Person, die Zeichen der Ehre trägt. Ein dankbarer Mensch war jemand, der Zeichen der Geneigtheit hervorbringt, der Dank bringt oder ausdrückt. Wenn man sich die häufigsten -bar Adjektive im DTA zu Beginn des 17. Jahrhunderts anschaut, so finden sich darunter ausschließlich denominale -bar Adjektive und kein einziges deverbales Adjektiv. Die Bedeutung von -bar hat sich dann zunehmend zu einer abstrakteren, oft dispositionalen Bedeutung gewandelt. Aufgrund der Formengleichheit von nominalen und verbalen Stämmen wie dank- ist dann die Möglichkeit der Re-Analyse und eine Generalisierung auf verbale Basiswörter und damit einhergehend eine ansteigende Produktivität gegeben.

3 Baumbanken für das Deutsche und für sprachvergleichende Untersuchungen

Linguistisch annotierte Textkorpora haben sich traditionell auf Annotationen auf der Wortebene beschränkt: auf die Lemmatisierung von Wortformen, auf die Annotation von Morphologie und Morphosyntax. Seit den 1980er Jahren sind zunehmend auch syntaktische Annotationen hinzugekommen und sogenannte *Baumbanken* entstanden. Für das Gegenwartsdeutsche stehen inzwischen vier Baumbanken zur Verfügung (vgl. Tab. 1), die auf schriftsprachlichen Daten beruhen und die manuell annotiert worden sind.

Tab. 1: Übersicht über Baumbanken für Texte der deutschen Gegenwartssprache

	Anzahl der annotierten Sätze	Art der Annotation	Textsorte
Hamburg Dependency Treebank	206.794 Sätze	Dependenz-Grammatik	IT Nachrichten on-line
Tübinger Baumbank TüBa-D/Z	104.787 Sätze	Phrasenstrukturgrammatik	Zeitungstexte
Tiger	50.000 Sätze	Phrasenstrukturgrammatik	Zeitungstexte
Negra	20.602 Sätze	Phrasenstrukturgrammatik	Zeitungstexte

Die Hamburg Dependency Treebank (Foth et al. 2014) umfasst über 200.000 annotierte Sätze eines online Services von IT-Nachrichten. Die Annotation folgt den syntaktischen Strukturen der Dependenzgrammatik. Die Tübinger Baumbank TüBa-D/Z ist mit circa 100.000 Sätzen die größte Baumbank des Deutschen mit phrasenstrukturgrammatischen Annotationen. Die TüBa-D/Z (Telljohann et al. 2004; Telljohann et al. 2017) und die TIGER Baumbank (Brants et al. 2004), eine weitere vielverwendete Baumbank des Deutschen, basieren jeweils auf Zeitungstexten: die TüBa-D/Z auf der taz und die TIGER Baumbank auf einem Frankfurter-Rundschau-Korpus.

Die Webanwendung TüNDRA (Tübingen annotated Data Retrieval Application; Martens 2013) stellt ein Such- und Visualisierungswerkzeug für gegenwärtig mehr als fünfzig Baumbanken für verschiedene Sprachen zur Verfügung. Abbildung 7 präsentiert eine TüNDRA Visualisierung für den in der TüBaD/Z Baumbank enthaltenen Satz *Veruntreute die AWO Spendengelder?*.

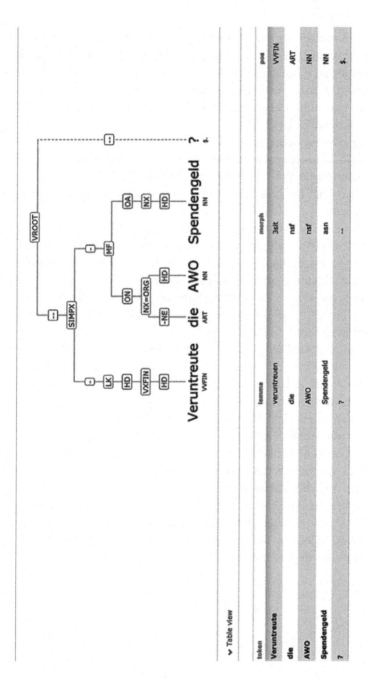

Abb. 7: TüNDRA Visualisierung der TüBa-D/Z Morphologie und Konstituentenstruktur

Die linguistischen Annotationen auf der Wortebene werden in Tabellenform dargeboten. Die Baumstruktur besteht aus Knoten, die die syntaktischen Kategorien anzeigen und topologische Felder wie LK (für: linke Klammer) und MF (für: Mittelfeld) identifizieren. Die rosa markierten Kanten wie z.B. HD zeigen die syntaktischen Köpfe einer Phrase an oder grammatische Funktionen wie ON (für: Subjekt) und OA (für: Akkusativobjekt).

In einer dependenzgrammatischen Struktur für den gleichen Satz (siehe Abb. 8) werden die Relationen zwischen Einzelwörtern durch Kantenbeschriftungen wie SUBJ, Akkusativobjekt und Determinierer identifiziert. Der Wurzelknoten ROOT zeigt auf den Kopf der gesamten Struktur, im vorliegenden Satz auf das finite Verb *veruntreute*.

Eine interessante Frage, die sich bei annotierten Korpora immer wieder stellt, betrifft die Anzahl und Auswahl von Daten, die für Untersuchungen sprachlicher Phänomene benötigt werden. Wenn man sich für hochfrequente Wörter oder syntaktische Konstruktionen interessiert, sind dafür vergleichsweise weniger Daten erforderlich, als wenn man sich für relativ seltene linguistische Phänomene interessiert. Ein relativ seltenes syntaktisches Phänomen ist die sogenannte *Zwischenstellung* von finiten Auxiliaren im Verbalkomplex im Deutschen. Ein einschlägiges Beispiel zeigt Abbildung 9 mit dem Satz *Unklar ist jedoch, ob Stephane Henchoz mitspielen wird können*, wo das finite Auxiliar *wird* zwischen dem Verb *mitspielen* und dem Auxiliar *können* steht.

Wenn man nach derartigen Beispielen in der manuell annotierten Baumbank TüBaD/Z sucht, wird man nicht fündig. Die TüBa-D/Z umfasst allerdings nur einen kleinen Datenausschnitt von etwas mehr als 100.000 Sätzen aus der taz Wissenschafts-CD mit 11,65 Millionen Sätzen. Das gesamte Korpus haben wir in Tübingen ebenfalls syntaktisch annotiert und stellen es unter dem Namen TüPP-D/Z zur Verfügung. Allerdings handelt es sich dabei um automatische Annotationen eines finite-state Parsers. Diese Annotationen haben daher nicht die gleiche Annotationsqualität wie manuell annotierte Daten. In der TüPP-D/Z (Müller 2004) finden sich 92 Belegsätze für die Zwischenstellung im deutschen Verbalkomplex, darunter auch der in Abbildung 10 gezeigte Satz.

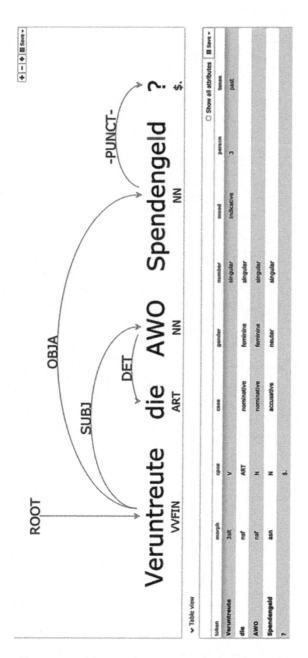

Abb. 8: TüNDRA Visualisierung der TüBa-D/Z Morphologie und Dependenzstruktur

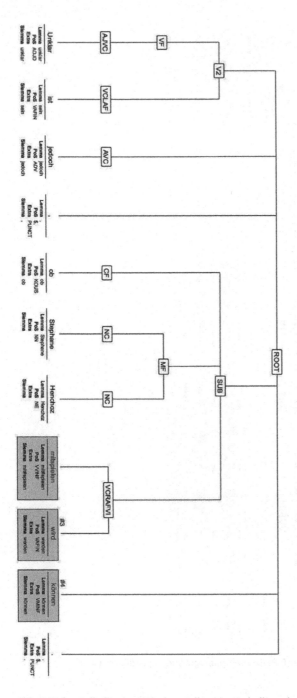

Abb. 9: Belegstelle für eine Zwischenstellung im Verbalkomplex aus der TüPP/D-Z Baumbank

Welche generelleren Einsichten lassen sich aus diesem Beispiel gewinnen? Zum einen die wichtige Warnung, dass man aus fehlenden Treffern in einem Korpus nicht ableiten darf, dass die gesuchte Konstruktion offenbar ungrammatisch ist. Zum anderen den Hinweis, dass man sich bei selteneren Phänomenen nicht auf kleine Datenmengen beschränken darf, sondern große Korpussammlungen benötigt, die nur mit automatischen computerlinguistischen Verfahren annotiert werden können und deren Annotationen weniger zuverlässig sind.

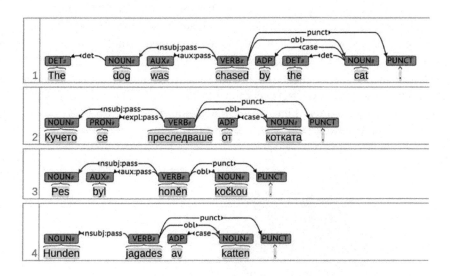

Abb. 10: Sprachübergreifende syntaktische Annotation nach den Richtlinien der Universal Dependencies; Quelle:universaldependencies.org/introduction.html (Stand: 8.11.2020)

Da es inzwischen Baumbanken für eine Vielzahl von Sprachen gibt, lassen sie sich auch für sprachvergleichende Untersuchungen nutzen. Allerdings werden solche sprachübergreifenden Studien oft durch unterschiedliche Annotationsschemata in den einzelnen Baumbanken erschwert. Um diese Schwierigkeit zu überwinden, hat sich vor circa zehn Jahren eine internationale Initiative mit dem Namen *Universal Dependency Treebanks* konstituiert, deren Ziel es ist, Baumbanken für eine möglichst große Anzahl von Einzelsprachen nach einem einheitlichen Annotationsschema einer Universal Dependency Grammar (Nivre et al. 2016) zu annotieren. Abbildung 10 illustriert das Annotationsschema anhand eines Beispielsatzes aus dem Englischen, des Bulgarischen, des Tschechischen und des Schwedischen. Die Vereinheitlichung betrifft nicht nur die syntaktische, sondern auch die morpho-syntaktische Analyse, die nach einem Universal Tagset (Petrov et al. 2012) erfolgt.

4 Die CLARIN Forschungsdateninfrastruktur

Um Sprachressourcen nachhaltig für die Forschung bereitzustellen, bedarf es einer verlässlichen technischen Infrastruktur. Eine solche Infrastruktur hat sich auf nationaler und europäischer Ebene als ein Netzwerk von zertifizierten Datenzentren unter dem Namen CLARIN (Hinrichs/Krauwer 2014) etabliert. CLARIN ist das Akronym für *Common Language Resource and Technology Infrastructure*. Auf europäischer Ebene hat sich CLARIN als Bestandteil der ESFRI Roadmap von europäischen Forschungsdateninfrastrukturen mit inzwischen über 20 Mitgliedsländern in Europa etabliert. Deutschland gehört zu den Gründungsmitgliedern des CLARIN. Das BMBF fördert mit dem CLARIN-D Projekt (Hinrichs/Trippel 2017) ein nationales Netzwerk von zertifizierten Datenzentren und Rechenzentren, die in das europäische CLARIN Netzwerk integriert sind und auf der Karte in Abbildung 11 angezeigt werden. Eines dieser Datenzentren ist am IDS in Mannheim angesiedelt und ein weiteres an der Universität Tübingen.

Abb. 11: Das Netzwerk von CLARIN Zentren in Deutschland

Die CLARIN Infrastruktur stellt Sprachressourcen der geschriebenen und gesprochenen Sprachen für zahlreiche Sprachen zur Verfügung, darunter auch Sprachen außerhalb Europas und bedrohte Sprachen. Darüber hinaus bietet CLARIN Werkzeuge für die automatische Annotation von Textkorpora an, darunter das in CLARIN-D entwickelte Werkzeug WebLicht (Hinrichs et al. 2010). WebLicht ist eine Webanwendung, mit der man seine eigenen Korpora für die Annotation von Texten hochladen kann und dann automatisch annotieren lassen kann. WebLicht (verfügbar unter: https://weblicht.sfs.uni-tuebingen.de/weblichtwiki/index.php/Main_Page) bietet Annotationswerkzeuge für zahlreiche Sprachen an, darunter Deutsch, Englisch, Französisch, Italienisch, Niederländisch, Tschechisch und Ungarisch. Die in WebLicht verfügbaren Webdienste unterstützen mit der Tokenisierung von Wörtern und mit der Erkennung von Satzgrenzen die automatische Vorverarbeitung von Texten. Für die linguistische Analyse stehen Webservices für die Lemmatisierung, die Wortklassenerkennung, die morphologische Analyse, das syntaktische Parsing und die Erkennung von Eigennamen zur Verfügung.

Nutzende können ihre eigenen Texte in der WebLicht Webanwendung hochladen, um sie in WebLicht automatisch annotieren zu lassen. Zu diesem Zweck bietet WebLicht vordefinierte Verarbeitungsketten an, die von den Nutzenden per Knopfdruck ausgeführt werden können. Alternativ bietet WebLicht den Nutzenden die Möglichkeit, individuelle Webservices zu eigenen Verarbeitungsketten zusammenzustellen. Abbildung 12 zeigt die WebLicht Ausgabe für die automatische Erkennung von Eigennamen am Beispiel des Wikipedia Eintrags für den deutschen Physiker und Erfinder Hans Geiger. Die Annotationen, die mit Hilfe von WebLicht erzeugt werden, lassen sich mit der Such- und Visualisierungsplattform TüNDRA (verfügbar unter: https://weblicht.sfs.uni-tuebingen.de/Tundra/) visualisieren.

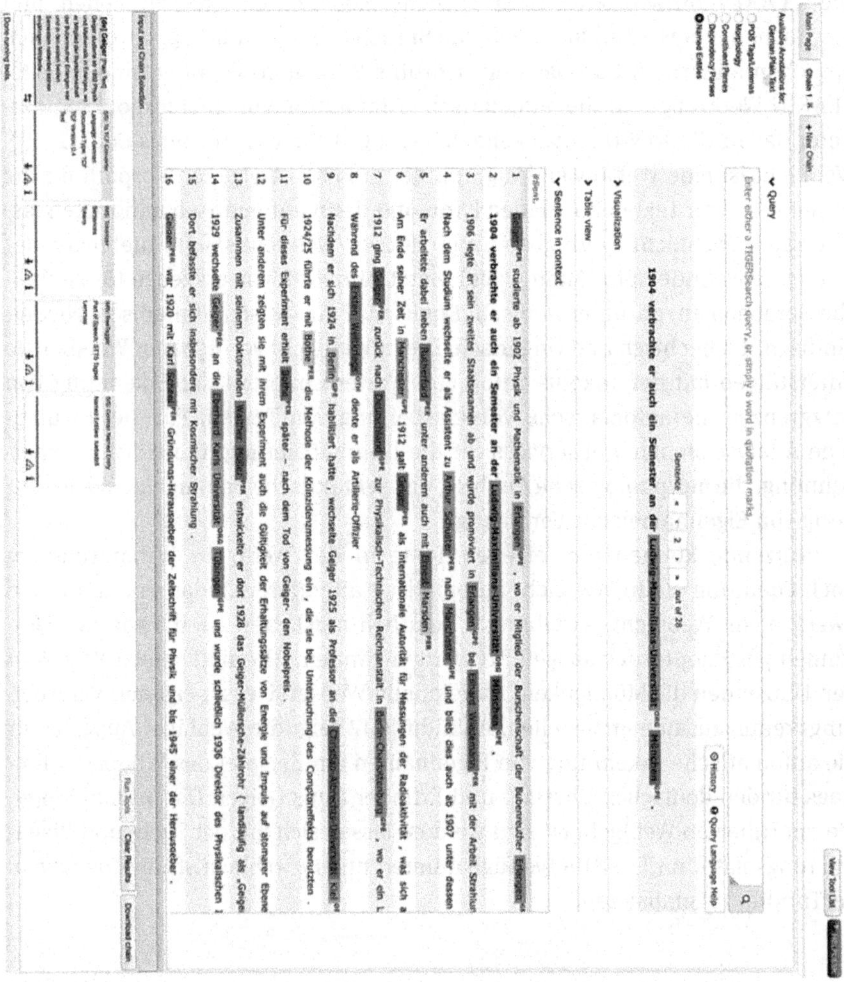

Abb. 12: Automatische Eigennamenerkennung mit WebLicht

5 Zusammenfassung und Ausblick

Viele der hier vorgestellten Sprachressourcen werden im Rahmen der CLARIN Infrastruktur nachhaltig zur Verfügung gestellt. Die Korpora sind entweder durch Suchportale recherchierbar oder werden per Download zur Verfügung gestellt, soweit dies mit den Copyrightbeschränkungen vereinbar ist. Die in CLARIN verfügbaren Annotationswerkzeuge wie WebLicht sowie die Such- und Visualisierungswerkzeuge werden, wann immer möglich, als Webanwendungen zur Verfügung gestellt, damit sie von den Nutzenden in einem Webbrowser verwendet werden können. Diese Philosophie einer technisch niederschwelligen Bereitstellung vermeidet die Notwendigkeit, Werkzeuge auf dem eigenen Rechner installieren zu müssen. Solche Installationen bringen häufig hohe technische Anforderungen mit sich in Form von Beschränkungen auf bestimmte Betriebssysteme oder auf bestimmte Versionen von Programmiersprachen. Dies stellt besonders für Nutzende aus den Geisteswissenschaften, die in vielen Fällen nicht über das dafür nötige technische Vorwissen verfügen, eine hohe Hürde für die Verwendung von digitalen Sprachressourcen dar.

In diesem Beitrag habe ich mich auf den Mehrwert von digitalen Textkorpora für die sprachwissenschaftliche Forschung konzentriert. Ich möchte abschließend auf drei weitere Gegenstandsbereiche verweisen, in denen die Linguistik gleichermaßen von digitalen Ressourcen profitieren kann. Für die Lexikografie bieten eine Vielzahl digitaler Wörterbücher eine hervorragende Datengrundlage. Für das Deutsche sind das Digitale Wörterbuch der deutschen Sprache (DWDS; Klein/Geyken 2010) und die umfangreichen Online-Ressourcen der Abteilung Lexik am IDS zu nennen. Neben digitalen Wörterbüchern stehen für sprachvergleichende Untersuchungen digitale Wortnetze zur Verfügung, die lexikalische und konzeptuelle Relationen zwischen Wortbedeutungen in einer Graphstruktur abbilden. Ein solches Wortnetz wurde mit dem Princeton WordNet (Fellbaum 1998) zuerst für das Englische entwickelt. Inzwischen sind zahlreiche Wortnetze für weitere Einzelsprachen entstanden, die durch einen interlingualen Index miteinander verknüpft sind. Dazu gehört auch das deutsche Wortnetz GermaNet (Feldweg/Hamp 1997; Henrich/Hinrichs 2010). Das Leipziger Wortschatzportal (Goldhahn/Eckart/Quasthoff 2012) stellt korpusbasierte Wörterbücher für gegenwärtig 252 verschiedene Einzelsprachen online zur Verfügung und bietet somit ebenfalls eine hervorragende Grundlage für sprachvergleichende Untersuchungen.

Die Dokumentation bedrohter Sprachen profitiert ebenfalls von der Bereitstellung digitaler Ressourcen. Für diesen Bereich möchte ich exemplarisch das DOBES Archiv (Wittenburg et al. 2002) nennen, das einen Online-Zugang zu digitalen Materialien der gesprochenen und geschriebenen Sprache für mehr als 60 bedrohte Sprachen ermöglicht. Für die Spracherwerbsforschung bietet das *Child*

Language Data Exchange System (CHILDES; MacWhinney 1991) eine digitale Ressource an, die bereits seit den 1980er Jahren kontinuierlich gewachsen ist und bis dato von über 4500 Studien weltweit zitiert worden ist. CHILDES gehört inzwischen zu den wichtigsten Referenzquellen in der Psycholinguistik.

Literatur

Baayen, Harald/Lieber, Rochelle (1991): Productivity and English Derivation. A Corpus Based Study. Linguistics 29, 5, S. 801–843.

Bodmer, Franck (2005): COSMAS II. Recherchieren in den Korpora des IDS. In: SPRACHREPORT 3/2005, S. 2–5.

Brants, Sabine/Dipper, Stefanie/Eisenberg, Peter/Hansen-Schirra, Silvia/König, Esther/ Lezius, Wolfgang/Rohrer, Christian/Smith, George/Uszkoreit, Hans (2004): TIGER: Linguistic interpretation of a German Corpus. In: Journal of Language and Computation, 2, 4, S. 597–620.

Davies, Mark (2009): The 385+ million word corpus of contemporary American English (1990–2008+): Design, architecture, and linguistic insights. In: International Journal of Corpus Linguistics 14, 2, S. 159–190.

Davies, Mark (2010): The 400 million word corpus of Historical American English (1810–2009). In: Hegedus, Irén/Fodor, Alexandra (Hg.): English Historical Linguistics 2010. Selected papers from the sixteenth international conference on English Historical Linguistics (ICEHL 16). (= Current Issues in Linguistic Theory 325). Amsterdam/ Philadelphia: Benjamins, S. 231–262.

Davies, Mark/Kim, Jong-Bok (2019): The advantages and challenges of "big data". Insights from the 14 billion word iWeb corpus. In: Linguistic Research 36, 1, S. 1–34.

Diewald, Nils/Hanl, Michael/Margaretha, Eliza/Bingel, Joachim/Kupietz, Marc/Bański, Piotr/Witt, Andreas (2016): KorAP Architecture. Diving in the deep sea of corpus data. In: Proceedings of the 10th International Conference on Language Resources and Evaluation (LREC 2016), Portorož. Paris: ELRA, S. 3586–3591.

Fellbaum, Christiane (1998): WordNet: An electronic lexical database. Cambrigde: MIT Press.

Flury, Robert (1964): Struktur- und Bedeutungsgeschichte des Adjektiv-Suffixes -bar. Univ. Diss. Zürich. Winterthur: Keller.

Foth, Kilian A./Köhn, Arne/Beuck, Niels/Menzel, Wolfgang (2014): Because size does matter: The Hamburg dependency treebank. In: Calzolari, Nicoletta/Choukri, Khalid/ Declerck, Thierry/Loftsson, Hrafn/Maegaard, Bente/Mariani, Joseph/Moreno, Asuncion/Odijk, Jan/Piperidis, Stelios: Proceedings of the 9th International Conference on Language Resources and Evaluation (LREC 2014), Reykjavik. Paris: ELRA, S. 2326–2333.

Geyken, Alexander/Boenig, Matthias/Haaf, Susanne/Jurish, Bryan/Thomas, Christian/ Wiegand, Frank (2018): Das Deutsche Textarchiv als Forschungsplattform für historische Daten in CLARIN. In: Lobin, Henning/Schneider, Roman/Witt, Andreas (Hg.): Digitale Infrastrukturen für die germanistische Forschung (= Germanistische Sprachwissenschaft um 2020 6). Berlin/Boston: De Gruyter, S. 219–248.

Goldhahn, Dirk/Eckart, Thomas/Quasthoff, Uwe (2012): Building large monolingual dictionaries at the Leipzig corpora collection: From 100 to 200 languages. In: Calzolari, Nicoletta/Choukri, Khalid/Declerck, Thierry/Dogan, Mehmet Ugur/Maegaard, Bente/ Odijk, Jan/Piperidis, Stelios (Hg.): Proceedings of the 8th International Conference on Language Resources and Evaluation (LREC 2012), Istanbul. Paris: ELRA, S. 759–765.

Hamp, Birgit/Feldweg, Helmut (1997): GermaNet – a lexical-semantic net for German. In: Proceedings of the ACL workshop on Automatic Information Extraction and Building of Lexical Semantic Resources for NLP Applications. Madrid, 1997.

Henrich, Verena/Hinrichs, Erhard (2010): GernEdiT – The GermaNet editing tool. In: Calzolari, Nicoletta/Choukri, Khalid/Maegaard, Bente/Odijk, Jan/Piperidis, Stelios/Mariani, Joseph/Rosner, Mike/Tapias, Daniel (Hg.): Proceedings of the 7th Conference on International Language Resources and Evaluation (LREC 2010), Valletta. Paris: ELRA, S. 2228–2235.

Hinrichs, Erhard (2017): Morphological productivity of adjective formation in German – A diachronic corpus study using the CLARIN-D infrastructure. In: Book of abstracts CLARIN annual conference 2017, Budapest. Internet: https://www.clarin.eu/sites/default/files/ Hinrichs-CLARIN2017_paper_19.pdf (Stand: 23.10.2020).

Hinrichs, Erhard/Krauwer Steven (2014): The CLARIN research infrastructure: Resources and tools for E-humanities scholars. In: Proceedings of the 9th International Conference on Language Resources and Evaluation (LREC 2014), S. 1525–1531. Internet: http://www. lrec-conf.org/proceedings/lrec2014/pdf/415_Paper.pdf (Stand: 28.10.2020).

Hinrichs, Erhard/Trippel, Thorsten (2017): CLARIN-D: Eine Forschungsinfrastruktur für die sprachbasierte Forschung in den Geistes- und Sozialwissenschaften. In: Bibliothek – Forschung und Praxis 41, 2, S. 45–54.

Hinrichs, Erhard/de Kok, Daniël/Çöltekin, Çağrı (2015): Treebank data and query tools for rare syntactic constructions. In: Dickinson, Markus/Hinrichs, Erhard/Patejuk, Agnieszka/ Przepiórkowski, Adam: Proceedings of the 13th International Workshop on Treebanks and Linguistic Theories (TLT14), Warschau, Dezember 2015. Warschau: Polish Academy of Sciences, S. 106–118.

Hinrichs, Erhard/Hinrichs, Marie/Zastrow Thomas (2010): WebLicht: Web-Based LRT Services for German. In: Kübler, Sandra (Hg.): Proceedings of the Systems Demonstrations at the 48th Annual Meeting of the Association for Computational Linguistics (ACL-2010), Uppsala. Stroudsburg: ACL, S. 25–29. Internet: https://www.aclweb.org/anthology/ P10-4005.pdf (Stand:26.10.2020).

Kilgarriff, Adam/Kilgarriff, Adam/Baisa, Vít/Bušta, Jan/Jakubíček, Miloš/Kovář, Vojtěch/ Michelfeit, Jan/Rychlý, Pavel/Suchomel, Vít (2014): The sketch engine: ten years on. In: Lexicography 1, 1, S. 7–36.

Klein, Wolfgang/Geyken, Alexander (2010): Das Digitale Wörterbuch der Deutschen Sprache (DWDS). In: Heid, Ulrich/Gouws, Rufus Hjalmar/Herbst, Thomas/Lobenstein-Reichmann, Anja/Schierholz, Stefan J./Schweickard, Wolfgang (Hg.): Lexikographica. International Annual for Lexicography, 26. Berlin/New York: De Gruyter, S. 79–93.

Kupietz, Marc/Belica, Cyril/Keibel, Holger/Witt, Andreas (2010): The German reference corpus DeReKo: A primordial sample for linguistic research. In: Calzolari, Nicoletta/Choukri, Khalid/Maegaard, Bente/Mariani, Joseph/Odijk, Jan/Piperidis, Stelios/Rosner, Mike/ Tapias, Daniel (Hg.): Proceedings of the 7th Conference on International Language Resources and Evaluation (LREC 2010), Valletta. Paris: ELRA, S. 1848–1854. Internet: http://www.lrec-conf.org/proceedings/lrec2010/pdf/414_Paper.pdf (Stand:26.10.2020).

MacWhinney, Brian (1991): The CHILDES project. Tools for analyzing talk. Hillsdale, NJ.: Erlbaum.

Martens, Scott (2013): TüNDRA: A Web Application for Treebank Search and Visualization. In: Kübler, Sandra/Osenova, Petya/Volk, Martin (Hg.): Proceedings of the 12th Workshop on Treebanks and Linguistic Theories (TLT 12). Sofia: Institute of Information and Communication Technologies, Bulgarian Academy of Sciences, S. 133–144.

Müller, Frank Henrik (2004): Stylebook for the Tübingen Partially Parsed Corpus of Written German (TüPP-D/Z). SfS Technical Report: Seminar für Sprachwissenschaft. Tübingen: Universität Tübingen. Internet: https://sfs.uni-tuebingen.de/tupp/doc/stylebook.pdf (Stand: 26.10.2020).

Nivre, Joakim/de Marneffe, Marie-Catherine/Ginter, Filip/Goldberg, Yoav/Hajič, Jan/Manning, Christopher D./McDonald, Ryan/Petrov, Slav/Pyysalo, Sampo/Silveira, Natalia/Tsarfaty, Reut/Zeman, Daniel (2016): Universal dependencies v1: A multilingual treebank collection. In: Calzolari, Nicoletta/Choukri, Khalid/Declerck, Thierry/Goggi, Sara/Grobelnik, Marko/Maegaard, Bente/Mariani, Joseph/Mazo, Helene/Moreno, Asuncion/Odijk, Jan/Piperidis, Stelios (Hg.): Proceedings of the 10th International Conference on Language Resources and Evaluation (LREC 2016). Portorož/Paris: ELRA, S. 1659–1666.

Petrov, Slav/Das, Dipanjan/McDonald, Ryan (2012): A universal part-of-speech tagset. In: Calzolari, Nicoletta/Choukri, Khalid/Declerck, Thierry/Doğan, Mehmet/Maegaard, Bente/Mariani, Joseph/Odijk, Jan/Piperidis, Stelios (Hg): Proceedings of the 8th International Conference on Language Resources and Evaluation (LREC 2012). Istanbul/Paris: ELRA, S. 2089–2096. Internet: http://www.lrec-conf.org/proceedings/lrec2012/pdf/274_Paper.pdf (Stand: 26.10.2020).

Schäfer, Roland (2016): CommonCOW: Massively huge web corpora from CommonCrawl data and a method to distribute them freely under restrictive EU copyright laws. In: Calzolari/Choukri/Declerck/Goggi/Grobelnik/Maegaard/Mariani/Mazo/Moreno/Odijk/Piperidis (Hg.): Proceedings of the 10th International Conference on Language Resources and Evaluation (LREC 2016), S. 4500–4504.

Telljohann, Heike/Hinrichs, Erhard/Kübler, Sandra (2004): The TüBa-D/Z treebank. Annotating German with a context-free backbone. In: Lino, Maria Teresa/Xavier, Maria Francisca/Ferreira, Fatima/Costa, Rute/Silva,Raquel (Hg.): Proceedings of the 4th International Conference on Language Resources and Evaluation (LREC 2004), Lissabon. Paris: ELRA, S. 2229–2232. Internet: http://www.lrec-conf.org/proceedings/lrec2004/pdf/135.pdf (Stand: 26.10.2020).

Telljohann, Heike/Hinrichs, Erhard/Kübler, Sandra/Zinsmeister, Heike/Beck, Kathrin (2017): Stylebook for the Tübingen Treebank of written German (TüBa-D/Z). SfS Technical Report: Seminar für Sprachwissenschaft. Tübingen: Universität Tübingen. Internet: www.sfs.uni-tuebingen.de/fileadmin/static/ascl/resources/tuebadz-stylebook-1707.pdf (Stand: 26.10.2020).

Wittenburg, Peter/Mosel, Ulrike/Dwyer, Arienne (2002): Methods of language documentation in the DOBES project. In: González Rodríguez, Manuel/Suarez Araujo, Carmen Paz (Hg.): Proceedings of the 3rd International Conference on Language Resources and Evaluation (LREC 2002), Las Palmas. Paris: ELRA, S. 36–42.

Beata Trawiński/Marc Kupietz (Mannheim)
Von monolingualen Korpora über Parallel- und Vergleichskorpora zum Europäischen Referenzkorpus EuReCo

Abstract: Der Beitrag beschreibt die Motivation und Ziele des Europäischen Referenzkorpus EuReCo, einer offenen Initiative, die darauf abzielt, dynamisch definierbare virtuelle vergleichbare Korpora auf der Grundlage bestehender nationaler, Referenz- oder anderer großer Korpora bereitzustellen und zu verwenden. Angesichts der bekannten Unzulänglichkeiten anderer Arten mehrsprachiger Korpora wie Parallel- bzw. Übersetzungskorpora oder rein webbasierte vergleichbare Korpora, stellt das EuReCo eine einzigartige linguistische Ressource dar, die neue Perspektiven für germanistische und vergleichende wie angewandte Korpuslinguistik, insbesondere im europäischen Kontext, eröffnet.

1 Einleitung

Das Europäische Referenzkorpus EuReCo (European Reference Corpus) ist eine offene Initiative, die 2013 am Leibniz-Institut für Deutsche Sprache in Mannheim ins Leben gerufen wurde. Die Hintergründe ihrer Entstehung, das zugrundeliegende Konzept und die bereits implementierten Komponenten wurden bereits auf einigen (korpus)linguistischen Konferenzen und Workshops präsentiert und in mehreren englischsprachigen Publikationen im internationalen Kontext beschrieben. Der vorliegende Beitrag fasst diese zusammen, gibt einen vollständigen Überblick über EuReCo sowie einige neuere Ergebnisse und richtet sich vor allem an die germanistische, aber auch allgemeinlinguistische Fachgemeinschaft mit sprachvergleichender und angewandter Ausrichtung.

EuReCo ist ein Vorhaben, das eine Reihe von korpustechnologischen und korpuspolitischen Herausforderungen mit sich bringt. Gleichzeitig ist es stark linguistisch motiviert und nimmt insbesondere den Sprachvergleich in den Fokus. Die beiden Aspekte werden in diesem Beitrag ausführlich diskutiert und den konzeptuellen Überlegungen hinter der EuReCo-Initiative sowie deren Umsetzung im Rahmen der zwei internationalen Projekte gegenübergestellt. Im Abschnitt 2 diskutieren wir die Anforderungen an Sprachkorpora für den Sprachvergleich und weisen auf Problematiken der vorhandenen Lösungen hin. Im Abschnitt 3 präsentieren wir die Grundidee hinter der EuReCo-Initiative und berichten über die Ergebnisse der zwei Projekte im EuReCo-Kontext, DruKoLA und DeutUng. Abschnitt 4 beschreibt die Korpusabfrage- und Analyseplattform KorAP, die die technische Grundlage für EuReCo darstellt und den Zugang zu den im Rahmen von EuReCo erstellten vergleichbaren Korpora ermöglicht. Abschnitt 5 fasst abschließend die Resultate und Erkenntnisse der laufenden und abgeschlossenen Arbeiten im Rahmen von EuReCo zusammen, skizziert eine mögliche Weiterentwicklung von EuReCo sowie neue Perspektiven, die die EuReCo-Initiative für die germanistische und vergleichende Korpuslinguistik, insbesondere im europäischen Kontext, eröffnet.

2 Mehrsprachige Korpora für den Sprachvergleich

Es ist unumstritten, dass Korpusdaten für viele linguistische Fragestellungen substanziell sind und dass man auf Korpora in der modernen Linguistik kaum verzichten kann. Dieser Stand der Dinge hängt stark mit der empirischen Wende in der Linguistik Ende des letzten Jahrhunderts zusammen. Seitdem haben digitale Korpora sowohl in der einzelsprachlichen als auch sprachübergreifenden Forschung zunehmend an Bedeutung gewonnen. In den letzten zwei Jahrzehnten hat die Anzahl der Studien, die von Korpusdaten inspiriert sind bzw. auf Korpusdaten basieren oder auch korpusgestützt bzw. -geleitet sind, dramatisch zugenommen. Auch die Anzahl von Korpora, sowohl von monolingualen Korpora als auch bi- und multilingualen Korpora, nimmt kontinuierlich zu. Die Korpora werden auch immer größer. Als Linguist oder Linguistin steht man häufig vor dem Dilemma, aus der Vielfalt teilweise sehr unterschiedlicher Korpustypen das richtige Korpus zu wählen, wobei man bei jeder Entscheidung immer berücksichtigen muss, dass diese Auswirkungen auf die Forschungsergebnisse und letztendlich empirische und theoretische Generalisierungen haben wird. Das bezieht sich auf Fragestellungen, die sprachspezifisch sind, aber insbesondere auf Fragestellungen, die sprachübergreifende Phänomene adressieren. Denn während die Wahl eines bestimmten Korpus als Datenquelle für eine sprachspezifische Fragestellung naturgemäß auf einsprachige Korpora beschränkt ist, stehen für sprachübergreifende Fragestellungen mehrere Optionen zur Verfügung. Genauer gesagt, können sprachübergreifende Fragestellungen unter Verwendung von einsprachigen (unabhängigen) Korpora angegangen und behandelt werden oder aber auch auf der Basis von Parallelkorpora oder Vergleichskorpora untersucht werden. Im Folgenden gehen wir auf all diese Möglichkeiten ein und weisen auf ihre Vor- und Nachteile für den Sprachvergleich hin.

2.1 Einsprachige Korpora

Einsprachige Korpora sind Korpora, die Texte in nur einer Sprache enthalten und mittlerweile eine lange Tradition haben, die auf die 60er-Jahre des 20. Jahrhunderts zurückgeht. Gegenwärtig gibt es zahlreiche Korpora von vielen Einzelsprachen, darunter sehr große nationale Referenzkorpora, wie etwa das Deutsche Referenzkorpus DeReKo, die englischsprachigen Korpora American National Corpus ANC und British National Corpus BNC oder das Referenzkorpus der rumänischen Gegenwartssprache CoRoLa und das Ungarische Nationalkorpus HNC, auf die in Abschnitt 3 eingegangen wird und die aktuell eine große Rolle in EuReCo spielen.

In der Regel sind vor allem die großen nationalen Referenzkorpora lemmatisiert und morphosyntaktisch annotiert. Darüber hinaus verfügen viele monolinguale Korpora über zusätzliche linguistische Annotationen wie syntaktische Abhängigkeiten (im Sinne von Konstituentenstruktur oder Dependenzrelationen), semantische Rollen, Eigennamen, temporale Relationen, anaphorische Beziehungen, Diskurs-bezogene Relationen etc.

Monolinguale Korpora zeichnen sich schließlich durch sehr hohe und kontrollierte Sprachqualität aus, da sie (im Idealfall ausschließlich) Originaltexte enthalten und damit den muttersprachlichen Sprachgebrauch reflektieren. Gerade die hohe sprachliche Qualität ist ein entscheidender Faktor dafür, dass man auch in sprachübergreifender Forschung gerne zu monolingualen Korpora greift. Dabei werden sie meistens als Belegquellen verwendet, die einschlägige, authentische und originalsprachige Beispiele für bestimmte linguistische Phänomene oder Generalisierungen liefern. Oft werden sie aber auch für quantitative Untersuchungen verwendet. Hierzu gibt es eine Reihe von Forschungsarbeiten, einschließlich zahlreicher sprachvergleichender Studien zum Deutschen, wie z. B. Augustin (2018), Taborek (2018), Hartmann et al. (2018) und viele andere.

Während hohe sprachliche Qualität einen bedeutenden Vorteil von monolingualen Korpora darstellt, hat ihre Verwendung als Datengrundlage für sprachvergleichende Untersuchungen auch einige Defizite. Das kann anhand der Fallstudie von Hartmann et al. (2018) illustriert werden, die im Rahmen des Projekts *Deutsche Grammatik im europäischen Vergleich* (GDE) am Leibniz-Institut für Deutsche Sprache (IDS) in Mannheim durchgeführt wurde (basierend auf Wöllstein 2015 und Brandt/Trawiński/Wöllstein 2016). Der Gegenstand der Studie waren Verben im Deutschen, Schwedischen und Niederländischen, die propositionale, verbhaltige Komplemente selegieren und finite und nicht-finite Strukturen (mit und ohne Komplementierer) einbetten können. Als Beispiele im Deutschen können Verben wie *versuchen, versprechen, bitten, anordnen* etc. genannt werden. Untersucht wurde die Korrelation zwischen der Präferenz der jeweiligen

Verbtypen für finite bzw. nicht-finite Komplemente (mit und ohne Komplementierer) und den Kontrollverhältnissen bzw. (ko-)referenziellen Abhängigkeiten im Matrixsatz und eingebetteten Satz. Die Hintergrundannahme geht auf Givón (1990) und in Bezug auf das Deutsche auf Rapp et al. (2017) zurück und besagt, dass referentielle Kohäsion mit der Ereignisintegration zusammenhängt. Das Ziel war, diese Annahme für die drei germanischen Sprachen Deutsch, Schwedisch und Niederländisch anhand von Korpusdaten zu validieren. Dazu wurden drei unabhängige einsprachige Korpora herangezogen: DeReKo (Teilkorpus KoGra-DB) für das Deutsche (Kupietz et al. 2018), Språkbanken (Subcorpus Moderna) für das Schwedische (Borin et al. 2012) und LASSY Large für das Niederländische (van Noord et al. 2006, 2013). Tabelle 1 gibt einen groben Überblick über die Größe und die (Kategorien von) Texttypen in den jeweiligen Korpora.

Tab. 1: Monolinguale Korpora in Hartmann et al. (2018)

Korpus	Worttoken	Satztoken	Texttypen/Themenbereiche
DeReKo (Subkorpus KoGra-DB)	4.3 G	200 M	170 Kategorien: Presse, Roman, Gedicht, Krimi, Belletristik, Dissertation, Wettervorhersage, Werbebroschüre, Horoskop, Leserbrief, Reiseführer etc.
Språkbanken (Subkorpus Moderna)	13.3 G	953 M	Presse, Zeitschrift, Protokolle, Literatur, Bloggmix, Twittermix, Wikipedia etc.
LASSY (Korpus Large)	0.8 G	52 M	18 Kategorien: Verwaltungstexte, juristische Texte, Zeitschrift, Protokolle (Europarl), Web, Wikipedia, Thronreden der Königin Beatrix etc.

Die Distribution der relevanten Verbtypen in den drei Korpora ließ eine Korrelation zwischen Selektionspräferenzen und Kontrollverhältnissen erkennen. Damit bestätigen die Ergebnisse die Hypothese der referenziellen Kohäsion und Ereignisintegration und scheinen darüber hinaus zu zeigen, dass diese eine sprachübergreifende Gültigkeit hat.

Die methodische Frage, die sich in Zusammenhang mit dieser Studie allerdings ergibt, ist, ob bzw. inwiefern die Einzelergebnisse für das Deutsche, das Schwedische und das Niederländische miteinander vergleichbar sind. Betrachtet man die zugrundeliegende Datenbasis (Tab. 1), so muss man feststellen, dass diese sich für jede Sprache hinsichtlich der Größe und Zusammensetzung massiv unterscheidet. Ein solcher Stand der Dinge ist in Forschungsvorhaben, die auf mehreren unabhängigen einsprachigen Korpora basieren, meist der Fall.

Die Ergebnisse solcher Forschungsvorhaben sind daher auf einer Metaebene (Ebene der Generalisierungen) sicherlich vergleichbar. Auf der empirischen Ebene (Datenebene) können sie aufgrund der Datenverschiedenheit bzw. deren niedrigen Vergleichbarkeit weniger als vergleichbar gelten.

Zusammenfassend lässt sich also sagen, dass man bei einsprachigen Korpora in der Regel von niedriger Vergleichbarkeit im Sinne von Größenübereinstimmung und Übereinstimmung hinsichtlich der Komposition ausgehen muss. Gleichzeitig versprechen einsprachige Korpora relativ hohe sprachliche Qualität, die muttersprachlichen Sprachgebrauch adäquat widerspiegelt. Will man die Vergleichbarkeit und die sprachliche Qualität jeweils mit einer Skala repräsentieren, mit niedriger Vergleichbarkeit bzw. niedriger sprachlicher Qualität am linken Ende der Skala und hoher Vergleichbarkeit bzw. hoher sprachlicher Qualität am rechten Ende der Skala, dann wären monolinguale Korpora wie in Abbildung 1 charakterisierbar.

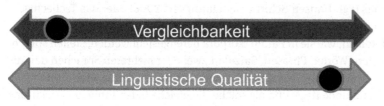

Abb. 1: Geringe Vergleichbarkeit und hohe linguistische Qualität in einsprachigen Korpora

2.2 Parallele Korpora

Hohe sprachliche Qualität ist ohne Zweifel eine bedeutende Eigenschaft einer linguistischen Datenquelle, weshalb monolinguale Korpora nicht nur in einzelsprachiger, sondern auch in sprachübergreifender Forschung gerne eingesetzt werden. Gleichzeitig stellt niedrige Vergleichbarkeit ein ernsthaftes empirischmethodisches Problem für den Sprachvergleich dar. Aus diesem Grund greift man in sprachübergreifender Forschung doch überwiegend auf multilinguale Korpora, und insbesondere auf Parallelkorpora zurück.

Parallelkorpora bestehen aus Originaltexten in einer Sprache (Quellsprache) und ihren Übersetzungen in anderen Sprachen (Zielsprachen); daher werden sie manchmal als Übersetzungskorpora bezeichnet (das ist zum Beispiel in der Translationswissenschaft der Fall). Die Paralleltexte sind in der Regel in allen Sprachen auf Satzebene aligniert und sind linguistisch annotiert, wobei die Detailliertheit der linguistischen Annotation von Parallelkorpus zu Parallelkorpus stark variieren kann. Parallelkorpora werden erst seit den 1990er Jahren entwickelt und setzten teilweise andere Technologien als monolinguale Korpora voraus.[1] Mittlerweile gibt es eine Reihe von elektronischen Parallelkorpora, die frei zugänglich sind und über verschiedene webbasierte Recherche- und Analysesysteme durchsucht werden können. Zu den größten gehören aktuell The Open Parallel Corpus OPUS mit 100 Sprachen und 40 G Token (vgl. Tiedemann/Nygaard 2004 und Tiedemann 2012), das multilinguale Parallelkorpus InterCorp mit 40 Sprachen und mit 1.5 G Token (vgl. Čermák/Rosen 2012; Rosen/Vavřín/Zasina 2019 sowie Káňa i. d. Bd.) und The European Parliament Proceedings Parallel Corpus Europarl mit 21 Sprachen und 0.6 G Token (Koehn 2005). Darüber hinaus gibt es eine Reihe von kleineren Parallelkorpora, die oft bilingual sind bzw. nur wenige Sprachen umfassen, dafür häufig aufgrund (teilweise) manueller Annotation detailliertere und genauere linguistische Information enthalten. Als Beispiel können The Stockholm MULtilingual TReebank SMULTRON (vgl. Volk et al. 2015), The CroCo Corpus (vgl. Hansen-Schirra/Neumann/Vela 2006) oder das Tschechisch-Englische Parallelkorpus CzEng (vgl. Bojar/Žabokrtský 2006) genannt werden.

Paralleldaten, wie sie in Parallelkorpora bereitgestellt werden, stellen sprachliche Einheiten (Wörter, Phrasen, Sätze) in zwei oder mehreren Sprachen dar, die Übersetzungsäquivalente voneinander sind (denen wiederum eine funktionale Äquivalenz zugrunde liegt) und als solche die gleiche (oder ähnliche) Bedeutung transportieren. Der große Vorteil ist auch, dass man diese sprachlichen Einheiten in den jeweiligen Quell- und Zielsprachen kontextbezogen und innerhalb der gleichen Texttypen bezogen auf genau die gleichen Themen, Zeiträume etc. betrachten kann. Aufgrund dieser Eigenschaften bieten Paralleldaten eine perfekte Grundlage für die Ermittlung funktionaler Äquivalenz zwischen sprachlichen Strukturen im sprachübergreifenden Kontext. In anderen Worten können sie als ein perfektes *tertium comparationis* verwendet werden (vgl. auch James 1980; Chesterman 1998). Darüber hinaus erlauben Paralleldaten Einblicke in sprachübergreifende Ähnlichkeiten und Divergenzen, die bei der Arbeit mit einsprachigen Korpora leicht übersehen werden könnten.

Diese Vorteile von Paralleldaten wurden früh in sprachübergreifender Forschung erkannt und wurden in zahlreichen Studien im Bereich der kontrastiven Linguistik (vgl. Altenberg und Granger 2002 oder Granger 2010, um nur einige Bei-

---

1 Als erstes (mehrsprachiges) Parallelkorpus gilt das Englisch-Norwegische Parallelkorpus Corpus ENPC, das 1994–1997 an der Universität Oslo entwickelt wurde und dessen zugrundeliegende Modell auch für weitere Sprachen, einschließlich Deutsch erfolgreich verwendet wurde.

spiele zu nennen), Sprachtypologie (vgl. u. a. Cysouw/Wälchli 2007 und andere Artikel jenes Heftes) sowie Übersetzungswissenschaften (vgl. z. B. Granger/Lerot/ Petch-Tyson 2003) umgesetzt. Auch am IDS, und insbesondere im Projekt GDE kommen Parallelkorpora zum Einsatz (vgl. auch Trawiński/Schlotthauer/Bański i. d. Bd.). Hierzu kann die Studie zum Imperativ in den vier europäischen Sprachen Deutsch, Englisch, Polnisch und Tschechisch genannt werden, die zum Ziel die Validierung der *Agentivitätshypothese*[2] hatte (Trawiński 2016a, b). Wir gehen im Folgenden auf diese Studie etwas genauer ein, um zu demonstrieren, dass auch der Sprachvergleich mit Parallelkorpora trotz vieler Vorteile ernsthafte Defizite hat.

Als Datenquelle in Trawiński (2016a, b) wurde das Parallelkorpus InterCorp (Release 6) über die KonText-Schnittstelle verwendet. Die zugrundeliegende Datengrundlage setzte sich genauer aus den Texten zusammen, die in Tabelle 2 zusammengefasst sind.

Tab. 2: Übersicht über die Paralleltexte in Trawiński (2016a, b)

Titel (14)	Autoren	DE	EN	CZ	PL	RU
1984	George Orwell	114.009	*120.437*	98.302	98.088	93.349
Das chasarische Wörterbuch	Milorad Pavic	118.406	116.792	100.894	96.011	105.136
Der Alchimist	Paolo Coelho	44.058	47.786	36.912	38.826	38.786
Der Herr der Ringe: Die Rückkehr des Königs	John R. R. Tolkien	167.062	*158.991*	178.243	141.341	125.323
Der Herr der Ringe: Die zwei Türme	John R. R. Tolkien	188.149	*183.972*	154.331	166.885	149.982

---

[2] Die Agentivitätshypothese besagt, dass Imperativmarker bei agentivischen Verben signifikant häufiger vorkommen als bei nicht-agentivischen Verben (vgl. auch Potsdam 1996; Jensen 2003).

Titel (14)	Autoren	DE	EN	CZ	PL	RU
Die Abenteuer des braven Soldaten Schwejk	Jaroslav Hašek	286.820	196.240	*247.340*	257.999	248.739
Die unerträgliche Leichtigkeit des Seins	Milan Kundera	98.240	99.464	*83.646*	84.691	87.443
Die Unsterblichkeit	Milan Kundera	120.755	121.278	*107.929*	100.344	106.540
Farm der Tiere	George Orwell	33.656	*34.434*	27.061	28.296	29.213
Meister und Margarita	Mikhail Bulgakov	157.036	162.666	137.530	151.312	*145.185*
Pippi Langstrumpf	Astrid Lindgren	30.960	31.127	25.362	27.368	27.515
Scherz	Milan Kundera	131.535	120.996	*110.228*	115.455	113.649
Wunderbare Reise des kleinen Nils Holgersson mit den Wildgänsen	Selma Lagerlöf	242.296	179.383	170.553	199.159	201.382
Der kleine Prinz	Antoine de Saint-Exupéry	18.477	21.199	15.519	14.764	16.071
Größe (Tokens)		*1.751.459*	*1.594.765*	*1.493.850*	*1.520.539*	*1.488.313*

Aus diesen Texten wurden imperativische Wortformen extrahiert, die jeweils 50 häufigsten Lemmata pro Sprache identifiziert und die ausgewählten (sprachspezifischen) Lemmata auf abstrakte Konzepte basierend auf *FrameNet*-Frame-Index (Baker/Fillmore/Lowe 1998) abgebildet. Die quantitative Analyse der Daten hat die Agentivitätshypothese sprachübergreifend bestätigt.

Ein kurzer Blick auf Tabelle 2 macht jedoch deutlich, dass – bei hoher Vergleichbarkeit in Bezug auf Inhalt und Größe – die Studie auf einer verhältnismäßig kleinen und undifferenzierten Datenbasis beruht (vgl. Tab. 1). Dabei gilt generell, dass je mehr Sprachen man zum Vergleich heranzieht, umso stärker die Anzahl und Differenziertheit der Paralleltexte abnimmt. Darüber hinaus weisen die Texte in Tabelle 2 eine starke Unausgewogenheit in Bezug auf Originaltexte (Fett-Markierung) und Übersetzungstexte auf. Das stellt insbesondere in Hinblick auf die Besonderheiten von Übersetzungstexten im Allgemeinen ein Problem dar.

Übersetzungstexte werden aufgrund ihrer speziellen Eigenschaften manchmal als dritter Code betrachtet, das heißt als eine besondere Art von Text, die sich sowohl von der Ausgangssprache als auch von der Zielsprache unterscheidet (vgl. Frawley 1984; Baker 1993). Laviosa (1998) spezifiziert die folgenden Merkmale von Übersetzungstexten: relativ geringer Anteil lexikalischer Wörter gegenüber Funktionswörtern, relativ hoher Anteil hochfrequenter Wörter gegenüber niedrigfrequenten Wörtern, häufige Wiederholung von häufigsten Wörtern und niedrige Varietät bei häufigsten Wörtern. Baker (1995) beobachtet weiterhin, dass Übersetzungen dazu tendieren, eine einfachere Sprache zu verwenden (Vereinfachung), Dinge zu verdeutlichen (Explikation) und typische Muster der Zielsprache übermäßig zu gebrauchen (Normalisierung). In Teich (2003) wird das Phänomen des *shining-through* neben der Normalisierung definiert und anhand von deutsch-englischen bzw. englisch-deutschen Korpora empirisch am Beispiel verschiedener grammatischer Konstruktionen (wie Passiv oder Relativsätze) untersucht. *Shining-through* tritt auf, wenn sich Übersetzungen stärker an der Ausgangssprache als an der Zielsprache orientieren. Die Normalisierung im Sinne von Teich (2003) liegt vor, wenn sich Übersetzungen stärker an der Zielsprache orientieren als es zu erwarten wäre.

Zusammenfassend lässt sich also sagen, dass Parallelkorpora hohe Vergleichbarkeit in Bezug auf Größe und Inhalt aufweisen, was für den Sprachvergleich von großer Bedeutung ist. Im Gegensatz dazu ist die Qualität des linguistischen Materials gering(er) im Vergleich zu monolingualen Korpora. Dieses Fazit lässt sich grafisch wie in Abbildung 2 veranschaulichen.

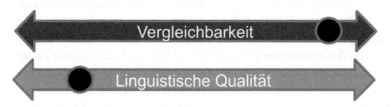

Abb. 2: Hohe Vergleichbarkeit und geringe sprachliche Qualität in parallelen Korpora

2.3 Vergleichbare Korpora

Wie wir oben festgestellt haben, eignen sich einsprachige und parallele Korpora allein nicht für feinkörnigere sprachübergreifende Forschung, weil es ihnen entweder an Vergleichbarkeit oder an linguistischer Qualität mangelt. Eine mögliche Abhilfe könnte die Verwendung einer Kombination aus parallelen und monolingualen Korpora sein, die jedoch für typische Anwendungsfälle kompliziert zu handhaben wäre. Es besteht daher ein klarer Bedarf an mehrsprachigen Korpora, die einerseits eine hohe Vergleichbarkeit in Bezug auf Inhalt und Größe gewährleisten und andererseits die Qualität der Originalsprache sicherstellen (siehe Abb. 3).

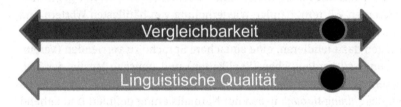

Abb. 3: Hohe Vergleichbarkeit und hohe sprachliche Qualität in einem idealen mehrsprachigen Korpus

Vergleichbare Korpora stellen eine interessante Option dar. Ein vergleichbares Korpus besteht aus zwei oder mehr einsprachigen Korpora, die hinsichtlich relevanter Eigenschaften wie Entstehungszeit, Medialität, Textsorte, Themenbereich usw. ähnlich aufgebaut sind und idealerweise nur Originaltexte enthalten. Ein frühes prominentes Beispiel für ein vergleichbares Korpus ist das International Corpus of English ICE (Greenbaum 1991), das zwölf Korpora verschiedener nationaler oder regionaler Varianten des Englischen mit einer kontrollierten, ähnlichen Zusammensetzung enthält. Im Jahr 2017 startete eine neue internationale Gemeinschaftsinitiative zum Aufbau des International Comparable Corpus ICC (Kirk/Čermáková 2017). Ziel dieser Initiative ist der Aufbau vieler kleiner Korpora mit kontrollierter Zusammensetzung nach dem Vorbild des ICE. Das primäre Ziel ist die Bereitstellung hochgradig vergleichbarer Datensätze für kontrastive Studien. Die derzeit beteiligten Sprachen sind Tschechisch, Finnisch, Französisch, Deutsch, Norwegisch, Polnisch, Slowakisch und Schwedisch. Das ICC ist ein laufendes Projekt und steht für die linguistische Forschung noch nicht zur Verfügung.

Gegenwärtig sind lediglich webbasierte vergleichbare Korpora verfügbar, wie zum Beispiel Aranea – Family of Comparable Gigaword Web Corpora (Benko 2014). Aranea umfasst Korpora von aktuell 20 Sprachen mit kontrollierter Größe von jeweils 1.2 G (die Maius-Ausgabe) und 120 M Token (die Minus-Ausgabe, eine 10%-ige Zufallsstichprobe von Maius). Die Ressource wurde mit frei verfügbaren Werkzeugen entwickelt und ist zum Beispiel über NoSketch Engine (Rychlý 2007) oder KonText (Machálek 2014, 2020) zugänglich (siehe Abb. 4).

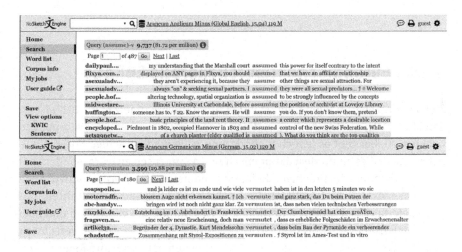

Abb. 4: Aranea im Einsatz mit der NoSketch Engine

Während die Größe der Aranea-Korpora kontrolliert ist, ist es ihre Komposition keineswegs. In Wirklichkeit kann sie auch gar nicht (leicht) kontrolliert werden, weil die erforderlichen Metadaten, wie Autorenschaft, Herausgeberschaft, Zeit und Ort der Veröffentlichung, Textart, Thema usw. für Texte aus dem Web meistens nicht vorhanden sind.

Vor diesem Hintergrund lässt sich festhalten, dass im Falle von webbasierten vergleichbaren Korpora weder das Kriterium der Vergleichbarkeit noch das Kriterium der sprachlichen Qualität ohne Weiteres erfüllt werden können (siehe Abb. 5).

Abb. 5: Unkontrollierte Vergleichbarkeit und unkontrollierte linguistische Qualität in webbasierten Vergleichskorpora

3 Das Europäische Referenzkorpus EuReCo

Ziel der 2013 gegründeten offenen EuReCo-Initiative (Kupietz et al. 2017) ist es, den Mangel an qualitativ hochwertigen mehrsprachigen Vergleichskorpora zu beheben. Dabei geht es jedoch nicht darum, neue mehrsprachige Korpora aufzubauen, da dies zumindest ökonomisch schwer umzusetzen wäre, sondern auf den bestehenden einsprachigen Referenz- und nationalen Korpora aufzubauen und diese virtuell zu Tupeln vergleichbarer Korpora zusammenzuführen. Das bedeutet, dass die jeweiligen Korpora an ihren Standorten verbleiben und über eine gemeinsame Software-Infrastruktur vernetzt sind. Die virtuelle Verschmelzung ist dabei unerlässlich, da die Texte, aus denen nationale und Referenzkorpora bestehen, in der Regel durch Lizenzverträge, die zumindest das Kopieren ganzer Texte verbieten, an ihre Heimatinstitutionen gebunden sind. Dieses infrastrukturelle Problem wird derzeit durch die Korpusanalyseplattform KorAP (Bański et al. 2013) gelöst, die verteilte Indizes und die dynamische Definition virtueller Subkorpora unterstützt und die Korpusdaten über eine einheitliche Schnittstelle auch für die weitere linguistische Analyse zur Verfügung stellt. Der Aufbau vergleichbarer Korpora erfolgt auf der Basis von Textmetadaten in der Weise, dass im Idealfall der Nutzer oder die Nutzerin selbst dynamisch vergleichbare virtuelle Subkorpora definieren kann – perspektivisch durch einfache Befehle wie „Erstelle ein möglichst großes Korpuspaar mit identischer Zusammensetzung hinsichtlich Thema, Textsorte und Erscheinungsjahr". Eine solche dynamische Definierbarkeit und Korrigierbarkeit mit der Möglichkeit der persistenten Speicherung ist wichtig, da das gegenüber einer normalen korpuslinguistischen Untersuchung zusätzliche Korpus und die zusätzliche Erfordernis der Vergleichbarkeit das Risiko von Artefakten, die allein durch die Korpuskomposition bedingt sind, zusätzlich steigern. Anders als in der monolingualen Korpuslinguistik muss nicht nur ein Korpus repräsentativ für eine intendierte Sprachdomäne in Bezug auf eine Forschungsfrage sein, sondern auch das zweite Korpus bzgl. seiner Sprache. Außerdem müssen beide Korpora vergleichbar sein. Das ohnehin schon hohe Risiko, Ergebnisse zu erhalten, die nichts über die intendierte Sprachdomäne aussagen, sondern nur durch eine schiefe Korpuszusammensetzung bedingt sind, ist dementsprechend höher, wenn mit vergleichbaren Korpora gearbeitet wird.

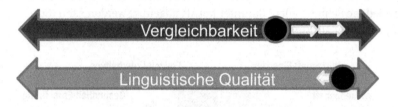

Abb. 6: Allmähliche Verbesserung der Vergleichbarkeit bei weitgehend gleichbleibend hoher sprachlicher Qualität durch iterative Verfeinerung der Metadatenzuordnungen und Vergleichbarkeitskriterien

Um Korpuszusammensetzungen anpassen zu können und damit eine schrittweise Verbesserung der Vergleichbarkeit zu ermöglichen, wenn der Verdacht besteht, dass die korpusbasierten Ergebnisse nur durch verzerrte Korpuszusammensetzungen bedingt sind, sollte der Konstruktionsprozess idealerweise iterativ angelegt sein (siehe Kupietz 2015, S. 64; Kupietz et al. 2020a).

Mit der Möglichkeit, Vergleichbarkeitskriterien und damit vergleichbare Korpuspaare dynamisch zu definieren und zu verfeinern, kann auch die Stabilität quantitativer Ergebnisse in Bezug auf unterschiedlich definierte Vergleichskorpora bewertet werden. Es ist jedoch zu beachten, dass die Flexibilität verschiedener vergleichbarer Korpusdefinitionen durch die Größe und Schichtung der zugrundeliegenden einsprachigen Korpora begrenzt ist und dass zusätzliche Vergleichbarkeitskriterien typischerweise die Größe der resultierenden vergleichbaren Korpuspaare reduzieren, so dass auch der Ansatz von EuReCo einen Kompromiss zwischen Vergleichbarkeit und Korpusgröße nicht vermeiden kann.

3.1 DRuKoLA: Das erste EuReCo-Projekt

Teile der EuReCo-Vision sind bereits im DRuKoLA-Projekt (2016–2018) umgesetzt worden.[3] Im Zentrum von DRuKoLA standen das Deutsche Referenzkorpus DEREKO, mit damals 42 Milliarden Wörtern (Kupietz et al. 2018) die größte Sammlung deutscher Texte, mit einem sogenannten Primordial-Sample-Design, das auch für die Definition verschiedener virtuell vergleichbarer Korpora im EuReCo-Kontext grundlegend ist, und das Referenzkorpus der rumänischen Gegenwartssprache CoRoLa (Tufiș et al. 2015; Barbu Mititelu/Tufiș/Irimia 2018), das fast eine Milliarde Wörter enthält und im Dezember 2017 öffentlich vorgestellt wurde und über verschiedene Schnittstellen, darunter KorAP, abgefragt werden kann (Cosma et al. 2016; Cristea et al. 2019).

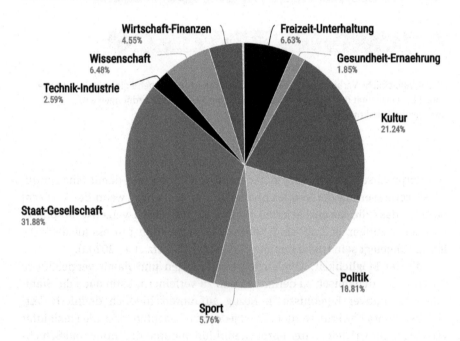

Abb. 7: Themenanteile (nach DEREKO's Top-Level-Domänen) im ersten vergleichbaren Korpus

---

3 DRuKoLA (2016–2018) wurde von der Alexander von Humboldt-Stiftung als Programm zur Vernetzung von Forschungsgruppen gefördert. Das Akronym verbindet zentrale Ziele des Projekts: Korpusentwicklung und kontrastive linguistische Analyse (*Sprachvergleich korpustechnologisch. Deutsch-Rumänisch*).

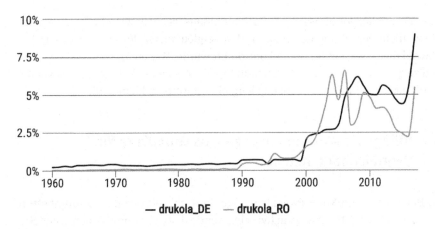

Abb. 8: Relative Größen pro Jahr der Veröffentlichung im Vergleich

Mit Abschluss des DRuKoLA-Projekts konnte ein erstes virtuelles Vergleichskorpus über KorAP öffentlich zugänglich gemacht werden, das vorerst ausschließlich auf einer Abbildung der Thementaxonomie von DEREKO auf die von COROLA basiert. Diese Zuordnung ist nicht perfekt, da sich die für die beiden Korpora verwendeten Klassifikationssysteme stark unterscheiden. Während für DeReKo eine Teilmenge der Open Directory (dmoz)-Taxonomie verwendet wurde (siehe Klosa et al. 2012), wurden für CoRoLa die Top-Level-Domänen der englischen Wikipedia und das System der Universal Decimal Classification (UDC) verwendet (siehe Gîfu et al. 2019). Mit Hilfe einer heuristischen Abbildung der Kategorien konnten aber fast 90% aller COROLA-Texte den DEREKO-Kategorien zugeordnet werden. Unter anderem, um diese Abbildung noch zu verbessern, plant das IDS, in Zukunft UDC- und Wikipedia-Domänen für DEREKO bereitzustellen.

Aufgrund des wesentlich größeren Umfangs von DEREKO und seiner hinreichend ähnlichen Streuung in Bezug auf die Themenbereiche war es möglich, das erste vergleichbare Korpus aufzubauen, indem nur eine Teilstichprobe von DEREKO definiert wurde, die die thematische Zusammensetzung des gesamten COROLA nachahmt (Abb. 7). Es ist anzumerken, dass wir für dieses erste vergleichbare deutsch-rumänische Korpus die Zusammensetzung im Hinblick auf Erscheinungsjahre und Textsorten nicht kontrolliert haben. Eine erste oberflächliche Untersuchung des deutschen Teils zeigt jedoch, dass zumindest ein breites Spektrum von Textsorten, wie Presseberichte, Leitartikel, Lexikonartikel, populärwissenschaftliche Artikel, Essays, Romane, Biografien, Lehrbücher, Tagebücher, Kinderbücher, Handbücher, politische Reden, Interviews, Gerichtsentscheidungen, Leserbriefe, Horoskope usw. (in absteigender Reihenfolge) im virtuellen

DEREKO-Subkorpus erfasst sind. Darüber hinaus ist auch, wie Abbildung 8 zeigt, die zeitliche Verteilung der Texte in den vergleichbaren Korpora recht ähnlich, obwohl diese, wie gesagt, nicht kontrolliert wurde. Weitere Untersuchungen werden zeigen, inwieweit auch die quantitative Verteilung der Textsorten angeglichen werden kann, ohne dass dabei das Vergleichskorpus zu klein wird.

3.2 Bilinguale Worteinbettungen als Grundlage für Vergleichbarkeitsmaße

Zu Beginn des DRuKoLA-Projekts war geplant, mit bilingualen Worteinbettungen (Zhou et al. 2013) für sprachvergleichende distributionell semantische Studien zu experimentieren und diese auch in Form von sogenannten semantischen Fingerabdrücken (*semantic fingerprints*) (Kutuzov et al. 2016; Saad/Langlois/ Smaïli 2013) oder sogenannten Dokumenteinbettungen (Le/Mikolov 2014) als weiteres Maß für Textähnlichkeit über Sprachgrenzen hinweg zu verwenden. Für erste Vorstudien zum Projekt wurden dazu Worteinbettungen für DEREKO und CoRoLA berechnet und anhand eines zweisprachigen Lexikons[4] eine Matrix zur Transformation der CoRoLA-Embeddings in den DEREKO-Embedding-Raum berechnet. Im Projektverlauf zeigte sich jedoch nach einer Integration der transformierten CoRoLA-Embeddings in das DEREKOVecs-Tool[5] (Fankhauser/Kupietz 2019; Kupietz et al. 2018) und die IDS-Wortraumstation (Kupietz et al. 2020b), dass es zumindest nicht ohne größeren Aufwand möglich sein würde, ausreichend linguistisch plausible und interessante deutsch-rumänische Worteinbettungen zu erhalten. Aus diesem Grund wurden die Versuche mit dieser Methodik nicht weiter systematisch fortgeführt. Ein weiterer Grund für diese Entscheidung war, dass DEREKO und CoRoLA mit reichhaltigen Metadaten versehen waren, so dass keine Notwendigkeit bestand, auf einbettungsbasierte Vergleichbarkeitsmaße zurückzugreifen.

---

4 Zur Erzeugung des Wörterbuchs wurden die OPUS-Korpora und -Tools verwendet (Tiedemann 2012).
5 http://corpora.ids-mannheim.de/openlab/derekovecs (Stand: 29.10.2020)

3.3 DeutUng

Im zweiten EuReCo-Pilotprojekt, DeutUng,[6] wurde damit begonnen, das Ungarische Nationalkorpus HNC (Váradi 2002; Oravecz/Váradi/Sass 2014) in EuReCo zu integrieren. Der aktuelle Stand der DeutUng ist, dass ein Konverter für das HNC-Format in das Eingabeformat von KorAP entwickelt wurde und eine erste HNC-Stichprobe über KorAP zur Verfügung steht, die bereits für erste Pilotstudien genutzt wird (siehe Absch. 3.2). Das gesamte HNC sowie entsprechend größere vergleichbare deutsch-ungarische Korpora sollen bis Ende 2020 über KorAP nutzbar sein.

4 Zugang zu vergleichbaren Korpora mit KorAP

Wie bereits erwähnt, ist die aktuelle technische Grundlage für EuReCo die Korpusabfrage- und Analyseplattform KorAP[7] (Bański et al. 2013; Diewald et al. 2016; Diewald et al. i. d. Bd.), die derzeit am IDS entwickelt wird und seit Mai 2017 als öffentliche Beta-Version verfügbar ist. KorAP ist der designierte Nachfolger des Korpussuch- und Verwaltungssystems COSMAS II[8] als Hauptzugang zu DeReKo. KorAP ist für Korpora in verschiedenen Sprachen mit unterschiedlichen Annotationen anpassbar. Sie unterstützt auch mehrere Korpusabfragesprachen (z. B. Poliqarp, COSMAS II QL, AnnisQL), so dass Nutzer aus unterschiedlichen fachlichen und sprachspezifischen Communities optimal unterstützt werden. Darüber hinaus stellt KorAP auch Client-Bibliotheken für die Programmiersprachen R und Python zur Verfügung (Kupietz/Diewald/Margaretha 2020). Für vergleichbare Korpora im EuReCo-Szenario bietet KorAP einige wesentliche Merkmale, insbesondere
- die Fähigkeit, Korpora zu verwalten, die sich physisch an verschiedenen Orten befinden, so dass typische Lizenzbeschränkungen leicht einzuhalten sind (Kupietz et al. 2014);
- die Möglichkeit, virtuelle Subkorpora auf der Grundlage von Texteigenschaften dynamisch zu erstellen und diese persistent zu verwalten, um beispielsweise Wiederverwendbarkeit und Reproduzierbarkeit garantieren zu können;

---

[6] DeutUng (2017–2020) ist ein Kooperationsprojekt zwischen dem IDS und der Universität Szeged mit dem Forschungsinstitut für Linguistik der Ungarischen Akademie der Wissenschaften als assoziiertem Partner. DeutUng wird wie das DRuKoLA-Projekt von der Alexander von Humboldt-Stiftung gefördert.
[7] https://korap.ids-mannheim.de/ (Stand: 29.10.2020)
[8] https://cosmas2.ids-mannheim.de/ (Stand: 29.10.2020)

- die Möglichkeit, virtuelle Korpora mit Hilfe der Programmierschnittstellen dynamisch und explorativ zu definieren und zu optimieren und damit den oben dargestellten iterativen Konstruktionsprozess vergleichbarer Korpora automatisieren zu können;
- die Möglichkeit quantitative Sprachvergleichsstudien auch mit variablen Parametern mit Hilfe der Programmierschnittstellen einfach und nachvollziehbar umzusetzen.

4.1 Zugang zum deutsch-rumänischen Vergleichskorpus

Für CoRoLa wurde ein in Größe und Zusammensetzung vergleichbares Teilkorpus von DeReKo auf der Grundlage von Textmetadaten zusammengestellt. Dieses Subkorpus ist als persistentes virtuelles Korpus (VC) in KorAP gespeichert und kann (optional als Teil eines komplexeren VC) referenziert werden,[9] um die Suche und Analyse auf alle Dokumente im vergleichbaren Korpus einzuschränken. Das deutsch-rumänische Vergleichskorpus besteht derzeit aus mehr als 3 Millionen Dokumenten, die 940 Millionen Worttoken umfassen. Obwohl sich Metadaten und Annotationen unterscheiden, können beide Korpora in KorAP auf vergleichbare Weise durchsucht werden. Abbildung 9 zeigt zum Beispiel eine Abfrage nach postnominalen Adjektivfolgen, die in beiden Korpora durchgeführt wurde, wobei zwar die Trefferverteilung, wie erwartet, ein häufigeres postnominales Muster im Rumänischen bestätigt, im Detail aber Korrelationen z. B. mit der Textsorte aufweist, und damit neue, noch zu überprüfende Hypothesen aufwirft.

Eine eingehende Studie kann dann diese unterschiedlichen Muster bezüglich der Adjektivpositionen in beiden Korpora vergleichen, indem die Abfragen verfeinert werden, um sprachspezifische Annotationen zu erkennen (vgl. Cornilescu/Cosma 2019).

---

9 Der Referenzbezeichner lautet ‚drukola.20180909.1b_words'.

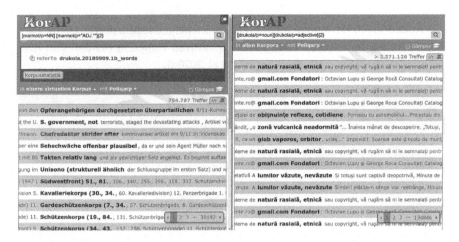

Abb. 9: Suche nach einem Nomen gefolgt von zwei Adjektiven im ersten deutsch-rumänischen Vergleichskorpus, ausgedrückt in der Anfragesprache Poliqarp QL bezugnehmend auf verschiedene zugrunde liegende Annotationen

4.2 Zugang zum deutsch-ungarischen Vergleichskorpus

Im Rahmen des DeutUng-Projekts wurden erste Teile des HNC in EuReCo integriert und kleine deutsch-ungarische Vergleichskorpora stehen zur Abfrage bei KorAP zur Verfügung.

Eine der im DeutUng-Projekt behandelten linguistischen Forschungsfragen ist die Verwendung von Korrelaten bei Komplementsätzen (Hartmann et al. 2017). Im Ungarischen ist das Korrelat *azt* in Strukturen mit assertiven Verben (wie z. B. *sagen*) möglich, nicht aber in Strukturen mit Faktiverben (wie *bedauern*). Im Deutschen ist genau das Gegenteil der Fall: Das Korrelat *es* kann in komplexen Sätzen mit Faktivverben verwendet werden, nicht aber mit assertiven Verben (siehe Molnár 2015, S. 211 f.; Kupietz et al. 2020a). Molnár (2015) weist jedoch darauf hin, dass in bestimmten Kontexten bzw. unter bestimmten Umständen (z. B. Fokus), das ungarische Korrelat *azt* auch mit faktiven Prädikaten möglich zu sein scheint. Auch die Verwendung des deutschen Korrelats *es* ergibt kein klares Bild, wenn unterschiedliche (z. B. informationsstrukturelle) Bedingungen berücksichtigt werden. Das Ziel der im Rahmen des DeutUng-Projekts vorgesehenen kontrastiven Untersuchung ist es, die Faktoren zu identifizieren, die die Verwendung der Korrelate in den beiden Sprachen determinieren.

Abbildung 10 zeigt einen Ausschnitt von Suchergebnissen, die die Suche nach Korrelaten mit bestimmten faktiven bzw. assertiven Verben in DEREKO und HNC mittels KorAP ergibt (siehe auch Kupietz et al. 2020a).

Abb. 10: Suche in DEREKO und HNC nach Korrelaten mit faktiven bzw. assertiven Verben (Die unterschiedliche Hervorhebung der Verbtypen deutet auf eine umgekehrte Verwendung des Musters hin.)

5 Schlussfolgerungen und Ausblick

Wir haben gezeigt, wie die EuReCo-Initiative den derzeitigen Mangel an mehrsprachigen Korpora beheben kann und dabei sowohl das Kriterium einer hohen sprachlichen Qualität, einschließlich Größe und Vielfalt, als auch das Kriterium der Vergleichbarkeit erfüllen kann. Wir zeigten auch, wie dies auf wirtschaftlich und rechtlich realistische Weise geschehen kann, und zwar indem wir auf bestehenden Korpora aufbauen, diese wiederverwenden und sie virtuell mit Hilfe der Korpusabfrageplattform KorAP zusammenführen. Darüber hinaus haben wir den Ansatz von EuReCo skizziert, wie die komplexe und fehleranfällige Definition von Vergleichbarkeit durch sukzessive Anpassung der Vergleichbarkeitskriterien angegangen werden kann. Schließlich haben wir gezeigt, wie die EuReCo-Ansätze in den Pilotprojekten DRuKoLA und DeutUng in ersten vergleichenden deutsch-rumänischen bzw. deutsch-ungarischen Studien umgesetzt werden konnten.

Als nächste Schritte stehen neben der Verbesserung von DEREKOs Themengebietsklassifikation und der kontinuierlichen Weiterentwicklung von KorAP, z. B. hinsichtlich verteilt berechneter Aggregationsfunktionen und einer Oberfläche zum Management virtueller (vergleichbarer) Korpora, besonders die Erweiterung von EuReCo um neue Sprachen an.

Literatur

Altenberg, Bengt/Granger, Sylviane (2002): Lexis in contrast. Corpus-based approaches. (= Studies in Corpus Linguistics 7). Amsterdam/Philadelphia: Benjamins.
Augustin, Hagen (2018): Verschmelzung von Präposition und Artikel. Eine kontrastive Analyse zum Deutschen und Italienischen. (= Konvergenz und Divergenz 6). Berlin/Boston: De Gruyter.
Baker, Mona (1993): Corpus linguistics and translation studies – Implications and applications. In Baker, Mona/Francis, Gill/Tognini-Bonelli, Elena (Hg.): Text and Technology: In honour of John Sinclair. Amsterdam/Philadelphia: Benjamins, S. 233–250.
Baker, Mona (1995): Corpora in translation studies. An overview and some suggestions for future research. In: Target 7, 2, S. 223–243.
Baker, Collin F./Fillmore, Charles J./Lowe, John B. (1998): The Berkeley FrameNet project. In: 36th Annual Meeting of the Association for Computational Linguistics and 17th International Conference on Computational Linguistics. Montreal: ACL.
Bański, Piotr/Bingel, Joachim/Diewald, Nils/Frick, Elena/Hanl, Michael/Kupietz, Marc/Pęzik, Piotr/Schnober, Carsten/Witt, Andreas: (2013): KorAP: the new corpus analysis platform at IDS Mannheim. In: Vetulani, Zygmunt/Uszkoreit, Hans (Hg.): Human language technologies as a challenge for computer science and linguistics. Proceedings of the 6th Language and Technology, Dezember 2013, Posen. Mannheim: Institut für Deutsche Sprache, S. 586–587.
Barbu Mititelu, Verginica/Tufiş, Dan/Irimia, Elena (2018): The reference corpus of the contemporary romanian language (CoRoLa). In: Calzolari, Nicoletta/Choukri, Khalid/Cieri, Christopher/Declerck, Thierry/Hasida, Koiti/Isahara, Hitoshi/Maegaard, Bente/Mariani, Joseph/Moreno, Asuncion/Odijk, Jan/Piperidis, Stelios/Tokunaga, Takenobu/Goggi, Sara/Mazo, Hélène (Hg.): Proceedings of the 11th International Conference on Language Resources and Evaluation (LREC 2018). Miyazaki/Paris: ELRA, S. 1178–1185.
Benko, Vladimír (2014): Aranea: Yet another family of (comparable) web corpora. In: Sjka, Petr/Horák, Ales/Kopeček, Ivan/Pala, Karel (Hg.): Text, speech and dialogue. 17th International Conference (TSD 2014), September 2014, Brünn. (= Lecture notes in computer science 8655). Cham/Heidelberg/New York: Springer, S. 247–256.
Bojar, Ondrej/Žabokrtský, Zdenek (2006): CzEng: Czech-English parallel corpus, release version 0.5. In: Prague Bulletin of Mathematical Linguistics 86, S. 59–62.
Borin, Lars/Forsberg, Markus/Roxendal, Johan (2012): Korp – the corpus infrastructure of Språkbanken. In: Calzolari, Nicoletta/Choukri, Khalid/Declerck, Thierry/Doğan, Mehmet/Maegaard, Bente/Mariani, Joseph/Odijk, Jan/Piperidis, Stelios (Hg): Proceedings of the 8th International Conference on Language Resources and Evaluation (LREC 2012). Istanbul/Paris: ELRA, S. 474–478.

Brandt, Patrick/Trawiński, Beata/Wöllstein, Angelika (2016): (Anti-)Control in German: evidence from comparative, corpus- and psycholinguistic studies. In: Reich, Ingo/Speyer, Augustin (Hg.): Co- and subordination in German and other languages. (= Linguistische Berichte – Sonderhefte 21). Hamburg: Buske, S. 77–98.

Čermák, Frantisek/Rosen, Alexandr (2012): The case of InterCorp, a multilingual parallel corpus. In: International journal of corpus linguistics 17, 3, S. 411–427.

Chesterman, Andrew (1998): Contrastive functional analysis. (= Pragmatics & beyond. New Series 47). Amsterdam/Philadelphia: Benjamins.

Cornilescu, Alexandra/Cosma, Ruxandra (2019): Linearization of attributive adjectives in Romanian and German. In: Revue roumaine de linguistique 3, S. 307–322.

Cosma, Ruxandra/Cristea, Dan/Kupietz, Marc/Tufiș, Dan/Witt, Andreas (2016): DRuKoLA – Towards contrastive German-Romanian research based on comparable corpora. In: Bański, Piotr/Barbaresi, Adrien/Biber, Hanno/Breiteneder, Evelyn/Clematide, Simon/Kupietz, Marc/Lüngen, Harald/Witt, Andreas (Hg.): 4th Workshop on Challenges in the Management of Large Corpora. Proceedings of LREC 2016. Portorož/Paris: ELRA, S. 28–32.

Cristea, Dan/Diewald, Nils/Haja, Gabriela/Mărănduc, Cătălina/Barbu Mititelu, Verginica/Onofrei, Mihaela (2019): How to find a shining needle in the haystack. Querying CoRoLa: solutions and perspectives. In: Revue roumaine de linguistique 64, 3, S. 279–292.

Cysouw, Michael/Wälchli, Bernhard (2007): Parallel texts: using translational equivalents in linguistic typology. In: STUF – Sprachtypologie und Universalienforschung 60, 2, S. 95–99.

Diewald, Nils/Hanl, Michael/Margaretha, Eliza/Bingel, Joachim/Kupietz, Marc/Bański, Piotr/Witt, Andreas (2016): KorAP Architecture – Diving in the deep sea of corpus data. In: Calzolari, Nicoletta/Choukri, Khalid/Declerck, Thierry/Goggi, Sara/Grobelnik, Marko/Maegaard, Bente/Mariani, Joseph/Mazo, Helene/Moreno, Asuncion/Odijk, Jan/Piperidis, Stelios (Hg.): Proceedings of the 10th international conference on language resources and evaluation (LREC 2016). Portorož/Paris: ELRA, S. 4353–4360.

Fankhauser, Peter/Kupietz, Marc (2019): Analyzing domain specific word embeddings for a large corpus of contemporary German. International corpus linguistics conference, Cardiff, Juli 2019. Mannheim: Leibniz-Institut für Deutsche Sprache. Internet: https://doi.org/10.14618/ids-pub-9117 .

Frawley, William (1992): Linguistic semantics. Hillsdale: Erlbaum.

Gîfu, Daniela/Moruz, Alex/Bolea, Cecilia/Bibiri, Anca/Mitrofan, Maria (2019): The methodology of building CoRoLa. In: Revue roumaine de linguistique 64, 3, S. 241–253.

Givón, Talmy (1990): Syntax: a functional-typological introduction. Bd. 2. Amsterdam/Philadelphia: Benjamins.

Granger, Sylviane (2010): Comparable and translation corpora in cross-linguistic research. Design, analysis and applications. In: Journal of Shanghai Jiaotong University 2, S. 14–21.

Granger, Sylviane/Lerot, Jacques/Petch-Tyson, Stephanie (2003): Corpus-based approaches to contrastive linguistics and translation studies. Amsterdam/New York: Rodopi.

Greenbaum, Sidney (1991): The development of the international corpus of English. In: Aijmer, Karin/Altenberg, Bengt (Hg.): English corpus linguistics: Studies in honour of Jan Svartvik. London: Longman, S. 83–92.

Hansen-Schirra, Silvia/Neumann, Stella/Vela, Mihaela (2006): Multi-dimensional annotation and alignment in an English-German translation corpus. In: Proceedings of the 5th workshop on NLP and XML (NLPXML-2006): Multi-Dimensional Markup in Natural Language Processing, April 2006, Trient. Stroudsburg: ACL, S. 35–42.

Hartmann, Jutta M./Mucha, Anne/Trawiński, Beata/Wöllstein, Angelika (2018): Selectional preferences for (non-)finite structures as indicators of control relations: A cross-Germanic corpus study. Vortrag, Grammar and Corpora 2018, November 2018, Universität Paris-Diderot, Paris.

Hartmann, Jutta M./Schlotthauer, Susan/Trawiński, Beata/Wöllstein, Angelika (2017): Sprachvergleich: Einblicke in die aktuelle kontrastive Forschung am IDS: Nominal- und Verbgrammatik. Vortrag, Kick-off zum Projekt DeutUng, Oktober 2017, Universität Szeged.

James, Carl (1980): Contrastive Analysis. (= Applied Linguistics and Language Study Series). London: Longman.

Jensen, Britta (2003). Syntax and semantics of imperative subjects. In: Nordlyd 31, 1, S. 150–164.

Kirk, John/Čermáková, Anna (2017): From ICE to ICC: The new International Comparable Corpus. In: Bański, Piotr/Kupietz, Marc/Lüngen, Harald/Rayson, Paul/Biber, Hanno/Breiteneder, Evelyn/Clematide, Simon/Mariani, John/Stevenson, Mark/Sick, Theresa (Hg.): Proceedings of the Workshop on Challenges in the Management of Large Corpora and Big Data and Natural Language Processing (CMLC-5+BigNLP) 2017 including the papers from the Web-as-Corpus (WAC-XI) guest section. Birmingham, July 2017. Mannheim: Institut für Deutsche Sprache, S. 7–12.

Klosa, Annette/Kupietz, Marc/Lüngen, Harald (2012): Zum Nutzen von Korpusauszeichnungen für die Lexikographie. (= Lexicographica. International Annual for Lexicography 28). Berlin/Boston: De Gruyter, S. 71–97.

Koehn, Philipp (2005): Europarl: A parallel corpus for statistical machine translation. In: The 10th Machine Translation Summit (MT Summit). Proceedings of Conference, September 2005, Phuket, S. 79–86. Internet: https://homepages.inf.ed.ac.uk/pkoehn/publications/europarl-mtsummit05.pdf (Stand: 28.10.2020).

Kupietz, Marc (2015): Constructing a Corpus. In: Durkin, Philip (Hg.): The Oxford Handbook of Lexicography. Oxford: Oxford University Press, S. 62–75.

Kupietz, Marc/Diewald, Nils/Margaretha, Eliza (2020): RKorAPClient: An R package for accessing the German reference corpus DeReKo via KorAP. In: Calzolari, Nicoletta/Béchet, Frédéric/Blache, Philippe/Choukri, Khalid/Cieri, Christopher/Declerck, Thierry/Goggi, Sara/Isahara, Hitoshi/Maegaard, Bente/Mariani, Joseph/Mazo, Helene/Moreno, Asuncion/Odijk, Jan/Piperidis, Stelios (Hg.): Proceedings of the 12th International Conference on Language Resources and Evaluation (LREC 2020). Marseille/Paris: ELRA, S. 7015–7021.

Kupietz, Marc/Lüngen, Harald/Bański, Piotr/Belica, Cyril (2014): Maximizing the potential of very large corpora. In: Kupietz, Marc/Biber, Hanno/Lüngen, Harald/Bański, Piotr/Breiteneder Evelyn/Mörth, Karlheinz/Witt, Andreas/Takhsha, Jani (Hg.): Proceedings of the 9th International Conference on Language Resources and Evaluation (LREC 2014) – Workshop challenges in the management of large corpora (CMLC2). Reykjavik/Paris: ELRA, S. 1–6.

Kupietz, Marc/Lüngen, Harald/Kamocki, Pawel/Witt, Andreas (2018): The German reference corpus DeReKo: New developments – new opportunities. In: Calzolari/Choukri/Cieri/Declerck/Hasida/Isahara/Maegaard/Mariani/Moreno/Odijk/Piperidis/Tokunaga/Goggi/Mazo (Hg.), S. 3586–3591.

Kupietz, Marc/Diewald, Nils/Margaretha, Eliza/Bodmer, Franck/Stallkamp, Helge/Harders, Peter (2020b): Recherche in Social-Media-Korpora mit KorAP. In: Marx, Konstanze/Lobin, Henning/Schmidt, Axel (Hg.): Deutsch in Sozialen Medien. Interaktiv, multimodal, vielfältig. (= Jahrbuch des Instituts für Deutsche Sprache 2019). Berlin/Boston: De Gruyter, S. 373–378.

Kupietz, Marc/Witt, Andreas/Bański, Piotr/Tufiş, Dan/Cristea, Dan/Váradi, Tamás (2017): EuReCo – Joining forces for a european reference corpus as a sustainable base for cross-linguistic research. In: Bański/Kupietz/Lüngen/Rayson/Biber/Breiteneder/ Clematide/Mariani/Stevenson/Sick (Hg.), S. 15–19.

Kupietz, Marc/Diewald, Nils/Trawiński, Beata/Cosma, Ruxandra/Cristea, Dan/Tufiş, Dan/Váradi, Tamás/Wöllstein, Angelika (2020a): Recent developments in the European Reference Corpus (EuReCo). In: Granger, Sylviane/Lefer, Marie-Aude (Hg.): Translating and comparing languages: Corpus-based insights. (= Corpora and Language in Use 6). Louvain-la-Neuve: Presses universitaires de Louvain, S. 257–273.

Kutuzov, Andrej/Kopotev, Mikhail/Sviridenko, Tatyana/Ivanova, Lyubov (2016): Clustering comparable corpora of Russian and Ukrainian academic texts: Word embeddings and semantic fingerprints. In: Rapp, Reinhard/Zweigenbaum, Pierre/Sharoff, Serge (Hg.): Proceedings of the 9th Workshop on Building and Using Comparable Corpora (BUCC 2016). Portorož: ELRA, S. 3–10. Internet: https://comparable.limsi.fr/bucc2016/pdf/ BUCC02.pdf (Stand: 20.10.2020).

Laviosa, Sara (1998): Core patterns of lexical use in a comparable corpus of english narrative prose. In: Meta, 43, 4, S. 557–570.

Le, Quoc/Mikolov, Tomas (2014): Distributed representations of sentences and documents. In: Proceedings of the 31th International Conference on Machine Learning (ICML 2014). Peking: PMLR, S. 1188–1196.

Machálek, Tomas (2014): KonText – Corpus query interface. FF UK, Prag. http://kontext. korpus.cz/ (Stand: 16.10.2020).

Machálek, Tomas (2020): KonText: Advanced and flexible corpus query interface. In: Proceedings of the 12th conference on language resources and evaluation (LREC 2020), Marseille, Mai 2020. Marseille: ELRA, S. 7003–7008.

Molnár, Valeria (2015): The predicationality hypothesis. The case of Hungarian and German. In: Kiss, Katalin É./Surányi, Balazs/Dékány, Eva (Hg.): Approaches to Hungarian. Bd. 14. Papers from the 2013 Piliscsaba Conference. Amsterdam/Philadelphia: Benjamins, S. 209–244.

Oravecz, Csaba/Váradi, Tamas/Sass, Balint (2014): The Hungarian gigaword corpus. In: Calzolari, Nicoletta/Choukri, Khalid/Declerck, Thierry/Loftsson, Hrafn/Maegaard, Bente/Mariani, Joseph/Moreno, Asuncion/Odijk, Jan/Piperidis, Stelios (Hg.): Proceedings of the 9th International Conference on Language Resources and Evaluation (LREC 2014). Reykjavik/Paris: ELRA, S. 1719–1723.

Potsdam, Eric (1996): Syntactic issues in the English imperative. Doktorarbeit. University of California Santa Cruz. New York/London: Garland.

Rapp, Irene/Laptieva, Ekatarina/Koplenig, Alexander/Engelberg, Stefan (2017): Lexikalisch-semantische Passung und argumentstrukturelle Trägheit – eine korpusbasierte Analyse zur Alternation zwischen *dass*-Sätzen und *zu*-Infinitiven in Objektfunktion. In: Deutsche Sprache 45, S. 193–221.

Rosen, Alexandr/Vavřín, Martin/Zasina, Adrian J. (2019): The InterCorp Corpus – Czech1), 12. Version. Prag: Institute of the Czech National Corpus/Charles University. Internet: https://wiki.korpus.cz/doku.php/en:cnk:intercorp:verze12#fn__1 (Stand: 20.10.2020).

Rychlý, Pavel (2007): Manatee/Bonito – A modular corpus manager. In: Sojka, Petr/Horák, Aleš (Hg.): First workshop on Recent Advances in Slavonic Natural Language Processing (Raslan). Brünn: Masaryk University, S. 65–70.

Saad, Motaz/Langlois, David/Smaïli, Kameli (2013): Extracting comparable articles from Wikipedia and measuring their comparabilities. In: Procedia – Social and behavioral sciences 95, S. 40–47.

Taborek, Janus (2018): Korpusbasiertes kontrastives Beschreibungsmodell für Funktionsverbgefüge. In: Schmale, Günter (Hg.): Lexematische und polylexematische Einheiten des Deutschen. (= Eurogermanistik 35). Tübingen: Stauffenburg, S. 135–154.

Teich, Elke (2003): Cross-Linguistic variation in system and text: A methodology for the investigation of translations and comparable texts. (= Text, Translation, Computational Processing 5). Berlin/Boston: De Gruyter Mouton.

Tiedemann, Jörg (2012): Parallel data, tools and interfaces in OPUS. In: Calzolari/Choukri/Declerck/Doğan/Maegaard/Mariani/Odijk/Piperidis (Hg.), S. 2214–2218.

Tiedemann, Jörg/Nygaard, Lars (2004): The OPUS corpus – parallel & free. In: Proceedings of the 4th International Conference on Language Resources and Evaluation (LREC 2004). Lissabon: ELRA, S. 1183–1186.

Trawiński, Beata (2016a): Messung der Distanz zwischen grammatischen Kategorien im sprachübergreifenden Kontext. In: Averina, Anna V. (Hg.): Grammatitscheskije kategorii v kontrastivnom aspektje. Sbornik nautschnych statjej no materialam mjeschdunarodnoj konfjerjentschii, Moskva, 11–14 maja 2016 [Grammatische Kategorien aus kontrastiver Sicht. Sammelband zur internationalen Konferenz, Moskau, 11.–14.05.2016], Bd. 1. Moskau: Moskauer Städtische Universität, S. 116–120.

Trawiński, Beata (2016b): Zur Vergleichbarkeit grammatischer Kategorien. Ein vektorbasierter Ansatz. In: Zhu, Jianhua/Zhao, Jin/Szurawitzki, Michael (Hg.): Akten des XIII. Internationalen Germanistenkongresses Shanghai 2015. Germanistik zwischen Tradition und Innovation. Bd. 2. Angewandte Sprachforschung. (= Publikationen der Internationalen Vereinigung für Germanistik (IVG) 21). Frankfurt a. M.: Lang.

Tufiş, Dan/Barbu Mititelu, Verginica/Irimia, Elena/Dumitrescu, Ştefan Daniel/Boroş, Tiberiu/Teodorescu, Nicolai Horai/Cristea, Dan/Scutelnicu, Andrei/Bolea, Cecilia/Moruz, Alex/Pistol, Laura (2015): CoRoLa starts blooming – An update on the reference corpus of contemporary Romanian language. In: Bański, Piotr/Biber, Hanno/Breiteneder, Evelyn/Kupietz, Marc/Lüngen, Harald/Witt, Andreas (Hg.): Proceedings of the 3rd Workshop on Challenges in the Management of Large Corpora (CMLC 3), Lancaster, July 2015. Mannheim: Institut für Deutsche Sprache, S. 5–10.

Van Noord, Gertjan/Schuurman Ineke/Vandeghinste, Vincent (2006): Syntactic annotation of large corpora in STEVIN. In: Calzolari, Nicoletta/Choukri, Khalid/Gangemi, Aldo/Maegaard, Bente/Mariani, Joseph/Odijk, Jan/Tapias, Daniel (Hg): Proceedings of the 5th International Conference on Language Resources and Evaluation (LREC 2006). Genua/Paris: ELRA, S. 1811–1814.

Van Noord, Gertjan/Bouma, Gosse/van Eynde, Frank/de Kok, Daniel/van der Linde, Jelmer/Schuurman, Ineke/Tjong Kim Sang, Erik/Vandeghinste, Vincent (2013): Large scale syntactic annotation of written Dutch: Lassy. In: Spyns, Peter/Odijk, Jan (Hg.): Essential speech and language technology for Dutch. Results by the STEVIN programme. Heidelberg/New York/Dordrecht/London: Springer, S. 147–163.

Váradi, Tamas (2002): The Hungarian national corpus. In: Rodríguez, Manuel/Araujo, Carmen (Hg.): In Proceedings of the 3th International Conference on Language Resources and Evaluation (LREC 2002). Las Palmas/Paris: ELRA, S. 385–389.

Volk, Martin/Göhring, Anne/Rios, Annette/Marek, Torsten/Samuelsson, Yvonne (2015): SMULTRON (4. Version) – The Stockholm MULtilingual parallel TReebank. Zürich: Institute of Computational Linguistics, Universität Zürich.
Wöllstein, Angelika (2015): Grammatik – explorativ. Hypothesengeleitete und -generierende Exploration variierender Satzkomplementationsmuster im standardnahen Deutsch. In: Eichinger, Ludwig M. (Hg.): Sprachwissenschaft im Fokus. Positionsbestimmungen und Perspektiven. (= Jahrbuch des Instituts für Deutsche Sprache 2014). Berlin/Boston: De Gruyter, S. 93–120.
Zhou, Will Y./Socher, Richard/Cer, Daniel/Manning, Christopher D. (2013): Bilingual word embeddings for phrase-based machine translation. In: Proceedings of the 2013 Conference on Empirical Methods in Natural Language Processing (EMNLP 2013), Seattle, October 2013. Seattle: ACL, S. 1393–1398.

Anke Lüdeling/Hagen Hirschmann/Anna Shadrova/Shujun Wan
(Berlin)

Tiefe Analyse von Lernerkorpora

Abstract: Die Sprache von Lerner/-innen einer Fremdsprache unterscheidet sich auf allen linguistischen Ebenen von der Sprache von Muttersprachler/-innen. Seit einigen Jahrzehnten werden Lernerkorpora gebaut, um Lernersprache quantitativ und qualitativ zu analysieren. Hier argumentieren wir anhand von drei Fallbeispielen (zu Modifikation, Koselektion und rhetorischen Strukturen) für eine linguistisch informierte, tiefe Phänomenmodellierung und Annotation sowie für eine auf das jeweilige Phänomen passende formale und quantitative Modellierung. Dabei diskutieren wir die Abwägung von tiefer, mehrschichtiger Analyse einerseits und notwendigen Datenmengen für bestimmte quantitative Verfahren andererseits und zeigen, dass mittelgroße Korpora (wie die meisten Lernerkorpora) interessante Erkenntnisse ermöglichen, die große, flacher annotierte Korpora so nicht erlauben würden.

1 Fragestellung und Hintergrund

Wenn wir uns die folgenden Beispiele, geschrieben von fortgeschrittenen Lernenden des Deutschen als Fremdsprache (aus den Korpora Falko und Kobalt-DaF, siehe Abschn. 1.3) anschauen, sehen wir zunächst oberflächennahe Fehler und Merkwürdigkeiten.[1] Dazu zählen beispielsweise orthografische Abweichungen (wie *ausgeshen* in (1a) oder *aüßern* in (1c)), Kasus- oder Argumentstrukturprobleme (wie *kann ich die Frauenbewegung für vieles dankbar sein* in (1a)), Flexionsprobleme (wie *müssten* in 1b) oder phraseologische Probleme (wie *Haushalt einhalten* in (1b)).

---

[1] Das große und interessante Thema ‚Fehler' können wir hier nicht ausführlich besprechen. Wir verwenden den Begriff ‚Fehler' hier so, wie er in der Lernerkorpusdiskussion oft gebraucht wird. In anderen Artikeln haben wir uns ausführlich mit den theoretischen Hintergründen und der Modellierung von Abweichungen, Fehlern, Errors und Mistakes beschäftigt (für einen Überblick siehe Lüdeling/Hirschmann 2015).

https://doi.org/10.1515/9783110731514-013

(1a) Eins ist sicher; die Frauen aus der 68'er Generation haben einen wichtigen Kampf gekämpft. [...] Aus meiner Sicht kann ich die Frauenbewegung für vieles dankbar sein. Keiner kann ja sagen wie die Welt ohne die Frauenbewegung ausgeshen hätte, aber ich glaube bestimmt, dass die Frauenauffasung heute anders wäre, hätte es keine Bewegung gegeben. (Falko-Essay-Korpus L2, Text fkb024_2008_07; https://hu.berlin/bsp1a)

(1b) Man hielt sie eigentlich für nutzols. Sie hatten keinen richtigen Job. Sie müssten sich um ihre Kinder kümmern und die Haushalt einhalten. (Falko-Essay-Korpus L2, Text fk024_2006_07; https://hu.berlin/bsp1b)

(1c) Zu diesem Thema würde ich gerne meine Meinung aüßern und zugleich die Situation in China zeigen. Ich muss zuerst zugeben, dass das Leben heutiger Jugend sehr interessant aussieht. (Kobalt-DaF-Korpus L2, Text CMN_013_2011_03; https://hu.berlin/bsp1c)

Selbst wenn diese Auffälligkeiten nicht vorlägen, würde man merken, dass die Texte nicht von Muttersprachler/-innen verfasst sind. Woran liegt das? Was genau klingt anders? Und wie kann man solche Unterschiede finden und beschreiben? Die Ermittlung und Beschreibung ist ein erster Schritt, aber das genügt natürlich nicht – unterschiedliche Phänomene erfordern eine unterschiedliche formale und theoretische Modellierung. Dies wird seit einiger Zeit diskutiert und in dieses große Themengebiet ordnet sich unser Aufsatz ein. Wir möchten herausfinden, wie oberflächenferne abstrakte Muster in der Sprache von Lernenden einer Fremdsprache ermittelt und modelliert werden können. Wir werden dies anhand von drei exemplarischen Studien schlaglichtartig beleuchten. Bevor wir diese in Abschnitt 1.2 motivieren und in den Abschnitten 2–4 genauer betrachten, wollen wir kurz einige relevante Entwicklungen bei der Erstellung und Auswertung von Lernerkorpora skizzieren (Abschn. 1.1).

1.1 Was bisher geschah. Ein knapper Überblick zu Lernerkorpora und Lernerkorpusstudien

L2-Erwerb[2] wird seit mindestens dreißig Jahren korpusbasiert untersucht (siehe Granger 1998a für eine frühe Beschreibung und die Artikel in Granger/Gilquin/

---

[2] In diesem Artikel gehen wir nicht auf den Erstspracherwerb ein, für den es natürlich auch umfangreiche Korpora gibt. Da, wo allgemeine Aussagen gemacht werden und eine Differenzierung nicht für die Ergebnisse einer bestimmten Studie nötig ist, werden wir den Begriff L2-Erwerb für alle Formen des Fremd- und Zweitspracherwerbs verwenden (gesteuert, ungesteuert, Ln).

Meunier (Hg.) 2015).³ Dabei sind häufig genau die oben angesprochenen oberflächennahen Auffälligkeiten betrachtet worden. Daneben gibt es eine Reihe von Untersuchungen zu bestimmten Gruppen von Lexemen und Kollokationen, die in Korpora direkt als Oberflächenform auf der Wortebene gesucht werden können (für eine frühe Arbeit zu Kollokationen vgl. beispielsweise Granger 1998b; für lexikalische Unterschiede in einer Registerstudie vgl. z. B. Gilquin/Paquot 2008). Solche Untersuchungen sind enorm wertvoll und vermitteln Grundlegendes über Erwerbsverläufe und verschiedene andere Erwerbsaspekte. Viele zunächst plausibel klingende Vorstellungen, beispielsweise zu Transfer oder Interferenz, konnten durch Detailstudien verändert und präzisiert werden. Dies führt zu neuen oder veränderten Erwerbsmodellen (Granger 1996; Gilquin 2008; Osborne 2015). Aufbauend auf diese Ergebnisse gibt es etliche interessante Entwicklungen, von denen wir drei kurz skizzieren möchten.⁴

a) **Bessere Korpora:** Neuere Lernerkorpora unterscheiden sich in jeder Hinsicht von den ersten unsystematischen ‚Fehlersammlungen' ohne Kontext und auch von ersten Textsammlungen (vgl. z. B. Heringer 2001). Die Unterschiede betreffen sowohl das Korpusdesign (Welche Texte werden in ein Korpus aufgenommen?) als auch die Korpusarchitektur und -aufbereitung (Wie sind die Texte ausgezeichnet? Wie ist die Qualität der Annotationen gesichert?). Zum Korpusdesign lässt sich sagen, dass sich desto mehr relevante Parameter zeigen, je mehr Studien durchgeführt werden. Während man zunächst hauptsächlich auf die Parameter Medialität (geschriebene vs. gesprochene Sprache), die L1 der Lernenden und ihren Lernstand geachtet hat, weiß man inzwischen, dass – neben vielen weiteren Parametern – auch die Aufgabenstellung (siehe dazu bspw. das Stichwort *task effects*, Alexopoulou et al. 2017), andere (vorher gelernte) Ln (also L1, L2, L3 usw.), Umgebungs-

---

3 Wenig überraschend beschäftigen sich die meisten vorliegenden Lernerkorpusstudien mit dem Englischen als Fremdsprache. In den vergangenen Jahrzehnten sind immer mehr und bessere Korpora auch zu anderen Sprachen gesammelt worden. Neben Korpora geschriebener Sprache werden auch mehr ‚stumme' gesprochene Korpora ohne Audiosignal und multimodale gesprochene Korpora gesammelt (Ballier/Martin 2015; Sauer/Lüdeling 2016).
  Die Learner Corpus Association (www.learnercorpusassociation.org, Stand: 26.8.2020) sammelt und bündelt die Aktivitäten rund um Lernerkorpusstudien (dort findet sich eine ausführliche Bibliografie) und veranstaltet die alle zwei Jahre stattfindenden Learner Corpus Research Conferences. Eine ständig aktualisierte Liste von Lernerkorpora findet sich unter https://uclouvain.be/en/research-institutes/ilc/cecl/learner-corpora-around-the-world.html (Stand: 24.9.2020).
4 Auf Formate und Werkzeuge und auch auf die so relevanten Aspekte wie Zugänglichkeit und Transparenz können wir hier aus Platzgründen nicht eingehen.

parameter und sogar die Persönlichkeitsstruktur der Lernenden zu Unterschieden in der sprachlichen Realisierung beitragen. Alle diese Faktoren interagieren zusätzlich auf komplexe und fluide Weise miteinander (Dörnyei 2017).

Es gibt neben großen ‚allgemeinen' Korpora wie dem sehr einflussreichen ICLE[5] mehr und mehr auf bestimmte Fragestellungen gezielt und systematisch erhobene Sammlungen. Neuere Korpora enthalten im Allgemeinen erheblich mehr Metadaten als frühere und können entsprechend spezifischer ausgewertet werden. Auch in der Aufbereitung gibt es erhebliche Fortschritte. Zunächst wurden relativ allgemeine Fehlertagsets verwendet, die Oberflächenfehler klassifizierten. Erst langsam begann eine Diskussion um die theoretische Verortung der Phänomene und den nötigen Grad der Interpretation der Sprachdaten. Heute ist die Vorstellung von der Klassifizierung und allgemeinen Interpretation von Fehlern erheblich differenzierter. Dies liegt zum einen daran, dass inzwischen verstanden wurde, dass jede Annotation von Fehlern (wie jede andere Annotation) eine Interpretation der Daten ist und auf einer impliziten oder expliziten Vorstellung einer ‚korrekten' Äußerung beruht (zur Gegenüberstellung verschiedener Fehlerklassifikationen und ihrer korpusbasierten Anwendung vgl. Lüdeling/Hirschmann 2015). Zum anderen wird heute generell viel mehr auf die Transparenz und Qualität von Annotationsprozessen geachtet. Hierdurch werden auch immer öfter Annotationsrichtlinien und Evaluationsmetriken für die Korrektheit oder Übereinstimmung von Annotationen veröffentlicht (vgl. Larsson/Paquot/Plonsky ersch. demn.).

b) **Bessere quantitative Modelle:** Verständlicherweise werden in frühen Arbeiten überwiegend absolute oder relative Frequenzen einzelner Oberflächenstrukturen (z. B. von Wörtern oder Fehlerkategorien) ermittelt. Schon früh bestand jedoch der Anspruch, sich zwecks methodologischer Reifung auch einer stärker mathematischen Beschreibung zu nähern. Dies wurde überwiegend in Form von quantitativen Modellen zur Beschreibung von Wachstumsprozessen sowie im Framework frequentistischer Statistik umgesetzt. Häufig werden hier, wie auch in anderen textnahen Fächern üblich (z. B. den Sozialwissenschaften), relative Frequenzen als Realisierungen stochastischer Systeme beschrieben. Das Ziel besteht dabei darin, einerseits komplex verwobene multifaktorielle und graduelle Phänomene quantitativ zu erfassen, andererseits eine möglichst hohe Reliabilität der Ergebnisse durch eine Abgrenzung zu Zufallsergebnissen zu erreichen (Signifikanzberechnungen).[6]

---

[5] https://uclouvain.be/en/research-institutes/ilc/cecl/icle.html (Stand: 26.8.2020).
[6] Auf die Problematik dieses Konzepts können wir hier aus Platzgründen nicht eingehen. Eine gute Zusammenfassung bietet Koplenig (2019).

Relevant ist darüber hinaus aber, dass mathematische Modelle auch eine präzise Formulierung des zu untersuchenden linguistischen Phänomens erfordert – ungefähre oder konzeptuell vage Gedanken müssen für den Einsatz statistischer Modelle geschärft und entwickelt werden. Somit ist die Entwicklung quantitativer Modelle, die heute vor allem die Integration von gemischten Modellen umfasst (mixed-effects modeling, generative additive modeling), auch und vor allem eine linguistische Aufgabe.

Betrachtet man diesen Aspekt jedoch im Kontext des vorherigen Punkts a), wird schnell deutlich, dass dem enge Grenzen gesetzt sind: Ist der Vergleich möglichst homogener Gruppen erwünscht, die von sehr vielen Faktoren beeinflusst sind, und/oder bedarf es zugleich einer tiefen linguistischen Annotation, so wird die Menge verfügbarer Daten zunächst kleiner. Der kreuzweise Gruppenvergleich, z. B. von geschriebener vs. gesprochener Sprache in L1 vs. L2 (4er-Matrix) erfordert an sich schon eine höhere Datenmenge, um befriedigende Effektstärken, also überzeugende statistische Ergebnisse, zu erreichen. Dort, wo Daten eher idiosynkratisch und in ihrer Konkretheit schlecht oder gar nicht replizierbar sind (z. B. historische Daten oder opportunistisch gesammelte Daten, beispielsweise aus Sprachkurskontexten), haften der statistischen Betrachtung darüber hinaus konzeptuelle Probleme an, sofern Wahrscheinlichkeit (in typisch frequentistischer Auslegung) als idealisierte relative Frequenz über theoretisch unendlich wiederholte, real in dieser Art Daten jedoch nicht wiederholbare Zufallsexperimente verstanden wird.

Mit anderen Worten: Wenn die Daten so sind, wie wir sie linguistisch haben wollen – nach zahlreichen Kategorien fein differenziert und linguistisch tief annotiert – können wir mit diesen Daten nicht immer Statistiken rechnen. Wenn die Daten ausreichend groß für überzeugende Effektstärken sind, sind sie auf der linguistischen Ebene häufig nicht ausreichend differenziert. Mit dieser Erkenntnis besteht nunmehr ein Bedarf an der Entwicklung quantitativer Modelle auch für komplexe, tief annotierte und fein differenzierte linguistische Phänomene in kleineren Datenmengen.

(c) **Vernetzung von Methoden:** Ein dritter wesentlicher Aspekt, der eng mit (a) und (b) zusammenhängt, ist die Erkenntnis, dass jede Korpusstudie (genau wie andere Studien) Grenzen hat und jedes Korpusdesign sowie jede qualitative oder quantitative Untersuchung nur einen Teilaspekt eines relevanten Forschungsziels untersuchen kann.

Ein entscheidender Teil hiervon ist unspezifisch für die Linguistik und liegt im sogenannten Regress des Experimentleiters begründet (*experimenter's regress*; Franklin 1999; Collins 2016; Feest 2016): Unabhängig davon, wie oft ein Ergebnis mit Hilfe einer bestehenden Methode auch auf neuen Daten repliziert wird, bleibt es unmöglich, Ergebnis und Methode zu trennen. Somit kann ein Ergebnis nur als gesichert angenommen werden, wenn es auch mit anderen Methoden gezeigt werden kann, da sonst eine Rückführung auf (mathematische, technologische, datentypspezifische, ...) Artefakte nicht ausgeschlossen werden kann. Die besondere Herausforderung in der Linguistik liegt jedoch erstens in der Komplexität der Unterscheidung von natürlichen vs. quasi-experimentellen vs. experimentellen Daten, zweitens in der Zahl der wirkenden Einflussfaktoren, drittens in der generellen Unwiederholbarkeit mit denselben Sprecherinnen und Sprechern (weil die Messung selbst Einfluss auf das innere Sprachsystem der Teilnehmer/-innen haben kann) sowie an weiteren einschränkenden Faktoren. Diese lassen sich nicht mit jeder Methode gleich gut isolieren: Beispielsweise können bestimmte Umgebungsfaktoren in Experimenten besser kontrolliert werden, sie unterliegen allerdings auch einem Trade-Off mit der Natürlichkeit der elizitierten Daten. Somit ergibt sich in der linguistischen Empirie ein besonderer Bedarf der externen Triangulation verschiedener Methoden, um Ergebnisse nachhaltig zu sichern. Jede Methode wirkt dabei wie ein eigenes Prisma, durch das die sprachliche Realität unterschiedlich gebrochen wird, wobei sich das Signal nicht verändert, die Einblicke aber sehr unterschiedlicher Art sein können. Daher werden heute verschiedene Untersuchungen kombiniert (bspw. verschiedene Metriken auf denselben Daten, Untersuchungen an unterschiedlichen Korpora oder Korpusstudien mit psycholinguistischen Studien und anderen Methoden; vgl. Gilquin 2008; Littré 2015 unter vielen anderen).

1.2 Formulierung von Leithypothesen und Motivation der drei Fallstudien

In diesem Artikel möchten wir an die im vorigen Abschnitt besprochenen Entwicklungen und Diskussionen anschließen und mit drei Fallstudien auf grundlegende zukunftsweisende Probleme eingehen, die durch die Hypothesen 1.2.1–1.2.3 (siehe unten) benannt werden. Die Fallstudien betreffen zunächst einmal ganz unterschiedliche linguistische Teilbereiche: In Kapitel 2 wird eine Analyse des Gebrauchs von verschiedenen Modifikatorklassen diskutiert (vor allem Hirschmann 2015). Kapitel 3 stellt eine neue Analysemöglichkeit für die Quantifizierung von Koselektionsbeschränkungen vor, wie sie eine Rolle in der Konstruktionsgrammatik und Phraseologie spielen (Shadrova 2020). Kapitel 4 behandelt den Gebrauch von rhetorischen Strukturen in argumentativen Texten (Wan i. Vorb.). Alle drei Phänomene sind von reinen Oberflächenformen abstrahiert: Man kann sie nicht finden, indem man nach bestimmten Wörtern sucht, sondern sie bedürfen einer weitergehenden linguistischen Kategorisierung und Modellierung. Alle drei Phänomene sind außerdem linguistisch komplex und vereinen Aspekte aus verschiedenen – etwa syntaktischen und semantischen, lexikosyntaktischen, pragmatischen, oder textlinguistischen – Analysen. Zuletzt unterliegen alle drei Phänomene Lernprozessen im Spracherwerb, die über den Fremdsprachenunterricht hinausgehen. Das liegt teilweise an den bereits genannten Punkten: Ein Phänomen, das schon linguistisch schwer beschreibbar ist, lässt sich nicht ohne Weiteres didaktisch umsetzen. Teilweise liegt die Schwierigkeit der behandelten Phänomene für den gesteuerten Erwerb auch daran, dass sie neben sprachlichen (grammatischen) Aspekten auch auf vielfältige, oft subtile und teilweise idiosynkratische Weise mit kulturellen Aspekten der Zielsprache verwoben sind. In diesem Beitrag geht es uns jedoch darum, wie wir zunächst einmal in der Linguistik ein besseres Bild von den ausgewählten Phänomenen erlangen können.

Im Zuge der Phänomenbetrachtungen stützen wir uns auf die folgenden drei methodischen Hypothesen, auf die wir im weiteren Verlauf immer wieder zurückkommen werden (siehe 1.2.1-1.2.3).

1.2.1 Abstraktion und Vernetzung

Viele linguistische Analysen und Hypothesen (wie die hier behandelten zum Spracherwerb) lassen sich nicht auf Oberflächenphänomene reduzieren; es braucht ein vernünftiges Maß an Abstraktion. Dies liegt daran, dass die meisten linguistischen Phänomene – wir zeigen dies an den Phänomenen Modifikation, Koselektion und rhetorischen Strukturen – nicht lexikalisch sind und allenfalls exemplarisch, aber nie umfassend durch einzelne Lexeme repräsentiert werden können. Außerdem unterscheiden sich L2-Varietäten von L1-Varietäten auf allen linguistischen Ebenen. Um Wechselwirkungen zwischen verschiedenen Systemen (z. B. Syntax und Lexik) untersuchen zu können, müssen häufig verschiedene Betrachtungsebenen miteinander verknüpft werden. Aus diesen Gründen müssen die auszuwertenden Sprachdaten durch tiefe, differenzierte und deshalb immer auch manuelle Annotationen angereichert werden und es entstehen sehr komplexe Korpusdaten.

1.2.2 Modellierung

Abstrakte sprachliche Phänomene erfordern eine saubere, angemessene theoretische Modellierung. Eine konsequente Annotation erfordert die eindeutige Kategorisierung jedes Einzelfalls. Um das leisten zu können, ohne sich mit Vermischungen in Restkategorien zufrieden zu geben, müssen die berücksichtigten

Ebenen (z. B. Syntax, Semantik oder Pragmatik) klar definiert und in ihrer Wirkung auf das zu untersuchende Phänomen verstanden sein. Das bedeutet eine hochaufwändige theoretische Vorarbeit, bevor die eigentliche empirische Arbeit beginnt.

1.2.3 Mittelgroße Korpora

Tiefe, linguistisch informierte Analysen können nur auf kleinen bis mittelgroßen Korpora durchgeführt werden. Da linguistische Annotation ein Kategorisierungsprozess basierend auf häufig unscharfen, teilweise überlappenden Kategorien über potenziell ambige Strukturen ist, erfordert sie im Allgemeinen ein hohes Maß manueller oder teilmaschineller Bearbeitung und einen iterativen Verständnis- und Verständigungsprozess. Im Rahmen dieses Prozesses müssen alte Annotationen widerrufen und verbessert werden. Während große Korpora eine hohe Zahl und Vielfalt von Exemplaren (Beispielen) bieten, sind sie in aller Regel linguistisch nicht in dieser Weise beherrschbar. Sie bleiben deshalb zwangsläufig hinter den theoretischen Ansprüchen der Linguistik zurück. Kleine bis mittelgroße Korpora bedürfen im Gegenzug der Entwicklung besonderer quantitativer Methoden, die nicht von repräsentativer Größe ausgehen.

1.3 Lernerkorpora für unsere Fallstudien: Falko & Kobalt-DaF

Die in den Abschnitten 2–4 berichteten Studien basieren auf den Lernerkorpora Falko (https://hu-berlin.de/falko) und Kobalt-DaF (https://hu-berlin.de/kobalt-daf), die am Institut für deutsche Sprache und Linguistik der Humboldt-Universität zu Berlin zur Verfügung gestellt werden. Beide Korpora sind über das Suchinterface ANNIS (https://corpus-tools.org/annis/; Krause 2019) u. a. in einer online durchsuchbaren Instanz (https://hu-berlin.de/annis-falko) zugänglich.

Falko (**Fehler**annotiertes **Lernerko**rpus) besteht in seiner Kernversion aus schriftlichen Erörterungstexten, geschrieben von fortgeschrittenen Lernenden des Deutschen als Fremdsprache mit diversen Muttersprachen und Sprachbiografien. Das Korpus enthält neben den primären Textdaten auf jeweils getrennten Beschreibungsebenen zahlreiche Annotationen, die sowohl die grammatischen Äußerungsteile der Lernenden als auch die ungrammatischen oder stilistisch markierten Teile beschreiben. Auf diese Weise können systematisch bestimmte morphosyntaktische oder spracherwerbsspezifische Abweichungs- bzw. Fehlerkategorien gefunden werden. Zu Falko gehört ein L1-Vergleichskorpus von Muttersprachler/-innen des Deutschen, die dieselbe Schreibaufgabe bearbeitet haben.

Die Architektur und die methodischen Entscheidungen bei der Datenaufbereitung sind in Lüdeling et al. (2008) und Reznicek et al. (2010) detailliert beschrieben.

Die in den vorgestellten Analysen ausgewerteten Korpusdaten sind komplex annotiert und enthalten neben den primär von den Lernenden geschriebenen Wortformen grammatische Annotationen derselben sowie eine „Korrekturebene", die sich Zielhypothese nennt. Auf dieser werden für ungrammatische Ausdrücke grammatische Pendants formuliert. Die Zielhypothesen werden als Paralleltext behandelt und genau wie die originalen Erneräußerungen grammatisch annotiert. Tokenbasierte Annotationen sind eine Lemma- und eine Wortartenebene. Unterschiede zwischen Lernertext und Zielhypothese lassen sich systematisch finden, womit sich auch bestimmte grammatische Abweichungen (Fehlerkategorien) gezielt finden lassen. Die Zielhypothesenebene ist zudem mittels Dependenzannotationen syntaktisch geparst, indem für jede Wortform die jeweils hierarchisch nächsthöhere Wortform spezifiziert und die Funktionsbeziehung zwischen beiden Formen angegeben wird (Foth 2006).

Das stark an Falko angelehnte Lernerkorpus Kobalt-DaF (Zinsmeister et al. 2012) folgt im Grunde demselben Aufbau. Der entscheidende Unterschied ist, dass die Lernerkohorten in Kobalt-DaF homogen organisiert sind: Das Korpus beinhaltet Texte chinesischer, schwedischer und belarussischer Deutschlernender zu vergleichbaren Anteilen und ebenso ein L1-Vergleichskorpus. Die Aufgabenstellung ist in Kobalt-DaF zusätzlich einheitlich gehalten; es handelt sich um argumentative Essays zur Frage „Geht es der Jugend heute besser als früheren Generationen?". Die Kobalt-Daten wurden ursprünglich mit dem Ziel erhoben, eine möglichst homogene Lerner- und Lernerinnengruppe abzubilden, weshalb nur Lerner/-innen mit einem onDaF-Testergebnis zwischen 115 und 129 Punkten einbezogen wurden, was etwa einem CEFR-Niveau von B2.2 entsprechen soll (zum onDaF-Test, heute onSET siehe Eckes 2010). Darüber hinaus wurden jedoch zusätzlich Daten ober- und unterhalb dieses Limits erhoben. Insgesamt liegen somit 151 Texte von belarussischen und chinesischen Lerner/-innen vor (89 BEL, 62 CH), sowie zusätzlich 20 L1-Vergleichstexte. Die Texte, die nicht für das Basiskorpus vorgesehen waren, stehen einschließlich der Zielhypothesen und diverser Annotationen in einem Zenodo-Repositorium zur Verfügung (DOI: 10.5281/zenodo.3584091).

Im Rahmen der in den Kapiteln 2–4 vorgestellten Studien wurden weitere, hier noch nicht genannte Merkmale (Annotationen) der Korpora genutzt oder zusätzlich geschaffen. Sie finden in den jeweiligen Kapiteln Erwähnung.

2 Modifikation

2.1 Zielsetzung

Traditionell wurde Zweit- oder Fremdspracherwerb unter der Maßgabe betrachtet, dass die morphosyntaktischen Regeln einer Sprache erfasst und bei der Sprachproduktion berücksichtigt werden. Vor diesem Hintergrund gilt das Deutsche als Fremd- oder Zweitsprache als relativ komplex, was die nominale und verbale Flexion und die Wortstellung angeht. Es ist naheliegend, dass sich Spracherwerbsmodelle und empirische Spracherwerbsbeobachtungen an den grammatisch omnipräsenten und obligaten Merkmalen und somit an der rektionsbedingten Flexion und der Topologie orientieren. So hat die Forschungsgemeinschaft ein relativ ausdifferenziertes Bild davon, welche Meilensteine bei der Beugung der Lexeme und ihrer Positionierung im Satz überwunden werden müssen, welche von der Zielsprache abweichenden Merkmale inwiefern sprachstandspezifisch sind usw. Natürlich ist dabei die Diskussion um den Status bestimmter grammatischer Merkmale häufig nicht abgeschlossen. Ein Beispiel ist die Positionierung der (finiten) Verben: Umstritten ist, ob es beim Erwerb des Deutschen als Fremd- oder Zweitsprache eine allgemeine, L1-unabhängige Erwerbsreihenfolge gibt oder je nach L1 der Lernenden oder zuvor erworbenen L2 Transfereffekte berücksichtigt werden müssen (vgl. hierzu u. a. Haberzettl 2005; Winkler 2011).

Schaut man auf grammatisch fakultative oder flexible Einheiten der Sprache, heißt dies keinesfalls, dass es sich hierbei um leichter zu beschreibende und erwerbende Strukturen handelt als diejenigen Strukturen, die in jedem Satz zu erwarten sind und als der grammatische Kern des Deutschen aufgefasst werden. Im Gegenteil: Spätestens seit den 1980er Jahren ist bekannt, dass es sich bei den Modalpartikeln des Deutschen, die einst als überflüssige „Flickwörter" (Reiners 2004, S. 241) abgetan wurden, um ein Lernproblem des Deutschen handelt. In bestimmten Äußerungskontexten bzw. Registern bieten Modalpartikeln eine effektive Möglichkeit, Sachverhalte in verschiedene Modalitätskontexte zu setzen. Die von Muttersprachlerinnen und Muttersprachlern mitunter häufig verwendeten Ausdrucksmittel sind jedoch semantisch schwer zu fassen, ihre Platzierung bzw. Sequenzierung im Satz ist auch nicht trivial, und so ist bekannt, dass Modalpartikeln ein Lernproblem des Deutschen sind (vgl. Zimmermann 1981; Jiang 1994; Möllering 2004; Vyatkina 2007). Dies wirkt sich in erster Linie darin aus, dass die einzelnen Formen (*ja, doch, halt* usw.) von Lernenden im Vergleich mit Muttersprachlerinnen und Muttersprachlern deutlich seltener (oder überhaupt nicht) verwendet werden. Man spricht von einem relativen Mindergebrauch (underuse), also einer quantitativen Abweichung im Gebrauch. Dass diese Abweichung im

L2-Gebrauch (gegenüber dem L1-Gebrauch) auch positiv ausfallen kann, zeigt z. B. Lorenz (1998), indem seine Auswertungen zeigen, dass fortgeschrittene Lernende des Englischen als Fremdsprache intensivierende Adjektive systematisch häufiger gebrauchen als Muttersprachlerinnen und Muttersprachler in vergleichbaren Produktionskontexten. Man spricht hier von einem relativen Übergebrauch (overuse). Andere Arbeiten haben gezeigt, dass es Lernenden einer Fremdsprache schwerfällt, registerspezifische Ausdrücke angemessen zu verwenden und der Ausdruck häufig konzeptionell zu mündlich ausfällt (Aijmer 2002; Gilquin/Paquot 2007, 2008). Im Vergleich zum Sprachgebrauch von Muttersprachlerinnen und Muttersprachlern kann man von qualitativ abweichender Verwendung oder auch stilistischem Fehlgebrauch (misuse) sprechen.

Diese Studien weisen stark darauf hin, dass im Bereich der Verwendung von Modifikatoren enorme erwerbsbedingte Effekte existieren, deren Untersuchung ebenso relevant erscheint wie der Erwerb rektionsbedingter, obligatorischer Strukturen. Die maßgeblich in Hirschmann et al. (2013) und Hirschmann (2015) vorgestellten Auswertungen des Falko-Korpus zeigen, dass man, um etwas über die Verwendung bestimmter syntaktisch-semantischer Funktionen aussagen zu können, möglichst von der Betrachtung konkreter Oberflächenformen abstrahieren muss. Bei den Analysen wird ersichtlich, dass sich wesentliche funktionale Kategorien (wie z. B. „Satzadverbial", „Attribut" oder „Fokusmodifikator") schwerlich durch einzelne Formen abbilden lassen, sondern die zu analysierende Klasse allein durch eine Analyse sämtlicher Formen derselben funktionalen Kategorie befriedigend erfassen lässt. Hierbei entsteht immer ein variationistisches, gebrauchsbasiertes Bild.

2.2 Datenauswertung

Die im Folgenden dargestellten Auswertungsmethoden zielen also darauf ab, den Gebrauch von Modifikatoren bei Lernenden des Deutschen als Fremdsprache und deutschen Muttersprachler/-innen im Vergleich zu beleuchten und dabei möglichst von der Ebene einzelner Wortformen oder Grundformen zu abstrahieren, ohne aber die Möglichkeit außer Acht zu lassen, die lexikalische Ebene bei Bedarf mitzuberücksichtigen.

Zunächst bedarf es bei dem Vorhaben einer möglichst umfassenden Klassifikation von Modifikatoren. Hiermit befasst sich ein wesentlicher Teil aus Hirschmann (2015, S. 65–198), indem die traditionellen Unterscheidungsmerkmale der (modifizierenden) Wortarten und Satzglieder kritisch zusammengetragen und anhand vereinheitlichter Kriterien in Klassifikationen zusammengebracht werden. Dies erfolgt zunächst für die modifizierenden Wörter bzw. Wortarten (Modalwort, Modalpartikel, Adverb, Adjektiv, Grad- und Fokuspartikel) und anschließend für Phrasen, bestehend aus mehreren Wörtern (im Grunde sind hier sämtliche Phrasentypen von Relevanz). Als Resultat entsteht eine funktionale Klassifikation gemäß dem Modifikationsziel der Modifikatoren, die formunabhängig zwischen adpropositionalen, adverbialen, adnominalen, graduierenden und fokusassoziierten Modifikatoren unterscheidet und dabei berücksichtigt, dass nicht nur im verbalen, sondern auch im nominalen Bereich event-interne wie -externe Modifikatoren auftreten können und dass die meisten modifizierenden Ausdrücke des Deutschen polyfunktional sind und somit nicht per se einer bestimmten Klasse zugeordnet werden können.

Alleine wegen des letztgenannten Aspekts ist klar, dass man bei einer umfassenden Untersuchung von modifizierenden Ausdrücken nicht in erster Linie formbasiert vorgehen kann. So erfolgte die Annäherung an die Analyse von Modifikatoren über abstraktere Kategorien, und zwar Wortarten- und Dependenzkategorien, die in Falko verfügbar sind.

Nach der beschriebenen theoretischen Vorarbeit wäre wünschenswert gewesen, die besagten Modifikatorkategorien in den zu analysierenden Korpusdaten auszuweisen, um bei der Analyse eine maximale Aussagekraft der Kategorien zu erzielen. Es gehört zu den größten Limitationen der beschriebenen Forschungsarbeit, dass dieses Vorhaben im zur Verfügung stehenden Rahmen nicht realisiert werden konnte. In der Analyse des Falko-Korpus wurde versucht, dieses Defizit auszugleichen, indem die Aussagekraft der vorhandenen gröberen Kategorien im Korpus auf angemessen Weise verknüpft wurden und indem Daten auszugsweise nachannotiert wurden.

Die im Korpus zur Verfügung stehenden grammatischen Kategorien, die für die Analyse von Modifikatoren genutzt wurden, setzen sich zusammen aus Wortartenannotationen und syntaktischen Annotationen. Zuletzt wurden auch individuell verwendete Lemmata bei der Analyse berücksichtigt.

Die Wortartenannotationen in Falko bestehen aus den Klassen des STTS-Wortartentagsets.[7] Dieses System unterscheidet zwar adjektivische Modifikatoren nach pränominal-flektierten und prädikativ, adverbial und ad-adjektivisch unflektierten Formen und weist morphologisch erkennbaren Pronominaladverbien eine entsprechende Kategorie (PROAV) zu und ist somit in diesen Bereichen relativ differenziert. Für sämtliche unflektierbaren Adverbien, Modalpartikeln und anderweitige Partikeln sieht das Tagset jedoch nur eine „Restkategorie" (ADV) vor. Es existieren verschiedene Vorschläge und Anwendungen zur Ausdifferenzierung dieser groben Klasse (z. B. Hirschmann 2011; Rehbein/Hirschmann 2014a, b).

---

7 www.sfs.uni-tuebingen.de/Elwis/stts/Wortlisten/WortFormen (Stand: 22.9.2020).

Mit Blick auf die Analyse gesprochener Sprache maßgeblich beim Aufbau des FOLK Korpus[8] wurde eine differenziertere Version des STTS-Tagsets geschaffen, die verschiedene Partikelklassen und Mündlichkeitsphänomene abbildet (vgl. Westpfahl et al. 2017). Diese Version passt jedoch nicht gut zum schriftlichen Register des analysierten Falko-Korpus und war zum Zeitpunkt der beschriebenen Analysen noch nicht verfügbar.

Bei der Analyse der Modifikatoren wurden zunächst die gröberen Klassen des herkömmlichen STTS ausgewertet. Anschließend wurde diese Analyse gekoppelt mit der Auswertung von syntaktischen Relationen zwischen verschiedenen Wortklassen. Die Abbildung 1 zeigt exemplarisch die Annotationen in Falko, die für die Auswertungen genutzt wurden: Zum einen stehen für die Auswertung die Wortartenkategorien des STTS (Zeile „ZH1pos") zur Verfügung. Für das gezeigte Auswertungsszenario ist jedoch viel wichtiger, dass Falko Dependenzannotationen (oben rechts) zur Verfügung stellt (Grammatik nach Foth 2006, geparst mit dem MaltParser; Nivre/Hall/Nilsson 2006). Die exemplarische Suchanfrage (oben links) findet systematisch Fälle wie den gezeigten, nämlich Wörter, die Adverbiale (Kantenbezeichnung „ADV") zu Verben (Wortartbezeichnung „V.*") sind. Mittels dieser Anfrage werden sämtliche Wörter gefunden, die dieselbe Funktion wie *erfolgreich* im gezeigten Beispiel besitzen.

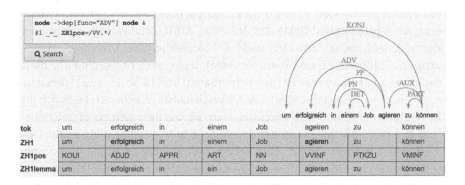

Abb. 1: Exemplarische Darstellung des Teilsatzes *um erfolgreich in einem Job agieren zu können* mit den für die Analyse von Modifikatoren relevanten Korpusannotationen

In dieser Vorgehensweise wurden die Gesamtvorkommen verschiedener Modifikatorklassen mit unterschiedlicher Granularität analysiert. Die Analysen wurden jeweils kontrastiv durchgeführt, indem relative Vorkommen im Falko-Essay-Ler-

---

8 http://agd.ids-mannheim.de/folk.shtml (Stand: 22.9.2020).

nerkorpus und dem entsprechenden Vergleichskorpus von Muttersprachler/-innen des Deutschen miteinander verglichen wurden. Das Ziel der Studien war es, Lernprobleme der Zielsprache Deutsch aufzudecken, die nicht ohnehin bekannt sind bzw. auf der Hand liegen. Hierbei ist auch der Hinweis zu beachten, dass das untersuchte Lernerkorpus Falko ausschließlich fortgeschrittene Lernende des Deutschen als Fremdsprache umfasst (dies sind grob eingestuft Lernende oberhalb des B2-Niveaus nach dem Gemeinsamen Europäischen Referenzrahmen (Council of Europe 2017)). Diese Lernenden können komplexe zusammenhängende argumentative Texte formulieren und erzeugen dabei eine relativ geringe Anzahl originär grammatischer Fehler. Somit sind robuste Effekte in der Sprachverwendung gegenüber muttersprachlichen Vergleichsgruppen umso interessanter und können auf subtile, von den Lernenden sowie Lehrenden und anderen Didaktiker/-innen unerkannte Probleme hinweisen. Wie wir sehen werden, birgt die Verwendung von Modifikatoren solche Effekte, die nach Erklärung verlangen.

2.3 Ergebnisse

Mit einem ersten groben Schritt wurden die in Falko verfügbaren STTS-Wortartenkategorien, die für bestimmte Modifikatoren stehen, systematisch verglichen. Dies betrifft die Klassen PTKNEG (Negationspartikel), PROAV (Pronominaladverb), ADJA (pränominal-flektiertes Adjektiv), ADJD (prädikatives, adverbiales oder ad-adjektivisches Adjektiv) und ADV (unflektierbare Adverbien, Modalpartikeln, Gradpartikeln und Fokuspartikeln). Interessanterweise sind alle diese Wortklassen in Falko-Essay L2 (den Lernerdaten) und Falko-Essay L1 (den muttersprachlichen Vergleichsdaten) absolut vergleichbar distribuiert. Lediglich die Verwendung der Klasse ADV weicht insofern ab, als dass sich ein signifikanter Mindergebrauch der DaF-Lernenden gegenüber den Muttersprachlern ergibt. Dies ist ein erster Hinweis darauf, dass bei der Verwendung adverbial und adsentential gebrauchter Modifikatoren und/oder verschiedenen Partikelklassen eine systematische Abweichung existiert, die unabhängig von der Verwendung einzelner Wörter ist. Wenn nämlich bestimmte „schwierige" Wörter innerhalb einer bestimmten Wortklasse vermieden oder nicht erworben werden, so ist zu erwarten, dass bereits erworbene bzw. beherrschte Wörter umso häufiger verwendet werden, nicht aber, dass eine gesamte grammatische Klasse von Wörtern vermieden wird oder nicht erworben wurde. Genau hierauf deuten allerdings die Korpusdaten hin.

Die Tendenz von Lernenden des Deutschen als Fremdsprache, Modifikatoren minderzugebrauchen, die zunächst grob als adverbial oder adsentential zu verorten sind, ist in Hirschmann et al. (2013) beschrieben und wird in Hirschmann

(2015) aufgegriffen und genauer untersucht. Zunächst wird gezeigt, dass das abweichende Verhalten der Lernenden ein allgemeines Phänomen ist und nicht etwa durch einen bestimmten Transfereffekt bedingt ist: Da Falko Lernergruppen mit sehr verschiedenen Muttersprachen enthält, kann man das Korpus nach allen enthaltenen Gruppen separat auswerten. Hierbei wurde festgestellt, dass der gezeigte Effekt für alle Lernergruppen gilt.

Um weiter von einzelnen Wörtern zu abstrahieren und wirklich syntaktische Verwendungen zu untersuchen, wurden in Hirschmann (2015) verschiedene syntaktische Interpretationen (Parses wie in Abb. 1 gezeigt) der Falko-Daten ausgewertet. Hier bestätigt sich das Bild, dass sich der Mindergebrauch von Modifikatoren auf adverbiale und adsentientale Ausdrücke bezieht: In einem Vergleich der Falko-Essays (L2 und L1) mit den Zeitungsdaten des syntaktisch geparsten Tiger-Korpus[9] auf syntaktische Funktionen hin lassen sich sowohl Registerunterschiede als auch spracherwerbsspezifische Effekte ablesen. Gleichen sich die Falko-L2- und die Falko-L1-Gruppe und beide Gruppen unterscheiden sich gleichermaßen vom Zeitungskorpus, so deutet dies auf einen Registerunterschied (zwischen der stark formalisierten Zeitungssprache und den etwas umgangssprachlicheren Essays von jungen Schreibenden im Falko-Korpus) hin. Unterscheiden sich Die Falko-L1-Daten und die Daten des Tiger-Korpus gleichermaßen von den Falko-L2-Daten, so deutet dies auf einen spracherwerbsbedingten Unterschied hin. Hinsichtlich der syntaktischen Funktion „adverbiale oder adsentientale Modifikation" gilt genau Letzteres, wohingegen andere Modifikationstypen (z. B. pränominale Adjektive und postnominale Präpositionalphrasen) registerspezifisch variieren.

Zum einen passen diese Ergebnisse, die allesamt darauf hinweisen, dass es einen sehr robusten Spracherwerbseffekt beim Gebrauch von Modifikatoren in der verbalen Domäne gibt, zu den bereits benannten Beiträgen, die die semantisch relativ abstrakten und unscheinbaren Modalpartikeln als Lernproblem im Deutschen ausmachen. Zum anderen bleiben aber die Gründe und somit die weiterreichenden Konsequenzen im Verborgenen: Ungeklärt ist, ob Lernende anstelle der nicht verwendeten Ausdrücke alternative Ausdrücke, die durchaus anderen grammatischen Klassen entsprechen können, verwenden, oder ob sie die durch die entsprechenden Modifikatoren ausgedrückte Bedeutung unspezifiziert lassen. Das letztgenannte Szenario wirft weitere Fragen auf, nämlich, ob die gegenüber den Muttersprachler/-innen unspezifischeren Äußerungen der Lernenden auf eine

---

9 www.ims.uni-stuttgart.de/forschung/ressourcen/korpora/tiger/ (Stand: 22.9.2020).

geringer ausgeprägte Sprachkompetenz zurückgehen oder eher insofern kulturell verankert sind, als dass in verschiedenen Sprach- bzw. Diskussionskulturen ein unterschiedlicher Grad an Explizitheit oder auch Expressivität Usus ist.

In den weiteren Analysen sollte somit herausgearbeitet werden, welche syntaktischen Modifikatorklassen verantwortlich für die festgestellten Gebrauchsunterschiede bei modifizierenden Wortarten sind. Zum anderen wurde beleuchtet, ob der Mindergebrauch in irgendeiner Form kompensiert wird.

Um die erste Frage zu beantworten, wurden Modifikatorklassen als die Beziehung zwischen modifizierenden Wörtern (z. B. unflektierte Adjektive – vgl. die Wortkategorie „ADJD" von *erfolgreich* in Abb. 1), bestimmten Wortklassen von Dependenten (z. B. Vollverben – vgl. die Wortkategorie „VV" von *agieren* in Abb. 1) und modifizierenden Beziehungen zwischen Dependens und Dependenten (vgl. z. B. die Kantenkategorie „ADV" für „Adverbial" in Abb. 1) definiert. Auch die Position des Modifikators zum modifizierten Kopf wurde bei der Auswertung berücksichtigt. So konnten theoretisch fundierte und aussagekräftige Modifikationstypen wie die zwischen Fokuspartikel und fokusassoziierter Präpositionalphrase oder Nominalphrase, die zwischen postnominaler Präpositionalphrase und modifizierter Nominalphrase usw. unterschieden werden. Jeder Modifikationstyp wurde (quantitativ) auf seine relative Verwendungshäufigkeit und ggf. auch (qualitativ) auf die verwendeten Lexeme untersucht.

Als wichtigstes Ergebnis hat sich gezeigt, dass adpropositionale Einwortmodifikatoren, zu denen die bereits bekannten Modalpartikeln, aber auch epistemische (z. B. *offensichtlich*), evaluative (z. B. *leider*) und diskursverknüpfende (z. B. *infolgedessen*) Modalwörter (bzw. sog. Satzadverbien) gehören, verantwortlich für den allgemeinen Mindergebrauch modifizierender Ausdrücke bei den fortgeschrittenen Lernenden des Deutschen als Fremdsprache im Falko-Korpus sind.

Was die Frage betrifft, inwieweit die betroffenen Lernenden die mindergebrauchten Kategorien durch alternative Ausdrücke kompensieren, so lassen sich zweierlei Tendenzen ausmachen: Zum einen lässt sich die Tendenz der Lernenden belegen, adpropositionale Modifikatoren nicht adsentential (satzintern und satzbezüglich), sondern sentential (satzförmig und dem Bezugsatz übergeordnet) realisiert, weil adpropositionale Modifikatoren grundsätzlich extraponiert und als eigenständiger, übergeordneter Matrixsatz umformuliert werden können. Vergleiche hierzu die Beispielsätze (2a) und (2b) aus dem Falko-Korpus:

(2a) [...] aber es ist möglich, vermute ich, dass es globalisiert geworden ist . [...] (Falko Essay L2, Text fkb011_2008_07; https://hu.berlin/bsp2a)
(2b) Möglicherweise wird eines Tages sogar der gesamte Drogen- und Waffenhandel entlarvt [...] (Falko Essay L1, Text dew03_2007_09; https://hu.berlin/bsp2b)

(2a) stellt eine Lerneräußerung aus dem Falko-Essay-Korpus dar, bei der die Kernäußerung (sinngemäß: *Es ist globalisiert worden*) durch zwei vorangestellte Matrixsätze (*es ist möglich* und *vermute ich*) modifiziert wird. Der epistemische Gehalt dessen wird in der muttersprachlichen Äußerung (2b) durch das (adpropositionale) Modalwort *möglicherweise* ausgedrückt. Die durch die beiden Beispieläußerungen ersichtliche Tendenz lässt sich an den Falkodaten als systematisch nachweisen.

Diese Tendenz zur Variation adpropositionaler Ausdrücke und ihre Realisierung als sententiale Einheiten wird auch in Hirschmann (2013) anhand der Modalpartikel *ja* aufgezeigt: Die Deutschlernenden im Falko-Korpus verwenden anstatt der Modalpartikel *ja*, die in erster Linie die Proposition, in die sie eingebettet ist, als bekannt markiert, äquivalente satzförmige Ausdrücke wie *Es ist bekannt, dass...* Gleichzeitig finden sich in den Lernerdaten allgemein weniger Ausdrücke, die die Bekanntheitsbedeutung markieren.

Es ergibt sich also ein komplexeres Bild, das zunächst das bekannte Lernproblem der Modalpartikeln im Deutschen um adpropositionale Ausdrücke im Allgemeinen erweitert. Zusätzlich wird aber auch gezeigt, welche Strategien Lernende des Deutschen als Fremd- und Zweitsprache entwickeln können, um das zu Formulierende dennoch auszudrücken, und zwar nicht nur durch alternative Ausdrücke innerhalb derselben grammatischen Kategorie (das wären vor allem synonyme bzw. partiell synonyme Wörter innerhalb derselben Wortklasse), sondern durch Konstruktionen, die grammatisch vollkommen unterschiedlich zu beschreiben sind: Man beachte, dass adpropositionale Ausdrücke wie die Modalpartikel *ja* oder das Modalwort *bekanntlich* klare Modifikatoren sind, während der Ausdruck *Es ist bekannt, dass* der Kopf einer Komplementstruktur ist. Die beschriebenen Untersuchungen besitzen somit nicht nur spracherwerbstheoretische Implikationen, sondern auch grammatiktheoretische.

3 Koselektion

3.1 Zielsetzung

Das Phänomen der Koselektion beschreibt die gemeinsame Auswahl linguistischer Elemente oder Strukturen auf verschiedenen Ebenen. Beispiele koselegierter Strukturen sind Kollokationen (typischerweise gemeinsam gewählte Wörter, beispielsweise *starker Kaffee* statt *kräftiger Kaffee*) und Idiome (Kollokationen mit nichtkompositionellen Bedeutungsbestandteilen wie *auf den Putz hauen*), Chunks (syntaktisch und phonologisch nicht zwingend analysierte, holistisch gelernte und abgerufene Wortgruppen), Kolligationen oder Kollostruktionen (lexikalisch spezifizierte Präferenzen in der syntaktischen Umgebung, z. B. Dativalternationen oder Präferenzen bei Genitiv- vs. Präpositionalgruppen zum Possessivausdruck), aber auch Konstruktionen, Verbargumentstrukturpräferenzen und registertypische Ausdrücke wie beispielsweise Funktionsverbgefüge (Koselektion von Textsorte und linguistischem Element). Bereits diese Auflistung spannt ein weites Feld linguistischer Kategorien und erwartbarer Verknüpfungen auf: Ursprünglich im Bereich der Korpuslinguistik hauptsächlich als lexikografisches Phänomen in der phraseologischen Forschung erfasst (Bahns 1993; Bartsch 2004; Sinclair 1991; Kilgariff/Tugwell 2001), beschäftigt sich nahezu die gesamte gebrauchsbasierte Linguistik in der einen oder anderen Weise (auch) mit Koselektion. Prominente Beispiele dafür sind lexikalisch teilspezifizierte Syntaxansätze wie die verschiedenen Varianten der Konstruktionsgrammatik (Goldberg 2006; Sag/Boas/Kay 2012; Croft 2001) und angelehnte Studien, etwa zu Kollostruktionsanalysen (Stefanowitsch/Gries 2003; Gries/Stefanowitsch 2004; Gries/Wulff 2005); die gebrauchsbasierte Spracherwerbsforschung in L1 und L2 einschließlich der Frage von (phraseologischer) Komplexität in L2 (Paquot 2018, 2019), und die Produktivitätsforschung, die sich mit der Erweiterbarkeit und Beschränkung von Koselektion beschäftigt (Lüdeling et al. 2017; Zeldes 2012, 2013).

Die Grundlage für dieses weitreichende Interesse liegt in der frühen gebrauchsbasierten Beobachtung, dass, trotz der formal unendlichen Generativität und potenziellen Originalität natürlicher Sprachen, die Menge der tatsächlich im Sprachgebrauch vorgefundenen Kombinationen vergleichsweise beschränkt zu sein scheint: Fast bekommt man den Eindruck, L1-Sprecher/-innen wählen aus immer derselben Menge vorgefertigter Äußerungen. Was davon abweicht, wird als unidiomatisch oder merkwürdig empfunden, gegenüber Lerner/-innen häufig mit dem Verweis, dass „man das so sagen *könnte*, aber nicht *würde*". Diese Idee ist von Sinclair bereits 1991 als *idiomatisches Prinzip* (idiom principle) beschrieben worden, demgegenüber er das *Prinzip der freien Auswahl* (open choice principle) stellt. Es wurde allerdings bereits zuvor von Pawley/Syder (1983) als ein Rätsel im L1-Sprachgebrauch formuliert und auch im Kern in der gesamten Phraseologie immer wieder beschrieben. Theoretisch wird dabei ein sogenanntes phraseologisches Kontinuum postuliert, an dessen einem Ende idiomatisch, konventionell oder anderweitig festgelegte Elemente der Sprache stehen, während das andere Ende vollständig frei kombinierbare Elemente – etwa abstrakte grammatische Regeln – beheimatet (Granger 2005; Howarth 1998; Goldberg 1995 u. a.). In der L2-Erwerbsforschung wird Koselektion vorwiegend im Kontext von Chunks als frühe Lernhilfe und Herausforderung im Flexionserwerb einerseits, und in der Kollokationsforschung als Frage der phraseologischen Kompetenz fortgeschrittener Lerner/-innen andererseits diskutiert. Dabei dominiert die Beobachtung, dass selbst weit fortgeschrittene Lerner/-innen große Schwierigkeiten beim Erwerb einer L1-ähnlichen Koselektion haben. Paquot (2019) beschreibt die phraseologische Komplexität sogar als bestimmendes Unterscheidungsmerkmal zwischen Lerner/ -innen auf B2- vs. C1-Niveau nach den Maßstäben des Gemeinsamen Europäischen Referenzrahmens (CEFR; Council of Europe 2017).

Betrachtet man den Erwerb von Koselektion aus einer strukturellen Spracherwerbsperspektive, so wäre folgender Verlauf schlüssig: Lerner/-innen im frühen L2-Erwerb lernen häufig phrasenartige Konstrukte zum zügigen Aufbau einer basalen kommunikativen Kompetenz in der Fremdsprache, und auch didaktisch machen im gesteuerten Spracherwerb Aufgaben, in denen einzelne Wörter oder Konstituenten ausgetauscht werden, einen großen Teil aus. Weit fortgeschrittene Lerner/-innen haben viel Erfahrung mit der Zielsprache und insbesondere auch viel sprachlichen Input erhalten, und ggf. sogar bewusst und gezielt Kollokationen oder idiomatische Wendungen gelernt. Lerner/-innen auf mittleren Erwerbsstufen[10] hingegen sind mit einer starken Ausweitung der kommunikativen Situationen bei gleichzeitig höherer Komplexität konfrontiert, lernen eine Vielzahl Wörter und grammatischer Konstruktionen, haben aber noch wenig Erfahrung mit der Zielsprache. Da Koselektionsbeschränkungen bislang selbst linguistisch schwer in Regeln beschreibbar sind, es einen idiosynkratischen Anteil zu geben scheint, und der didaktische Fokus in der Regel auf anderen Aspekten des zielsprachlichen Systems liegt, liegt es nahe, dass diese Lerner/-innengruppe die größten Schwierigkeiten hat, zielsprachlichen Koselektionsbeschränkungen zu folgen. Mit anderen Worten: Wenn man genug weiß, um neu zu kombinieren, geht erstmal alles durcheinander. Es handelt sich somit strukturell um einen Prozess von Generalisierung, Differenzierung und Spezialisierung, der in einem angenommenen U-Kurven-Verlauf zu Lasten der Lerner/-innen auf mittleren Erwerbsstufen geht.

Während die generelle Beobachtung, dass Lerner/-innen weniger Koselektionsbeschränkungen beherrschen, leicht an der absoluten und relativen Zahl konkreter Kollokationsrealisierungen gemacht werden kann – dass Muttersprachler/ -innen, mehr seltene und vielfältigere Kollokationen als Lerner/-innen verwenden, kann als gesichert angenommen werden (Laufer/Waldman 2011; Nesselhauf 2005; Paquot 2018 u. v. m.), ist die Quantifizierung und der Nachweis einer strukturel-

---

[10] Der Begriff der Erwerbsstufe ist hier agnostisch verwendet und wird nur für eine grobe Einordnung benötigt. Ob es sich tatsächlich um einen kontinuierlichen Verlauf handelt, oder ob Erwerbsstufen sich durch spezifische grammatische, lexikalische usw. Eigenschaften auszeichnen, ist für die strukturelle Abstraktion zweitrangig. Gemeint ist eine relativ grobe Einteilung in CEFR-Stufen, etwa A/B/C oder B1/B2/C1, ohne den Anspruch einer exakten Verortung jedes Lerners oder jeder Lernerin.

len Verschiebung von Koselektionskompetenzen um einiges komplexer. Das liegt zum einen in der theoretischen Unschärfe durch die Dimensionsreduktion aller Formen festgelegter, konventioneller, oder idiomatischer Sprache in ein nur eindimensionales „phraseologisches Kontinuum" begründet: Unterscheidet man nicht zwischen Elementen mit unterschiedlichen Eigenschaften, beispielsweise seltenen vs. häufigen Kollokationen, komplexen vs. weniger komplexen Chunks usw., so wird die Zählung erschwert: Syntaktisch motivierte häufige Wortkombinationen oder Chunks wie *das ist* erhalten beispielsweise denselben Status wie eng verknüpfte Idiome wie *ins Gras beißen*, obwohl sie aus linguistischer Sicht offensichtlich unterschiedliche Phänomene darstellen. Obwohl an letzterem wohl auch niemand zweifeln würde, stellt sich die Frage nach der Gewichtung in der quantitativen Modellierung jedoch für jedes einzelne Exemplar, was eine viel feingliedrigere Unterscheidung und ein weitaus expliziteres Modell erfordert als die bloße Zählung der Vorkommen. Darüber hinaus ist es denkbar und wahrscheinlich, dass die Phänomene in verschiedenen Dimensionen unterschiedlich ausgeprägt sind: Dass Lerner/-innen mittlerer Erwerbsphasen bereits Zugriff auf eine größere Sammlung häufiger Chunks haben, bestimmte Konventionen (z. B. Grußformeln) muttersprachenähnlich beherrschen, und dabei dennoch mit vielen Koselektionen nicht vertraut sind, die sich hinsichtlich ihrer Kompositionalität, Häufigkeit oder syntaktischen Flexibilität durchaus weitgehend unterscheiden können (beispielsweise syntaktisch feste Einheiten wie *Wer zuerst kommt, mahlt zuerst* oder syntaktisch flexible, aber registergebundene wie *Kritik üben* in *soll Kritik geübt worden sein*). Eine Sortierung aller möglichen Koselektionen oder konventionell gemeinsam verwendeten Einheiten auf einem monodimensionalen Kontinuum legt eine Modellierung des Erwerbs entlang desselben nahe (beispielsweise von fest zu frei, wie teilweise im L1-Erwerb angenommen; MacWhinney 2014; Tomasello 2009). Es ist aber nicht so, dass dieses Kontinuum tatsächlich auch in einer Richtung erschlossen wird, jedenfalls nicht im L2-Erwerb: Vielmehr werden zunächst Wörter und Konversationsformeln (fixe Einheiten) und grammatische Regeln (abstrakte Einheiten) gelernt, und ausgehend davon alle anderen Bereiche, diese aber eben nicht zu gleichen Anteilen. Es verbleibt als Aufgabe für die zukünftige Forschung, ein multidimensionales Modell auszuformulieren.

Für eine strukturelle Quantifizierung von Koselektion als Gesamtphänomen bereitet ein solches allein allerdings auch keine unproblematische Lösung: Würde man darin Dimensionen für Eigenschaften wie Konventionalität, Kompositionalität, Häufigkeit, morphosyntaktische Flexibilität und Idiosynkrasie anlegen, erhielte man bereits $2^5 = 32$ Kategorienkombinationen, in die alle gewählten Koselektionen zunächst einzusortieren wären – mehr noch, wenn man die Zugehörigkeit zusätzlich gradieren wollte (mehr oder weniger konventionell oder morphosyntaktisch flexibel). In dem Fall wäre man wieder dabei, Einzelfälle pro

Kategorie zu zählen und/oder müsste eine strukturelle Abstraktion vornehmen, die in dem Modell nicht naheliegend enthalten ist. Während ein solches Modell also hilfreich wäre für die Diskussion um phraseologische Komplexität bzw. die Beschreibung von Kompetenz in verschiedenen Teilbereichen von Koselektion, somit auch für die Erkundung möglicher Erwerbstrajektorien einschließlich didaktischer Konsequenzen und Lücken, ist es für die Quantifizierung des idiomatischen Prinzips eher von mittelbarem Nutzen. Es sei außerdem darauf verwiesen, dass selbst in einem thematisch sehr einheitlichen Korpus wie Kobalt-DaF die Zahl der identischen Koselektionen subkorpusübergreifend sehr gering ist (unter 10), während die allermeisten, auch zielsprachlich völlig akzeptablen und erwartbaren Koselektionen Hapax bzw. Dis Legomena sind, sprich nur ein- oder zweimal auftreten. Wegen der Spezifika von Lexemverteilungen in Korpora würde eine Erweiterung der Daten dieses Problem nicht lösen, sofern sie nicht mindestens eine, besser zwei Größenordnungen umfasste (sprich von 171 auf 1.700 oder 17.000 Texte): Es würden vorwiegend mehr neue Hapaxe auftreten, während der interessante Mittelbereich der Verteilung sich nur sehr schleppend auffüllen würde.

Hinzu kommt eine mathematische Problematik, die in Shadrova (2020, insb. Kap. 4) genauer ausgeführt wird und in der Potenzmenge von Wortkombinationen liegt: Im Allgemeinen werden Koselektionseigenschaften mit Hilfe wahrscheinlichkeitsbasierter Modelle quantifiziert, typischerweise in sogenannten *lexikalischen Assoziationsmaßen* (Gries 2013, 2019; Evert et al. 2017; Wiechmann 2008; Gregory et al. 1999). Obwohl zahlreich, basieren die meisten dieser Maße auf demselben Informationsgehalt von vier Zählungen im Korpus: Den absoluten Vorkommen der beiden Wörter einer Kollokation im Korpus mit- und ohne einander (das sind drei Felder der Matrix), und dem Vorkommen aller anderen Wörter im Korpus (das ist das vierte Feld). Über verschiedene Transformationen werden aus diesen Werten Berechnungsvarianten bedingter Wahrscheinlichkeiten abgeleitet, wobei die zugrundeliegende Frage stets lautet, *wie unwahrscheinlich eine Kombination gegenüber dem Zufall ist*. Kommt eine unwahrscheinliche Kombination – also die Kombination von ohnehin seltenen Wörtern, etwa *ad acta* – häufiger vor, als zufällig erwartbar, so schließt man daraus, es handle sich um eine vorher festgelegte Kombination, also nicht wirklich um unabhängige Wörter. Das gilt insbesondere dann, wenn die Wörter ohneeinander nicht oder nur sehr selten vorkommen, was mit sogenannten asymmetrischen Maßen wie z. B. DeltaP (Gries 2013) gemessen werden kann (z. B. hat *ad* auf *acta* wohl eine geringere Anziehung als *acta* auf *ad*, da *ad* auch in *ad infinitum, ad hoc, ad nauseam* usw. auftritt).

Problematisch ist diese Quantifizierung in mindestens dreierlei Hinsicht: Erstens gibt es berechtigte Zweifel am mathematischen Modell, da Wortfrequenzen wahrscheinlich nicht den Ansprüchen eines stochastischen Modells entsprechen (siehe Shadrova 2020, Kap. 4; Shadrova i. Dr.). Das soll hier nicht weiter ausgeführt werden, es sei nur allgemein darauf verwiesen, dass Wahrscheinlichkeiten idealisierte Häufigkeiten in einem geschlossenen, pfadunabhängigen, unveränderlichen Zufallssystem sind, und das trifft auf Wörter schon deswegen nicht zu, weil man produktiv neue bilden kann.

Zweitens ist der Vergleich mit einer zufälligen Verteilung doppelt problematisch: Bereits in einem kleinen Teilkorpus von Kobalt-DaF ist die Potenzmenge der möglichen lexikalischen Kombinationen absurd hoch, nämlich um Größenordnungen höher als die geschätzte Zahl der Atome im Universum (Shadrova 2020, S. 105).[11] Gegen diese Potenzmenge ist jede Auswahl von Lexemen extrem unwahrscheinlich – das allein erlaubt aber keine Skalierung: Ein akzeptables Modell müsste plausibel erläutern, warum z. B. $1/10^{14}$ ausreichend unwahrscheinlich ist, um als koselektionsbeschränkt zu gelten, $1/10^{13}$ jedoch nicht. Somit erlaubt eine Herleitung aus der Unwahrscheinlichkeit des Vorkommens zweier Wörter gegenüber einer Zufallsverteilung keine plausiblen Rückschlüsse auf die *Unterschiede* in der Koselektionsbeschränktheit zweier Texte.

Dieser Problematik liegt ein Modellproblem zugrunde: Wo Koselektion als Kollokation, idiomatisches Prinzip, oder phonologisches/graphematisches Chunk verstanden wird, betrachten die bisher üblichen Modelle *Exemplare* oder *Kategorien von Exemplaren*: Es können nur Dinge gleicher Art gezählt werden. Allerdings liegt hier ein Zirkelschluss vor, denn das Gleichartige wird durch die (angenommen beschränkte) gemeinsame Auswahl bestimmt, während die (angenommene) Beschränktheit der gemeinsamen Auswahl aus der Gleichartigkeit abgeleitet wird. Somit können Kollokationen dann gezählt werden, wenn sie häufig sind, oder zuvor, beispielsweise in einem Wörterbuch, bereits als solche verzeichnet wurden, was letztlich die Koselektionsstruktur als Ähnlichkeitsabbildung auf lexikografische Arbeit definiert: Wie ähnlich ist die Verwendung bestimmter Wörter in ihrer Kombinatorik gegenüber dem, was die Lexikografie zuvor festgestellt hat? Es bedeutet auch, dass die Assoziationsmaße der einzelnen Lexeme einander gegenübergestellt werden müssen – *ad acta* verhält sich L1-ähnlich, aber *zur Verfügung stellen* nicht, *Ausbildung* kommt so häufig vor wie in L1, aber mit dem falschen Verb, usw. Dies entspricht einer Triangulation über tausende, in der lexikalischen Kombination über Milliarden Werte – folgt man Gries (2019), sogar über mehrere Maße – und erlaubt dennoch nur schwerlich, eine Gesamtaussage über die Koselektionsstruktur zu treffen. Was für Aussagen über einzelne Lexeme unausweichlich zu sein scheint (sofern man dem probabilistischen Modell folgen mag), ist jedoch für die Messung der strukturellen Eigenschaften nicht förderlich.

---

[11] Unter Annahme extremer Beschränkungen immer noch mindestens $3.352 \cdot 10^{89}$ für die belegten Verb- und Akkusativlexeme in einem Subkorpus von 21 Texten vs. 10^{78} bis 10^{82} Atome.

Aus Sicht des Zweitspracherwerbs besteht jedoch Interesse über die konkreten Lexeme hinaus auch die strukturelle Entwicklung der Koselektionseigenschaften in L2-Texten messen: Beispielsweise, um zu vergleichen, wie sehr sie dem idiomatischen Prinzip entsprechen, oder um zu erforschen, ob es einen strukturellen Umbau im Zweitspracherwerb gibt (analog zu Annahmen aus dem Erstspracherwerb, siehe z. B. Tomasello 2009; Wray 2002). Dafür benötigt man ein quantitatives Modell, das a) in der Quantifizierung auf den Vergleich mit der Zufallsziehung verzichten kann, und b) ohne Triangulation von abertausenden Maßen auskommt.

3.2 Datenauswertung

Eine solche Möglichkeit bietet die Modellierung als Netzwerkgraph. Die Graphentheorie ist ein Teilgebiet der diskreten Mathematik, die sich mit den Elementen einer Menge (Knoten) und den Relationen dazwischen (Kanten) beschäftigt. Typische Beispiele für visualisierte Netzwerkgraphen sind U-Bahn-Fahrpläne oder Freundschafts- und Kontaktnetzwerke.[12] In der Linguistik dienen Graphen bislang hauptsächlich zur Visualisierung bestehender Analysen, etwa in Konstituenten- oder Silbenstrukturbäumen oder Taxonomien. Während es in der Frühphase der Linguistik einige graphtheoretisch fundierte Analysen gab (Goodman 1961; Jelinek/Bahl/Mercer 1975; Brainerd/Chang 1982), sind sie mittlerweile weitgehend aus der Kernlinguistik verschwunden, obwohl zahlreiche computerlinguistische Anwendungen intern auf Graphenstrukturen zurückgreifen. In anderen quantitativen Wissenschaften – insbesondere in den Natur-, jüngst aber auch zunehmend in den Sozialwissenschaften – nehmen Netzwerkanalysen und Graphmodellierungen jedoch einen zentralen Stellenwert ein (siehe auch Shadrova 2020, Kap. 5).

Für die Analyse von Koselektion lässt sich ein Korpus als Graph beschreiben, indem die gewünschten Lexeme, z. B. Verben und ihre Argumentkopflexeme, als Knoten und bestehende Dependenzverbindungen dazwischen als Kanten modelliert werden. Das erfordert natürlich zahlreiche Modellentscheidungen, beispielsweise was den Umgang mit Homographen oder Polysemie angeht, oder welche Lexeme einbezogen oder ausgelassen werden: Sollen beispielsweise für den Fall der Präpositionalobjekte die Präpositionen selbst enthalten sein oder nur ihre

---

[12] Unter anderem auch Stammbäume, wobei diese zusätzliche begrenzende Eigenschaften haben, nämlich dass sie auf bestimmte Weise angeordnet (hierarchisch) sind, in der Regel azyklisch, und dass je ein Knoten einer Ebene mit genau zwei Knoten der darüberliegenden Ebene verbunden ist.

Nominalergänzungen – das hat Einfluss auf die Pfade zwischen Verben und Objekten, die im Korpus gar nicht zusammen auftreten, aber durch die Präposition verbunden werden. Die Entscheidung hat hierbei zum einen Einfluss auf die Abbildung des linguistischen Modells: Da jede Abstraktion einen Informationsverlust impliziert, ist eine Klärung der theoretischen Bedarfe der Forschungsfrage zunächst notwendig. Im Falle einer netzwerkanalytischen Betrachtung ist es jedoch auch ein möglicher Einfluss auf die Quantifizierung, der diese Entscheidungen im besonderen Maß erfordert: Graphen können mit sogenannten Graphmetriken vermessen und quantifiziert werden. Diese betreffen unterschiedliche Eigenschaften, etwa die einzelner Knoten (Zentralität, Zahl ein- und ausgehender Kanten), Verbindungsmuster (Durchmesser, kürzeste Wege), aber auch abstraktere strukturelle Eigenschaften, etwa Isomorphismen (strukturelle Gleichheit von Teilgraphen) oder innere Strukturiertheit (Modularität). Die Frage nach der Einbeziehung oder Auslassung bestimmter Verbindungen entspricht damit der Frage nach dem gewünschten, nämlich dem für die Messung angemessenen Abstraktionsgrad: An dieser Stelle sei auf unsere zweite Arbeitshypothese verwiesen: „Abstrakte sprachliche Phänomene erfordern eine saubere, angemessene, theoretische Modellierung".

In der Analyse von Shadrova (2020) wird der Erwerb von Koselektionsbeschränkungen nicht (vorwiegend) als Eigenschaft einzelner Wörter betrachtet, sondern als strukturelle Eigenschaft des lexikalischen Gebrauchs in L1- bzw. L2-Texten. Soll heißen: Der Gebrauch aller Lexeme in realisierten Verbargumentstrukturen kann mehr oder weniger strukturiert, also nach Lexemen differenziert sein: Die untere Grenze der Koselektionsbeschränkung – nämlich keine – bildet ein Text, in dem alle Verben mit allen Argumentlexemen verbunden sind (*Die Bundeskanzlerin liest ein Buch. Die Bundeskanzlerin schreibt ein Buch. Die Bundeskanzlerin kauft ein Buch*). Die obere Grenze der Koselektionsbeschränkung bildet ein Text, in dem jedes Verb einzigartige Argumentlexeme wählt (*Die Bundeskanzlerin liest ein Buch. Der Autor schreibt einen Roman. Die Verlegerin kauft eine Zeitschrift*).

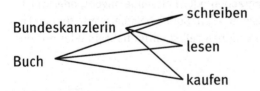

Abb. 2: Beispiel für einen vollständig verbundenen bipartiten Graphen von Dependenzbeziehungen

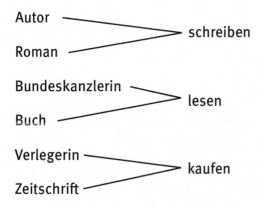

Abb. 3: Beispiel für einen in drei Subgraphen unterteilten Graphen von Dependenzbeziehungen

Diese beiden Graphen unterscheiden sich nicht nur in ihrem Inhalt, also darin, welche Knoten sie konkret enthalten, und in der Zahl ihrer Knoten, sondern auch auffällig in ihrer Struktur: Der erste Graph ist ein vollständiger bipartiter Graph, also ein Graph, der aus zwei Partitionen besteht (Verben und Substantive), wobei alle Elemente der einen Partition mit allen Elementen der anderen Partition verbunden sind. Der zweite Graph besteht aus drei unverbundenen Teilgraphen. Wichtig ist, dass sowohl im ersten, als auch im zweiten Beispiel alle Kombinationen semantisch möglich sind. Betrachtet man jedoch die Vorkommen in Korpora, so wird immer wieder festgestellt, dass eben nicht alle denkbaren Kombinationen vorkommen, und dass es vor allem auch große Unterschiede in der Frequenz des gemeinsamen Vorkommens auch bei semantisch und syntaktisch akzeptablen Strukturen gibt. Für das zweite Beispiel bedeutet das, dass zwar auch Bundeskanzlerinnen Bücher schreiben können und Zeitschriften kaufen, man aber selbst in einem sehr großen Korpus nicht alle Kombinationen dieser Wörter gleich häufig und einige möglicherweise gar nicht finden würde. Modelliert man einen Graphen dieser Art aus den 20 in Kobalt-DaF enthaltenen L1-Texten, entsteht ein visuell unüberschaubares Netzwerk wie in Abbildung 4.

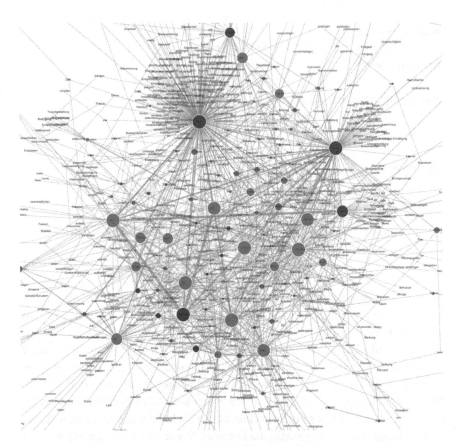

Abb. 4: Darstellung von Kobalt L1 als Netzwerkgraph. Helle Knoten entsprechen Verblexemen, dunkle Argumentkopflexemen. Darstellung dient nur zur Illustration des Prinzips, eine skalierbare Version ist über Zenodo (DOI: 10.5281/zenodo.3584091) verfügbar

Während die Knoteninhalte (Lexeme) kaum lesbar sind und die Struktur aus der bloßen Betrachtung, im Gegensatz zum obigen Minimalbeispiel, wenige Rückschlüsse auf die darunterliegende sprachliche Realität zu erlauben scheint, liegt das Potenzial dieser Modellierung in der Abstraktion, nämlich der Quantifizierung. Konkret erlaubt diese Art Graph die Berechnung der sogenannten *Modularität*, eines durch einen *Community-Detection-Algorithmus* ermittelten Maßes, das die innere Strukturiertheit eines Graphen beschreibt. Abbildung 5 zeigt das beispielhaft für drei kleine Graphen. Der hier verwendete Algorithmus wird als *Louvain-Modularität* bezeichnet (Blondel et al. 2008). Es gibt noch weitere Modularitätsmaße, die hier nicht weiter beachtet werden. Abbildung 6 und 7 zeigen im

Unterschied zu den vorherigen Beispielen drei gleich große Graphen (je 10 Knoten und 15 Kanten), die dennoch unterschiedlich stark intern strukturiert sind und entsprechend höhere bzw. niedrigere Modularitätswerte haben.

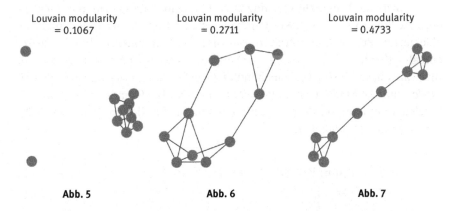

Abb. 5   Abb. 6   Abb. 7

Abb. 5–7: Beispiele für Graphen mit verschiedenen Modularitätswerten

In der Studie ist anhand der Kobalt-Daten die Louvain-Modularität für Subkorpora von Lerner/-innen auf verschiedenen Sprachstufen, analog etwa zu CEFR A2-C1, berechnet worden. Die Subkorpora umfassten dabei zwischen 10 und 27 Texten. Die Hypothesen lauten, dass (1) Lerner/-innen weniger strukturierte Graphen zeigen als Muttersprachler/-innen, dass (2) die Strukturiertheit der Graphen bei Lerner/-innen im Erwerbsverlauf insgesamt ansteigt – die Graphen also zum Ende der Entwicklung stärker strukturiert sind als am Anfang – und dass (3) die Strukturiertheit im Erwerbsverlauf zunächst ab- und dann wieder zunimmt (U-Kurven-Verlauf). Shadrova (2020, Kap. 4) zeigt hierfür, dass eine statistische Analyse basierend auf Oberflächenfrequenzen und dem lexikalischen Assoziationsmaß DeltaP (Gries 2013) zwar einige interessante Einblicke, aber hinsichtlich der Struktur keine interpretierbaren Ergebnisse bringt. Ist die Graphanalyse hierin erfolgreicher?

3.3 Ergebnisse

Tatsächlich zeigt Abbildung 8, dass die Ergebnisse der Graphanalyse den Hypothesen in den Punkten (1) und (2) entsprechen, und dass für die belarussischen Lerner/-innen auch ein U-Kurven-Verlauf wie in Hypothese (3) angenommen sichtbar wird. Für die chinesischen Lerner/-innen ist das nicht der Fall.[13] Die beiden Gruppen repräsentieren unterschiedliche Vorfilterungen der enthaltenen Lexeme: In in den „Argumenten einschl. Subjekte" sind alle Verben und ihre objektartigen Argumentlexeme enthalten (Prädikative, Akkusativ- Dativ-, Gentifivobjekte, Subjekte) sowie die Nominalergänzungen zu Präpositionalergänzungen, nicht jedoch die Präposition selbst. Nicht enthalten sind Attribute, Adverbien und nichtobjektartige Präpositionalphrasen. Der Graphtyp „Argumente ohne Subjekte" enthält außerdem keine aktivitischen Subjekte (passivische Subjekte wurden als Akkusativobjekt für eine Gleichbehandlung von Strukturen wie *Man verwöhnt die Kinder* und *Die Kinder wurden verwöhnt* erhalten). Die Gründe dafür sowie der Vergleich mit anderen Graphspezifitäten sind ausführlich in Shadrova (2020, Kap. 3, 4 und 6) besprochen.

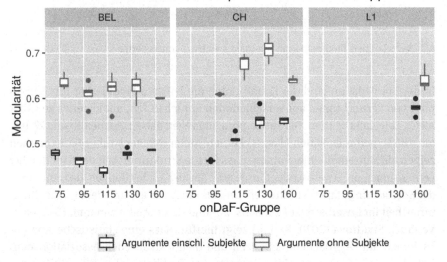

Abb. 8: Louvain-Modularität in Samples von je 10 Texten aus Kobalt-DaF-Subkorpora. Gruppierung nach onDaF-Testergebnis

---

13 Da Louvain-Modularität heuristisch berechnet wird, wurde für die Analyse auf Samples von je zehn Texten aus den Subkorpora — die Samples überlappen somit teilweise oder vollständig — in 350 Iterationen die Louvain-Modularität berechnet und das jeweilige Maximum als Ergebnis genommen. Die notwendige Zahl der Iterationen wurde vorher abgeschätzt, siehe Shadrova (2020, Appendix A1). Da die Datenpunkte (Samples) nicht unabhängig voneinander sind, ist eine Signifikanzberechnung nicht möglich.

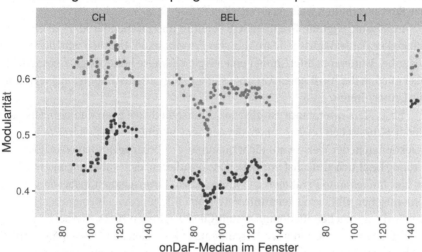

Abb. 9: Louvain-Modularität in Kobalt-DaF, Sliding-Window-Sampling: Ein Datenpunkt entspricht einem Ausschnitt von 15 Texten, sortiert nach onDaF-Rängen

In dieser Analyse sind Deutschlernende anhand ihrer Testergebnisse im validierten C-Test onDaF (heute onSet; Eckes 2010) in Gruppen eingeteilt worden. Die Zahlen geben dabei (exklusiv) die Punktegrenze an, sprich die Gruppe 95 enthält Texte, deren Autor/-innen zwischen 75 und 94 Punkten erreichten, die Gruppe 115 die von Autor/-innen mit 95–114 Punkten. Die onDaF-Gruppen wurden hier opportunistisch zum Erhalt möglichst vergleichbarer Gruppengrößen gewählt, entsprechen aber wohl ungefähr auch der Einteilung in die CEFR-Stufen A2 (nur BEL) – B1–B2.1 – B2.2 – C1(+). Für eine ausführliche Diskussion siehe Shadrova (2020, Kap. 3). Da es berechtigte Bedenken bzgl. der Einteilung in Stufen und des (diskreten) Gruppenvergleiches bei einer angenommen annähernd kontinuierlichen Punkteskala geben kann, zeigt Abbildung 7 dieselbe Analyse in einem sogenannten Sliding-Window-Sampling. Dafür wurden jeweils die Texte 1–15, 2–16, 3–17 usw. nach Rang in der onDaF-Punkteverteilung der jeweiligen Sprachgruppe als Subkorpus gewählt. Die Texte der 14 am weitesten fortgeschrittenen Lerner/-innen sind somit nur einmal in der Analyse berücksichtigt, die der Ränge 1-(n-15) jeweils 15-mal. Auch diese Analyse bestätigt die Ergebnisse und zeigt, dass es zwar eine Varianz zwischen den einzelnen Datenpunkten gibt, diese aber durchaus in erwarteter Weise mit dem onDaF-Ergebnis korreliert. Wäre das nicht der Fall, wäre das Kurvenverhalten weitaus erratischer.[14]

Insgesamt zeigt die Graphanalyse somit in überraschender Klarheit eine Abhängigkeit der lexikalischen Struktur vom Erwerbsstand. Deutlich wird auch, dass sogar bei Muttersprachler/-innen eine vergleichsweise hohe Varianz besteht, sie aber auch in der niedrigeren Variante stärker strukturierte Graphen aufweisen als die Lerner/-innen.

Besonders interessant ist hier der Unterschied zwischen den chinesischen und belarussischen Lerner/-innen, der aus dem minutiösen Vergleich einzelner Koselektionen in der Weise wohl nicht quantitativ sichtbar geworden wäre. Über die Gründe lässt sich zunächst nur post-hoc spekulieren, es sei aber angemerkt, dass es hier interessante Parallelen zu typologischen Eigenschaften insbesondere des Chinesischen gibt, wo sogenannte Verb-Nomen-Komposita einen großen Teil der Verblexik ausmachen (Bodomo/So-sum/Che 2017; Badan 2013). Hierbei handelt es sich um Wörter, die einer Verbargumentstruktur gleichen, etwa pǎobù, 跑步 ‚Schritte laufen' oder kànshu, 看书 ‚Buch angucken', die aber eine reine Verbsemantik haben, nämlich resp. *laufen* und *lesen*. Mit dieser Prävalenz in der L1 erscheint es plausibel, dass auch in der L2 Mappings von Verb-Nomen-Kombinationen auf Tätigkeiten gelernt werden, wodurch der Reorganisationsprozess des Lexikons eingeschränkt oder ganz durchbrochen werden mag. Interessant ist hier eine Parallele zum chinesischen Erstspracherwerb, in dem Kinder, anders als im Erstspracherwerb der beschriebenen europäischen Sprachen, keinen sogenannten Nomenbias zeigen (Tardif 1996; Tardif/Shatz/Naigles 1997). Soll heißen: Chinesischsprachige Kinder lernen Verben und Nomen gleichermaßen leicht, während Kinder in bestimmten Phasen des Spracherwerbs vieler europäischer Sprachen weniger, später, und weniger leicht Verben lernen. Andere mögliche Gründe liegen in kulturellen und pädagogischen Kontexten sowie in der unterschiedlichen Bearbeitung derselben Aufgabe: Belarussische Lerner/-innen produzieren allgemein weniger analytische, sondern stärker erzählende oder beschreibende Texte, was mit einer anderen Koselektionsstruktur korrelieren könnte.

---

[14] Shadrova (2020, Kap. 6) diskutiert hierzu umfassend verschiedene Validierungs- und Samplingfragen sowie die Interpretation der abfallenden Kurve gegen Ende des Punkteverlaufs. Tatsächlich scheint es sich hier um einen Textstruktureffekt zu handeln, nach dem die Modularität bei besonders langen Texten bei den belarusischen Lerner/-innen zum Ende hin sinkt bzw. am Ende niedriger liegt als am Anfang der Texte, und diese zugleich zunehmend längere Texte schreiben.

Eine Verifikation dieser Ergebnisse erfordert zunächst die Replikation auf anderen Korpora unter Berücksichtigung der neuen Hypothese (bspw. typologische Unterschiede und Unterschiede nach Register). Während in der Analyse eine umfassende interne Validierung anhand verschiedener Samplingmethoden durchgeführt wurde, die auf eine Robustheit der Ergebnisse für dieses spezielle Korpus deutet, lässt sich aus dieser Tatsache allein noch kein Rückschluss auf eine Allgemeingültigkeit oder allgemeine Nützlichkeit der Methode ziehen. Wichtig ist jedoch, dass eine Replikation prinzipiell möglich ist, weil die Datenmenge – 171 Texte einschließlich der muttersprachlichen Vergleichstexte – auch im Rahmen kleinerer Forschungsprojekte überschau- und vor allem technisch und linguistisch beherrschbar ist. Konkret erfordert das Projekt zwar einiges an Rechenkapazität, ist aber mit gewissen Einschränkungen noch auf einem leistungsstarken Laptop oder einem institutsüblichen Server realisierbar. Wichtiger ist jedoch, dass der Aufwand für die manuelle Korrektur der Dependenzparses – hier Malt-Parser (Nivre/Hall/Nilsson 2006) mit der Dependenzgrammatik von Foth (2006) – noch im Bereich des Leistbaren liegt. Da die Parser-Accuracy insbesondere bei den Lernertexten der unteren und mittleren Erwerbsstufen sehr niedrig ist, hängt die Durchführbarkeit einer solchen Analyse letztlich hauptsächlich an dieser Variable. Sowohl die Rechen-, als auch die Annotationskapazität geraten hingegen schnell in unbeherrschbare Bereiche, wenn man auf größere Korpora setzt. Somit ist die Korpusgröße hier ein limitierender Faktor, bildet anders als bei frequentistischen statistischen Analysen jedoch eine *obere* Grenze – eine Erweiterung der quantitativen Perspektive auch für diejenigen, die mit elizitierten oder intrinsisch beschränkten, etwa historischen Daten arbeiten.

Bezogen auf unsere Hypothesen 1.2.1–1.2.3 ergibt sich, dass (3) „kleine bis mittelgroße Korpora erlauben eine tiefe, linguistisch informierte Analyse" zwingend erfüllt ist, denn die hier vorgestellte Analyse wäre in größeren Korpora nicht umsetzbar. (1) „Linguistische Analysen und Hypothesen (hier zum Spracherwerb) lassen sich nicht auf Oberflächenphänomene reduzieren" und (2) „abstrakte sprachliche Phänomene erfordern eine saubere, angemessene, theoretische Modellierung" sind hier dialektisch mit der Methode verflochten: Koselektion ist in der empirischen Linguistik bislang überwiegend statistisch anhand von Exemplaren betrachtet worden, aber das liegt nicht daran, dass das linguistische Modell *eigentlich* eine stochastische Perspektive vorsieht, sondern am Anspruch, das Phänomen quantitativ, graduell, und über-lexikografisch, also nicht nur auf die Qualität der einzelnen Wortpaare hin, zu fassen. Bei näherer Betrachtung stellt sich das stochastische Modell jedoch als problematisch heraus, insbesondere dort, wo die eigentlichen Exemplare dann doch wieder gruppiert, nämlich als Ausdruck einer Gesamttendenz wie des idiomatischen Prinzips verstanden werden sollen. Ist das der Fall, verschwindet der Zugang über die reinen Oberflächenformen (Hypothese 1.2.1), was dann eine komplexe Modellierung erfordert (1.2.2), die aber nur im Rahmen geeigneter Methodenframeworks und Modelle überhaupt empirisch umsetzbar ist. Die Entwicklung und umfassende Validierung dieser Methoden wiederum erfordert ein tiefes Verständnis der Daten, da sonst die Gefahr besteht, Zugeständnisse an das quantitative Modell zu machen, die nicht linguistisch motiviert oder motivierbar sind. In der Konsequenz ergibt sich, dass man die Konkretheit der Daten sehr genau kennen muss, um die Abstraktion des Koselektionsphänomens überhaupt linguistisch sinnvoll beschreiben zu können, und dass die (quantitative) Gradierbarkeit erst auf Grundlage einer adäquaten und differenzierten qualitativen Beschreibung erfassbar wird.

4 Rhetorische Strukturen

4.1 Zielsetzung

Um einen kohärenten, logischen und klar strukturierten registerangemessenen Text in einer Fremdsprache zu verfassen, benötigt man nicht nur lexikalische und grammatische Kenntnisse, sondern auch Kenntnisse über die registerspezifische Rhetorik/Textstruktur der Zielsprache. In unserem letzten kurzen Beispiel möchten wir nun auf rhetorische Strukturen[15] zu sprechen kommen und wieder alle drei Hypothesen betrachten. Wir wissen aus vielen Arbeiten, dass ihre L1 die Sprache von Lernenden auf allen Ebenen beeinflusst.[16] Dies ist relativ leicht zu sehen an lexikalischen und oberflächennahen syntaktischen Phänomenen, aber schwieriger auf abstrakteren ‚höheren' Ebenen. In Abschnitt 3 wurde bereits gezeigt, dass die L1 einen Einfluss auf den Erwerb von Koselektionsbeschränkungen hat. Wie schon in der Einleitung erwähnt, ist es auch oft so, dass man bestimmten Texten ihre Nichtmuttersprachlichkeit anmerkt, auch wenn sie keine Fehler enthalten. Das kann manchmal daran liegen, dass die Texte rhetorisch unterschiedlich strukturiert sind. Hier betrachten wir die rhetorischen Struk-

---

15 Andere Termini sind z. B. Kohärenzrelationen und Diskursrelationen (Stede 2018).
16 Transfer (oder manchmal auch Interferenz) ist komplex und nicht immer einfach zu modellieren (Ellis 2006; Jarvis 2010; Osborne 2015). Das Phänomen, welches wir hier untersuchen, ist stark kulturell geprägt und wird durch Schulunterricht mitbestimmt – manche Autor/-innen würden es daher nicht als Transfer bezeichnen. Daher sprechen auch wir hier eher von L1-Einfluss.

turen von chinesischen L1-Sprecher/-innen im Vergleich mit denen deutscher L1-Sprecher/-innen.[17] Wir möchten das an den Beispielen (3a) und (3b) aus dem Kobalt-Korpus illustrieren. Es handelt sich um die ersten Sätze aus einem Muttersprachler- (3a) und einem Lernertext mit L1 Chinesisch (3b), die jeweils die Aussage „Geht es Jugend heute besser als früher?" diskutieren.

(3a) Der heutigen Jugend geht es besser als früheren Generationen. Dieser Aussage würde ich nur bedingt zustimmen, denn meiner Meinung nach gibt es für beide Generationen Vor- und Nachteile. (Kobalt-DaF-L1-Korpus, Text DEU_003_2012_04; https://hu.berlin/bsp3a)

(3b) Seit der Reform- und Öffnungspolitik im Jahr 1978 gibt es in China große Veränderungen, besonders die Wirtschaft entwickelt sich sehr schnell und der Lebensstandard wird höher Jahr für Jahr. Viele Jugendlichen glauben, dass sie in einer guten Zeit leben. (Kobalt-DaF-L2-Korpus, Text CMN_012_2012_03; https://hu.berlin/bsp3b)

Die Unterschiede in der rhetorischen Struktur sind bereits in den ersten Zeilen offensichtlich. Während in (3a) gleich eine eigene Meinung präsentiert und diese dann begründet wird, beginnt der oder die Deutschlernende in (3b) einleitend mit einer generellen politischen Einordnung. Das wäre nicht weiter interessant, wenn es sich hier um idiosynkratische Texte mit verschiedenen Schreibanlässen handeln würde. Es handelt sich jedoch um Texte derselben Textsorte, desselben Themas und desselben Schreibanlasses. Mit Blick auf die genannten zwei Kohorten des Kobalt-DaF-Korpus (L1-Chinesisch- und Deutsch-Schreiber/-innen) soll ermittelt werden, ob die offensichtlichen Unterschiede in (3a) und (3b) systematisch gelten. Allgemeiner formuliert: Wir wollen ermitteln, ob sich die rhetorischen Strukturen bei Deutschlerner/-innen und denen von deutschen Muttersprachler/-innen unterscheiden, und inwieweit die Unterschiede (wenn es sie gibt) auf eine kulturelle Prägung und den L1-Hintergrund zurückzuführen sind.

Wir erachten den Vergleich zwischen chinesischen L1-Sprecher/-innen und deutschen L1-Sprecher/-innen als besonders interessant, weil sich hieran Rhetorik als sprach- und kulturspezifisches Phänomen (Kaplan 1966) untersuchen lässt. Chinesische L1-Sprecher/-innen und deutsche L1-Sprecher/-innen unterscheiden sich nicht nur einfach in ihrer Muttersprache, sondern auch in ihrer Zugehörigkeit zu verschiedenen Kulturkreisen. Es wurde bereits gezeigt, dass sich gewisse

---

[17] Das Wissen über rhetorische Strukturen stellt einen Teil des Registerwissens von Lerner/-innen dar.

Schreibkonventionen des Chinesischen und Deutschen unterscheiden (Liao/Chen 2009; Tsao 1983; Liu 2005; Lehker/Wang 2006). Hieran wollen wir mit der folgenden Untersuchung anschließen.

Unsere spezifischen Forschungsfragen beziehen sich sowohl auf formale als auch auf funktionale Aspekte:

a) Wie unterscheidet sich die Verwendung bestimmter rhetorischer Relationen zwischen den beiden Gruppen?
b) Wie werden diese Relationen sprachlich realisiert?
c) Welche Einflussfaktoren bedingen die Unterschiede, die dabei ermittelt wurden?

Die Antworten auf diese Fragen können dabei helfen, a) die Gemeinsamkeiten und Unterschiede bezüglich der rhetorischen Strategien von chinesischen L1-Sprecher/-innen sowie von deutschen L1-Sprecher/-innen zu erkennen; b) L1-Einfluss in Bezug auf rhetorische Struktur zu entdecken; c) als Referenz dienen, um die Lehr- und Lernmethodik des DaF-Unterrichts in China zu verbessern.

4.2 Datenauswertung

Um diese Fragen zu beantworten, nutzen wir wieder das Kobalt-Korpus. Das Kobalt-DaF Korpus eignet sich sowohl aus der Perspektive der Menge der Aufsätze (siehe Tab. 1), welche systematische Analysen und eine manuelle Datenbearbeitung gleichzeitig ermöglicht, als auch aus der Sichtweise der Aufgabenstellung für unser Forschungsziel. Wie bereits erwähnt, bearbeiten alle Teilnehmer/-innen in Kobalt dieselbe Fragestellung („Geht es der Jugend heute besser als früheren Generationen?"). Alle Aufsätze wurden unter denselben Rahmenbedingungen verfasst. Dies ist für die Studie von großer Bedeutung, weil die Aufgabenstellung Einfluss auf die Schreibstrategien und insofern auch auf die rhetorischen Strukturen der Texte hat (Ferretti/Lewis/Andrews-Weckerly 2009).

Für die vorliegende Studie wurden 20 argumentative Texte von chinesischen Deutschlerner/-innen und 20 argumentative Texte von deutschen L1-Sprecher/-innen verwendet, die im Kobalt-Korpus zur Verfügung stehen (vgl. Tab. 1).

Tab. 1: Verteilung der für diese Studie verwendeten Texte

L1	Genre	Anzahl der Texte	Textlänge i.D.	Token
Chinesisch	argum. Texte	20	521	13.949
Deutsch	argum. Texte	20	488	12.984

Statt die Originaltexte anzuschauen, berücksichtigen wir bei der Annotation von rhetorischen Strukturen die bereits vorliegenden Parallelfassungen der Zielhypothese, da mögliche Fehler nicht Forschungsgegenstand dieser Arbeit sind, sondern im Gegenteil das Verständnis für die Aufsätze behindern können. Besonders erwähnenswert ist, dass nicht nur die Texte der chinesischen Deutschlerner/-innen, sondern auch die Vergleichstexte der deutschen Muttersprachler/-innen mit Zielhypothesen annotiert wurden. Der Grund dafür liegt darin, dass die L1-Vergleichsdaten in vielerlei Hinsicht nicht der Norm entsprechen müssen (vgl. Granger 2015).

Das Kobalt-Korpus wurde bereits ausgiebig annotiert. Um die rhetorischen Strukturen der Texte eingehend zu analysieren, benötigen wir allerdings noch eine zusätzliche Annotationsebene für die Beschreibung rhetorischer Strukturen. Dazu wird das funktionale Framework der *Rhetorical Structure Theory* (RST; Mann/Thompson 1988) für die weitergehende Annotation und Auswertung verwendet. Als eine der beliebtesten Theorien im Bereich der Diskursanalyse bietet RST das Beschreibungsinventar dafür, die rhetorische Struktur und somit die Organisation eines Texts durch eine Baumstruktur darzustellen. Die Blätter des Baums werden als Elementary Discourse Units (EDUs) bezeichnet. Eine EDU entspricht einer selbstständigen Sprechhandlung (Stede (Hg.) 2016). Die EDUs oder die rekursiv größeren Textabschnitte werden dann durch rhetorische Relationen verbunden. In unserer Studie werden insgesamt 33 rhetorische Relationen auf der Grundlage der Annotationsrichtlinie des Potsdamer Kommentarkorpus (PCC),[18] die speziell für deutschsprachige argumentative Texte entwickelt wurde, verwendet. Nach ihrer inhaltlichen und strukturellen Unterscheidung gliedern sich diese Relationen in vier Kategorien (Tab. 2). Primär pragmatische Relationen beschreiben die Argumentation bzw. das Verhalten des Autors oder der Autorin. Primär semantische Relationen kommen zum Einsatz, wenn Sachverhalte neutral beschrieben werden. Textuelle Relationen erfüllen einen organisierenden Zweck. Multinukleare Relationen sind im Gegensatz zu den anderen drei Relationstypen nicht solche zwischen einer übergeordneten (Nukleus) und einer untergeordneten (Satellit) EDU, sondern Relationen zwischen gleichrangigen EDUS (bzw. zwei Nuklei).

---

[18] http://angcl.ling.uni-potsdam.de/resources/pcc.html (Stand: 23.9.2020).

Tab. 2: Überblick der rhetorischen Relationen nach leicht modifizierten Annotationsrichtlinien für das PCC-Korpus[19]

Primär pragmatische Relationen	Primär semantische Relationen	Textuelle Relationen	Multinukleare Relationen
Background	Circumstance	Preparation	Contrast
Antithesis	Condition	Restatement	Sequence
Concession	Otherwise	Summary	List
Evidence	Unless		Conjunction
Reason	Elaboration		Joint
Reason-N	E-Elaboration		
Justify	Interpretation		
Evaluation-S	Means		
Evaluation-N	Cause		
Motivation	Result		
Enablement	Purpose		
Question	Solutionhood-N		
	Solutionhood-S		

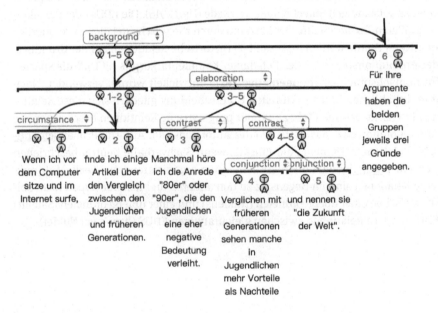

Abb. 10: Ein RST-Analysebeispiel (Textauszug aus Kobalt_CMN_017_2012_04)

---

[19] Die dort formulierten Annotationsrichtlinien enthalten 31 rhetorische Relationen. Im Laufe des iterativen Annotationsvorgangs wurden lediglich zwei differenzierende Relationen („Question" und „Solutionhood- S") ergänzt.

Die Annotation auf Diskursebene ist eine extrem zeit- und ressourcenintensive Aufgabe (vgl. Gries/Berez 2017 zur Einordnung dieses Annotationstyps). Obwohl es schon einige Versuche gibt, die Annotation der rhetorischen Struktur semiautomatisch zu verwirklichen, werden die meisten Annotationsarbeiten bezüglich rhetorischer Strukturen aufgrund der unvermeidlichen Subjektivität, Komplexität und Mehrdeutigkeit des Diskurses vorwiegend manuell durchgeführt. Der RST-Analyse ist eine gewisse Subjektivität inhärent und wird auch als Rekonstruktion der Absicht der Autorin oder des Autors aus der Rezipientensicht betrachtet (Stede (Hg.) 2016). Damit die Annotation trotz dieser Einschränkungen nachvollziehbar und zuverlässig ist, wird unsere Annotationsarbeit sorgfältig nach einem ausführlichen Annotationsplan durchgeführt. Zwei fachlich ausgebildete Linguistinnen werden als Annotatorinnen eingesetzt. Zum Schluss wird die Qualität der Annotationen aller Texte durch eine systematische Berechnung des Inter-Annotator Agreements evaluiert. Mithilfe des Tools RST-Tace (Wan et al. 2019) ist die Annotation aller 40 argumentativen Texte von den beiden Annotatoren mit dem Kappa-Wert 0,74 beachtlich übereinstimmend. Abbildung 10 zeigt ein Beispiel der Annotation eines Textauszugs aus dem Kobalt-Korpus, visualisiert mithilfe des Werkzeugs RSTWeb (Zeldes 2016).

4.3 Ergebnisse

Wesentliche Ergebnisse der Studie sind in Abbildung 11 dargestellt.

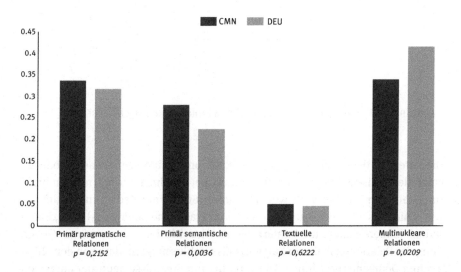

Abb. 11: Verteilung der rhetorischen Strukturen in den vier in Tabelle 2 genannten Kategorien

Gemäß Abbildung 11 ist ersichtlich, dass sich die deutschen Muttersprachler/-innen und die chinesischen Deutschlerner/-innen in den Kategorien der primär pragmatischen Relationen sowie der textuellen Relationen kaum unterscheiden. Allerdings verwenden die deutschen Muttersprachler/-innen signifikant mehr multinukleare Relationen als die chinesischen Deutschlerner/-innen (χ^2-Test, p≈0,02) und die chinesischen Deutschlerner/-innen signifikant mehr primär semantische Relationen als die Vergleichsgruppe (χ^2-Test, p≈0,004).

Gemäß unseren Annotationsrichtlinien gehören die rhetorischen Relationen Contrast, Sequence, List, Conjunction und Joint zu den multinuklearen Relationen. Diese Relationen werden häufig verwendet, wenn nebeneinanderstehende oder gegensätzliche Behauptungen bzw. Argumente, die eine gemeinsame Rolle für die Textfunktion spielen, ausführen sollen. Ein typisches Lernerbeispiel für die Verwendung verschiedener Äußerungen in dieser nebengeordneten Weise ist in Abbildung 12 illustriert: Die Äußerungen *Erstens bekommt man heute mehr Informationen als früher...*, *Zweitens ist die Jugend heute wegen neuer Lebensformen eifriger...* und *Drittens nimmt die Jugend mehr Kontakt mit der Außenwelt beim Reisen und Studieren auf...* bilden eine Reihe, die mit der Kategorie „List" annotiert wird.

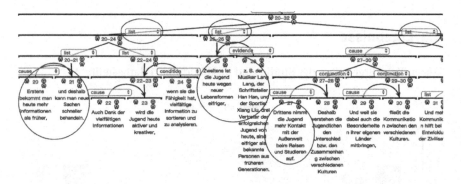

Abb. 12: Beispiel der rhetorischen Relation „list" im Lernertext Kobalt_CMN_006_2012_04

Die Kategorie der primär semantischen Relationen bilden einen Sachverhalt mit einer hierarchischen Bedeutungsstruktur ab, bei der einem übergeordneten Äußerungsteil (dem Nukleus) ein weiterer Äußerungsteil mit Bedeutungsrelationen wie „Cause" (sachlicher Grund), „Condition" (sachliche Bedingung) oder „Elaboration" (nähere Erläuterung) untergeordnet wird. Die deutlich vermehrte Verwendung der Relationen in dieser Kategorie lässt schlussfolgern, dass von den chinesischen Deutschlerner/-innen Sachverhalte und Ereignisse neutraler dargestellt werden als von den deutschen Muttersprachler/-innen. Dies lässt sich durch die Analyse spezifischer Relationen eingehend abklären.

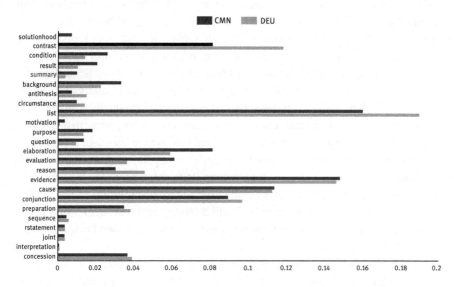

Abb. 13: Die Verwendungshäufigkeit der rhetorischen Relationen in den verglichenen Gruppen

Im Hinblick auf die einzelnen RST-Relationen, die in Abbildung 13 dargestellt sind, ist es interessant zu sehen, dass beide Gruppen die Relationen „List", „Evidence", „Cause", „Conjunction", „Contrast" und „Elaboration" am häufigsten verwenden. Jedoch werden bei den chinesischen Deutschlerner/-innen gleichzeitig die Kategorien „List", „Conjunction" und „Contrast" deutlich weniger verwendet. Bei „Elaboration" und „Evidence" ist die Relation umgekehrt. „Elaboration" und „Evidence" haben oft eine unterstützende Funktion, durch die Behauptungen bzw. Argumente der Autor/-innen ergänzt werden und detailliertere Informationen liefern, womit die Ausführungen klarer und überzeugender wirken. Dies lässt Folgendes schlussfolgern: Während die deutschen Muttersprachler/-innen mehr Argumente einführen und sie tendenziell knapper ausführen, neigen die chinesischen Sprecher/-innen eher dazu, weniger Argumente hervorzubringen, dafür aber jedes Argument ausführlicher zu belegen.

Darüber hinaus ist in den Daten zu sehen, dass die chinesischen Deutschlerner/-innen im Vergleich zu den deutschen Muttersprachler/-innen die Kategorie „Reason" deutlich seltener verwenden; dies ist eine Relation, bei der subjektive Einschätzungen oder Behauptungen als unterstützende Argumente dienen. Eine Erklärung für dieses Phänomen könnte sein, dass die chinesischen Deutschlerner/

-innen eher Heckenstrategien[20] verwenden, statt die subjektive Haltung hervorzukehren. Sie versuchen, Distanz zu den Thesen aufzubauen, indem sie ihre eigene Meinung anderen Personen oder feststehenden Sachverhalten zuschreiben. Statt *meiner Meinung nach* schreiben die chinesischen Lernenden beispielsweise Ausdrücke wie *Manche sind der Meinung* (Kobalt_CMN_010_2012_03). Eine systematische Untersuchung dieses Phänomens wird in Wan (i. Vorb.) durchgeführt.

In Hinblick auf die textuellen Strukturen haben wir auf der Grundlage der annotierten rhetorischen Relationen die Texte tiefergehend analysiert. Dabei wurde ersichtlich, dass die chinesischen Deutschlerner/-innen dazu neigen, ihre Texte mit allgemeinem Wissen wie der wirtschaftlichen oder politischen Entwicklung Chinas einzuleiten. Die Beispiele (4a) und (4b) stellen dies sehr anschaulich dar. Dieser Befund kann auch durch die umfassende Nutzung der rhetorischen Relation „Background" von den chinesischen Deutschlerner/-innen bestätigt werden. Interessant ist, dass in einer Studie über die Englischlerner/-innen (Callies 2015) gezeigt wurde, dass chinesische Englischlerner/-innen bei der Einführung in die Thesen ebenfalls überwiegend auf das allgemeine Weltwissen Bezug nehmen.

(4a) Mit der Entwicklung der Welt haben sich die Menschen sehr verändert. (Kobalt-DaF-L2-Korpus, Text CMN_001_2012_03; https://hu.berlin/bsp4a)
(4b) Seit der Reform- und Öffnungspolitik im Jahr 1978 gibt es in China große Veränderungen. (Kobalt-DaF-L2-Korpus, Text CMN_012_2012_03; https://hu.berlin/bsp4b)

Darüber hinaus wird in unserer Studie gezeigt, dass die chinesischen Deutschlerner/-innen ihre Texte untereinander sehr ähnlich strukturieren, während die deutschen Muttersprachler/-innen unterschiedlichere Textstrukturen verwenden.

Die Mehrheit der chinesischen Deutschlerner/-innen hält die folgende Reihenfolge beim Verfassen ihrer Texte ein:

Einführung in die These → positive und negative Haltungen → Meinung des Autors

Dieses Muster wird einerseits vorwiegend im DaF-Unterricht in China gelehrt und deshalb auch viel von den Lernenden realisiert. Andererseits kann diese Struktur

---

[20] Heckenausdrücke (auf Englisch: hedging expressions) beziehen sich als ein Teil der epistemischen Modalität auf alle sprachlichen Mittel, die verwendet werden, um eine ausdrückliche Verpflichtung hinsichtlich der Wahrheit zu vermeiden (Hyland 1998).

auch auf die traditionelle Textstruktur des chinesischen qǐ-chéng-zhuǎn-hé[21] und bā-gǔ-wén[22] zurückzuführen sein. Inwieweit die traditionellen Schreibkonventionen auf das Schreiben im modernen Chinesischen und in Fremdsprachen beeinflussen, wird in Wan (i. Vorb.) tiefergehend untersucht.

Im Vergleich zu den relativ einheitlichen Textstrukturen der chinesischen Deutschlernenden variieren, wie gesagt, die Texte der deutschen Muttersprachler/-innen relativ stark. Es finden sich zwar ähnliche Muster wie bei den chinesischen L1-Sprecher/-innen, bei denen die eigene Meinung erst am Ende genannt wird, es werden aber auch viele weitere Muster wie die folgenden verwendet:

Meinung des Autors → Begründung → Zusammenfassung
Begrifflichkeitsklärung → Meinung des Autors → Begründung

Außerdem zeigt die Studie folgende Tendenzen: Während die deutschen Muttersprachler/-innen ihre Argumente nicht explizit strukturieren, teilen die chinesischen Deutschlerner/-innen ihre Argumente häufig in drei oder vier Hauptpunkte und ordnen sie explizit nach einer bestimmten Reihenfolge. Dabei können wieder Spuren der traditionellen chinesischen Schreibkonventionen gefunden werden:
Argumente werden entweder parallel (jeder Punkt stellt die betreffende These aus verschiedenen Perspektiven dar) oder progressiv (jeder Punkt baut aufeinander auf, um die These zu unterstützen) arrangiert.

Das folgende Beispiel (5) zeigt eine progressive Reihenfolge der Argumente in einem Text von einem bzw. einer chinesischen Deutschlernenden:

(5) Erstens sind die Jugendlichen jung und energisch [...] zweitens machten frühere Generationen auch Fehler [...] Drittens ist wohl der wichtigste Grund, dass die Jugendlichen formbar sind und Potential haben. (Kobalt-DaF-L2-Korpus, Text CMN_006_2012_03; https://hu.berlin/bsp5)

Zusammenfassend lässt sich Folgendes festhalten: Basierend auf einem kleinen, aber tief annotierten Korpus, hat diese Studie zu den rhetorischen Strukturen in Texten chinesischer Deutschlernender und deutscher Muttersprachler/-innen viele interessante Phänomene aufgezeigt, so z. B.:

---

21 qǐ-chéng-zhuǎn-hé: Thematisierung → Entwicklung mit positiver Interpretation → Übergang zu einem anderen Standpunkt → Schlussfolgerung (Yang/Yang 2010).
22 bā-gǔ-wén: Öffnung → Erweiterung → vorläufige Exposition → erster Punkt → zweiter Punkt → dritter Punkt → Schlusspunkt → Schlussfolgerung (Cai 1993).

a) Die chinesischen Deutschlernenden neigen dazu, ihre Texte rhetorisch einheitlicher zu organisieren als die Muttersprachler/-innen.
b) Die chinesischen Deutschlernenden verwenden weniger Argumente im Vergleich zu den deutschen Muttersprachler/-innen, aber führen jedes Argument detaillierter aus.
c) Die chinesischen Deutschlernenden tendieren dazu, im Gegensatz zur Gruppe der Muttersprachler/-innen ihre eigene, „versachlichte" Meinung am Ende des Textes zu positionieren.

Diese Tendenzen zeigen klar, dass trotz gleichem Register, gleichen Schreibanlässen, Textproduktionskontexten und vielen inhaltlichen Übereinstimmungen erhebliche Abweichungen in der Textorganisation vorliegen können. Dies motiviert zu tiefergehender textlinguistischer Forschung, der Überprüfung alter und der Entwicklung neuer Textstrukturtheorien sowie der Verwobenheit sprachlichen Handelns mit soziokulturellen Aspekten.

5 Zusammenfassung und Ausblick

Wir haben an drei Beispielen – der Auswertung von Modifikatoren, koselegierten Einheiten und rhetorischen Strukturen in Texten fortgeschrittener Lernender des Deutschen als Fremdsprache – gezeigt, dass viele Forschungsfragen erfordern, von der Textoberfläche zu abstrahieren, präzise linguistische Modelle zu formulieren und diese auf die zu untersuchenden Sprachdaten anzuwenden. Die drei Forschungsanliegen haben zunächst drei vollkommen verschiedene Klassifikationen und Datenarchitekturen hervorgebracht. Die Forschungsergebnisse konnten nur dadurch erzielt werden, dass
– ein wesentlicher Teil der gesamten Forschung in die Erstellung geeigneter, wissenschaftlich valider linguistischer Modellierungen investiert wurde,
– die primären Textdaten der DaF-Lernenden flexibel weiterverarbeitet werden und die entworfenen linguistischen Modelle auf sie angewendet werden konnten,
– die Gesamtheit der Daten noch so überschaubar war, dass gewisse tiefe Analysen manuell durchgeführt werden konnten.

Unsere Studien haben auf allen drei Analyseebenen spracherwerbsspezifische Effekte nachgewiesen, die zeigen, dass Sprachenlernen alles andere als nur der Erwerb einer Wortschatzgrundlage und grammatischer Regeln ist, sondern dass Spracherwerb durch viel mehr Herausforderungen bestimmt ist. Dies bestätigt die eingangs formulierten Annahmen 1.2.1–1.2.3.

Literatur

Aijmer, Karin (2002): Modality in advanced Swedish learners' written interlanguage. In: Granger, Sylviane/Hung, Joseph/Petch-Tyson, Stephanie (Hg.): Computer learner corpora, second language acquisition and foreign language teaching. (= Language Learning & Language Teaching 6). Amsterdam/Philadelphia: Benjamins, S. 55–76.

Alexopoulou, Theodora/Michel, Marije/Murakami, Akira/Meurers, Detmar (2017): Task effects on linguistic complexity and accuracy: a large-scale learner corpus analysis employing natural language processing techniques. In: Language Learning 67, S1 (Special Issue: Currents in Language Learning Series: Experimental, Computational, and Corpus-Based Approaches to Language Learning: Evidence and Interpretation), S. 180–208.

Badan, Linda (2013): Verb-object constructions in Mandarin: a comparison with Ewe. In: The Linguistic Review 30, 3, S. 373–422.

Bahns, Jens (1993): Lexical collocations: a contrastive view. In: ELT journal 47, 1, S. 56–63.

Ballier, Nicholas/Martin, Philippe (2015): Speech annotation of learner corpora. In: Granger/Gilquin/Meunier (Hg.), S. 107–134.

Bartsch, Sabine (2004): Structural and functional properties of collocations in English: a corpus study of lexical and pragmatic constraints on lexical co-occurrence. Tübingen: Narr.

Blondel, Vincent D./Guillaume, Jean-Loup/Lambiotte, Renaud/Lefebvre, Etienne (2008): Fast unfolding of communities in large networks. In: Journal of Statistical Mechanics: Theory and Experiment 10, S. 1–12.

Bodomo, Adams/Yu, So-sum/Che, Dewei (2017): Verb-object compounds and idioms in Chinese. In: Mitkov, Ruslan (Hg.): Computational and corpus-based phraseology. Second international conference, Europhras 2017, London, UK, November 13–14, 2017. Proceedings. (= Lecture Notes in Computer Science 10596). Cham: Springer, S. 383–396.

Brainerd, Barron/Chang, Sun Man (1982): Number of occurrences in two-state Markov chains, with an application in linguistics. In: The Canadian Journal of Statistics/La revue canadienne de statistique 10, 3, S. 225–231.

Cai, Guanjun (1993): Beyond "bad writing": teaching english composition to Chinese ESL students. Konferenzpapier. In: Annual meeting of the conference on college composition and communication (44th, San Diego, CA, March 31–April 3, 1993), S. 1–24.

Callies, Marcus (2015): Towards a function-driven approach to annotating learner corpora: the case of topic marking. In: Learner corpus research conference (LCR 2015), 11–13 September, Nijmegen, Netherlands. Nimwegen: Radboud Universität, S. 8–11.

Collins, Harry (2016): Reproducibility of experiments: experimenters' regress, statistical uncertainty principle, and the replication imperative. In: Atmanspacher, Harald/Maasen, Sabine (Hg.): Reproducibility: principles, problems, practices, and prospects. Hoboken: Wiley, S. 65–82. DOI: 10.1002/9781118865064.ch4.

Council of Europe (2017): Common European framework of reference for languages: learning, teaching, assessment. Companion volume with new descriptors. Provisional edition. Straßburg: Council of Europe. Internet: www.coe.int/lang-cefr (Stand: 29.9.2020).

Croft, William (2001): Radical construction grammar. Syntactic theory in typological perspective. Oxford: Oxford University Press.

Dörnyei, Zoltán (2017): Conceptualizing learner characteristics in a complex, dynamic world. In: Ortega, Lourdes/Han, ZhaoHong (Hg.): Complexity theory and language development. In celebration of Diane Larsen-Freeman. (= Language Learning & Laguage Teaching 48). Amsterdam/Philadelphia: Benjamins, S. 79–96.

Eckes, T. (2010): Der Online-Einstufungstest Deutsch als Fremdsprache (onDaF): Theoretische Grundlagen, Konstruktion und Validierung. In: Grotjahn, Rüdiger (Hg.): Der C-Test: Beiträge aus der aktuellen Forschung/The C-test: Contributions from current research. (= Language Testing and Evaluation 18). Frankfurt a. M.: Lang, S. 125–192.

Ellis, Nick C. (2006): Selective attention and transfer phenomena in L2 acquisition: contingency, cue competition, salience, interference, overshadowing, blocking, and perceptual learning. In: Applied Linguistics 27, 2, S. 164–194.

Evert, Stefan/Uhrig, Peter/Bartsch, Sabine/Proisl, Thomas (2017): E-VIEW-alation – a large-scale evaluation study of association measures for collocation. In: Kosem, Iztok/Tiberius, Carole/Jakubíček, Miloš/Kallas, Jelena/Krek, Simon/Baisa, Vít (Hg.): Electronic lexicography in the 21st century: lexicography from scratch. Proceedings of eLex 2017 conference. Leiden, the Netherlands, 19–21 September 2017. Brünn: Lexical Computing CZ s.r.o., S. 531–549.

Feest, Uljana (2016): The experimenters' regress reconsidered: replication, tacit knowledge, and the dynamics of knowledge generation. In: Studies in History and Philosophy of Science Part A 58, S. 34–45.

Ferretti, Ralph P./Lewis, William E./Andrews-Weckerly, Scott (2009): Do goals affect the structure of students' argumentative writing strategies? In: Journal of Educational Psychology 101, 3, S. 577–589.

Foth, Kilian A. (2006): Eine umfassende Constraint-Dependenz-Grammatik des Deutschen. Technischer Bericht. Hamburg: Universität Hamburg. Internet: https://edoc.sub.uni-hamburg.de/informatik/volltexte/2014/204/ (Stand: 29.9.2020).

Franklin, Allan (1999): Can that be right? Essays on experiment, evidence, and science. (= Boston Studies in the Philosophy of Science 199). Dordrecht: Kluwer Academic.

Gilquin, Gaëtanelle (2008): Combining contrastive and interlanguage analysis to apprehend transfer: detection, explanation, evaluation. In: Gilquin, Gaëtanelle/Papp, Szilvia/Diéz-Bedmar, María Belén (Hg.): Linking up contrastive and learner corpus research. (= Language and Computers 66). Amsterdam/New York: Rodopi, S. 1–33.

Gilquin, Gaëtanelle/Paquot, Magali (2007): Spoken features in learner academic writing: identification, explanation and solution. In: Davies, Matthew/Rayson, Paul/Hunston, Susan/Danielsson, Pernilla (Hg.): Proceedings of the corpus linguistics conference. CL2007. University of Birmingham, UK, 27-30 July 2007. Birmingham: Universität Birmingham, S. 1–12.

Gilquin, Gaëtanelle/Paquot, Magali (2008): Too chatty. Learner academic writing and register variation. In: English Text Construction 1, 1, S. 41–61.

Goldberg, Adele E. (1995): Constructions: a construction grammar approach to argument structure. Chicago: University of Chicago Press.

Goldberg, Adele E. (2006): Constructions at work: The nature of generalization in language. Oxford: Oxford University Press.

Goodman, Nelson (1961): Graphs for linguistics. In: Jakobson/Roman (Hg.): Structure of language and its mathematical aspects. (= Proceedings of symposia in applied mathematics 12). Rhode Island: American Mathematical Society, S. 51–56.

Granger, Sylviane (1996): From CA to CIA and back: an integrated approach to computerized bilingual and learner corpora. In: Aijmer, Karin/Altenberg, Bengt/Johansson, Mats (Hg.): Languages in contrast: papers from a symposium on text-based cross-linguistic studies. Lund 4–5 March 1994. (= Lund studies in English 88). Lund: Lund University Press, S. 37–51.

Granger, Sylviane (1998a): The computer learner corpus: a versatile new source of data for SLA research. In: Granger, Sylviane (Hg.): Learner English on computer. London/New York: Longman, S. 3–18.
Granger, Sylviane (1998b): Prefabricated patterns in advanced EFL writing: collocations and formulae. In: Cowie, Anthony Paul (Hg.): Phraseology: theory, analysis and applications. Oxford: Clarendon Press, S. 145–160.
Granger, Sylviane (2005): Pushing back the limits of phraseology: how far can we go? In: Phraseology 2005: the many faces of phraseology. Proceedings of the phraseology 2005 conference, Université catholique de Louvain (Belgium), 13–15 October 2005. Louvain-la-Neuve: Presses universitaires de Louvain, S. 1–4.
Granger, Sylviane (2015): Contrastive interlanguage analysis: a reappraisal. In: International Journal of Learner Corpus Research 1, 1, S. 7–24.
Granger, Silviane/Gilquin, Gaëtanelle/Meunier, Fanny (Hg.) (2015): The cambridge handbook of learner corpus research. Cambridge: Cambridge University Press.
Gregory, Michelle L./Raymond, William D./Bell, Alan/Fosler-Lussier, Eric/Jurafsky, Dan (1999): The effects of collocational strength and contextual predictability in lexical production. In: Billings, Sabrina J./Boyle, John P./Griffith, Aaron M. (Hg.): Language, identity & the other. ChiPhon '99 new syntheses: multi-disciplinary approaches to basic units of speech. Theory & linguistic diversity. April 22–24, 1999. (= Chicago Linguistic Society 35). Chicago: Chicago Linguistic Society, S. 151–166.
Gries, Stefan T. (2013): 50-something years of work on collocations: What is or should be next... In: International Journal of Corpus Linguistics 18, 1, S. 137–165.
Gries, Stefan T. (2019): 15 years of collostructions: some long overdue additions/corrections (to/of actually all sorts of corpus-linguistics measures). In: International Journal of Corpus Linguistics 24, 3, S. 385–412.
Gries, Stefan T./Berez, Andrea L. (2017): Linguistic annotation in/for corpus linguistics. In: Ide, Nancy/Pustejovsky, James (Hg.): Handbook of linguistic annotation. Dordrecht: Springer, S. 379–409.
Gries, Stefan T./Stefanowitsch, Anatol (2004): Extending collostructional analysis: a corpus-based perspective on alternations. In: International Journal of Corpus Linguistics 9, 1, S. 97–129.
Gries, Stefan T./Wulff, Stefanie (2005): Do foreign language learners also have constructions? In: Annual Review of Cognitive Linguistics 3, 1, S. 182–200.
Haberzettl, Stefanie (2005): Der Erwerb der Verbstellungsregeln in der Zweitsprache Deutsch durch Kinder mit russischer und türkischer Muttersprache. (= Linguistische Arbeiten 495). Tübingen: Niemeyer.
Heringer, Jürgen (2001): Fehlerlexikon Deutsch als Fremdsprache. Aus Fehlern lernen: Beispiele und Diagnosen. Berlin: Cornelsen.
Hirschmann, Hagen (2011): Eine für Korpora relevante Subklassifikation adverbieller Wortarten. In: Konopka, Marek/Kubczak, Jacqueline/Mair, Christian/Štícha, František/Waßner, Ulrich Hermann (Hg.): Grammatik und Korpora 2009. Dritte Internationale Konferenz, Mannheim, 22.–24.9.2009. (= Korpuslinguistik und interdisziplinäre Perspektiven auf Sprache 1). Tübingen: Narr, S. 157-180.
Hirschmann, Hagen (2013): Syntaktische Variation bei satzadverbialen Ausdrücken. Vortrag zur Verteidigung der Dissertation, 5.7.2013. Berlin: Humboldt-Universität zu Berlin. Vortragsfolien: https://hu.berlin/hirschmann2013dissvortr (Stand: 30.9.2020).

Hirschmann, Hagen (2015): Modifikatoren im Deutschen. Ihre Klassifizierung und varietätenspezifische Verwendung. (= Studien zur deutschen Grammatik 89). Tübingen: Stauffenburg.

Hirschmann, Hagen/Lüdeling, Anke/Rehbein, Ines/Reznicek, Marc/Zeldes, Amir (2013): Underuse of syntactic categories in Falko: a case study on modification. In: Granger, Sylviane/Gilquin, Gaëtanelle/Meunier, Fanny (Hg.): Twenty years of learner corpus research. Looking back, moving ahead. Proceedings of the first learner corpus research conference (LCR2011). (= Corpora and Language in Use Proceedings 1). Louvain-la-Neuve: Presses universitaires de Louvain, S. 223–234.

Howarth, Peter (1998): Phraseology and second language proficiency. In: Applied Linguistics 19, 1, S. 24–44.

Hyland, Ken (1998): Hedging in scientific research articles. (= Pragmatics & Beyond, New Series 54). Amsterdam/Philadelphia: Benjamins.

Jarvis, Scott (2010): Linguistic transfer. In: Jarvis, Scott/Pavlenko, Aneta (Hg.): Crosslinguistic influence in language and cognition. London/New York: Routledge, S. 61–111.

Jelinek, Fred/Bahl, Lalit/Mercer, Robert L. (1975): Design of a linguistic statistical decoder for the recognition of continuous speech. In: IEEE Transactions on Information Theory 21, 3, S. 250–256.

Jiang, Minhua (1994): Deutsche Modalpartikeln als Lehr- und Lernproblem im Fach Deutsch als Fremdsprache für Ausländer mit didaktischen Überlegungen. (= Europäische Hochschulschriften 1/Deutsche Sprache und Literatur 1478). Frankfurt a. M. (u. a.): Lang.

Kaplan, Robert B. (1966): Cultural thought patterns in inter-cultural education. In: Language learning 16, 1–2, S. 399–418.

Kilgarrif, Adam/Tugwell, David (2001): Word sketch: extraction and display of signifcant collocations for lexicography. In: Proceedings of the ACL workshop on collocations, ACL 2001, Toulouse. Stroudsburg, PA: Association for Computational Linguistics, S. 32–38.

Koplenig, Alexander (2019): Against statistical significance testing in corpus linguistics. In: Corpus Linguistics and Linguistic Theory 15, 2, S. 321–346.

Krause, Thomas (2019): ANNIS: A graph-based query system for deeply annotated text corpora. Diss. Berlin: Humboldt-Universität zu Berlin. DOI: https://doi.org/10.18452/19659.

Larsson, Tove/Paquot, Magali/Plonsky, Luke (ersch. demn.): Inter-rater reliability in learner corpus research: insights from a collaborative study on adverb placement. In: International Journal of Learner Corpus Research.

Laufer, Batia/Waldman, Tina (2011): Verb-noun collocations in second language writing: a corpus analysis of learners' English. In: Language Learning 61, 2, S. 647–672.

Lehker, Marianne/Wang, Yi (2006): Welche Unterschiede gibt es zwischen deutschen und chinesischen Aufsatzsorten aus Sicht der westlichen Textlinguistik? In: Informationen Deutsch als Fremdsprache 33, 4, S. 366–372.

Liao, Ming-Tzu/Chen, Ching-Hung (2009): Rhetorical strategies in Chinese and English: a comparison of L1 composition textbooks. In: Foreign Language Annals 42, 4, S. 695–720.

Littré, Damien (2015): Combining experimental data and corpus data: intermediate French-speaking learners and the English present. In: Corpus Linguistics and Linguistic Theory 11, 1, S. 89–126.

Liu, Lu (2005): Rhetorical education through writing instruction across cultures: a comparative analysis of select online instructional materials on argumentative writing. In: Journal of Second Language Writing 14, 1, S. 1–18.

Lorenz, Gunter (1998): Overstatement in advanced learners' writing: stylistic aspects of adjective intensification. In: Granger, Sylviane (Hg.): Learner English on computer. London/New York: Longman, S. 53–66.

Lüdeling, Anke/Hirschmann, Hagen (2015): Error annotation systems. In: Granger/Gilquin/Meunier (Hg.), S. 135–158.

Lüdeling, Anke/Hirschmann, Hagen/Shadrova, Anna (2017): Linguistic models, acquisition theories, and learner corpora: Morphological productivity in SLA research exemplified by complex verbs in German. In: Language Learning 67, S. 96–129.

Lüdeling, Anke/Doolittle, Seanna/Hirschmann, Hagen/Schmidt, Karin/Walter, Maik (2008): Das Lernerkorpus Falko. In: Deutsch als Fremdsprache 45, 2, S. 67–73.

MacWhinney, Brian (2014): Item-based patterns in early syntactic development. In: Herbst, Thomas/Schmid, Hans-Jörg/Faulhaber, Susen (Hg.): Constructions, collocations, patterns. (= Trends in Linguistics. Studies and Monographs 282). Berlin/Boston: DeGruyter, S. 33–69.

Mann, William C./Thompson, Sandra A. (1988): Rhetorical structure theory: toward a functional theory of text organization. In: Text 8, 3, S. 243–281.

Möllering, Martina (2004): The acquisition of german modal particles. A corpus-based approach. (= Linguistic Insights 10). Frankfurt a.M. (u.a.): Lang.

Nesselhauf, Nadja (2005): Collocations in a learner corpus. (= Studies in corpus linguistics 14). Amsterdam/Philadelphia: Benjamins.

Nivre, Joakim/Hall, Johan/Nilsson, Jens (2006): Maltparser: a data-driven parser-generator for dependency parsing. In: Calzolari, Nicoletta/Choukri, Khalid/Gangemi, Aldo/Maegaard, Bente/Mariani, Joseph/Odijk, Jan/Tapias, Daniel (Hg.): Proceedings of the fifth international conference on language resources and evaluation (LREC'06), May 2006, Genoa. Paris: European Language Resources Association, S. 2216–2219.

Osborne, John (2015): Transfer and learner corpus research. In: Granger/Gilquin/Meunier (Hg.), S. 333–356.

Paquot, Magali (2018): Phraseological competence: a missing component in university entrance language tests? Insights from a study of EFL learners' use of statistical collocations. In: Language Assessment Quarterly 15, 1, S. 29–43.

Paquot, Magali (2019): The phraseological dimension in interlanguage complexity research. In: Second Language Research 35, 1, S. 121–145.

Pawley, Andrew/Syder, Frances Hodgetts (1983): Two puzzles for linguistic theory: nativelike selection and nativelike fluency. In: Richards, Jack C./Schmidt, Richard W. (Hg.): Language and communication. London/New York: Longman, S. 191–226.

Rehbein, Ines/Hirschmann, Hagen (2014a): POS tagset refinement for linguistic analysis and the impact on statistical parsing. In: Henrich, Verena/Hinrichs, Erhard/de Kok, Daniël/Osenova, Petya/Przepiórkowski, Adam (Hg.): Proceedings of the thirteenth international workshop on treebanks and linguistic theories (TLT13), December 12–13, 2014, Tübingen. Tübingen: Universität Tübingen, S. 172–183.

Rehbein, Ines/Hirschmann, Hagen (2014b): Towards a syntactically motivated analysis of modifiers in German. In: Ruppenhofer, Josef/Faaß, Gertrud (Hg.): Proceedings of the 12th edition of the KONVENS conference, Hildesheim, October 8–10, 2014. Bd. 1. Hildesheim: Universitätsverlag Hildesheim, S. 30–39.

Reiners, Ludwig (2004): Stilkunst. Ein Lehrbuch deutscher Prosa. Neubearb. v. Stefan Meyer und Jürgen Schiewe. [Originalausg. 1943]. München: Beck.

Reznicek, Marc/Walter, Maik/Schmidt, Karin/Lüdeling, Anke/Hirschmann, Hagen/Krummes, Cedric (2010): Das Falko-Handbuch: Korpusaufbau und Annotationen. Berlin: Humboldt-Universität zu Berlin.

Sag, Ivan A./Boas, Hans C./Kay, Paul (2012): Introducing sign-based construction grammar. In: Sag, Ivan A./Boas, Hans C./Kay, Paul (Hg.): Sign-based construction grammar. (= CSLI lecture notes 193). Stanford: CSLI Publications, S. 1–30.

Sauer, Simon/Lüdeling, Anke (2016): Flexible multi-layer spoken dialogue corpora. In: International Journal of Corpus Linguistics 21, 3, S. 419–438.

Shadrova, Anna (2020): Measuring coselectional constraint in learner corpora: A graph-based approach. Diss. Berlin: Humboldt-Universität zu Berlin. DOI: http://dx.doi.org/10.18452/21606.

Shadrova, Anna (i. Dr.): It may be in the structure, not the combinations: Graph metrics as an alternative to statistical measures in corpus-linguistic research. In: DhD Graph Proceedings 2019/2020.

Sinclair, John (1991): Corpus, concordance, collocation. Oxford: Oxford University Press.

Stede, Manfred (Hg.) (2016): Handbuch Textannotation: Potsdamer Kommentarkorpus 2.0. (= Potsdam Cognitive Science Series 8). Potsdam: Universitätsverlag Potsdam.

Stede, Manfred (2018): Korpusgestützte Textanalyse: Grundzüge der Ebenen-orientierten Textlinguistik. 2., überarb. Aufl. Tübingen: Narr.

Stefanowitsch, Anatol/Gries, Stefan T. (2003): Collostructions: investigating the interaction of words and constructions. In: International Journal of Corpus Linguistics 8, 2, S. 209–243.

Tardif, Twila (1996): Nouns are not always learned before verbs: evidence from Mandarin speakers' early vocabularies. Developmental Psychology 32, 3, S. 492–504.

Tardif, Twila/Shatz, Marilyn/Naigles, Letitia (1997): Caregiver speech and children's use of nouns versus verbs: a comparison of English, Italian, and Mandarin. In: Journal of Child Language 24, 3, S. 535–565.

Tsao, Feng-Fu (1983): Linguistics and written discourse in particular languages. Contrastive studies: English and Chinese (Mandarin). In: Annual Review of Applied Linguistics 3, S. 99–117.

Tomasello, Michael (2009): Constructing a language. A usage-based theory of language acquisition. Cambridge, MA: Harvard University Press.

Vyatkina, Nina A. (2007): Development of second language pragmatic competence: the data-driven teaching of German modal particles based on a learner corpus. Diss. Pennsylvania: Pennsylvania State University.

Wan, Shujun (i. Vorb.): Argumentationsstrategien von chinesischen Deutschlernern – Eine korpusbasierte Studie im Vergleich zu deutschen Muttersprachlern. Unveröff. Diss. Berlin: Humboldt-Universität zu Berlin.

Wan, Shujun/Kutschbach, Tino/Lüdeling, Aanke/Stede, Manfred (2019): RST-Tace A tool for automatic comparison and evaluation of RST trees. In: Zeldes, Amir/Das, Debopam/Galani Maziero, Erick/Desiderato Antonio, Juliano/Iruskieta, Mikel (Hg.): Proceedings of DISRPT 2019, the workshop on discourse relation parsing and treebanking, June 6, 2019, Minneapolis, MN. Stroudsburg, PA: Association for Computational Linguistics (ACL), S. 88–96.

Westpfahl, Swantje/Schmidt, Thomas/Jonietz, Jasmin/Borlinghaus, Anton (2017): STTS 2.0. Guidelines für die Annotation von POS-Tags für Transkripte gesprochener Sprache in Anlehnung an das Stuttgart Tübingen Tagset (STTS). Arbeitspapier. Mannheim: Institut für Deutsche Sprache. Internet: https://ids-pub.bsz-bw.de/frontdoor/index/index/docId/6063 (Stand: 30.9.2020).

Wiechmann, Daniel (2008): On the computation of collostruction strength: testing measures of association as expressions of lexical bias. In: Corpus Linguistics and Linguistic Theory 4, 2, S. 253–290.

Winkler, Steffi (2011): Progressionsfolgen im DaF-Unterricht. Eine Interventionsstudie zur Vermittlung der deutschen (S)OV-Wortstellung. In: Hahn, Natalia/Roelcke, Thorsten (Hg.): Grenzen überwinden mit Deutsch: 37. Jahrestagung des Fachverbandes Deutsch als Fremdsprache an der Pädagogischen Hochschule Freiburg/Br. (= Materialien Deutsch als Fremdsprache 85). Göttingen: Universitätsverlag Göttingen, S. 193–207.

Wray, Alison (2002): Formulaic language and the lexicon. Cambridge: Cambridge University Press.

Yang, Yuchen/Yang, Zhong (2010): Problem-solution in English vs. qi-chengzhuan-he in Chinese: are they compatible discourse patterns? In: Chinese Journal of Applied Linguistics 33, 5, S. 65–79.

Zeldes, Amir (2012): Productivity in argument selection. From morphology to syntax. (= Trends in Linguistics. Studies and Monographs 260). Berlin/Boston: DeGruyter.

Zeldes, Amir (2013): Komposition als Konstruktionsnetzwerk im fortgeschrittenen L2-Deutsch. In: Zeitschrift für germanistische Linguistik 41, 2, S. 240–276.

Zeldes, Amir (2016): rstWeb – a browser-based annotation interface for rhetorical structure theory and discourse relations. In: Proceedings of NAACL-HLT 2016 (Demonstrations), San Diego, California, June 12–17, 2016. Stroudsburg, PA: Association for Computational Linguistics, S. 1–5.

Zimmermann, Klaus (1981): Warum sind die Modalpartikeln ein Lernproblem? In: Weydt, Harald (Hg.): Partikeln und Deutschunterricht. Abtönungspartikeln für Lerner des Deutschen. Heidelberg: Groos, S. 111–122.

Zinsmeister, Heije/Reznicek, Marc/Brede, Julia Ricart/Rosén, Christina/Skiba, Dirk (2012): Das Wissenschaftliche Netzwerk „Kobalt-DaF". In: Zeitschrift für germanistische Linguistik, 40, 3, S. 457–458.

Methodenmesse

Nils Diewald (Mannheim)/Franck Bodmer (Mannheim)/
Peter Harders (Mannheim)/Elena Irimia (Bukarest)/
Marc Kupietz (Mannheim)/Eliza Margaretha (Mannheim)/
Helge Stallkamp (Mannheim)

KorAP und EuReCo – Recherchieren in mehrsprachigen vergleichbaren Korpora

Abstract: Die Korpusanalyseplattform KorAP ist von Grund auf sprachenunabhängig konzipiert. Dies gilt sowohl in Bezug auf die Lokalisierung der Benutzeroberfläche als auch hinsichtlich unterschiedlicher Anfragesprachen und der Unterstützung fremdsprachiger Korpora und ihren Annotationen. Diese Eigenschaften dienen im Rahmen der EuReCo-Initiative aktuell besonders der Bereitstellung weiterer National- und Referenzkorpora neben DeReKo. EuReCo versucht, Kompetenzen beim Aufbau großer Korpora zu bündeln und durch die Verfügbarmachung vergleichbarer Korpora quantitative Sprachvergleichsforschung zu erleichtern. Hierzu bietet KorAP inzwischen, neben dem Zugang durch die Benutzeroberfläche, einen Web API Client an, der statistische Erhebungen, auch korpusübergreifend, vereinfacht.

1 Einleitung

Seit einiger Zeit wird die Korpusrechercheplattform KorAP nicht mehr ausschließlich als Nachfolgesystem von COSMAS II (Bodmer 1996) für den Zugang zu DeReKo (Kupietz et al. 2010, 2018) eingesetzt, sondern auch für weitere National- und Referenzkorpora in Europa. Im Rahmen des Projekts (2016–2018; Cosma et al. 2017) wurde das rumänische Referenzkorpus CoRoLa (Barbu Mititelu/Tufiș/Irimia 2018) und im Rahmen des Projekts DeutUng (2017–2020) wurden Teile des ungarischen Nationalkorpus HNC (Oravecz/Váradi/Sass 2014) über KorAP zugänglich gemacht. Die Initiative, in der diese unterschiedlichen Referenzkorpora kooperieren, ist EuReCo – das „European Reference Corpus" (Kupietz et al. 2018). Neben der Zusammenführung von Kompetenzen ist ein weiteres Ziel von EuReCo das Erstellen sogenannter „vergleichbarer Korpora", um Sprachunterschiede und -gemeinsamkeiten in sehr großen Korpora untersuchen zu können. Hierzu werden ähnlich große Teilkorpora auf Basis von Metadaten gebildet (Bański et al. 2013), die nach unterschiedlichen Gesichtspunkten als vergleichbar gelten können (beispielsweise hinsichtlich der Balanciertheit in Bezug auf Genres).

DRuKoLA ist ein Pilotprojekt für diese Ziele, das beweist, dass sprachunabhängige Plattformen entworfen und genutzt werden können, um europäische nationale Korpora zusammenzuführen, die vergleichende und kontrastive Sprachstudien und das Design vergleichbarer virtueller Korpora ermöglichen.

2 Sprachenunabhängigkeit

Um KorAP zu einer geeigneten Plattform für EuReCo zu machen, wurde das System von Grund auf sprachenunabhängig konzipiert. Dies betrifft sowohl die Daten- als auch die Nutzerseite.

Korpusdaten können in unterschiedlichen Sprachen vorliegen und mit beliebigen Annotationen und Metadaten angereichert werden. Da die Referenz- und Nationalkorpora, die in EuReCo gebündelt werden, in der Regel schon bestehen, wird kein spezifisches Annotations- oder Metadatenschema vorgegeben, sondern versucht, auf Basis von Grundtypen für Annotationen und Metadaten ein möglichst breites Spektrum abzudecken (Diewald/Margaretha 2017). Dies spiegelt sich auch in der Benutzeroberfläche wider, in welcher je nach hinterlegten Korpusdaten andere Musteranfragen in der Dokumentation hinterlegt werden können (siehe Abb. 1a) und unterschiedliche Annotations-Optionen im Annotations-Assistenten erscheinen (siehe Abb. 1b). Des Weiteren werden verschiedene Nutzersprachen für die Oberfläche unterstützt, um einen Einsatz in anderen Sprachräumen zu vereinfachen. Derzeit unterstützt werden Englisch, Deutsch, und in Teilen Rumänisch.

Dass die zu EuReCo gehörigen Korpora oftmals bereits existieren, bedeutet auch, dass sie bereits durch andere Korpusanalysesysteme zugänglich sind, beispielsweise durch die Corpus Workbench (CWB; Christ 1994), Annis (Zeldes et al. 2009) oder, wie im Fall von DeReKo, durch COSMAS II. Um Nutzern dieser Plattformen den Einsatz von KorAP für vergleichende Recherchen zu erleichtern, werden unterschiedliche Anfragesprachen unterstützt (derzeit die CQP-Variante Poliqarp, die COSMAS-II-Anfragesprache, ANNIS QL sowie zwei Versionen der Anfragesprache der CLARIN Federated Content Search).

Aufgrund KorAPs Eigenschaft, mit jedem beliebigen Annotations- und Metadatenschema arbeiten zu können, waren für die Integration von CoRoLa nur minimale Anpassungen erforderlich: 1. Die Konvertierung des XML-Formats der rumänischen Text- und Metadaten in das KorAP-XML-Format; 2. die Erstellung eines bestmöglichen Mappings der CoRoLa-Metadaten auf ihre DeReKo-

Entsprechung (Tufiş et al. 2019). Der zweite Schritt war insbesondere für die Erstellung virtuell vergleichbarer Korpora notwendig, da hierfür die zweistufigen Themenbereichs-Taxonomien der beiden Korpora abgebildet werden müssen (siehe Abb. 2).

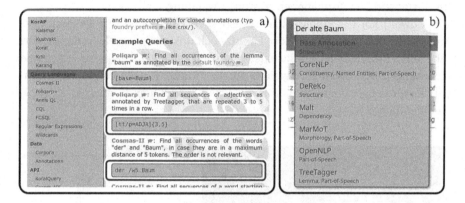

Abb. 1: Lokalisierung der Benutzeroberfläche hinsichtlich der a) Beispielanfragen in der Dokumentation und b) Annotationen im Annotations-Assistenten

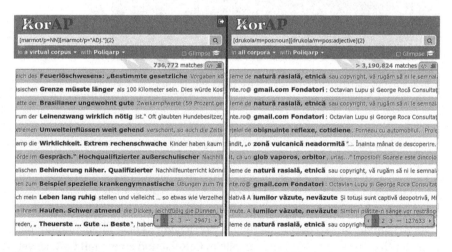

Abb. 2: Parallele Anfrage an ein heterogen-annotiertes vergleichbares deutsch-rumänisches Korpus (links DEREKO--DRUKOLA-v1, rechts CoRoLa)

3 Programmierschnittstellen

Während die meisten Nutzer lediglich die grafische Webschnittstelle von KorAP kennen, existieren inzwischen einige Programme, die auf die hinterlegten Korpusdaten über eine Web-API (Application Programming Interface) zugreifen. So können Lexikon-Werkzeuge korpusbelegte Beispielsätze einbinden oder empirisch-statistische Informationen zu Wortverwendungen abfragen.

Obwohl KorAP aktuell solche statistischen Funktionen nur eingeschränkt unterstützt und über die grafische Benutzerschnittstelle zugänglich macht, ist es über diese Programmierschnittstellen schon jetzt möglich, komplexe statistische Erhebungen und Ergebnisvergleiche durchzuführen. Für die Programmiersprache R wurde hierzu eine Bibliothek namens RKorAPClient (Kupietz et al. 2020) veröffentlicht.

Abb. 3: R-Skript-Skizze zum Vergleich von Wortartenanteilen in CoRoLa, einem zu CoRoLa vergleichbaren Subkorpus von DeReKo und einem Kontroll-Subkorpus aus DeReKo

Beispielskripte, die der Bibliothek beigefügt sind, decken zahlreiche Anwendungsszenarien zur statistischen Analyse und Visualisierung von Analyseergebnissen ab und lassen sich leicht auf konkrete Anwendungen übertragen. Mit RKorAPClient lassen sich dabei nicht nur einzelne sondern auch parallel mehrere Instanzen von KorAP anfragen, um vergleichbare Korpora statistisch untersuchen zu können. So skizziert Abbildung 3, wie sich mit RKorAPClient programmatisch ein Überblick über Wortartenanteile in CoRoLa und einem mit CoRoLa vergleichbaren Subkorpus von DeReKo names DeReKo-DRuKoLA-v1 (siehe Kupietz/Cosma/Witt 2019) verschafft werden kann. Abbildung 4 vergleicht visuell die Frequenzverläufe des Lemmas *Pandemie* (bzw. *pandemie*) in DEREKO-DRUKOLA-v1 und CoRoLa. Die R-Skripte zur Abfrage und zur Erzeugung der Grafiken sind ebenfalls in den Beispielskripten zum RKorAPClient enthalten.

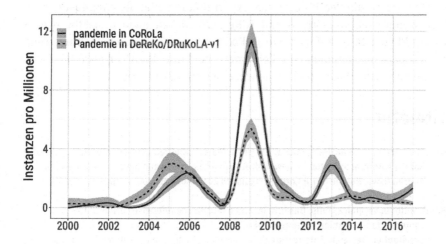

Abb. 4: Beispiel zur Nutzung der Visualisierungsfunktion des RKorAPClient mit vergleichbaren Korpora: Frequenzverläufe des Lemmas pandemie in CoRoLa und Pandemie in DEREKO-DRUKOLA-v1

4 Ausblick

Neben der nativen Unterstützung aggregierender Funktionen (bspw. Gruppierung, Sortierung), die aktuell noch durch RKorAPClient zur Verfügung gestellt werden, werden auch für unterschiedliche Anwendungszwecke zu verwendende Erweiterungen der grafischen Benutzeroberfläche für KorAP entwickelt (Diewald/ Barbu Mititelu/Kupietz 2019). Auf diese Weise lassen sich Funktionen umsetzen, die nicht zur Basisfunktionalität einer Korpusanalyseplattform gehören (bspw. weil sie projekt-, ressourcen- oder sprachspezifisch sind) oder aus rechtlichen Gründen separiert entwickelt werden müssen. Dies umfasst in den nächsten Schritten unter anderem die Einbindung der aus COSMAS II bekannten Grundformensuche mit GLEMM (Belica 1994) sowie die Unterstützung verschiedener Ausgabeformate durch Export-Plugins. Aus rechtlichen Gründen und wegen der sprachlichen Spezifik (deutsche Morphologie) wird GLEMM nicht in den Kern von KorAP integriert, sondern als austauschbarer Webservice realisiert. Angeboten werden sollen wie in COSMAS II sortierte Listen von morphologisch abgeleiteten

Flexions- und Deklinationsformen, Komposita und sonstige Wortbildungsformen, die einzeln an- und abwählbar sind. Für den Export wird derzeit ein Plugin entwickelt, das als Ausgabeformat RTF und JSON anbietet. Sobald die Sortierung der Ergebnisse verfügbar ist, kann auch diese in das Export-Plugin integriert werden. Durch die Realisierung der Exportfunktionalität als Plugin ist es möglich, weitere Ausgabeformate mit Hilfe zusätzlicher, auch projektbezogener, Export-Plugins hinzuzufügen. Für EuReCo wird die Zugänglichmachung weiterer europäischer National- oder Referenzkorpora über KorAP angestrebt, um die Anzahl möglicher Paare zum Sprachvergleich stetig zu erhöhen.

Literatur

Bański, Piotr/Frick, Elena/Hanl, Michael/Kupietz, Marc/Schnober, Carsten/Witt, Andreas (2013): Robust corpus architecture: a new look at virtual collections and data access.In: Hardie, Andrew/Love, Robbie (Hg.): Corpus linguistics 2013. Abstract book. Lancaster: UCREL, S. 23–25.

Barbu Mititelu, Verginica/Tufiş, Dan/Irimia, Elena (2018): The reference corpus of the contemporary romanian language (CoRoLa). In: Calzolari, Nicoletta/Choukri, Khalid/Cieri, Christopher/Declerck, Thierry/Goggi, Sara/Hasida, Koiti/Isahara, Hitoshi/Maegaard, Bente/Mariani, Joseph/Mazo, Hélène/Moreno, Asuncion/Odijk, Jan/Piperidis, Stelios/Tokunaga, Takenobu (Hg.): Proceedings of the 11th International Conference on Language Resources and Evaluation (LREC 2018), Miyazaki. Paris: European Language Resources Association (ELRA), S. 1235–1239.

Belica, Cyril (1994): WP2 – Lemmatizer. Final report MLAP93-21/WP2. Mannheim: Institut für deutsche Sprache.

Bodmer, Franck (1996): Aspekte der Abfragekomponente von COSMAS-II. In: LDV-INFO. Informationsschrift der Arbeitsstelle Linguistische Datenverarbeitung 8, S. 112–122.

Christ, Oliver (1994): A modular and flexible architecture for an integrated corpus query system. In: Papers in computational lexicography. Complex 94, S. 22–32.

Cosma, Ruxandra/Cristea, Dan/Kupietz, Marc/Tufiş, Dan/Witt, Andreas (2016): DRuKoLA – towards contrastive German-Romanian research based on comparable corpora. In: Bański, Piotr/Barbaresi, Adrien/Biber, Hanno/Breiteneder, Evelyn/Clematide, Simon/Kupietz, Marc/Lüngen, Harald/Witt, Andreas (Hg.): 4th Workshop on Challenges in the Management of Large Corpora (CMLC-4). Proceedings of the 10th International Conference on Language Resources and Evaluation (LREC 2016), Portorož, Slowenien. Paris: European Language Resources Association (ELRA), S. 28–32.

Diewald, Nils/Barbu Mititelu, Verginica/Kupietz, Marc (2019): The KorAP user interface. Accessing CoRoLa via KorAP. In: Cosma, Ruxandra/Kupietz, Marc (Hg.): On design, creation and use of the Reference Corpus of Contemporary Romanian and its analysis tools. CoRoLa, KorAP, DRuKoLA and EuReCo. (= Revue Roumaine de Linguistique 64, 3). Bukarest: Editura Academiei Române, S. 265–277.

Diewald, Nils/Margaretha, Eliza (2017): Krill: KorAP search and analysis engine. In: Journal for Language Technology and Computational Linguistics (JLCL) 31, 1, S. 73–90.

Kupietz, Marc/Cosma, Ruxandra/Witt, Andreas (2019): The DRuKoLA project. In: Cosma, Ruxandra/Kupietz, Marc (Hg.): On design, creation and use of the Reference Corpus of Contemporary Romanian and its analysis tools. CoRoLa, KorAP, DRuKoLA and EuReCo. (= Revue Roumaine de Linguistique 64, 3). Bukarest: Editura Academiei Române, S. 256–263.

Kupietz, Marc/Diewald, Nils/Margaretha, Eliza (2020): RKorAPClient. An R package for accessing the German reference corpus DeReKo via KorAP. In: Calzolari, Nicoletta/Béchet, Frédéric/Blache, Philippe/Choukri, Khalid/Cieri, Christopher/Declerck, Thierry/Goggi, Sara/Isahara, Hitoshi/Maegaard, Bente/Mariani, Joseph/Mazo, Hélène/Moreno, Asuncion/Odijk, Jan/Piperidis, Stelios (Hg.): Proceedings of the 12th International Conference on Language Resources and Evaluation (LREC 2020), Marseille. Paris: ELRA, S. 7016-7021.

Kupietz, Marc/Belica, Cyril/Keibel, Holger/Witt, Andreas (2010): The German reference corpus DeReKo: A primordial sample for linguistic research. In: Calzolari, Nicoletta/Choukri, Khalid/Maegaard, Bente/Mariani, Joseph/Odijk, Jan/Piperidis, Stelios/Rosner, Mike/Tapias, Daniel (Hg.): Proceedings of the 7th Conference on International Language Resources and Evaluation (LREC 2010), Valletta. Paris: European Language Resources Association (ELRA), S. 1848–1854.

Kupietz, Marc/Lüngen, Harald/Kamocki, Paweł/Witt, Andreas (2018): The German reference corpus DeReKo: new developments – new opportunities. In: Calzolari, Nicoletta/Choukri, Khalid/Cieri, Christopher/Declerck, Thierry/Goggi, Sara/Hasida, Koiti/Isahara, Hitoshi/Maegaard, Bente/Mariani, Joseph/Mazo, Hélène/Moreno, Asuncion/Odijk, Jan/Piperidis, Stelios/Tokunaga, Takenobu (Hg.): Proceedings of the 11th International Conference on Language Resources and Evaluation (LREC 2018), Miyazaki. Paris: European Language Resources Association (ELRA), S. 4353–4360.

Kupietz, Marc/Cosma, Ruxandra/Cristea, Dan/Diewald, Nils/Trawiński, Beata/Tufiş, Dan/Váradi, Tamás/Wöllstein, Angelika (2018): Recent developments in the European Reference Corpus (EuReCo). In: Granger, Sylviane/Lefer, Marie-Aude/Aguiar de Souza Penha Marion, Laura (Hg.): Book of abstract. Using Corpora in Contrastive and Translation Studies Conference (5th edition). Louvain-la-Neuve: CECL Papers 1, S. 101–103.

Oravecz, Csaba/Váradi, Tamás/Sass, Bálint (2014): The hungarian gigaword corpus. In: Calzolari, Nicoletta/Choukri, Khalid/Declerck, Thierry/Loftsson, Hrafn/Maegaard, Bente/Mariani, Joseph/Moreno, Asuncion/Odijk, Jan/Piperidis, Stelios (Hg.): Proceedings of the 9th International Conference on Language Resources and Evaluation (LREC 2014). Reykjavik/Paris: European Language Resources Association (ELRA), S. 1719–1723.

Poudat, Céline/Lüngen, Harald/Herzberg, Laura (Hg.) (i. Vorb.): Wikipedia as Corpus. Erscheint in der Serie Studies in Corpus Linguistics. Amsterdam/Philadelphia: Benjamins.

Tufiş, Dan/Barbu Mititelu, Verginica/Irimia, Elena/Păiş, Vasile/Ion, Radu/Diewald, Nils/Mitrofan, Maria/Onofrei, Mihaela (2019): Little strokes fell great oaks. Creating CoRoLa. The reference corpus of contemporary Romanian. In: Cosma, Ruxandra/Kupietz, Marc (Hg.): On design, creation and use of the Reference Corpus of Contemporary Romanian and its analysis tools. CoRoLa, KorAP, DRuKoLA and EuReCo. (= Revue Roumaine de Linguistique 64, 3). Bukarest: Editura Academiei Române, S. 227–240.

Zeldes, Amir/Ritz, Julia/Lüdeling, Anke/Chiarcos, Christian (2009): ANNIS. A search tool for multilayer annotated corpora. In: Mahlberg, Michaela/González-Díaz, Victorina/Smith, Catherine (Hg.): Proceedings of the Corpus Linguistics 2009 Conference, Article 358. Liverpool: University of Liverpool. Internet: http://ucrel.lancs.ac.uk/publications/cl2009/ (Stand: 04.11.2020).

Stefan Falke/Saskia Ripp/Roman Schneider/
Ulrich Hermann Waßner (Mannheim)

Das Informationssystem *grammis* als Ressource für die internationale Germanistik

Abstract: *Grammis* ist eine Online-Plattform des Leibniz-Instituts für Deutsche Sprache, die Forschungsergebnisse, Erklärungen und Hintergrundwissen zur deutschen Grammatik präsentiert. Das Angebot zielt einerseits auf linguistische Laien, die sich für grammatische Phänomene interessieren; andererseits auf die Fachöffentlichkeit, indem es aktuelle wissenschaftliche Meilensteine des IDS dokumentiert. Für beide Nutzungsgruppen werden im Beitrag exemplarische Inhalte vorgestellt. Weiterhin sollen erste Ergebnisse einer explorativen Nutzungsstudie sowie jüngere technische Neuerungen vorgestellt werden.

1 Module für Sprachinteressierte und Experten

Die *grammis*-Komponente „Grundwissen" umfasst aufbereitetes Fachwissen zu ausgewählten Themenbereichen und Zweifelsfällen, beispielsweise im Modul „Grammatik in Fragen und Antworten" (Schneider/Schwinn 2014). Dieses präsentiert konkrete Beispielformulierungen (z. B. „*Gesunder* und *gesünder*"), die exemplarisch für häufig gestellte allgemeinere Fragen stehen (im Beispiel: „Steigerungsformen mit und ohne Umlaut"), und versucht auf diesem Wege auch terminologisch weniger beschlagene Sprachteilnehmer an grammatische Erklärungen heranzuführen. Die internationale Relevanz zeigt sich rasch beim Abgleich mit *grammis*-Sprachanfragen aus aller Welt. Diese stammen üblicherweise von Personen, die beruflich oder privat mit Sprache zu tun haben bzw. die einen reflektierten Umgang mit ihrer Sprache pflegen, muttersprachliche wie fremdsprachliche Lehrende wie auch Lernende ebenso wie Textarbeiter, Übersetzer, Redakteure oder Dialektsprecher, die ihrer muttersprachlichen Intuition nicht vertrauen. Auch von Rundfunksendungen und Sprachkolumnen in der regionalen und überregionalen Presse werden Leserfragen u. Ä. gerne an *grammis* weitergeleitet.

Offenkundig stellen sich bestimmte Sprachfragen immer wieder aufs Neue, tauchen bestimmte Probleme immer wieder auf. Andererseits wissen die Betreffenden nicht immer, wo sie in traditionellen Informationsquellen (z. B. gedruckten Grammatiken) nach einer Antwort suchen sollen, und auch die beliebte automatische Rechtschreibkontrolle hilft nicht immer weiter, z. B. bei der Frage, ob es *Prüfstandkonzepte* oder *Prüfstandskonzepte* heißen muss – was Textverarbeitungen unterschiedlich werten, aber wissenschaftlich korrekt wiederum anders beurteilt werden muss. In der „Grammatik in Fragen und Antworten" werden wiederkehrende Fragen dieser Art beleuchtet.

Die Nützlichkeit für die genannten Personengruppen sei exemplarisch anhand einer authentischen Sprachanfrage verdeutlicht:

> Bei Christian Morgensterns Lied *Der Mond ist aufgegangen, die goldnen Sternlein prangen* kommt in der 3. Strophe vor: *Wir stolze Menschenkinder* ... Für mein Sprachempfinden müsste es heißen: *Wir stolzen Menschenkinder*. Handelt es sich um einen Druckfehler oder liege ich wirklich falsch? Wenn ich recht habe, wie könnte man dies grammatisch begründen?

Hier springt die „Grammatik in Fragen und Antworten" ein und nennt sowohl ein konkretes Beispiel, von dem aus man auf den Fall schließen kann („*Wir Deutschen lieben Fußball* oder *Wir Deutsche lieben Fußball?*"), als auch die grammatische Kategorie, um die es geht („Flexion von adjektivischen Bezeichnungen nach einem Personalpronomen"). Von da aus kann die anfragende Person in allen Aspekten ihrer Frage auf die ausführliche Behandlung in *grammis* verwiesen werden.

Richtet sich die „Grammatik in Fragen und Antworten" primär an den „normalen Sprachteilhaber", ist beispielsweise das „Wörterbuch der Konnektoren" tendenziell eine Fundgrube für Experten. Es offeriert reichhaltiges Material, auf dem weiterführende Forschung aufbauen kann, und hilft bei der Erstellung von Seminararbeiten und akademischen Qualifizierungsarbeiten. Das Spezialwörterbuch enthält grammatisch relevante Informationen, Beispiele und Belege zu Syntax und Semantik deutscher Konnektoren, also in traditioneller Terminologie vor allem der Konjunktionen und Konjunktionaladverbien, basierend auf den Ergebnissen langjähriger Forschung (Breindl/Volodina/Waßner 2014). Zu 365 Vertretern dieser Wortklasse – *aber, wohlgemerkt, sogar, geschweige denn* usw. – finden sich detaillierte Angaben.

Unter Zuhilfenahme einer alphabetischen Liste lassen sich im Wörterbuch Spezifika einzelner Konnektoren eruieren. Deutlich mächtiger gestaltet sich die systematische Recherche per Online-Formular: Gesucht werden kann nach einzelwortübergreifenden Kategorien (syntaktischen oder semantischen Unterklassen von Konnektoren, Konnektoren an bestimmten Positionen im Satz, Konnektoren für ausgewählte Stilebenen). Dies betrifft auch Kombinationen, z. B. alle nichtvorfeldfähigen Adverbkonnektoren, die auf der NULL-Stelle („Vorvorfeld") stehen dürfen; weiterhin z. B. verwaltungssprachliche konditionale Konnektoren oder mehrdeutige Konnektoren (etwa solche, die temporal und kausal verwendet werden). Auf diese Weise identifiziert man z. B. koordinierend einsetzbare subordinierende Konjunktionen – und das geht auch negativ: Gibt es Verbzweitsatzeinbetter mit einer anderen Semantik als „konditional"? (Antwort: nein.) Da zu jeder Variante Korpusbelege bereitstehen, liefert das *grammis*-Modul eine Vielzahl authentischer Beispiele für den schulischen und akademischen Unterricht.

2 Grammatische Nutzungsforschung

Nutzungsforschung für Grammatiken ist ein wohlbekanntes Desiderat (vgl. u. a. Hennig 2010), dessen Einlösung für Online-Angebote unter Nutzung experimenteller Methoden der Befragung, Logfile-Analysen sowie Website-Tracking angestrebt werden kann. Für den letztgenannten Ansatz verwendet *grammis* die Analysesoftware Matomo, um verschiedenartige Benutzungsdatentypen zu kombinieren und eindeutige Nutzungssessions bzw. -pfade zu differenzieren. Durch die Speicherung sämtlicher erhobener Daten auf hausinternen Servern wird die Nutzungsforschung den geltenden Datenschutzbestimmungen gerecht (vgl. Ripp/Falke 2018).

Grammis richtet sich, wie gesagt, sowohl an Muttersprachler als auch an internationale Forschende und Studierende im Ausland (vgl. Dalmas/Schneider 2018). Um diese Zielgruppen optimal adressieren zu können, werden nicht allein reine Nutzungszahlen erfasst, sondern das gruppenspezifische Online-Verhalten analysiert – etwa im Kontrast zur Zielgruppe mit Muttersprache Deutsch. Wertvolle Informationen über inhaltliche Bedürfnisse liefert weiterhin eine Auswertung der Freitext-Suchfunktion. Die nachfolgend vorgestellten Daten beziehen sich auf das komplette Jahr 2019: Für diesen Zeitraum verbucht *grammis* 271.795 Besuche[1] mit 708.987 Seitenansichten (davon 543.894 einmalige Seitenansichten)[2] und 79.051 Suchanfragen. 93% (253.945) der Besuche, also der mit Abstand größte Anteil, stammen aus Europa. Diese Zugriffe verteilen sich wiederum zu 73% (184.944) auf Besuche aus Deutschland und zu 27% (69.001) auf 47 weitere europäische Länder. Die meisten Besuche stammen neben Deutschland (in absteigen-

---

[1] Gezählt wird der erste Besuch der Website; falls seit dem letzten Seitenaufruf mehr als 30 Minuten vergangen sind, wird dies als neuer Besuch gezählt.
[2] Wird eine Seite mehrfach aufgerufen, dann wird sie pro Besuch nur einmal in die Zählung aufgenommen.

der Reihenfolge der sieben häufigsten Länder) aus Österreich, Italien, der Schweiz, Spanien, Polen, Russland und Frankreich. Da sich von Nutzungsländern nicht zwangsläufig auf individuelle Muttersprachen schließen lässt, werten wir als zusätzliche Näherung die lokalen Browsersprachen aus. Im Untersuchungszeitraum lassen sich 186.665 Besuche identifizieren, bei denen dies Deutsch ist (74%); davon nutzen 50.563 (27%) die Freitextsuche. Bei 67.280 Besuchen (26%) – davon 23.536 (35%) mit Freitextsuche – sind andere Browsersprachen erkennbar.[3] Die sieben häufigsten Browsersprachen neben Deutsch sind (in absteigender Reihenfolge) Englisch, Italienisch, Russisch, Spanisch, Polnisch, Französisch und Chinesisch.

Tab. 1: Top 10 der thematisch zusammengefassten *grammis*-Suchanfragen 2019

Suchanfragen mit Browsersprache D	Anzahl	Suchanfragen mit anderen Browsersprachen	Anzahl
Konjunktiv/Konjunktiv I/…	260	Valenz/valenz/VALENZ/die valenz	110
Valenz/Verbvalenz/…	259	pleite/pleites/…	100
Anfang dieses Jahres/Anfang diesen jahres/dieses Jahres/…	230	Tempus/tempus/Tempora/…	84
indirekte Rede/erlebte rede/…	215	adkopula/Adkopula/…	81
Adkopula/adkopula/…	205	gehen/Gehen/geht/…	77
suppletion/Suppletion/…	195	Anfang dieses Jahres/Anfang diesen jahres/dieses Jahres/…	75
Adjektiv/Adjektive/…	162	geben/Geben/gibt/…	71
Adverb/adverben/adverbien/…	156	Verb/verben/Verb/…	71
gehen/Gehen	128	fahren/Fahren/…	64
geben/Geben	125	Adjektiv/adjektiv/Adjektive/…	63

Konkrete inhaltliche Wissensbedürfnisse, ausgewertet anhand der Freitextanfragen, präsentiert Tabelle 1.[4] Eine grobe inhaltliche und rechtschreibliche Zusam-

---

[3] Die hier geringere Anzahl von Besuchen im Vergleich zu den Gesamtzahlen ergibt sich daraus, dass nicht für alle Zugriffe eine Auswertung der Browsersprache möglich ist.

[4] Hier wurden Schreibvarianten sowie inhaltlich zusammengehörende Suchen wie „Konjunktiv", „konjunktiv", „Konjunktiv II", „konjunktiv II", „Konjunktiv I", „konjunktiv I", „Konjunktiv 1",

menführung soll hier als erster explorativer Fingerzeig dienen. In den hochfrequenten Anfragen zeigen sich demnach sowohl Gemeinsamkeiten (Themen „Valenz", „Adkopula", „Adjektiv", Verb bzw. Substantiv „gehen/Gehen", Phrase „Anfang dieses/diesen Jahres") als auch signifikante Unterschiede. Während bei Nutzung der Browsersprache Deutsch die Themen „Konjunktiv" und „indirekte Rede" prominent nachgefragt sind, finden sich für andere Browsersprachen relativ häufiger Suchen nach „Tempus" sowie nach explizit benannten Verben/Adverbien („pleite", „gehen", „geben", „fahren"). Eine exhaustive empirische Interpretation der Ergebnisse sowie deren Konsequenzen für zukünftige Schwerpunktsetzungen sind Gegenstand laufender Arbeiten. Die Erkenntnisse zu Mutter-/Alltagssprachen, Nutzungsorten, Navigationsverhalten und Recherchebedürfnissen sollen dabei gezielt für zielgruppengerechte inhaltliche Erweiterungen und Präsentationsformen eingesetzt werden.

3 *grammis* als offene Webapplikation

Als zentrale technisch-konzeptionelle Weichenstellung, die eine an unterschiedlichen Zielgruppen orientierte modulare Weiterentwicklung erst handhabbar macht, darf die Überführung der *grammis*-Applikation in eine MVC-Architektur gelten. Dieses Design umfasst eine Aufspaltung in die drei Komponenten *Model*, *View* und *Controller*. Erstere regelt hierbei Zugriffe auf ein Datenbanksystem, das sämtliche *grammis*-Inhalte verwaltet; dies beinhaltet das Abrufen, aber auch das Manipulieren solcher Daten. In der Komponente *View* wird der grafische Output generiert. Hierbei entsteht ein HTML-Code, der an den abrufenden Web-Browser geschickt und dort angezeigt wird. Anfragen an den Server werden von der Komponente *Controller* entgegengenommen und verarbeitet; dort befindet sich die zentrale Applikationslogik und wird der gesamte Ablauf der Applikation gesteuert. Durch die Isolierung der einzelnen Aufgaben sowie die Trennung von Layout und Daten steigt die Wartbarkeit des Gesamtsystems; einzelne inhaltliche bzw. funktionale Module können ausgetauscht oder aktualisiert werden, ohne dass andere Bereiche betroffen sind. Darüber hinaus ist *grammis* modular aufgebaut, d.h. jede Komponente ist softwareseitig unabhängig angelegt. Dadurch lassen sich das Einfügen neuer Module und deren Bearbeitung ohne Auswirkungen auf den laufenden Betrieb realisie-

---

„konjunktiv ii" gruppiert; bei Verben wurden Flexionsformen zusammengefasst. Die Analyse beschränkt sich auf die 5.000 häufigsten eindeutigen Suchanfragen, sodass hier keine Abstraktion auf die Gesamtheit vorgenommen werden kann.

ren. Komponenten können auf einem dezidierten Entwicklungsserver überarbeitet und erst nach Abschluss einer Testphase in das Produktivsystem geladen werden. Unter Layout-Gesichtspunkten gestaltet sich der Aufbau von *grammis*-Seiten responsiv, d. h. sämtliche Angebote werden für das jeweilige Abrufgerät (z. B. Smartphone, Tablet, PC) optimiert. Bei kleinen Bildschirmgrößen kann dies bedeuten, dass optionale Inhalte ausgeblendet, eingeklappt oder ans Seitenende verschoben werden. Auch passt sich die Schriftgröße den Gegebenheiten an, so dass *grammis*-Inhalte auf jedem Gerät optimal rezipierbar sind. Darüber hinaus nutzt das System ein gezielt reduziertes Farbschema – einerseits um den Nutzer nicht durch unnötig viele Farben abzulenken, andererseits um Nutzer mit farblichen Rezeptionseinschränkungen entgegenzukommen.

4 Fazit

Das digitale Informationssystem *grammis* bietet zielgruppenspezifischen Zugang zu einem breiten Spektrum grammatischer Inhalte. Einzelne Module unterscheiden sich bewusst hinsichtlich ihrer inhaltlichen Ausrichtung, Detailtiefe und funktionalen Gestaltung, denn Informationsbedarf und Zielpublikum variieren in Abhängigkeit individueller Vorkenntnisse und Nutzungssituationen. Erste explorative Ansätze einer empirischen Nutzungsforschung sollen Einfluss auf die zukünftige Ausrichtung und Weiterentwicklung des Angebots nehmen.

Literatur

Breindl, Eva/Volodina, Anna/Waßner, Ulrich (2014): Handbuch der deutschen Konnektoren 2: Semantik der deutschen Satzverknüpfer. 2 Teilbde. (= Schriften des Instituts für Deutsche Sprache 13). Berlin/Boston: De Gruyter.

Dalmas, Martine/Schneider, Roman (2018): Die grammatischen Online-Angebote des IDS aus Sicht der Germanistik im Ausland. In: Lobin, Henning/Schneider, Roman/Witt, Andreas (Hg.): Digitale Infrastrukturen für die germanistische Forschung. (= Germanistische Sprachwissenschaft um 2020 6). Berlin/Boston: De Gruyter, S. 269–288.

Hennig, Mathilde (2010): Plädoyer für eine Grammatikbenutzungsforschung: Anliegen, Daten, Perspektiven. In: Deutsche Sprache 38, S. 19–42.

Ripp, Saskia/Falke, Stefan (2018): Analyzing user behavior with Matomo in the online information system Grammis. In: Čibel, Jaka/Gorjanc, Vojko/Kosem, Itzok/Krek, Simon (Hg.): Proceedings of the 18th EURALEX International Congress Lexicography in Global Contexts 17–21, July 2018, Ljubljana. Ljubljana: Ljubljana University Press, S. 87–100.

Schneider, Roman/Schwinn, Horst (2014): Hypertext, Wissensnetz und Datenbank. Die Web-Informationssysteme *grammis* und ProGr@mm. In: Institut für Deutsche Sprache (Hg.): Ansichten und Einsichten. 50 Jahre Institut für Deutsche Sprache. Mannheim: Institut für Deutsche Sprache, S. 337–346.

Beata Trawiński/Susan Schlotthauer/Piotr Bański (Mannheim)
CoMParS: Eine Sammlung von multilingualen Parallelsequenzen des Deutschen und anderer europäischer Sprachen

Abstract: Dieser Beitrag präsentiert die neue multilinguale Ressource CoMParS (*Collection of Multilingual Parallel Sequences*). CoMParS versteht sich als eine funktional-semantisch orientierte Datenbank von Parallelsequenzen des Deutschen und anderer europäischer Sprachen, in der alle Daten neben den sprachspezifischen und universellen (im Sinne von *Universal Dependencies*) morphosyntaktischen Annotationen auch nach sprachübergreifenden funktional-semantischen Informationen auf der neudefinierten Annotationsebene *Functional Domains* annotiert und auf mehreren Ebenen (auch ebenenübergreifend) miteinander verlinkt sind. CoMParS wird in TEI P5 XML kodiert und sowohl als monolinguale wie auch als multilinguale Sprachressource modelliert.

1 Hintergrund, Motivation und Ziele

Immer mehr Forschungsvorhaben im kontrastiven und sprachtypologischen Bereich bedienen sich korpuslinguistischer Methoden. Dabei kommen insbesondere Parallelkorpora (Übersetzungskorpora) zum Einsatz, die aufgrund hoher inhaltlicher Vergleichbarkeit eine perfekte empirische Grundlage für sprachvergleichende Untersuchungen bieten.[1] Die größten zugänglichen Parallelkorpora, wie OPUS (Tiedemann 2016) oder InterCorp (Čermák/Rosen 2012 und Káňa i. d. Bd.), sind größtenteils lemmatisiert, PoS-getaggt und/oder morphosyntaktisch annotiert. Darüber hinaus sind Parallelressourcen mit syntaktischer Auszeichnung im Sinne von Konstituenz oder Dependenz zugänglich, deren Größe, bezogen auf Daten und Sprachen, jedoch wesentlich bescheidener ausfällt. Parallelbaumbanken, die bedeutungsbezogene Informationen enthalten, stellen hingegen immer noch eine Rarität dar. Zu nennen sind hier z. B.

---

[1] Zu Vor- und Nachteilen von Parallelkorpora gegenüber Vergleichskorpora vgl. Trawiński/Kupietz (i. d. Bd.).

https://doi.org/10.1515/9783110731514-016

Parallel Meaning Bank (Abzianidze et al. 2017) oder *Parallel PropBanks* (Palmer et al. 2005). Es gibt auch zwei semantische Schnittstellen zu *Universal Dependencies* (UDs, Nivre et al. 2016): UDepLAMBDA (Reddy et al. 2017) und Deep UDs (Droganova/Zeman 2019). Die Besonderheit der existierenden semantisch annotierten Ressourcen besteht darin, dass sie an bestimmte theoretische Frameworks (wie *Combinatory Categorial Grammar*, *Discourse Representation Theory*, *Lexical Functional Grammar* oder Framesemantik) gekoppelt, oft verbzentriert und formgebunden sind (auf Lexem- und/oder Strukturebene) und/ oder vergleichbare Annotationen, aber keine Paralleldaten oder Paralleldaten für nur wenige Sprachen enthalten. Eine multilinguale multilayer-annotierte Parallelbaumbank mit bedeutungsbezogenen Informationen im verbalen und nominalen Bereich, die eine möglichst theorieneutrale Repräsentation erlaubt und die Datenexploration innerhalb eines Abfragesystems mittels einzelner Suchanfragen und aus einer sprach- und form- bzw. strukturunabhängigen Richtung ermöglicht, bleibt ein Desideratum, das mit dem CoMParS-Vorhaben in Angriff genommen wird.

CoMParS (*Collection of Multilingual Parallel Sequences*) ist eine funktional-semantisch orientierte Datenbank von Parallelsequenzen des Deutschen und anderer europäischer Sprachen, die primär für den qualitativen Sprachvergleich konzipiert wurde und begleitend zu dem am Leibniz-Institut für Deutsche Sprache (IDS) laufenden Projekt *Grammatik des Deutschen im europäischen Vergleich – Verbgrammatik* (GDE-V) erstellt wird (vgl. Trawiński 2016 zur Motivation für eine solche Ressource aus kontrastiver und grammatikografischer Sicht). Eine zentrale Rolle spielt in CoMParS die neue Annotationsebene *Functional Domains*, deren Grundidee in Abschnitt 2 erläutert wird. Abschnitt 3 beschreibt das Design und die Infrastruktur von CoMParS, den Datenflow und die Integration von funktionalen Domänen als eine neue Annotationsebene. Ein Ausblick erfolgt in Abschnitt 4.

2 Funktionale Domänen

Als Tertia Comparationis einer sprachvergleichenden Grammatik funktionaler Ausrichtung dienen semantisch-pragmatische Kategorien und Funktionen – sogenannte ‚funktionale Domänen'.[2] Domäne ist hier als „komplex strukturierter Aufgabenbereich" (Zifonun 2017, S. 20) zu verstehen, wobei Referenz und Prädikation als die grundlegenden funktionalen Domänen herauszustellen sind. Für die Nominalphrase, die im Projekt *Grammatik des Deutschen im europäischen Vergleich – Das Nominal* im Mittelpunkt stand (Gunkel et al. 2017), stellt die Referenz die zentrale funktionale Domäne dar – mit ihren Subdomänen Nomination, Modifikation (mit verschiedenen Subtypen), Identifikation und nominale Quantifikation. Wie diese Domänen auf der Ausdrucksseite realisiert werden, ist einzel- und übereinzelsprachlich von großer Varianz gekennzeichnet – die Beschreibung dieser Varianz (u. a. auch ihrer Grenzen und der sie bestimmenden Parameter) bildet das Kernanliegen sprachvergleichend-typologischer Forschung.

Veranschaulicht werden soll das Konzept der funktionalen Domäne am Beispiel der klassifikatorischen Modifikation, neben der qualitativen, der referenziellen und der assertorischen Modifikation eine der vier Subtypen nominaler Modifikation (vgl. Zifonun 2017, S. 25). Klassifikatorische Modifikation dient der Begriffsbildung, der Einordnung in eine Subklasse, allerdings ohne dass der von dem Kopfsubstantiv bezeichnete Begriff mit einem von dem Modifikator bezeichneten Eigenschaftsbegriff verknüpft wird (wie es bei der qualitativen Modifikation der Fall ist) und ohne dass „ein von dem Kopfsubstantiv bezeichneter Begriff zu einer außersprachlichen, nicht-begrifflichen Entität (einem Gegenstand oder einem Sachverhalt) in Beziehung gesetzt" wird (wie es bei der referenziellen Modifikation der Fall ist) (Gunkel 2017, S. 100). Unter den Modifikationstypen verfügt sie über die größte übereinzelsprachliche Varianz hinsichtlich der Ausdruckstypen. Während die dominante Realisierungsoption im Deutschen die Kompositabildung ist, sind im Polnischen und Französischen relationale Adjektive die Strategien der Wahl. Bezieht man weitere Realisierungsstrategien wie possessive oder präpositionale Attribute in die Betrachtung ein, die prototypischerweise eher dem Subtyp der referenziellen Modifikation zugeordnet sind, aber neben den jeweiligen dominanten Strategien auch eine Option zum Ausdruck klassifikatorischer Modifikation darstellen, wird umso deutlicher, dass Form und Funktion immer in einer ‚mehr-mehrdeutigen' Beziehung zueinander stehen (vgl. Tab. 1).

---

[2] Das Konzept der funktionalen Domäne findet sich u. a. bei Givón (1981), Frajzyngier (1999) und Lehmann (2004).

Tab. 1: Klassifikatorische Modifikation im Deutschen, Englischen, Polnischen und Französischen

	Kompositum	Adjektive	possessives Attribut	präpositionales Attribut
DEU	Hauskatze Orangensaft Kinderbuch Stadtverwaltung	städtische Verwaltung	Mann von der Straße	
ENG	orange juice	domestic cat urban administration	children's book	
POL		kot domowy sok pomarańczowy administracja miejska	administracja miasta	książka dla dzieci
FRA		chat domestique administration municipale	jus d'orange homme de la rue	livre pour enfants

Die in CoMParS neu angelegte Annotationsebene *Functional Domains* soll helfen, diese vielfältigen Beziehungen zwischen Form und Funktion – intralingual wie auch interlingual – sichtbar zu machen.

3 Umsetzung in CoMParS

Die technische Umsetzung von CoMParS erfolgt unter Anwendung existierender und erprobter korpuslinguistischer Technologien und Werkzeuge und orientiert sich an den Standards, Formaten, Modellen und *best practices* im Bereich des Korpusaufbaus und der Korpusannotation.[3] Die zugrunde liegende logische Architektur von CoMParS ist so konzipiert, dass die Ressource modular aufgebaut ist, was einen monolingualen wie auch multilingualen Zugang ermöglicht (Bański i. Vorb.). Derzeit enthält CoMParS die folgenden monolingualen Komponenten: Deutsch, Englisch, Französisch, Italienisch, Polnisch, Ungarisch.

---

3 Die juristischen Aspekte von CoMParS wurden in Bański/Kamocki/Trawiński (2017) diskutiert.

CoMParS enthält aus existierenden Parallelkorpora extrahierte Daten und darüber hinaus konstruierte, introspektionsbasierte Daten, die aus der linguistischen Literatur stammen oder von muttersprachlichen Informanten erstellt werden. Der Begriff ‚Sequenzen' bezieht sich dabei auf Übersetzungsäquivalente, die nicht zwangsläufig eins zu eins auf der Satzebene korrespondieren müssen. Somit kann ein Satz in einer Sprache zwei (oder mehreren) Sätzen oder aber einem Satzteil in einer anderen Sprache entsprechen.

Die Sprachdaten sowie die dazugehörigen Metadaten werden in TEI XML (TEI Consortium, 2020) gemäß den Definitionen von ISO TC37 SC4 *Language resource management* kodiert. Auch in Bezug auf die linguistische Annotation verfolgt CoMParS einen opportunistischen Ansatz, indem sie vom Framework der *Universal Dependencies* zur Auszeichnung von grundlegenden morphosyntaktischen und dependenzgrammatischen Informationen Gebrauch macht. Die einzelsprachlichen Komponenten werden mit UDPipe (Straka/Straková 2017) verarbeitet, um eine vergleichbare Annotationsbasis im Bereich Lemma, PoS und Morphosyntax in Bezug auf die Token und im Bereich Syntax und Dependenzrelationen in Bezug auf die einzelnen Sequenzen zu erzielen. Der Output enthält dabei sowohl sprachübergreifende (universale) als auch sprachspezifische morphosyntaktische Informationen. Die automatisch erzeugten Annotationen werden in INCEpTION (Klie et al. 2018) eingespeist, dort verifiziert und manuell korrigiert. INCEpTION wird weiterhin als Annotationsplattform zur Anreicherung von CoMParS mit *Functional Domains*-Annotationen und als ein Abfragesystem (mittels der Abfragesprache MTAS, Brouwer et al. 2016) verwendet. Die Annotationsebene *Functional Domains* verwendet das neu erstellte, funktional-semantisch motivierte Tagset FDTagset. Somit können die CoMParS-Daten sprachübergreifend aus der semasiologischen wie auch der onomasiologischen Richtung abgefragt werden. Der Datenflow in CoMParS ist in Abbildung 1 schematisch dargestellt.

Abbildung 2 zeigt ein Beispiel einer deutsch-polnischen Parallelsequenz, die mittels INCEpTION auf den folgenden Ebenen annotiert ist: Lemma (sprachspezifisch), PoS und Morphosyntax (sprachspezifisch und universal), Dependenzrelationen und Funktionale Domänen (für den nominalen Bereich).[4] Alle linguistischen Informationen sind via INCEpTION sprach- und annotationsebenenübergreifend abfragbar.

---

[4] Die Annotation mit funktionalen Domänen im Bereich der Verbalphrase wird in einem weiteren Schritt vorgenommen.

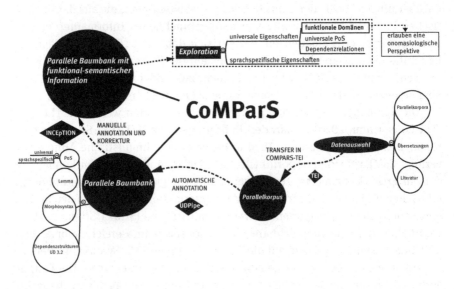

Abb. 1: Datenflow in CoMParS

4 Ausblick

Der bisherige Schwerpunkt von CoMParS war eher auf qualitative denn auf quantitative Exploration ausgerichtet. Angesichts der wachsenden Rolle von quantitativen Methoden auch in der sprachvergleichenden Forschung und in Anbetracht der Tatsache, dass multilinguale, multilayer-annotierte parallele Baumbanken mit einer Bedeutungskomponente immer noch ein Desideratum sind, wird angestrebt, die bereits entwickelte Infrastruktur zu nutzen, um CoMParS zu einem ausgewogenen Korpus von einer angemessenen Größe für eine bestimmte Anzahl von europäischen Sprachen auszubauen, sodass perspektivisch datengeleitete sprachvergleichende Forschungsvorhaben, insbesondere der funktional-semantischen Ausrichtung, mit quantitativen Methoden basierend auf CoMParS-Daten durchgeführt werden können.

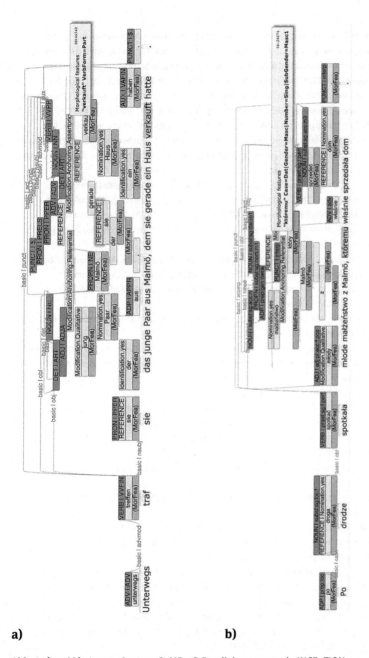

Abb. 2 a) und b): Annotation von CoMParS-Parallelsequenzen in INCEpTION

Literatur

Abzianidze, Lasha/Bjerva, Johannes/Evang, Kilian/Haagsma, Hessel/van Noord, Rik/Ludmann, Pierre/Nguyen, Duc-Duy/Bos, Johan (2017): The parallel meaning bank. Towards a corpus of translations with deep semantic annotations with compositional meaning representations. In: Proceedings of the 15th Conference of the European Chapter of the Association for Computational Linguistics (EACL 2017). Valencia: Association for Computational Linguistics, S. 242–247. Internet: www.aclweb.org/anthology/E17-2039.pdf (Stand: 02.11.2020).
Bański, Piotr (i. Vorb.): The logical architecture of CoMParS and its XML implementation. In: Trawiński, Beata/Wöllstein, Angelika (Hg.): Perspektiven im Sprachvergleich. Pilotstudien zu einer Grammatik des Deutschen im europäischen Vergleich (Arbeitstitel). (= Konvergenz und Divergenz). Berlin/Boston: De Gruyter.
Bański, Piotr/Kamocki, Paweł/Trawiński, Beata (2017): Legal canvas for a patchwork of multilingual quotations. The case of CoMParS. In: Corpus Linguistics 2017 Conference, 25–28 July 2017. Birmingham: University of Birmingham, S. 78–81. Internet: www.birmingham.ac.uk/Documents/college-artslaw/corpus/conference-archives/2017/general/paper49.pdf (Stand: 30.4.2020).
Brouwer, Matthijs/Brugman, Hennie/Kemps-Snijders, Marc (2016): MTAS. A Solr/Lucene based multi-tier annotation search solution. In: Selected papers from the CLARIN Annual Conference 2016, Aix-en-Provence, S. 19–37. Internet: www.ep.liu.se/ecp/136/002/ecp17136002.pdf (Stand: 30.4.2020).
Čermák, František/Rosen, Alexandr (2012): The case of InterCorp, a multilingual parallel corpus. In: International Journal of Corpus Linguistics 17, 3, S. 411–427.
Droganova, Kira/Zeman, Daniel (2019): Towards deep universal dependencies. In: Proceedings of the 5th International Conference on Dependency Linguistics (Depling, SyntaxFest 2019). Paris: Association for Computational Linguistics, S. 144–152. Internet: www.aclweb.org/anthology/W19-7717 (Stand: 30.4.2020).
Frajzyngier, Zygmunt (1999): Domains of point of view and coreferentiality. System interaction approach to the study of reflexives. In: Frajzyngier, Zygmunt/Curl, Traci S. (Hg.): Reflexives. Forms and function. (= Typological Studies in Language 40). Amsterdam/Philadelphia: Benjamins, S. 125–152.
Givón, Talmy (1981): Typology and functional domains. In: Studies in Language 5, 2, S. 163–193.
Gunkel, Lutz (2017): Klassifikatorische Modifikation. In: Gunkel/Murelli/Schlotthauer/Wiese/Zifonun, S. 99–135.
Gunkel, Lutz/Murelli, Adriano/Schlotthauer, Susan/Wiese, Bernd/Zifonun, Gisela: Grammatik des Deutschen im europäischen Vergleich. Das Nominal. (= Schriften des Instituts für Deutsche Sprache 14). Berlin/Boston: De Gruyter.
Klie, Jan-Christoph/Bugert, Micheael/Boullosa, Beto/Eckart de Castilho, Richard/Gurevych, Iryna (2018): The INCEpTION platform. Machine-assisted and knowledge-oriented interactive annotation. In: Proceedings of system demonstrations of the 27th International conference on computational linguistics (COLING 2018). Santa Fe, New Mexico: Association for Computational Linguistics, S. 5–9. Internet: www.aclweb.org/anthology/C18-2002.pdf (Stand: 02.11.2020).
Lehmann, Christian (2004): Sprachtheorie. Vorlesungsmanuskript. Universität Erfurt. Internet: www.christianlehmann.eu/ling/ling_theo (Stand: 30.4.2020).

Nivre, Joakim/de Marneffe, Marie-Catherine/Ginter, Filip/Goldberg, Yoav/Hajič, Jan/
    Manning, Christopher/McDonald, Ryan/Petrov, Slav/Pyysalo, Sampo/Silveira, Natalia/
    Tsarfaty, Reut/Zeman, Daniel (2016): Universal dependencies v1: A multilingual treebank
    collection. In: Proceedings of the 10th International Conference on Language Resources
    and Evaluation (LREC 2016). Paris: European Language Resources Association,
    S. 1659–1666. Internet: www.aclweb.org/anthology/L16-1262.pdf (Stand: 02.11.2020).
Palmer, Martha/Gildea, Daniel/Kingsbury, Paul (2005): The proposition bank. An annotated
    corpus of semantic roles. In: Computational Linguistics 31, 1, S. 71–105.
Reddy, Siva/Täckström, Oscar/Petrov, Slav/Steedman, Mark/Lapata, Mirella (2017): Universal
    semantic parsing. In: Proceedings of the 2017 Conference on Empirical Methods in
    Natural Language Processing. Copenhagen: Association for Computational Linguistics,
    S. 89–101. Internet: www.aclweb.org/anthology/D17-1009 (Stand: 30.4.2020).
Straka, Milan/Straková, Jana (2017): Tokenizing, POS tagging, lemmatizing and parsing UD
    2.0 with UDPipe. In: Proceedings of the CoNLL 2017 shared task: Multilingual parsing
    from raw text to universal dependencies. Vancouver: Association for Computational
    Linguistics, S. 88–99. Internet: www.aclweb.org/anthology/K17-3009.pdf (Stand:
    30.4.2020).
TEI Consortium (Hg.) (2020): TEI P5. Guidelines for electronic text encoding and interchange.
    Version 4.0.0. Internet: www.tei-c.org/Guidelines/P5/ (Stand: 30.4.2020).
Tiedemann, Jörg (2016): OPUS – Parallel corpora for everyone. In: Baltic journal of modern
    computing (BJMC) 4, 2. Special Issue: Proceedings of the 19th Annual Conference of the
    European Association of Machine Translation (EAMT). Riga, S. 384. Internet: www.bjmc.
    lu.lv/fileadmin/user_upload/lu_portal/projekti/bjmc/Contents/4_2_28_Products.pdf
    (Stand: 02.11.2020).
Trawiński, Beata (2016): Linguistic data in contrastive studies. Addressing the need for a
    multilingual parallel resource annotated with semantic-functional information. In:
    Domínguez Vázquez, María José/Kutscher, Silvia (Hg.): Interacción entre gramática,
    didáctica y lexicografía. Estudios contrastivos y multicontrastivos. Berlin/Boston: De
    Gruyter, S. 85–98.
Zifonun, Gisela (2017): Überblick. In: Gunkel/Murelli/Schlotthauer/Wiese/Zifonun, S. 16–31.

Tomáš Káňa (Brno)
InterCorp: viele Sprachen – ein Korpus
Ein multilinguales Parallelkorpus (nicht nur) europäischer Sprachen

Abstract: Das Projekt InterCorp startete 2005 in Prag mit dem Ziel ein mehrsprachiges Parallelkorpus für akademische Zwecke zu entwickeln. Prinzipiell ist InterCorp eine Reihe von einsprachigen Korpora mit synchronen Texten verschiedener Genres und stellt somit ein einmaliges Instrument für sowohl kontrastive als auch intrasprachliche Untersuchungen dar. Die meisten Parallelen sind auch lemmatisiert und morpho-syntaktisch annotiert, somit lassen sich auch rasch statistische Daten über die Texte abrufen.

1 Einleitung

Seit 2005 entsteht am Institut des Tschechischen Nationalkorpus das multilinguale Korpus InterCorp. Es handelt sich um ein synchrones Parallelkorpus der tschechischen und jeweils einer anderen Sprache. So sollten akademische und nicht kommerzielle Parallelkorpora mit Tschechisch und den meisten Fremdsprachen, die an den geisteswissenschaftlichen Fakultäten in Tschechien im Studienprogramm angeboten werden, entstehen. Das ursprüngliche Ziel, den Sprachwissenschaftlerinnen und Sprachwissenschaftlern und Studierenden der lebenden Sprachen ein hilfreiches Instrument zur Verfügung zu stellen, wurde weit übertroffen. Heute verwenden das Korpus und auch die daraus entstandene Applikation *Treq* (Frequenzliste der Übersetzungsäquivalente) nicht nur Fremdsprachenstudierende, -lehrende und -lernende, sondern auch viele Linguisten/-innen, Lexikografen/-innen, Arbeitende in Übersetzungs- und Dolmetschdiensten, sowie die Öffentlichkeit auf der ganzen Welt.[1]

---

[1] Die meisten Zugriffe für das Jahr 2019 waren aus den folgenden Ländern: Tschechien, Deutschland, Polen, Bulgarien, Großbritannien, Russland, Spanien, Italien, Slowakei und Frankreich. Unter den ersten zwanzig Ländern ist auch Senegal.

https://doi.org/10.1515/9783110731514-017

2 Texte

Am Anfang des Projektes beinhaltete InterCorp Texte in zwanzig Sprachen, in der letzten Ausgabe (Version 12 vom 12. Dezember 2019) sind bereits vierzig Sprachen vertreten. Diese sind in Abbildung 1 unter dem jeweiligen Sprachenkürzel nach ISO-639-1 aufgelistet.

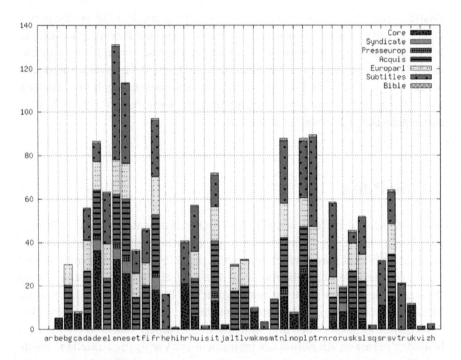

Abb. 1: Vertretung einzelner Sprachen im InterCorp

Die Balken zeigen das Volumen der jeweiligen Sprache im Korpus in Millionen Wörter. Die größte Parallele ist mit Englisch (etwa 130 Mio. Wörter), die kleinste mit Arabisch (nur ca. 33.000 laufende Wörter).

Die Texte sind in sogenannten „Kollektionen"(im Idiom des IDS entsprechen diesen etwa „Vordefinierte Korpora" des DeReKo) aufgeteilt. Die Kollektionen unterscheiden sich (a) nach der Art ihrer Aufbereitung und (b) nach den Texten, die sie beinhalten. In der letzten Version lässt sich in folgenden Kollektionen recherchieren: Core (Kernkorpus), Syndicate, Presseurope, Aquis, Europarl, Subtitles, Bible (Bibel).

a) Nur das Kernkorpus (Core) ist manuell aufbereitet: „proof read" und auch manuell aligniert. Die restlichen Kollektionen weisen aufgrund ihrer automatischen Aufbereitung eine etwas höhere Fehlerquote v. a. im Alignment aus.
b) Im Kernkorpus sind vorwiegend belletristische Texte eingespeist. Alle anderen Kollektionen beinhalten in erster Linie im Internet frei zugängliche parallele Texte.

Die Auswahl der Texte erfolgt nicht nur nach Kollektionen, sondern man kann bei jeder Abfrage die Recherche auf einen oder mehrere Texte einschränken. Die Kriterien für diese Einschränkung ergeben sich aus der äußeren Annotation der Texte (siehe Abschn. 3).

3 Abfragemöglichkeiten und Ergebnisse

Der Korpusmanager KonText ermöglicht in allen Sprachen die Abfragen in Modi *Basic, Phrase, Word form, Word part* und *CQL*. In morphosyntaktisch annotierten Texten (siehe Kap. 3) ist auch der Modus *Lemma* möglich.

Bei der Wahl von mindestens zwei Sprachen ist auch die Parallelsuche möglich, d. h. man kann Abfragen in beiden/mehreren Sprachparallelen gleichzeitig eingeben.

Die Abfrageergebnisse (KWICs, Node forms) lassen sich nach unterschiedlichen Kriterien filtern und sortieren (z. B. Frequenz der Formen, Streuung in einzelnen Texten, nach dem unmittelbaren Kontext, also nach den Tokens rechts und/oder links vom KWIC). Der Korpusmanager errechnet auch Kollokationen nach den korpuslinguistischen Standardmaßen *T-score, MI-score, MI3, log likelihood ratio* und *log Dice*.

4 Annotation

Alle Texte im InterCorp verfügen über eine ausführliche äußere Annotation: Neben den üblichen bibliografischen Angaben liefert sie auch Informationen zum Stil bzw. über die sprachliche Varietät bei plurizentrischen Sprachen.

Texte in den meisten Sprachen sind auch morphosyntaktisch annotiert. Tabelle 1 gibt einen Überblick zum Tagging und zur Lemmatisierung und gibt auch die Tools an, die für diese Annotation verwendet wurden.

Tab. 1: Morphosyntaktische Annotation InterCorp v12

Sprache	Tagging	Lemmat.	Tool	Sprache	Tagging	Lemmat.	Tool
Albanisch				Maltesisch			
Arabisch				Mazedonisch			
Bulgarisch	✔	✔	TreeTagger	Niederländisch	✔	✔	TreeTagger
Chinesisch	✔		ZPar v0.7.5	Norwegisch	✔	✔	VISL
Dänisch				Polnisch	✔	✔	Morfeusz, KRNNT
Deutsch	✔	✔	RFTagger	Portugiesisch	✔	✔	TreeTagger
Englisch	✔	✔	TreeTagger	Romanes			
Estnisch	✔	✔	TreeTagger	Rumänisch			
Finnisch	✔	✔	OMorFi +HunPOS	Russisch	✔	✔	TreeTagger
Französisch	✔	✔	TreeTagger	Schwedisch	✔	✔	Stagger
Griechisch				Serbisch	✔	✔	ReLDI Tagger
Hebräisch				Slowakisch	✔	✔	R. Garabík, Morče
Hindu				Slowenisch	✔	✔	ToTaLe
Isländisch	✔	✔	IceStagger	Spanisch	✔	✔	TreeTagger
Italienisch	✔	✔	TreeTagger	Tschechisch	✔	✔	Morče
Japanisch	✔	✔	MeCab + Unidic	Türkisch			
Katalanisch	✔	✔	TreeTagger	Ukrainisch	✔	✔	UDPipe
Kroatisch	✔	✔	ReLDI Tagger	Ungarisch	✔		RFTagger
Lettisch	✔	✔	LVTagger	Vietnamesisch			
Litauisch				Weißrussisch	✔	✔	UDPipe
Malaysisch							

Zum InterCorp gibt es eine Online-Hilfe direkt auf der Homepage (das Korpus läuft unter demselben Manager wie andere Korpora des UCNK) in Englisch und Tschechisch. Eine Beschreibung der Funktionen mit einigen Recherchebeispielen auf Deutsch findet man in Káňa (2014, S. 78—104).

Der Zugang zum InterCorp ist nur mit einer (kostenfreien) Registrierung über das Portal vom Czech National Corpus 🕮|◯|ᴧ/ CZECH NATIONAL CORPUS https://korpus.cz/ möglich.

Literatur

Čermák, František/Rosen, Alexandr (2012): The case of InterCorp. A multilingual parallel corpus. In: International Journal of Corpus Linguistics 17, 3, S. 411–427.

Dovalil, Vít/Káňa, Tomáš/Peloušková, Hana/Zbytovský, Štěpán/Vavřín, Martin: Korpus InterCorp – němčina (Deutsch), Version 12 vom 12.12.2019. Prag: Ústav Českého národního korpusu FF UK. www.korpus.cz (Stand: 5.1.2020).

Káňa, Tomáš (2014): Sprachkorpora in Unterricht und Forschung DaF/DaZ. Brno: MUNI Press. www.munispace.muni.cz/library/catalog/book/178 (Stand: 3.7.2020).

Korpus InterCorp. In: WIKI Český národní korpus (2019). www.wiki.korpus.cz/doku.php/cnk:intercorp (Stand: 3.7.2020).

Andreas Nolda/Adrien Barbaresi/Alexander Geyken (Berlin)
Das ZDL-Regionalkorpus: Ein Korpus für die lexikografische Beschreibung der diatopischen Variation im Standarddeutschen

Abstract: Das ZDL-Regionalkorpus umfasst Zeitungsartikel aus Lokal- und Regionalressorts deutschsprachiger Tageszeitungen. Es dient als empirische Grundlage für die lexikografische Beschreibung der diatopischen Variation im *Digitalen Wörterbuch der deutschen Sprache* (DWDS). Darüber hinaus steht es allen angemeldeten Nutzern der DWDS-Korpusplattform für die Recherche zur Verfügung. Die Abfrage kann auf bestimmte diatopische Areale oder diachrone Zeiträume beschränkt werden. Die Verteilung der Treffer über Areale und Zeiträume lässt sich in verschiedener Form darstellen; dabei werden neben absoluten Trefferzahlen auch normalisierte PPM-Werte ausgegeben.

1 Korpusdesign

Das ZDL-Regionalkorpus des Zentrums für digitale Lexikographie der deutschen Sprache ist ein Korpus von Zeitungsartikeln aus Lokal- und Regionalressorts deutschsprachiger Tageszeitungen. Artikel anderer Ressorts wurden ausgeschlossen, da diese oft von Nachrichtenagenturen oder überregionalen Zentralredaktionen stammen. Das Korpus dient den Lexikografen des *Digitalen Wörterbuchs der deutschen Sprache* (DWDS) als empirische Grundlage für die Beschreibung der diatopischen Variation im deutschen Gebrauchsstandard. Auf der Korpusplattform des DWDS (Geyken et al. 2017) können unter www.dwds.de/d/k-meta#regional auch alle angemeldeten Nutzer im ZDL-Regionalkorpus recherchieren.

In den Metadaten sind die Zeitungsartikel je einem Land sowie einem Areal aus der Arealklassifikation des *Variantenwörterbuchs des Deutschen* (Ammon et al. 2016) und der *Variantengrammatik des Standarddeutschen* (2018) zugeordnet. In der aktuellen Korpusversion (Stand: Mai 2020) sind die Areale D-Nordwest, D-Nordost, D-Mittelwest, D-Mittelost, D-Südwest und D-Südost durch je drei bis vier Zeitungen abgedeckt. Der regelmäßig aktualisierte Datenbestand umfasst gegenwärtig 20,9 Millionen Artikel mit 6,3 Milliarden Tokens aus dem Zeitraum von 1993 bis 2020. Da der im Korpus enthaltene Archivbestand der einzelnen Zeitungen unterschiedlich weit in die Vergangenheit zurückreicht, gibt es erst ab 2005 Daten aus allen Arealen (16,4 Millionen Artikel mit 4,9 Milliarden Tokens) und ab 2017 Daten aus allen Zeitungen (4,1 Millionen Artikel mit 1,3 Milliarden Tokens). Für zukünftige Versionen des Korpus ist eine Erweiterung um Zeitungen aus Österreich und der deutschsprachigen Schweiz vorgesehen.

Die DWDS-Korpusplattform stellt für die Recherche im ZDL-Regionalkorpus komfortable Werkzeuge zur Verfügung. Die Abfrage kann auf bestimmte Areale oder Zeiträume beschränkt werden. Die Verteilung der Treffer über Areale und Zeitungen lässt sich in tabellarischer Form ausgeben. Dabei wird neben der absoluten Trefferzahl jeweils auch ein normalisierter PPM-Wert (parts per million) aufgeführt, der die Trefferzahl pro Million Tokens im Areal angibt. Der diachrone Verlauf der PPM-Werte kann in einer parametrisierbaren Histogrammansicht visualisiert werden.

2 Beispieldaten

Zur Illustration seien im Folgenden die Ergebnisse dreier Korpusrecherchen im ZDL-Regionalkorpus wiedergegeben, und zwar nach den Lemmata „schnacken", „schwätzen" und „ratschen" im Zeitraum von 2005 bis 2020 (Stand: Mai 2020). Dies ist, wie in Abschnitt 1 erwähnt, der größte Zeitraum mit Daten aus allen Arealen und deshalb die Default-Einstellung der Histogrammansicht.

Wie Tabelle 1 zeigt, kommt das Lemma „schnacken" vor allem im Areal D-Nordwest (PPM: 2,79) und – mit etwas niedriger Frequenz – im Areal D-Nordost (PPM: 0,89) vor. Das Lemma „schwätzen" hingegen ist typisch für die Areale D-Mittelwest (PPM: 2,70) und D-Südwest (PPM: 2,49) (vgl. Tab. 2). Und das Lemma „ratschen" kommt fast ausschließlich im Areal D-Südost vor (PPM: 2,06) (Tab. 3). Eine analoge Verteilung weisen auch die Histogramme in den Abbildungen 1, 2 und 3 auf. Dies gilt zumindest für den Zeitraum ab 2017, für den Daten aus allen Zeitungen zur Verfügung stehen (siehe Abschn. 1).

Tab. 1: Treffer für „schnacken" im Zeitraum von 2005 bis 2020 (Stand: Mai 2020)

Areal	Treffer	PPM
D-Nordwest	650	2,79
D-Nordost	284	0,89
D-Mittelwest	73	0,04
D-Mittelost	26	0,05
D-Südwest	14	0,02
D-Südost	32	0,03

Tab. 2: Treffer für „schwätzen" im Zeitraum von 2005 bis 2020 (Stand: Mai 2020)

Areal	Treffer	PPM
D-Nordwest	12	0,05
D-Nordost	21	0,07
D-Mittelwest	5164	2,70
D-Mittelost	38	0,08
D-Südwest	2041	2,49
D-Südost	96	0,09

Tab. 3: Treffer für „ratschen" im Zeitraum von 2005 bis 2020 (Stand: Mai 2020)

Areal	Treffer	PPM
D-Nordwest	10	0,04
D-Nordost	11	0,03
D-Mittelwest	89	0,05
D-Mittelost	11	0,02
D-Südwest	53	0,06
D-Südost	2218	2,06

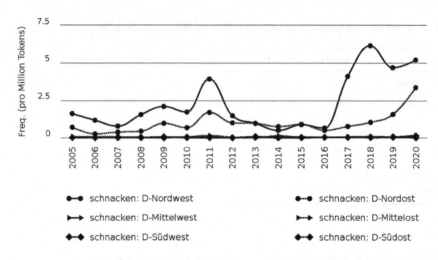

Abb. 1: diachroner Verlauf der arealen Verteilung von „schnacken" (Stand: Mai 2020)

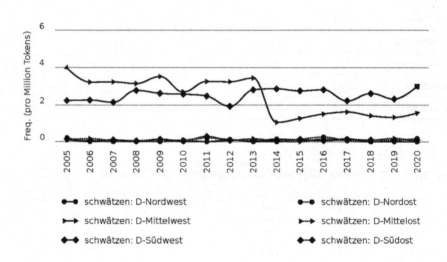

Abb. 2: diachroner Verlauf der arealen Verteilung von „schwätzen" (Stand: Mai 2020)

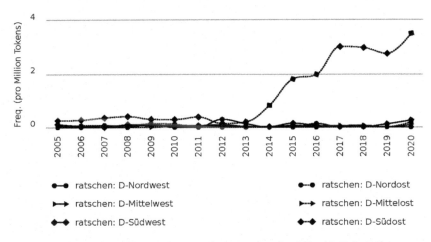

Abb. 3: diachroner Verlauf der arealen Verteilung von „ratschen" (Stand: Mai 2020)

Die arealen Verteilungen dieser Lemmata im ZDL-Regionalkorpus entsprechen somit denjenigen, die nach den Ergebnissen der siebten Runde des „Atlas zur deutschen Alltagssprache" (Elspaß/Möller o. J., Frage 8b „über Alltägliches reden") zu erwarten sind.

Literatur

Ammon, Ulrich/Bickel, Hans/Lenz, Alexandra N. (2016): Variantenwörterbuch des Deutschen: Die Standardsprache in Österreich, der Schweiz und Deutschland, Liechtenstein, Luxemburg, Ostbelgien und Südtirol sowie Rumänien, Namibia und Mennonitensiedlungen. 2., bearb. u. erw. Aufl. Berlin/Boston: De Gruyter.

Dürscheid, Christa/Elspaß, Stephan/Ziegler, Arne (2018): Variantengrammatik des Standarddeutschen. Ein Online-Nachschlagewerk. http://mediawiki.ids-mannheim.de/VarGra/ (Stand: 9.12.2019).

Elspaß, Stephan/Möller, Robert (o. J.): Atlas zur deutschen Alltagssprache (AdA). www.atlas-alltagssprache.de (Stand: 24.2.2020).

Geyken, Alexander/Barbaresi, Adrien/Didakowski, Jörg/Jurish, Bryan/Wiegand, Frank/Lemnitzer, Lothar (2017): Die Korpusplattform des „Digitalen Wörterbuchs der deutschen Sprache" (DWDS). In: Zeitschrift für Germanistische Linguistik 45, 2, S. 327–344.

Erhard Hinrichs (Mannheim/Tübingen)/Patricia Fischer
(Tübingen)/Yana Strakatova (Tübingen)
Rover und TüNDRA: Such- und Visualisierungsplattformen für Wortnetze und Baumbanken

Abstract: Geeignete Such- und Visualisierungswerkzeuge, idealiter in Form von Webapplikationen, sind für den benutzerfreundlichen Zugang zu Sprachressourcen von großer Bedeutung. In diesem Beitrag stellen wir die Webapplikationen Rover und TüNDRA vor, die am CLARIN-D Zentrum Tübingen im Rahmen des BMBF-Projekts CLARIN-D entwickelt wurden.

1 GermaNet mit Rover

Rover[1] bietet einen benutzerfreundlichen web-basierten Zugang für GermaNet an. GermaNet (Hamp/Feldweg 1997; Henrich/Hinrichs 2010) ist ein von der Universität Tübingen entwickeltes, maschinenlesbares lexikalisch-semantisches Wortnetz der deutschen Sprache. In GermaNet werden Nomen, Verben und Adjektive modelliert, indem synonymische lexikalische Einheiten in *Synsets* gruppiert werden. Ein Synset steht für ein Konzept in der Sprache, das mit unterschiedlichen lexikalischen Einheiten ausgedrückt werden kann. Zwischen den Synsets werden *konzeptuelle* Relationen definiert, z. B. Hyperonymie/Hyponymie (*Gebäck–Brezel*) und Meronymie (*Hand–Finger*). Hyperonymie/Hyponymie ist die grundlegende Relation in GermaNet, auf der die hierarchische Struktur des Wortnetzes basiert. Die *lexikalischen* Relationen in GermaNet werden zwischen lexikalischen Einheiten definiert, z. B. Synonymie (*Karotte–Möhre*) und Antonymie (*klein–groß*). GermaNet wird jährlich erweitert, die aktuelle Version (15.0) beinhaltet 144.113 Synsets mit 185.000 lexikalischen Einheiten.

Mit Hilfe von Rover können Nutzende die in GermaNet modellierten Lesarten von Einzelwörtern, semantische Relationen zwischen Wortbedeutungen und semantische Ähnlichkeit zwischen Lesarten in einer grafischen Benutzeroberfläche recherchieren. Zurzeit bietet Rover zwei Funktionen: Synsetsuche und

---

[1] Online verfügbar unter https://weblicht.sfs.uni-tuebingen.de/rover (Stand: 27.5.2020).

semantische Ähnlichkeit. Bei der Suchfunktion wird sowohl die hierarchische Struktur der einzelnen Synsets grafisch angezeigt als auch alle konzeptuellen und lexikalischen Relationen, die für dieses Synset definiert sind. Die Synsetsuche bietet verschiedene Möglichkeiten, die Suchergebnisse zu steuern: durch Auswahl der Wortart, der semantischen Klasse und/oder der orthografischen Variante des Wortes. Außerdem ermöglicht Rover die Suche mit regulären Ausdrücken. Die Vielfalt an Suchoptionen macht Rover bereits für komplexere linguistische Studien anwendbar. Ein Beispiel dafür wäre die Analyse der Produktivität deutscher Komposita, bei der untersucht werden kann, in wie vielen Nominalkomposita ein gewähltes Substantiv als Kopf des Kompositums auftritt. Abbildung 1 a) veranschaulicht die Ergebnisse für die Anfrage in Rover: Im Suchfeld wird der reguläre Ausdruck [.+kuchen] angegeben und die Suche nur auf Substantive beschränkt. Damit werden alle nominalen Synsets aufgelistet, die auf „-kuchen" enden (*Käsekuchen, Mohnkuchen, Krümelkuchen* usw.), insgesamt 47 Ergebnisse, dabei kann man sich jedes Synset genauer anschauen. Eine vergleichende Suche nach den Komposita mit dem Kopf „-torte" ergibt nur 19 Treffer. Daraus wird deutlich, dass in der Bildung der deutschen Komposita das Substantiv „Kuchen" produktiver als „Torte" ist.

Abb. 1: a) Rover Synsetsuche nach allen Substantiven, die auf „-kuchen" enden

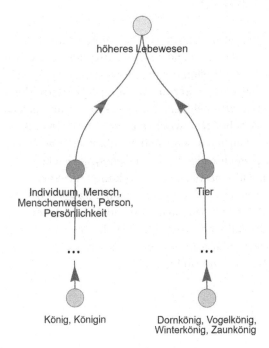

Abb. 1: b) Visualisierung der semantischen Nähe in Rover

Die zweite Funktion in Rover ermöglicht es den Nutzenden, semantische Ähnlichkeit zwischen zwei ausgewählten Synsets zu visualisieren und zu messen. So kann beispielsweise die Kompositionalität der Komposita untersucht werden, indem die semantische Ähnlichkeit zwischen einem Kompositum und seinem Kopf berechnet wird (Jana et al. 2019). Abbildung 1 b) zeigt die Ergebnisse für das Substantiv „Zaunkönig" und seinen Kopf „König". Die Grafik zeigt, dass die zwei Suchwörter den zwei unterschiedlichen Pfaden zugehörig sind. Das deutet an, dass das Kompositum „Zaunkönig" seinem Kopf nicht nahe und deswegen nicht kompositionell ist.

Die obigen Suchanfragen sind nur beispielhaft für die Möglichkeiten, die Rover bereits bietet. Darüber hinaus sind weitere Funktionen in naher Zukunft geplant, die u. a. auf Rückmeldungen der Nutzenden basieren werden.

2 Baumbanken mit TüNDRA

Die Tübingen aNnotated Data Retrieval Application (TüNDRA; Martens 2013)[2] ermöglicht es Nutzenden, Baumbanken und andere linguistisch annotierte Korpora systematisch nach sprachlichen Mustern zu durchsuchen, die Suchergebnisse zu visualisieren und statistische Auswertungen zu Einzelwörtern, Phrasen und linguistischen Strukturen vorzunehmen. Baumbanken im Allgemeinen bezeichnen Korpora, in denen Beziehungen zwischen einzelnen Wörtern, Phrasen oder anderen linguistischen Ebenen annotiert sind. Es gibt zwei Annotationsarten für Baumbanken: Konstituentenstrukturen schließen syntaktische Beziehungen zwischen Phrasen ein, während Dependenzstrukturen nur Relationen zwischen Wörtern herstellen. Abbildung 2 zeigt den ersten Satz der TüBa-D/Z Baumbank (Telljohann et al. 2017) in Konstituenten- (2 a) und Dependenzstruktur (2 b). Neben syntaktischen Annotationen bietet TüNDRA detaillierte Informationen auf Wortebene. Dazu gehören Wortform, Lemma, Wortart sowie Kasus, Numerus und Genus, Person, Tempus und Modus.

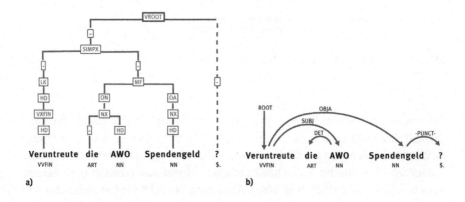

Abb. 2: Vergleich von **a)** Konstituenten- und **b)** Dependenzstruktur anhand des ersten Satzes der TüBa-D/Z Baumbank

---

2 Online verfügbar unter https://weblicht.sfs.uni-tuebingen.de/Tundra (Stand: 27.5.2020).

TüNDRA enthält 462 sowohl automatisch als auch von Experten händisch annotierte Baumbanken in verschiedenen Sprachen, darunter die folgenden in Tübingen erstellten Baumbanken des Deutschen:
- TüBa-D/Z beinhaltet 104.787 manuell annotierte Sätze aus der Berliner Tageszeitung taz.
- TüBa-D/W (De Kok 2014) beinhaltet 36 Millionen automatisch annotierte Sätze aus der deutschen Wikipedia.
- TüBa-D/S (Stegmann/Telljohann/Hinrichs 2000) beinhaltet rund 38.000 manuell transkribierte und annotierte Äußerungen spontaner Dialogsprache.

Über TüNDRA sind darüber hinaus ein Großteil der Baumbanken des Universal Dependencies Projekts (De Marneffe et al. 2014) sowie weitere Baumbanken verfügbar.

Für Suchanfragen wird die Syntax der TIGERsearch Suchsprache (Lezius 2002) verwendet. Diese erlaubt es, neben konkreten Wortformen auch auf alle anderen verfügbaren Annotationsebenen wie bspw. die Wortart zuzugreifen. Darüber hinaus können allgemeine Suchanfragen in Form von regulären Ausdrücken formuliert werden. Für komplexere Suchen lassen sich Suchkriterien außerdem kombinieren. So kann eine anfängliche Suche nach Sätzen mit der Wortform „Mannheim" mit der Suchanfrage „Mannheim" beginnen. In einem zweiten Schritt lässt sich die Suche auf alle Wörter mit der Endung „-heim" durch den regulären Ausdruck [lemma=/.+heim/] erweitern. Um die Suche auf Eigennamen einzuschränken, kann schließlich der Suchbegriff entsprechend zu [lemma=/.+heim/ & pos="NE"] ausgebaut werden, wobei pos="NE" hier für die Wortart *Eigenname* (engl. named entity) steht.

Die Suchergebnisse können anschließend zur weiteren Verarbeitung im csv-Format gespeichert werden. Statistische Analysen können innerhalb von TüNDRA umgehend durchgeführt werden. Im Falle des obigen Beispiels lässt sich so etwa schnell herausfinden, welche verschiedenen Eigennamen mit der Endung „-heim" in der ausgewählten Baumbank mit welcher Häufigkeit vorkommen. Es kann dabei nach Wortform, Lemma oder anderen Annotationsebenen wie Kasus unterschieden werden.

Die Diversität an linguistischen Strukturen, Sprachen und Genres in Verbindung mit direkt verfügbaren Analysewerkzeugen macht TüNDRA vielseitig einsetzbar: Angefangen bei empirischer Forschung in den Bereichen Syntax und Grammatik, Lexikografie, Soziolinguistik und historischer Linguistik, über Trainingsdaten für Systeme der automatischen Sprachverarbeitung bis hin zur Ressource in den digitalen Geisteswissenschaften deckt TüNDRA viele zentrale Anwendungsfelder ab.

Literatur

De Kok, Daniël (2014): TüBa-D/W: A large dependency treebank for German. In: Proceedings of the 13th International Workshop on Treebanks and Linguistic Theories. Tübingen, S. 271–278.

De Marneffe, Marie-Catherine/Dozat, Timothy/Silveira, Natalia/Haverinen, Katri/Ginter, Filip/ Nivre, Joakim/Manning, Christopher D. (2014): Universal Stanford Dependencies: a cross-linguistic typology. In: Proceedings of the 9th International Conference on Language Resources and Evaluation (LREC' 2014), Reykjavik. Paris: European Language Resources Association (ELRA), S. 4585–4592.

Hamp, Birgit/Feldweg, Helmut (1997): GermaNet – a lexical-semantic net for german. In: Proceedings of the ACL Workshop Automatic Information Extraction and Building of Lexical Semantic Resources for NLP applications.

Henrich, Verena/Hinrichs, Erhard (2010): GernEdiT – The GermaNet editing tool. In: Proceedings of the 7th Conference on International Language Resources and Evaluation (LREC' 2010), Valletta. Tübingen: University of Tübingen, S. 2228–2235. www.lrec-conf.org/proceedings/ lrec2010/pdf/264_Paper.pdf (Stand: 7.7.2020).

Jana, Abhik/Puzyrev, Dima/Panchenko, Alexander/Goyal, Pawan/Biemann, Chris/Mukherjee, Animesh (2019): On the compositionality prediction of noun phrases using poincare embeddings. In: Proceedings of the 57th Annual Meeting of the Association for Computational Linguistics, Florence: The Association for Computational Linguistics, S. 3263–3274.

Lezius, Wolfgang (2002): TIGERSearch – Ein Suchwerkzeug für Baumbanken. In: Proceedings Konvens 2002. 6. Konferenz zur Verarbeitung natürlicher Sprache. DFKI, Saarbrücken.

Martens, Scott (2013): TüNDRA: a web application for treebank search and visualization. In: Proceedings of the 12th Workshop on Treebanks and Linguistic Theories (TLT12), Sofia, S. 133—144. www.bultreebank.org/bg/twelfth-workshop-treebanks-linguistic-theories-tlt12 (Stand: 23.4.2020).

Stegmann, Rosmary/Telljohann, Heike/Hinrichs, Erhard (2000): Stylebook for the german treebank in VERBMOBIL. In: Verbmobil. Technical Report 239. www.sfs.uni-tuebingen.de/ fileadmin/static/ascl/resources/stylebook_vm_ger.pdf (Stand: 7.7.2020).

Telljohann, Heike/Hinrichs, Erhard/Kübler, Sandra/Zinsmeister, Heike/Beck, Kathrin (2017): Stylebook for the Tübingen treebank of written german (TüBa-D/Z). www.sfs.uni-tuebingen. de/fileadmin/static/ascl/resources/tuebadz-stylebook-1707.pdf (Stand: 23.4.2020).

Antonina Werthmann/Andreas Witt/Jutta Bopp (Mannheim)
Verbundprojekt CLARIAH-DE – Eine nachhaltige Forschungsinfrastruktur für die Geistes-, Kultur- und Sozialwissenschaften

Abstract: Das vom BMBF geförderte Verbundprojekt CLARIAH-DE, an dem über 25 Partnerinstitutionen mitwirken, unter ihnen auch das IDS, hat zum Ziel, mit der Entwicklung einer Forschungsinfrastruktur zahlreiche Angebote zur Verfügung zu stellen, die die Bedingungen der Forschungsarbeit mit digitalen Werkzeugen, Diensten sowie umfangreichen Datenbeständen im Bereich der geisteswissenschaftlichen Forschung und benachbarter Disziplinen verbessern. Die in CLARIAH-DE entwickelte Infrastruktur bietet den Forschenden Unterstützung bei der Analyse und Aufbereitung von Sprachdaten für linguistische Untersuchungen in unterschiedlichsten Anwendungskontexten und leistet somit einen Beitrag zur Entwicklung der NFDI.

2019 startete das CLARIAH-Projekt[1] als Zusammenschluss der zwei Forschungsinfrastrukturverbünde CLARIN-D[2] und DARIAH-DE[3]. CLARIN-D ist der deutsche Beitrag zur *Common Language Resources and Technology Infrastructure* (CLARIN), die als *European Research Infrastructure Consortium* (ERIC) ein Netzwerk aus 20 Ländern neben weiteren Partnern bildet. DARIAH-DE ist der deutsche Partner der *Digital Research Infrastructure for the Arts and Humanities* (DARIAH-EU), die mit 19 Ländern und weiteren Partnern ebenfalls ein ERIC auf europäischer Ebene ist. Sowohl CLARIN-D als auch DARIAH-DE bestehen bereits seit über zehn Jahren und sind in der geisteswissenschaftlichen Forschung sowie in weiteren Disziplinen etabliert. Gemeinsam stellen sie digitale Forschungsdaten und Werkzeuge zu deren Bearbeitung zur Verfügung, bieten regelmäßige Schulungsangebote sowie webbasierte Hilfen im Umgang mit diesen und unterstützen dadurch die mit digitalen Ressourcen und Methoden arbeitenden Wissenschaftlerinnen und Wissenschaftler in Forschung und Lehre.

---

1 www.clariah.de (Stand: 19.10.2020)
2 www.clarin-d.net/de/ (Stand: 19.10.2020)
3 de.dariah.eu/web/guest/startseite (Stand: 19.10.2020)

https://doi.org/10.1515/9783110731514-020

CLARIAH-DE wird vom Bundesministerium für Bildung und Forschung (BMBF) für zwei Jahre gefördert. Das Hauptziel für die Zusammenführung der beiden Forschungsinfrastrukturverbünde besteht darin, den Nutzerinnen und Nutzern eine Möglichkeit anzubieten, auf komfortable Weise über einen gemeinsamen Zugang auf alle Dienste und Ressourcen zuzugreifen, unabhängig davon, von welchem der zwei Verbünde sie angeboten werden. Das gesamte Portfolio von CLARIAH-DE kann über den bestehenden eduGAIN-Zugang der jeweiligen Heimatinstitutionen oder mit einem CLARIN- oder DARIAH-Account einfach verwendet werden. Die digitalen Werkzeuge, Dienste und Datenbestände werden gemäß der FAIR-Prinzipien (FAIR = findable, accessible, interoperable, re-usable) auffindbar, zugänglich, interoperabel und nachnutzbar gemacht. Durch die Verschmelzung von CLARIN-D und DARIAH-DE werden die ursprünglich voneinander getrennt entwickelten Angebote, die aus gemeinsamen technischen Komponenten sowie abgestimmten Verfahren bestehen, in eine einzige Forschungsinfrastruktur integriert und leisten somit einen Beitrag zur Entwicklung der Nationalen Forschungsdateninfrastruktur (NFDI).

Bei der Zusammenführung digitaler Datenbestände steht CLARIAH-DE vor der Aufgabe, die von CLARIN-D und DARIAH-DE geschaffenen Angebote aufeinander abzustimmen, in eine neue Struktur zu integrieren, weiterzuentwickeln und gemeinsam weiter zu betreiben. Eine der Herausforderungen stellt dabei die Heterogenität der Daten und Werkzeuge dar. Aufbauend auf früheren Kooperationen und Abstimmungsprozessen werden beide Infrastrukturen die hierzu notwendigen Prozesse etablieren, Standards und Verfahren für die Erstellung, Aufbereitung sowie Archive gestalten und gleichzeitig die fachliche Breite des Angebots erhalten.

Abb. 1: Zusammenführung der Forschungsinfrastrukturverbünde CLARIN-D und DARIAH-DE

Durch die Zusammenführung der Forschungsinfrastrukturverbünde CLARIN-D und DARIAH-DE bietet CLARIAH-DE den Forscherinnen und Forschern eine komplexe digitale Infrastruktur mit einer Vernetzung von Anwendungen und Koordination der technischen Entwicklungen (siehe Abb. 1). Die vielseitigen Angebote reichen von virtuellen Forschungsumgebungen bis hin zu Werkzeugen, mit denen geeignete Daten gefunden, annotiert und editiert werden können, unabhängig davon, wo oder von wem die jeweiligen Angebote ursprünglich aufgebaut bzw. bereitgestellt wurden. Darüber hinaus finden sich zahlreiche Anwendungen zur Datenvisualisierung und -analyse. Die CLARIAH-DE-Angebote beschränken sich allerdings nicht auf die Bereitstellung von Diensten und Werkzeugen, sondern stellen auch ein Sortiment an Informationen zu Lernmaterialien im Umgang mit diesen zur Verfügung. Innerhalb der Projektlaufzeit von zwei Jahren werden zahlreiche Workshops und Kurse zu Methoden und Technologien zur Kompetenzvermittlung angeboten sowie Summer Schools (mit)organisiert. Darüber hinaus werden Stipendien zur Nachwuchsförderung vergeben. Durch die Bereitstellung der Angebote zielt CLARIAH-DE darauf ab, die Community zu erweitern und zu stärken. Perspektivisch soll die Nutzbarkeit der Angebote nicht nur von Digital Humanities, sondern auch von anderen Forschungsgemeinschaften erschlossen und somit die Nutzerbasis erweitert werden. Bei Fragen und Problemen rund um CLARIAH-DE steht den Nutzerinnen und Nutzern außerdem ein zentraler Helpdesk (E-Mail: support@clariah.de) zur Verfügung.

25 universitäre und außeruniversitäre Institutionen bestehend aus zehn Partnern, 13 assoziierten Partnern und zwei Unterauftragnehmern arbeiten an diesem Verbundprojekt zusammen (siehe Abb. 2), daneben Fachleute von vielen weiteren akademischen Institutionen. Gemeinsam bringen sie eine komplementäre Expertise und zahlreiche Ressourcen und Werkzeuge zur Förderung einer kooperativen, digital gestützten Forschung mit. Das Gesamtvorhaben ist in sechs Arbeitspakete (AP 1–6) aufgeteilt. Die Gesamtkoordination liegt gemeinschaftlich bei der Niedersächsischen Staats- und Universitätsbibliothek Göttingen und der Eberhard Karls Universität Tübingen.

Über CLARIN-D beteiligt sich das IDS am Projekt mit der Weiterentwicklung von Schnittstellen zwischen den Plattformen für schriftliche und mündliche Korpora (KorAP bzw. DGD) und der föderierten Inhaltssuche (Federated Content Search, FCS), der Einbindung der KorAP-Resultatsanalyse in die CLARIN-Infrastruktur sowie der Implementierung der CLARIN-konformen Virtual Collection Registry, die als Basis für die Definition und die persistente Referenzierung virtueller Korpora dienen soll. Außerdem betreut das IDS den Legal Helpdesk, der Unterstützung bei rechtlichen und ethischen Fragen zur Aufbereitung und Verbreitung von Sprachressourcen bietet.

Abb. 2: Am Verbundprojekt CLARIAH-DE beteiligte Institutionen[4]

In CLARIAH-DE ist das Leibniz-Institut für Deutsche Sprache (IDS) als Co-Taskleader für AP 3 *Kompetenzvermittlung und Nachwuchsförderung* mitverantwortlich. Darüber hinaus beteiligt sich das IDS an den Arbeiten in den Arbeitspaketen *Forschungsdaten, Standards und Verfahren* (AP 1), *Werkzeuge und virtuelle Forschungsumgebungen* (AP 2), *Technische Vernetzung und Koordination der technischen Entwicklungen* (AP 4) und *Community-Engagement: Outreach/Dissemination und Liaison* (AP 5).

---

4 Siehe: www.clariah.de/ueber-uns/partner (Stand: 19.10.2020).